财经类专业"十四五"规划新形态教材

中级财务会计学

江　泠　曲雪芹／主编

王晓梅　郭佳琳　刘　赟／副主编

刘　迪　徐晓鹏／主审

立信会计出版社
LIXIN ACCOUNTING PUBLISHING HOUSE

图书在版编目(CIP)数据

中级财务会计学/江泠,曲雪芹主编. --上海:
立信会计出版社,2025.2.-- ISBN 978-7-5429-7757-1

Ⅰ. F234.4

中国国家版本馆 CIP 数据核字第 2024VP0400 号

策划编辑　　王斯龙　　郑文婧
责任编辑　　王斯龙
助理编辑　　郑文婧
美术编辑　　吴博闻

中级财务会计学

ZHONGJI CAIWU KUAIJIXUE

出版发行	立信会计出版社			
地　　址	上海市中山西路 2230 号		邮政编码	200235
电　　话	(021)64411389		传　　真	(021)64411325
网　　址	www.lixinaph.com		电子邮箱	lixinaph2019@126.com
网上书店	http://lixin.jd.com		http://lxkjcbs.tmall.com	
经　　销	各地新华书店			

印　　刷	上海万卷印刷股份有限公司
开　　本	787 毫米×1092 毫米　　　1/16
印　　张	22.75
字　　数	568 千字
版　　次	2025 年 2 月第 1 版
印　　次	2025 年 2 月第 1 次
书　　号	ISBN 978-7-5429-7757-1/F
定　　价	58.00 元

如有印订差错,请与本社联系调换

前　言

　　"中级财务会计"是会计学、审计学专业的核心课程,也是培养学生会计综合应用能力的课程,在会计专业人才培养中具有核心地位。其先修课程为"基础会计""经济法",后续课程为"高级财务会计"。编者经过多年的教学实践,对教材进行了全新编写,在内容及表现形式上作了一定创新。在知识点的覆盖面与"基本要求"相一致的基础上,对课程内容进行了整体优化,强化了"中级财务会计"与后续专业课程的联系,使之更侧重于培养学生的基础能力和应用能力,以适应应用型、复合型本科人才的培养目标。

　　本教材全面阐述企业财务会计的基本理论和方法,结合企业会计基本准则和具体准则,结合企业的基本经济业务重点介绍财务会计核算的一般过程。与传统教材相比,本教材的理念及特色主要体现在以下几方面:

　　(1) 在知识体系的编排上,本教材使用了最新技术、最新准则、最新政策,并对教材的内容进行了适当的优化和调整,使课程内容的布局更加合理。

　　(2) 在课程内容的编写上,本教材融入了思政元素,以提升学生的思想政治素质,注重知识点的使用方法和技巧,引导学生将个人成长与推动新时代中国特色社会主义事业相统一。

　　(3) 本教材配备了丰富的教学资源,包括教案、课件、案例等,以帮助教师更好地进行教学,深入浅出地传授学科知识。

　　(4) 本教材提供了丰富的学习资源,如习题、仿真业务题等。本教材为满足不同专业、不同层次学生的需求,将例题分为三个层次:第一层次注重基本"规则",使学生能够正确合理使用"规则"解决基本问题;第二层次注重方法和技巧,使学生能够灵活运用"规则"解决相对复杂的问题,培养学生的逻辑推理和应用能力;第三层次注重应用,使学生能够综合运用所学的"规则"解决较为困难的问题,从而提高学生的素质。

　　本教材由江泠、曲雪芹担任主编,郭佳琳、王晓梅、刘赟担任副主编。编写人员具体分工如下:江泠负责第4章、第5章的编写及全书统稿工作;郭佳琳负责第2章、第3章、第11章、第12章的编写;刘赟负责第6章、第10章、第13章的编写;王晓梅负责第1章、第7章至第9章、第14章、第15章的编写;曲雪芹负责课后习题的编写;刘迪、徐晓鹏完成全书的审稿工作。

　　本教材的作者具有丰富的教学经验和深厚的学术背景,致力于教育研究和教学实践,希望能够通过本教材为我国的教育事业作出贡献。在此,感谢所有参与本教材编写的作者,他们的辛勤工作使本教材的完成成为可能。同时,本教材的顺利出版,离不开立信会计出版社郑文婧编辑的大力支持与帮助,也向那些曾经给本教材提过宝贵意见的专家与学者们表示感谢!

本教材可作为普通高等院校工商管理类、管理科学与工程类等专业的教材,也可作为财务会计人员和经济管理人员的参考书,还可作为函授和自考人员的辅导用书。

由于编者的水平有限,本教材难免存在疏漏和不妥之处,敬请广大专家和读者批评指正,多提宝贵意见并将意见和建议及时反馈给我们,以便教材的进一步完善。

编者

2025 年 2 月

目　录

总　论

教学目的和要求

　　了解财务会计的概念和特点,明确财务会计的目标和会计信息使用者的需求;了解企业会计准则的发展历程和我国会计规范体系的构成;掌握会计四大假设与会计基础;掌握会计要素及其特征,了解会计确认的基本条件;掌握会计信息的质量要求。

教学重点和难点

　　重点:财务会计的基本前提;财务会计的基本要素;会计信息的质量要求。
　　难点:会计信息的质量要求。

课程思政

　　会计既是一国经济发展的客观反映,又是国际通用的商业语言。中国企业会计准则向国际趋同取得重大成就,中国影响力、地位在不断提升。通过第1章的学习,学生在生活中应遵纪守法,在工作上应遵守职业道德,不做假账,诚信待人,不弄虚作假。

1.1　企业财务会计的性质

　　会计是以货币为主要计量单位,运用一系列专门方法,核算和监督一个单位经济活动的一种经济管理工作。会计是随着社会生产的发展和经济环境的变化而产生和发展起来的,社会发展以及人们的生活基础都需要各种各样的物质,物质从产生到消耗这一整个过程都需要记录,会计活动由此而产生。因而,会计是随着生产的发展逐渐从生产职能中分离出来的一种管理职能。

　　根据会计的发展时期,会计可以分为古代会计、近代会计和现代会计。在古代会计这一期间,会计计量方法主要有原始计量记账法、单式记账法。古代会计作为生产的一个附带职能,主要进行简单记录和计量,是与其他计算工作混合在一起的,经过漫长的发展过程,逐渐形成了一套专门的计量方法和程序,成为一项独立的管理工作。近代会计由于复式记账的产生,将会计发展推动到一个新的高度,从1494年意大利数学家、会计学家卢卡·帕乔利所著《算术、几何、比及比例概要》一书公开出版至20世纪40年代末,复式记账法在各企业之间广泛应用,并在实践中不断完善。在此期间,成本会计也开始产生和发展,成为会计学中管理会计分支的重要基础。现代会计自 20 世纪 50 年代至今,企业经济业务越来越复杂,科技水平不断提高,会计在核算上不再仅限于手工记账,开始借助计算机信息系统,出现会计信息化,同时基于企业的经营管理将会计分化为财务会计和管理会计两个分支。

财务会计主要是向会计信息使用者提供与企业相关的财务状况、经营成果和现金流量等会计信息,反映受托责任的履行情况,帮助会计信息使用者作出经济决策。财务会计侧重于向外部投资者、债权人和其他会计信息使用者服务。管理会计则是服务于企业内部的管理,侧重于企业内部的经营管理服务并参与管理活动,关注资源在企业内部的合理配置,以及更好配置资源的方式,使得企业能够在各种约束条件下,以最小投入取得最大回报。两者来源不同,服务对象不同。由于企业财务会计主要是为企业会计信息使用者提供决策所需的信息,需要明确各方使用者对会计信息的需求,从哪些方面提供信息进而达到财务会计的目标。本教材主要讨论财务会计,如无特别说明,所说的会计信息均指财务会计信息。

1.1.1 对企业会计信息的需求

财务会计信息的使用者分为财务信息的内部使用者和财务信息的外部使用者。

1.1.1.1 财务信息的内部使用者

财务信息的内部使用者主要包括企业管理层和职工。企业管理层可以根据以往会计信息制定企业发展战略目标并做好预算管理,在经营过程中,对会计信息反映出的问题,及时进行调整、作出正确决策,帮助企业更好发展。职工主要关注企业的盈利情况和发展前景,根据会计信息判断企业是否有能力支付劳动报酬,是否能发放职工福利、奖金,是否有一定的晋升空间等。这些不仅是职工所关注的,也是企业稳定职工结构的基础。

1.1.1.2 财务信息的外部使用者

企业不仅要向财务信息的内部使用者提供信息,还要为外部会计信息需求者提供信息,包括投资者、债权人、政府及其有关部门、供应商、客户和社会公众等。

(1)投资者。投资者投资是企业资金来源的主要方式之一。对于投资者而言,他们可以通过会计信息判断是否追加投资或减少投资、企业经营成果的好坏、未来获取投资收益如何等。潜在投资者可以根据会计信息判断企业是否值得投资、投资比例多少,从而作出正确的决策。

(2)债权人。债权人给予公司贷款,或者为公司提供存货和设备。作为债权人,他们最关心的是企业是否能够获得足够的利润、能否及时获取贷款本息和收到货款。潜在债权人关心的则是企业短期、长期偿还能力,从而作出借贷的决策。

(3)政府及其有关部门。政府作为监督管理部门,关注企业履行义务的情况,统计行业的发展情况。例如,企业的会计信息能够反映纳税的情况、是否存在财务舞弊的情况,国家可以通过企业会计信息判断是否需要出台相关政策来调控市场经济环境。

(4)供应商和客户。供应商是向企业销售货物的单位,处于企业的上游;客户是向企业购进货物的单位,处于企业的下游。两者都是企业往来单位,往来单位通过关注企业会计信息判断是否要与企业进行经济业务往来。供应商了解企业是否有能力支付货款、是否存在赊销问题,若存在赊销在未来期间是否需要计提坏账准备。客户会判断企业是否有能力提供足够的货物、产品质量如何、产品售后服务如何等。

(5)社会公众。社会公众会关注企业就业政策、产品质量、履行社会责任的情况等,根据企业对社会作出的贡献,对企业作出不同的评价。

1.1.2 企业财务会计的特点

财务会计是现代会计的一个重要分支,从上述财务会计性质和会计信息使用者需求中可以看出财务会计的基本特点表现为以下几个方面:

(1) 以企业外部的信息使用者为直接的服务对象,财务会计信息虽然可供外部和内部使用,但主要面向外部信息使用者,为投资者、债权人、政府及其有关部门、供应商和其他外部信息使用者进行投资决策、信贷决策、征税决策以及其他经济决策的依据。

(2) 有一套约定俗成的会计程序和方法,财务会计以复式记账为基础。复式记账的基本原理是:所有经济业务均要作双重记录(借和贷),使其获得全面反映。同时,复式记账包括凭证、日记账、分类账、报表这样一个完整的账务处理程序,将会计工作细化,以便产生条理化和系统化的会计信息。

(3) 有一套系统的规范体系。财务会计是以货币为主要度量,对企业已发生的交易或事项运用专门的方法进行确认计量,并定期向利益相关者提供会计信息的会计工作。财务会计的规范体系主要包括会计法律、会计法规和会计规章。其中,会计法律是指对会计基本目的、责任主体等内容进行约束的法律;会计法规是指用于调整社会会计工作过程中会计关系的法律规范;会计规章是指用于指导部分会计工作内容的、具有普遍约束力的规范性文件。这些法律法规都为会计工作展开提供相关依据,并保证会计工作的有序进行。

1.2 会 计 准 则

1.2.1 西方国家会计准则

西方国家会计准则所遵循的原则以美国的"公认会计原则"最具代表性。19 世纪下半叶,美国的经济得到迅速发展,以股份制为组织形式的股份公司逐步发展起来。在这种企业组织形式下,所有权和经营权相分离,形成了股东、债权人、政府税务机关、企业经营管理者等与企业有利害关系的利益集团,他们为了维护各自的利益,都要求企业定期提供真实可靠的会计信息,正确反映企业的经营成果和财务状况。为了保证企业所提供的会计信息有用、客观,产生了规范会计信息的要求,即产生了制定会计准则的需要。

1909 年,美国公共会计师协会(1917 年更名为美国会计师协会,1957 年更为现名美国注册会计师协会)任命了"会计名词特别委员会",准备进行会计实务的规范化。1917 年,美国联邦储备理事会和联邦贸易委员会一致决定,对企业向银行申请贷款而编制的资产负债表进行标准化,并委托美国会计师协会提供一份关于统一与标准会计程序的备忘录,在经过评审之后,于 1917 年4 月作为联邦储备公报正式发表。20 世纪 20 年代末 30 年代初,美国经历经济大危机,这次危机后,美国公众对会计报表缺乏信任,纷纷指责会计实务处理的随意性,并迫切要求会计实务处理的规范化。1933 年、1934 年,美国国会先后通过了证券法和证券交易法,规定所有上市企业都必须执行统一的会计程序和方法,并授权证券交易委员会负责制定统一的会计准则。之后,证券交易委员会将会计准则的权限转授予美国会计师协会。美国会计师协会遂于 1938 年成立了会计程序委员会负责制定会计准则。一般认为,这是美国会计原则正式形成的起点。

为了适应经济业务国际化和全球资本市场发展的需要,提高会计信息在国际上的可比性,协调各国会计实务,1973 年 6 月,澳大利亚、加拿大、法国、日本、墨西哥、荷兰、英国、美国等 9 个国家的 16 个主要职业团体在伦敦发起成立了国际会计准则委员会,其目标是制定和发布国际会计准则,促进各国会计实务在国际上的协调。此后,又有许多国家和地区的会计职业团体陆续加入,国际会计准则委员会以公告形式陆续发布了多项会计准则,包括《国际会计准则公告前言》《关于编制和提供财务报表的框架》《国际会计准则委员会的目标和程序》等。

1.2.2 我国的企业会计准则

我国的企业会计准则分为基本准则和具体准则两个层次。我国从 1979 年开始向西方国家学习会计基本原理;1981 年开始关注国际财务报告准则,研究和学习国际财务报告的相关记账方法和程序。1988 年 10 月 31 日,我国财政部正式成立了会计准则小组,通过对国际准则解读并结合我国政策和企业经营情况,专门研究制定适合我国企业发展的会计准则,最终于 1992 年 11 月 30 日颁布了《企业会计准则——基本准则》,并于 1993 年实施。我国有了第一个与国际会计惯例接轨的会计准则,逐步规范我国企业会计行为;2006 年对《企业会计准则——基本准则》进行修订,并于 2007 年实施。《企业会计准则——基本准则》属于基本准则,仅对企业会计的一般要求和主要方面作出原则性的规定。2014 年 7 月 23 日,根据《财政部关于修改〈企业会计准则——基本准则〉的决定》对《企业会计准则——基本准则》进行修改。1993 年,我国具体会计准则制定研究工作开始展开,1997 年 6 月 4 日我国第一个具体会计准则《关联方关系及其交易的披露》正式颁布,从 1997 年至 2001 年,我国财政部先后颁布了 16 项具体会计准则,包括债务重组、会计差错更正准则、无形资产、租赁等,我国的企业会计准则在不断具体化,基本准则和具体准则都借鉴了国际会计惯例,但我国企业会计准则与国际接轨是从 2001 年 11 月正式加入 WTO 开始。我国并没有完全照搬国际会计惯例,而是以国际化为主导,结合我国会计环境循序渐进地制定企业会计准则。2006 年 2 月 15 日,我国财政部在广泛征求专家意见的基础上,发布了我国新的企业会计准则体系,新的企业会计准则体系由一个基本准则和 38 项具体准则构成。至此,我国终于形成了较为完善的企业会计准则体系。该体系在总原则、结构与范围上充分借鉴国际会计惯例,与国际会计准则实现了最大限度的趋同,同时也充分考虑了我国现阶段的经济及法律环境,对部分经济事项或交易选择了符合我国国情的会计处理方法。目前,我国发布的基本准则与具体准则如表 1-1 所示。

表 1-1 基本准则与具体准则

序号	准则名称	序号	准则名称
第 1 号	存货	第 7 号	非货币性资产交换
第 2 号	长期股权投资	第 8 号	资产减值
第 3 号	投资性房地产	第 9 号	职工薪酬
第 4 号	固定资产	第 10 号	企业年金基金
第 5 号	生物资产	第 11 号	股份支付
第 6 号	无形资产	第 12 号	债务重组

（续表）

序号	准则名称	序号	准则名称
第 13 号	或有事项	第 28 号	会计政策、会计估计变更和差错更正
第 14 号	收入	第 29 号	资产负债表日后事项
第 15 号	建造合同	第 30 号	财务报表列报
第 16 号	政府补助	第 31 号	现金流量表
第 17 号	借款费用	第 32 号	中期财务报告
第 18 号	所得税	第 33 号	合并财务报表
第 19 号	外币折算	第 34 号	每股收益
第 20 号	企业合并	第 35 号	分部报告
第 21 号	租赁	第 36 号	关联方披露
第 22 号	金融工具确认和计量	第 37 号	金融工具列报
第 23 号	金融资产转移	第 38 号	首次执行企业会计准则
第 24 号	套期会计	第 39 号	公允价值计量
第 25 号	保险合同	第 40 号	合营安排
第 26 号	再保险合同①	第 41 号	在其他主体中权益的披露
第 27 号	石油天然气开采	第 42 号	持有待售的非流动资产、处置组和终止经营

1.3 会计规范体系

会计规范体系是指国家权力机关或其他授权机构制定的,用于指导和约束会计核算实务、规范会计基础工作、规定会计主体和相关人员会计责任等规范性文件的总和。会计规范体系既包括采用法律形式的、具有强制性特征的会计规范,也包括采取自律形式的、具有自主性特征的会计规范。这些是会计人员从事会计工作、提供会计信息的基本依据,是做好会计工作的前提条件,也是解决目前会计信息失真问题的措施之一。同时,会计规范体系也为会计信息质量的判定提供客观标准,它是社会各方从事与企业有关的经济活动和从事相应经济决策的重要基础。对于国家维护和保证财政利益,进行宏观经济调控,管理国有资产都具有十分重要的作用。

1.3.1 会计法律规范

会计法律规范是调整经济活动中会计关系的法律规范的总称,是社会法律制度在会计方面的具体体现。1985 年 5 月 1 日实施的《中华人民共和国会计法》(以下简称《会计法》),是我国一项重要的经济法律,是会计工作的基本法,是制定其他一切会计法规、制度、办法、程序等

---

① 《企业会计准则第 26 号——再保险合同》已废止。

的法律依据。除了《会计法》,还有其他涉及会计问题的主要法律,如《中华人民共和国公司法》《中华人民共和国注册会计师法》《中华人民共和国企业法》《中华人民共和国企业破产法》等。除上述各项法律规定外,国务院、财政部及各级政府根据有关法律、法规制定的有关会计方面的政府条例、实施细则也属于会计法律规范范畴之内,如《会计工作规范》《总会计师条例》《企业财务会计报告条例》等。上述所有法律法规、条例及实施细则共同组成会计法律规范,在社会经济发展中对指导会计工作、监督会计活动和规范财务会计确认、计量、记录和报告起着主导作用。

1.3.2　会计理性规范

会计理性规范是人们根据会计实际工作总结提出的会计判断标准和行为准则。在我国,会计理性规范主要包括会计基本准则、会计具体准则和企业会计制度三个方面。

1.3.3　我国会计职业道德规范

在市场经济条件下,会计职业活动中的各种经济关系日趋复杂,各经济主体的利益与国家利益、社会公众利益时常发生冲突。会计职业道德是调整会计职业活动利益关系的手段,树立良好的会计职业道德风尚,有利于提高会计职业道德水平。同时,对加强企业管理,提高经济效益,维护正常的经济秩序,也具有十分重要的意义。因此,我国财政部研究制定了《会计人员职业道德规范》。

1.3.3.1　坚持诚信,守法奉公

牢固树立诚信理念,以诚立身、以信立业,严于律己、心存敬畏。学法、知法、守法,公私分明、克己奉公,树立良好职业形象,维护会计行业声誉。

1.3.3.2　坚持准则,守责敬业

严格执行准则制度,保证会计信息真实完整。勤勉尽责、爱岗敬业,忠于职守、敢于斗争,自觉抵制会计造假行为,维护国家财经纪律和经济秩序。

1.3.3.3　坚持学习,守正创新

始终秉持专业精神,勤于学习、锐意进取,持续提升会计专业能力。不断适应新形势、新要求,与时俱进、开拓创新,努力推动会计事业高质量发展。

会计职业道德规范是对会计法律制度的重要补充,其作用是其他会计法律制度所不能替代的。同时会计职业道德规范也为会计行为规范打下基础。动机是行为的先导,会计行为是由内心信念来支配的,信念的善与恶将导致行为的是与非。会计职业道德对会计的行为动机提出了相应的要求,如诚实守信、客观公正等,引导、规劝、约束会计人员树立正确的职业观念,遵循职业道德要求,从而达到规范会计行为的目的。会计职业道德规范也是实现会计目标的重要保证。从会计职业关系角度来讲,会计目标就是为会计职业关系中的各个服务对象提供有用的会计信息,能否为这些服务对象及时提供相关的、可靠的会计信息,取决于会计职业者能否严格履行职业行为准则。如果会计职业者故意或非故意地提供了不充分、不可靠的会计信息,会严重背离会计目标,造成会计信息严重失真,使服务对象的决策失误,甚至导致社会经济秩序混乱。会计职业道德规范是会计人员提高素质的内在要求,是会计人员素质的重要体现。一个高素质的会计人员应当做到爱岗敬业、提高专业胜任能力,这不仅是会计职业道德规范的主要内容,也是会计职业者遵循会计职业道德规范的可靠保证。

1.3.4 国际会计惯例

国际会计惯例是许多国家在长期实践的基础上形成的会计准则以及用于指导会计实务的会计规范。我国所说的国际会计惯例主要是指国际会计准则委员会等国际组织所制定的、国际公认的会计准则及其他会计规章。我国会计准则的确立和实施相对于西方国家来说起步较晚，且社会经济文化存在一定的差异，许多领域的具体会计准则还没有出台，在经济全球化的条件下，出现参照我国现行会计体制无法体现和核算经济业务的情况。在这种情况下，就需要借鉴和运用国际上公认的会计政策和方法进行处理。因此，国际会计惯例也作为我国会计规范体系的一部分，以弥补我国现行会计规范体系中存在的缺陷和空白。

2005 年，我国财政部在全面总结多年来会计改革经验的基础上，集中力量制定完成了企业会计准则体系。2005 年 11 月 8 日，中国会计准则委员会（CASC）与国际会计准则理事会（IASB）签署联合声明指出：中国制定的企业会计准则体系，实现了与国际财务报告准则的趋同。我国于 2007 年 1 月 1 日开始实施与 IASB 的国际会计准则（含国际财务报告准则，下同）实质趋同的企业会计准则体系。时至今日，企业会计准则体系的国际趋同取得了显著成效，对社会主义市场经济的发展起到了积极作用。例如，我国新金融工具准则与《国际财务报告准则第 9 号——金融工具》（IFRS 9）保持趋同，金融资产由"四分类"变为"三分类"，金融资产的减值由"已发生损失模型"变为"预期信用损失模型"；我国合并财务报表准则与《国际财务报告准则第 10 号——合并财务报表》（IFRS 10）保持趋同，引入了"控制"标准；《企业会计准则第 33 号——合并财务报表》将"控制"定义为"投资方拥有对被投资方的权力，通过参与被投资方的相关活动而享有可变回报，并且有能力运用对被投资方的权力影响其回报金额"。

1.4 财务会计的基本假设和会计基础

1.4.1 会计基本假设

会计基本假设也称会计核算的基本前提，是进行会计核算时必须明确的前提条件，是对会计核算所处的时间、空间环境所作的合理设定。会计基本假设包括会计主体、持续经营、会计分期和货币计量四项。四个会计基本假设是相互依存、相互补充的。

1.4.1.1 会计主体

会计主体是会计工作服务的特定对象，是企业会计确认、计量和报告的空间范围。

会计主体明确了核算对象，只有影响核算对象本身经济利益的交易或事项，才会进行会计确认、计量和报告，与该核算对象经济利益无关的交易和事项不属于其会计核算的范围。会计工作中通常所讲的资产、负债的确认，收入的实现，费用的发生等，都是针对特定会计主体而言的。明确会计主体也是开展会计工作的重要前提。

会计主体不同于法律主体。一般来说，法律主体必然是一个会计主体。但是，会计主体不一定是法律主体。会计主体是会计信息反映的特定单位或者组织。法律主体是法律上承认的可以独立承担义务和享受权利的个体，也可以称为法人。从概念上讲，会计主体的内涵更广，即会计主体包容法律主体。例如,某家公司在法律角度上是独立的个体,同时也要作会计核算,是会计主体,其内部的销售部门和生产车间均可以作为一个会计主体核算,但是它们对外发生交易都是以公司名义进行的,不以部门名义去交易,不是单独个体,不能称为法律主体。

1.4.1.2 持续经营

持续经营是指在可以预见的将来,企业将会按当前的规模和状态继续经营,不会停业,也不会大规模削减业务。

持续经营是假设企业在进行财务会计核算时,要以企业持续正常的业务经营活动为前提。比如会计主体将按照既定用途使用资产,按照既定的合约条件清偿债务,会计人员就可以在此基础上选择会计核算方法,有了持续经营的假设,才能对资产按历史成本计价,对折旧、摊销计提、流动项目与非流动项目进行划分,否则后续核算采用的会计处理方法将无法确认。

持续经营企业的会计核算应当采用非清算基础。在现实生活中,市场经济条件复杂多变,企业面临各种各样的未知风险,优胜劣汰是一项竞争原则,每一个企业都存在经营失败的风险,都可能被迫宣告破产进行清算,一旦会计人员有证据证明企业将要破产清算,持续经营的基本假设便不再存在,会计后续计量将变得没有意义,此时会计人员将改变账务处理程序和方法,企业的会计核算必须采用清算相关的程序。

1.4.1.3 会计分期

会计分期是指将一个企业持续经营的生产经营活动期间划分为若干连续的、长短相同的期间,以便分期结算账目,报告主体的财务状况和经营成果。会计分期也是对会计主体活动时间范围的一个限定。

在我国,会计期间的划分有:月度、季度、半年度、年度,小于一个完整会计年度的报告期间称为会计中期。我国《会计法》规定:会计年度一般应从公历1月1日开始,12月31日结束。

由于设定了会计期间,会计核算有本期、上期的区分,在会计核算时需要确认收入、费用的归属期间,确定本期的经营成果。在某一特定时期内,一家企业各项收入和费用的发生与现金流的实际收入和支出并不是完全一致的。例如,因固定资产损耗等原因引起折旧费用的发生,在会计核算上通常确认为费用,但这笔经济业务没有导致现金流的流出。对于这样的会计问题,在会计核算上产生了会计记账基础,即收付实现制和权责发生制。

1.4.1.4 货币计量

货币计量是指会计主体在财务会计确认、计量、报告时以货币计量,反映会计主体的财务状况、经营成果和现金流量。

作为商品的一般等价物,货币是衡量商品价值的共同尺度,具有价值尺度、流通手段、储藏手段和支付手段等特点。它可以将劳动量度、实物量度等不同计量单位统一用货币进行计量,实时汇总和比较,便于会计计量和经营管理。

按照我国《会计法》和《企业会计准则》的规定,企业日常经营活动一般选择人民币作为记账本位币。如果企业经济活动以人民币以外的货币为主,在日常核算中可以选择一种外币作为记账本位币,但编制报表时应当折算为人民币反映。

1.4.2 会计基础

会计基础是会计事项的记账基础,是会计确认的某种标准方式,是企业收入、费用确认的标准。对会计基础的不同选择,决定企业取得收入和发生费用支出在会计期间的配比,并直接影响企业财务状况和经营成果。会计基础主要有收付实现制和权责发生制两种。

1.4.2.1　收付实现制

收付实现制以收到或支付的现金作为确认收入和费用的依据。我国行政事业单位预算会计通常采用收付实现制。

1.4.2.2　权责发生制

《企业会计准则》规定：企业应当以权责发生制为基础进行会计确认，计量和报告。

在权责发生制下，凡是当期已经实现的收入，无论款项是否收到，均作为当期收入处理；凡不属于当期的收入，即使款项已经在当期收到，也不作为当期收入；凡是当期已经发生或应当负担的费用，无论款项是否支付，均作为当期费用处理；凡不属于当期的费用，即使在当期支付，也不能作为当期费用。我国行政事业单位财务会计通常采用权责发生制。

1.5　财务会计的基本要素

会计要素是对会计对象所作的基本分类，是会计核算对象的具体化，是用于反映会计主体财务状况和经营成果的基本单位。《企业会计准则》将会计要素分为资产、负债、所有者权益（股东权益）、收入、费用（成本）和利润。其中，资产、负债和所有者权益会计要素侧重反映企业的财务状况，构成资产负债表要素；收入、费用和利润会计要素侧重于反映企业的经营成果，构成利润表要素。

1.5.1　资产

1.5.1.1　资产的定义

资产是指企业过去的交易或者事项形成的、由企业拥有或者控制的、预期会给企业带来经济利益的资源。

1.5.1.2　资产的确认条件

一项资源确认为资产需要符合资产的定义，并同时满足以下两个条件：

（1）与该资源有关的经济利益很可能流入企业。

（2）该资源的成本或者价值能够可靠地计量。

1.5.1.3　资产的分类

资产按照流动性大小分为流动资产和非流动资产。流动资产是指可以在一年或者超过一年的一个营业周期内变现或者耗用的资产，包括库存现金、银行存款、应收及预付款项、存货等。流动资产以外的资产称为非流动资产。非流动资产是指不可以在一年或者超过一年的一个营业周期内变现或者耗用的资产，包括长期投资、固定资产、无形资产、长期待摊费用、递延所得税资产、其他非流动资产等。

1.5.2　负债

1.5.2.1　负债的定义

负债是指企业过去的交易或者事项形成的、预期会导致经济利益流出企业的现时义务。

1.5.2.2 负债的确认条件

一项现时义务确认为负债需要符合负债的定义,并同时满足以下两个条件:

(1) 与该义务有关的经济利益很可能流出企业。

(2) 未来流出的经济利益的金额能够可靠地计量。

1.5.2.3 负债的分类

负债按照偿还期限的远近分为流动负债和非流动负债。流动负债是指将在一年或者超过一年的一个营业周期内偿还的债务。流动负债包括短期借款、应付及预收款项、应交税费、应付职工薪酬等。流动负债以外的负债称为非流动负债,非流动负债是指偿还期限在一年或者超过一个营业周期以上的债务,包括长期借款、长期应付款、应付债券、递延所得税负债等。

1.5.3 所有者权益

1.5.3.1 所有者权益的定义

所有者权益又称股东权益,是指企业资产扣除负债后由所有者享有的剩余权益。

1.5.3.2 所有者权益的确认条件

由于所有者权益体现的是所有者在企业中的剩余权益,所有者权益的确认主要依赖于其他会计要素,尤其是资产和负债的确认;所有者权益金额的确定也主要取决于资产和负债的计量。

1.5.3.3 所有者权益的来源构成

所有者权益的来源主要包括所有者投入的资本、直接计入所有者权益的利得和损失、留存收益等。

所有者投入的资本是指所有者投入企业的资本部分,既包括构成企业注册资本或者股本的金额,也包括投入资本超过注册资本或股本部分的金额,即资本溢价或股本溢价。这部分投入资本作为资本公积(资本溢价)反映。

其他综合收益是指企业根据《企业会计准则》规定未在当期损益中确认的各项利得和损失。

留存收益是指企业从历年实现的利润中提取或形成的留存于企业的内部积累,包括盈余公积和未分配利润。

1.5.4 收入

1.5.4.1 收入的定义

收入是指企业在日常活动中形成的、会导致所有者权益增加的、与所有者投入资本无关的经济利益的总流入。

日常活动是指企业为完成其经营目标所从事的经常性活动以及与之相关的活动。

1.5.4.2 收入的确认条件

企业应当在履行了合同中的履约义务,即在客户取得相关商品或服务控制权时确认收入。取得相关商品控制权,是指能够主导该商品的使用并从中获得几乎全部的经济利益。

1.5.5 费用

1.5.5.1 费用的定义

费用是指企业在日常活动中发生的、会导致所有者权益减少的、与向所有者分配利润无关的经济利益的总流出。

1.5.5.2 费用的确认条件

费用的确认除应当符合费用的定义外,至少应当符合以下条件:

(1)与费用相关的经济利益应当很可能流出企业。

(2)经济利益流出企业的结果会导致资产的减少或者负债的增加。

(3)经济利益的流出额能够可靠计量。

1.5.5.3 利得与损失

利得是指由企业非日常活动所发生的、会导致所有者权益增加的、与向所有者分配利润无关的经济利益的流入。

损失是指由企业非日常活动所发生的、会导致所有者权益减少的、与向所有者分配利润无关的经济利益的流出。

收入、费用都是日常活动产生的,如销售商品、提供劳务取得的收入。企业直接为生产商品和提供劳务等发生的直接材料、直接人工和其他直接费用,直接计入生产经营成本;企业为生产商品和提供劳务而发生的各项间接费用应当按一定标准分配计入生产经营成本;企业行政管理部门为组织和管理生产经营活动而发生的管理费用和财务费用,为销售和提供劳务而发生的进货费用、销售费用等。

利得、损失与公司的非日常活动有关,通常从偶发的经济业务中取得,利得、损失类经济业务处理分为两个部分:一部分计入当期利润,用"营业外收入""营业外支出"科目核算,如盘亏损失、非常损失、公益性捐赠支出、盘盈利得、政府补助、捐赠利得、非货币性资产交换的利得或损失、债务重组的利得或损失等;另一部分计入所有者权益,用"其他综合收益"科目核算,如其他权益工具投资的公允价值变动计入所有者权益、被投资方除净损益外的其他权益变动时投资方按应享有的份额而增加或减少的资本公积。

1.5.6 利润

1.5.6.1 利润的定义

利润是指企业在一定会计期间的经营成果,反映企业的经营业绩情况,是业绩考核的重要指标。

1.5.6.2 利润的确认条件

利润反映的是收入减去费用、利得减去损失后的净额。因此,利润的确认主要依赖于收入和费用以及利得与损失的确认。

1.6 会计信息的质量要求

会计信息的质量要求是对企业财务报告中所提供的会计信息的基本规范,是使财务报告中所提供会计信息对投资者等使用者决策有用应具备的基本特征,主要包括可靠性、相关性、可理解性、可比性、实质重于形式、重要性、谨慎性和及时性等。

1.6.1　可靠性

可靠性要求企业应当以实际发生的交易或者事项为依据进行会计确认、计量和报告,如实反映符合确认和计量要求的会计要素及其他相关信息,保证会计信息真实可靠、内容完整。

不同的使用者对会计信息的需求不同,在多数情况下,使用者需要根据企业提供的真实、完整的会计信息作出相应决策。如果企业提供的会计信息是不可靠的,就会给投资者、债权人等使用者的决策产生误导甚至损失。因此,企业会计信息应当以实际发生的交易或者事项为依据进行确认、计量,将符合会计要素定义及其确认条件的资产、负债、所有者权益、收入、费用和利润等如实反映在财务报表中,不得根据虚构的、没有发生的或者尚未发生的交易或者事项进行会计确认、计量和报告。并且,企业应当基于重要性和成本效益的原则,完整披露会计信息,保证提供的会计信息是中立的、客观的,避免影响会计信息使用者的决策和判断。

1.6.2　相关性

相关性要求企业提供的会计信息应当与投资者等财务报告使用者的经济决策需要相关,有助于投资者等财务报告使用者对企业过去、现在或者未来的情况作出评价或者预测。

通常情况下,企业会根据已经出具的会计信息,考虑现实的要求和条件,对未来的经营活动和经营成果作出科学的预计和测算,根据测算出来的结果,选择制定最佳方案。同时,企业也会根据真实发生的结果和当初预测的结果进行比较评价,为今后经营总结实践经验。这体现了会计信息质量相关性的要求。

会计信息质量的相关性要求,需要企业在确认、计量和报告会计信息的过程中充分考虑会计信息使用者的决策模式和信息需要。但是,相关性是以可靠性为基础的,两者之间并不矛盾,不应将两者对立起来。企业所提供的会计信息应当在可靠的前提下尽可能做到相关,以满足投资者等财务报告使用者的需要。

1.6.3　可理解性

可理解性也称明晰性,要求企业提供的会计信息应当清晰明了,便于投资者等财务报告使用者理解和使用。

会计信息是一种专业性较强的数据资料,在披露企业财务状况、经营成果和现金流量时,还要满足会计信息使用者的需求,帮助使用者了解会计信息内容,选取有效会计信息作出决策,这就要求企业所提供的会计信息应当清晰明了、易于理解。在强调会计信息的可理解性要求的同时,还应假定使用者具有一定的企业经营活动和会计方面的知识,并且愿意付出努力去研究这些信息。对于某些复杂的信息,如交易本身较为复杂或者会计处理较为复杂,但与使用者的经济决策相关的,企业应当在财务报告中予以充分披露。

1.6.4　可比性

可比性要求企业提供的会计信息应当相互可比。可比性从两个方面进行比较:一是纵向可比,同一企业对于不同时期发生的相同或者相似的交易或者事项,应当采用一致的会计政策,不得随意变更;二是横向可比,不同企业同一会计期间发生的相同或者相似的交易和事项,应当采用相同或相似的会计政策,确保会计信息口径一致、相互可比,以使不同企业按照一致的会计确认、计量和报告要求提供有关会计信息。

强调可比性并不要求企业采用的会计政策绝对不变。如果企业当前的会计政策不适用现有经济业务核算的,可以变更采用更相关和可靠的会计处理程序与方法,并将变更的内容和理由、变更的累积影响数,以及累积影响数不能合理确定的理由等,在财务报表附注中予以说明。

1.6.5　实质重于形式

实质重于形式要求企业应当按照交易或者事项的经济实质进行会计确认、计量和报告,而不应仅仅以交易或者事项的法律形式为依据。

企业发生的交易或事项在多数情况下,其经济实质和法律形式是一致的,但在有些情况下,会出现不一致。例如,以融资租赁方式租入的固定资产,虽然从法律形式来讲企业并不拥有其所有权,不属于企业的资产,但是由于租赁合同中约定的租赁期较长,租赁期接近于该资产的使用寿命,租赁期结束时按照法律法规规定,承租方有优先购买该资产的选择权,且在租赁期内承租方有权支配资产并从中受益等。因此,从经济实质角度看,承租方应将这一固定资产确认为自己的资产,并进行后续计量核算,在报表中予以反映。

1.6.6　重要性

重要性要求企业提供的会计信息应当反映与企业财务状况、经营成果和现金流量有关的所有重要交易或者事项。

重要性一般依赖于职业判断,会计信息使用者应从经济业务的性质和交易金额大小两方面判断:从财务报告披露角度判断,我国上市公司要求对外提供季度财务报告,而由于季度报告时间较短,其附注披露应当以年初至期末为基础编制,披露自上年度资产负债表日之后发生的、有助于理解企业财务状况、经营成果和现金流量变化情况的重要交易或者事项;从错报角度判断,如果一项错报经济业务的性质和金额大小可能影响会计信息使用者依据财务报告作出的经济决策,那么该项错报就是重大的,体现了重要性要求。

1.6.7　谨慎性

谨慎性要求企业对交易或者事项进行会计确认、计量和报告时应当保持谨慎,不应高估资产或者收益、低估负债或者费用。

企业在处理经济事项时,要充分考虑存在的风险和损失,尽可能选择一种不虚增利润和夸大所有者权益的会计处理方法和程序,一定程度上减少企业经营风险。谨慎性要求不允许企业设置秘密准备,如果企业故意低估资产或者收益,或者故意高估负债和费用,损害会计信息质量,扭曲企业实际的财务状况和经营成果,从而对会计信息使用者的决策产生误导,不符合会计信息的可靠性和相关性要求。企业对售出商品可能发生的保修义务确认预计负债、对可能发生的资产减值损失计提资产减值准备等,都是谨慎性的体现。

1.6.8　及时性

及时性要求企业对于已经发生的交易或者事项,应当及时进行会计确认、计量和报告,不得提前或者延后。

会计信息具有时效性,如果企业会计人员不及时收集、处理、传递会计信息,对于会计信息使用者来说决策的作出也没有实际意义。及时性体现在整个会计核算环节,要求企业会计人员及时收集会计信息,即在经济交易或者事项发生后,及时收集、整理各种原始单据或者凭证;及时处理会计信息,即按照《企业会计准则》的规定,及时对经济交易或者事项进行确认或者计量,并编制出财务报告;及时传递会计信息,即按照国家规定的有关时限,及时将编制的财务报告传递给财务报告使用者,便于其及时使用和决策。

 章节测试

一、复习思考题

1. 简述会计六大要素。这些要素之间有什么联系?

2. 会计信息质量要求有哪些?

3. 简述财务会计与管理会计的区别与联系。

二、单选题

1. 确定会计核算工作空间范围的前提条件是( )。

A. 会计主体　　　　B. 持续经营　　　　C. 会计分期　　　　D. 货币计量

2. 企业对可能发生的各项资产损失计提资产减值或跌价准备,充分体现了( )要求。

A. 权责发生制　　B. 实质重于形式　　C. 谨慎性　　　　D. 可靠性

3. 某企业本期购入一项固定资产,因投入生产使用,财务人员一直未登记入账,这违背了会计信息质量要求中的( )要求。

A. 及时性　　　　B. 实质重于形式　　C. 谨慎性　　　　D. 重要性

4. 企业将其租入的资产(短期租赁和低价值资产租赁除外),在会计确认时将其视为企业的资产核算,体现了会计信息质量要求中的( )要求。

A. 可靠性　　　　B. 实质重于形式　　C. 谨慎性　　　　D. 及时性

5. 企业会计确认、计量和报告的会计基础是权责发生制,该基础所依据的会计基本假设是( )。

A. 会计主体和持续经营　　　　　　B. 持续经营和会计分期

C. 会计分期和货币计量　　　　　　D. 会计主体和货币计量

6. 下列各项中,不属于我国会计职业道德规范内容的是( )。

A. 坚持诚信,守法奉公　　　　　　B. 坚持准则,守责敬业

C. 坚持学习,守正创新　　　　　　D. 坚持工作,守护底线

7. 下列各项中,属于流动资产的是( )。

A. 固定资产　　　B. 无形资产　　　C. 原材料　　　　D. 短期借款

8. 下列各项中,不属于非流动负债的是( )。

A. 应付票据　　　B. 应付债券　　　C. 长期借款　　　D. 长期应付款

9. 下列各项中,符合会计要素收入定义的是( )。

A. 出售材料收入　　　　　　　　　B. 出售无形资产净收益

C. 转让固定资产净收益　　　　　　D. 向购货方收取的增值税销项税额

10. 下列各项中,属于生产费用的是( )。

A. 销售费用　　　B. 管理费用　　　C. 财务费用　　　D. 制造费用

第2章

货 币 资 金

教学目的和要求

了解货币资金的概念,熟悉货币资金内部控制建立的基本要点;掌握库存现金的会计核算、库存现金期末清查业务原理,理解库存现金的管理;掌握银行存款的会计核算、银行存款余额调节表的编制方法;熟悉银行存款转账结算的方式;了解其他货币资金的组成,掌握其他货币资金的会计核算。

教学重点和难点

重点:库存现金收支业务的会计核算、期末清查;银行存款收支业务的会计核算;其他货币资金的日常核算。

难点:库存现金期末清查;银行存款余额调节表的编制。

课程思政

"勤以修身、俭以养身",树立正确的消费观、价值观和法治意识,合理分配使用资金,严守底线,抵制金钱的诱惑。强化风险防范意识,树立财务人员经世济民的社会责任感,提升财务工作的岗位认知,树立良好的职业道德。

2.1 货币资金概述

2.1.1 货币资金的概念与范围

货币资金是指企业在生产经营过程中,以货币形态存在的各类资金。货币资金是企业重要的资产,为了保证企业正常生产经营活动的运行,企业需要采用合理的方法判断货币资金的最佳储存量,以满足日常付款活动的需要,如采购原材料、缴纳税款、发放职工工资、偿还债务等。企业货币资金的总体情况,通常以"货币资金"项目在资产负债表中列示,而不是按组成内容分列,该数值的大小在一定程度上反映了企业现金支付能力与偿债能力,是会计信息使用者分析目标企业财务状况与财务风险的重要指标之一。

货币资金形态可以是硬币、纸币、存放于银行的活期存款、汇票存款等,它们的共同特征是可以立即支付使用,因此,不能立即支付使用的交换媒介,如商业汇票、银行冻结存款则不能视为货币资金。此外,根据存放地点和用途的不同,货币资金可以分为库存现金、银行存款、其他货币资金。库存现金是指存放于企业财会部门、由出纳人员经管的货币。库存现金是企业流动性最强的资产,最容易出现差错、挪用、侵吞等现象,企业必须加强库存现金的管理,严格遵守国家和企业相关现金管理制度,监督库存现金使用的合法性与合理性,保证其安全与完整。银行存款是指企业存放于银行或其他金融机构的货币资金,通常包括人民币存款和外币存款。其他货币资金是指企业除库存现金、银行存款以外的货币资金。由于其他货币资金存在形式及用途的特殊性,为了区分,会计上对其相关业务采用单独的会计科目进行核算。

2.1.2 货币资金内部控制制度

货币资金具有高流动性,企业需要建立有效的货币资金内部控制制度,并组织实施,以保持资金流动的合理性、安全性。货币资金内部控制制度应包括以下几项内容。

2.1.2.1 严格遵循职责分离原则

企业在货币资金岗位职责与权限的设计上,要做到不相容岗位相分离,具体要求如下:保管库存现金的出纳人员不得兼管收入、费用、债权、债务等账簿的登记工作以及会计稽核和会计档案的保管工作,即出纳不能同时负责总分类账的记录与保管;企业不得由一人单独办理货币资金业务的全过程,货币资金的收付和控制货币资金收支的专用印章不得由一人监管;出纳人员应与负责库存现金清查盘点人员、负责与银行对账的人员相分离。

2.1.2.2 建立货币资金授权审批制度

明确审批人员对货币资金业务的授权批准方式、权限、程序、责任和相关控制措施,对不符合规定的货币资金支付申请,审批人员应当拒绝审批。规定经办人员办理货币资金业务的职责范围和工作要求,经办人员要在职责范围内按照审批人员的批准意见办理货币资金业务。对于重要的货币资金支付业务,应当实行集体决策和审批,并建立责任追究制度,不允许没有授权的部门或人员办理货币资金业务或直接接触货币资金。

2.1.2.3 建立严格的票据领用回收制度

所有收据和发票必须连续编号,明确购买、领用、签收、保管、注销等环节的职责权限与程序,设置登记簿,票据流转过程中相关人员应按规范签字,以明确经济责任。对于空白收据和发票要严格管理,定期检查,以免丢失。

2.1.2.4 专门财产清查人员定期与不定期盘点

出纳人员要做到日清月结,专门财产清查人员要定期与不定期进行实地盘点,审核收付凭证的合理性与合法性,检查相关账簿资料是否完整、安全、准确,有无"白条"顶库、挪用情况。清查结束后,清查结果应填列在库存现金清查盘点报告上,由清查人员和出纳签字盖章,以保证清查效力。

2.1.2.5 定期岗位轮换

资金管理人员实行定期轮岗制度,原则上每 3 年轮岗一次,因工作需要或特殊原因,经批准可适当提前或延期。轮岗制度的实施既可以调动会计人员的工作积极性,提升会计人员的职业判断能力,又可以及早发现和防范错误舞弊行为,瓦解长期形成的固定利益圈,减少财务人员自身的腐败。企业选择办理货币资金业务的人员时,应着重考量相关人员是否具备良好的职业道德、廉洁奉公,遵纪守法。另外,企业要定期对相关从业人员进行职业道德和业务水平的培训,有效提高工作效率和业务能力。

2.1.3　与货币资金相关的主要会计科目

（1）"库存现金"科目：借方登记企业库存现金的增加，贷方登记企业库存现金的减少，期末借方余额反映期末企业库存现金的实有数。企业内部各部门周转使用的备用金，可以单独使用"备用金"科目核算。企业应设置库存现金日记账、库存现金总账，月末应进行账账核对，做到账账相符。

（2）"银行存款"科目：借方登记企业银行存款的增加，贷方登记企业银行存款的减少，期末借方余额反映期末企业实际持有的银行存款余额。企业应当设置银行存款日记账、银行存款总账，以对银行存款进行总分类、序时核算。企业可按开户银行和其他金融机构、存款种类等设置银行存款日记账，序时逐笔登记，每日终了结出余额。

（3）"其他货币资金"科目：借方登记其他货币资金的增加，贷方登记其他货币资金的减少，期末余额在借方，反映企业实际持有的其他货币资金余额。企业一般按照其他货币资金的内容设置二级明细科目进行具体核算。

2.2　库存现金

2.2.1　库存现金的核算

企业收到现金时，借记"库存现金"科目，贷记相关科目；企业支出现金时，借记相关科目，贷记"库存现金"科目。

【例2-1】　2×23年6月5日，大连卓段制造有限责任公司（以下简称卓段制造）销售产品价款800元，产生增值税104元，上述款项以现金形式收取；6月10日从银行提取现金5 000元。根据上述资料，编制会计分录如下：

（1）2×23年6月5日：

借：库存现金　　　　　　　　　　　　　　　　　　　　　　　　　904
　　贷：主营业务收入　　　　　　　　　　　　　　　　　　　　　　800
　　　　应交税费——应交增值税（销项税额）　　　　　　　　　　　104

（2）2×23年6月10日：

借：库存现金　　　　　　　　　　　　　　　　　　　　　　　　5 000
　　贷：银行存款　　　　　　　　　　　　　　　　　　　　　　　5 000

【例2-2】　承接[例2-1]，6月15日，卓段制造用现金支付职工工资14 000元；6月17日，购买图书资料支出现金560元；6月20日，将现金3 200元送存银行。根据上述资料，编制会计分录如下：

（1）2×23年6月15日：

借：应付职工薪酬　　　　　　　　　　　　　　　　　　　　　　14 000
　　贷：库存现金　　　　　　　　　　　　　　　　　　　　　　14 000

（2）2×23 年 6 月 17 日：

借：管理费用 560

　　贷：库存现金 560

（3）2×23 年 6 月 20 日：

借：银行存款 3 200

　　贷：库存现金 3 200

企业为了连续、全面地反映和监督库存现金增减变动情况，可以设置库存现金日记账和库存现金总账，分别核算库存现金明细分类和总分类情况。其中，库存现金日记账是出纳人员根据审核签字后的收、付款凭证，按照经济业务发生的时间顺序逐日、逐笔进行登记的。每日终了时，出纳人员应结出当日现金收支合计数，并结出余额。库存现金日记账是后续进行财产清查的重要依据，如果企业涉及外币现金的收支，应分别以人民币和各种外币设置库存现金日记账。企业在登记库存现金总账时，可以根据收、付款凭证逐笔登记，也可以简化核算工作，根据实际情况，以科目汇总表或汇总记账凭证为依据，定期或月终登记库存现金总账。

备用金是指支付给单位内部各有关部门或工作人员用于日常零星开支的款项，如差旅费、零星采购、收银找零等。备用金是单位现金的特殊形式，为了灵活开展业务，提高工作效率，企业内部各部门周转使用的备用金，可以通过"其他应收款"科目核算，也可以单独设置"备用金"科目核算，不在"库存现金"科目核算。备用金在企业中常用的核算方式有定额管理和非定额管理两种。定额管理根据各部门的实际需要和单位的财务负担能力核定并报有关领导批准备用金定额；非定额管理按每次业务所需备用金管理额预借并于用后报销、核销备用金。两种核算方式会计处理对比如表 2-1 所示。

表 2-1　定额管理和非定额管理会计处理对比

项目	预借	报销	注销备用金
定额管理	借：备用金 　　贷：库存现金	借：管理费用/制造费用 　　贷：库存现金	取消定额备用金是注销 借：管理费用/制造费用 　　库存现金 　　贷：备用金
非定额管理	借：备用金 　　贷：库存现金	借：管理费用/制造费用 　　库存现金 　　贷：备用金/库存现金	报销时已注销

【例 2-3】　卓段制造会计部门对生产部门实行定额备用金制度，根据核定的定额，付给定额备用金 5 000 元。生产部门采购办公用品备用金支出 500 元，持开支凭证到会计部门报销，会计部门审核后付给现金，补足定额。会计部门因管理需要决定取消定额备用金制度。生产部门持尚未报销的开支凭证 1 200 元和余款 3 800 元，到会计部门办理报销和交回备用金手续。根据上述资料，编制会计分录如下：

借：备用金——生产部门 5 000

　　贷：库存现金 5 000

```
  借：制造费用                                              500
      贷：库存现金                                               500

  借：制造费用                                            1 200
      库存现金                                            3 800
      贷：备用金——生产部门                                      5 000
```

【例 2-4】　卓段制造董事王某出差预借备用金 1 500 元，实际支出 1 700 元，经审核予以报销。根据上述资料，编制会计分录如下：

（1）预借时：

```
  借：备用金                                              1 500
      贷：库存现金                                             1 500
```

（2）报销时：

```
  借：管理费用                                            1 700
      贷：备用金                                              1 500
         库存现金                                              200
```

2.2.2　库存现金的清查

库存现金的清查是指财产清查人员采用实地盘点法对企业库存现金的实存数额与库存日记账的账面余额进行核对，判断是否做到账实相符的一种财产清查方法。该方法实施的目的是准确地反映库存现金的余额，加强对出纳人员的监督，避免非法行为的发生，保证库存现金的安全与完整。财产清查人员一般是企业主管会计或财务负责人，清查过程中出纳人员必须参与。盘点的内容包括检查是否账实相符，如若不符，应及时查明原因并向主管领导报告，并作相应处理。此外，还应检查是否严格遵守现金管理制度，如借条抵充现金、设置"小金库"、现金限额使用不规范等，如若发现相关情况，应及时予以纠正。清查完毕，财产清查人员要填制库存现金盘点报告表，作为清查工作的原始凭证。

库存现金的账实不符分为现金溢余和现金短缺两种情况。

（1）当清查发现库存现金实际数额大于库存现金日记账时即为现金溢余，会计处理应调整成账实相符，按溢余金额，借记"库存现金"科目，贷记"待处理财产损溢——待处理流动资产损溢"科目。待查明原因后，如属于应支付给有关人员或单位的部分，应借记"待处理财产损溢——待处理流动资产损溢"科目，贷记"其他应付款——应付现金溢余"科目；如是无法查明原因的现金溢余，应作为企业的营业外收入处理，借记"待处理财产损溢——待处理流动资产损溢"科目，贷记"营业外收入"科目。

（2）当清查发现库存现金实际数额小于库存现金日记账时即为现金短缺，会计处理应调整成账实相符，按短缺金额，借记"待处理财产损溢——待处理流动资产损溢"科目，贷记"库存现金"科目。待查明原因后，如属于应由责任人赔偿的部分，借记"其他应收款——应收现金短缺款"或"库存现金"等科目，贷记"待处理财产损溢——待处理流动资产损溢"科目；属于应由保险公司赔偿的部分，借记"其他应收款——应收保险赔款"科目，贷记"待处理财产损溢——待处理流动资产损溢"科目；属于无法查明原因的部分，根据管理权限，经批准后借记"管理费用"科目，贷记"待处理财产损溢——待处理流动资产损溢"科目。

【例2-5】 2×23年6月10日,卓段制造现金盘点时发现库存现金溢余120元,溢余款无法查明原因。相关账务处理如下:

借:库存现金 120
  贷:待处理财产损溢——待处理流动资产损溢 120

借:待处理财产损溢——待处理流动资产损溢 120
  贷:营业外收入 120

【例2-6】 2×23年6月17日,卓段制造现金盘点时发现库存现金短款621元,经查发现需要出纳人员赔偿350元,其余短款无法查明原因。相关账务处理如下:

借:待处理财产损溢——待处理流动资产损溢 621
  贷:库存现金 621

借:其他应收款——应收现金短缺款 350
  管理费用 271
  贷:待处理财产损溢——待处理流动资产损溢 621

2.3 银 行 存 款

2.3.1 银行存款的管理

银行存款是企业或个人存放在银行或其他金融机构的货币资金,企业一般设置"银行存款"科目反映其增减变动情况。按照我国现金管理制度的规定,企业现金限额外的交易收入均应存入银行,现金使用范围外的交易支出,都应遵守银行结算办法的有关规定,通过银行办理转账结算。企业应以公司名称在其所在地的银行开设单位银行结算账户,用开户银行给定的账号进行日常存款、取款和各种收支转账业务的划拨结算。为了维护金融秩序,规范银行账户的开立与使用,中国人民银行制定的《人民币银行结算账户管理办法》规定:单位银行结算账户根据用途的不同,一般包括基本存款账户、一般存款账户、临时存款账户和专用存款账户。

(1)基本存款账户是企业办理日常结算和现金收付业务的账户,企业日常交易资金收付、职工薪酬等现金的支取只能通过该账户办理,是企业的主办账户。该账户既可以存入现金,也可以支取现金。

(2)一般存款账户是企业在基本存款账户以外开立的用于办理银行借款转存业务、与基本存款账户不在同一地点的附属非独立核算的单位结算业务的账户。该账户可办理转账结算和现金缴存业务,但不可办理支取现金业务。

(3)临时存款账户是企业因临时需要并在规定期限内使用而开立的银行结算账户,主要用于办理企业临时经营活动发生的资金收付,其有效期最长不得超过2年。临时存款账户支取现金,应按照国家现金管理的规定办理。

(4)专用存款账户是企业按照法律、行政法规和规章,对特定用途资金进行专项管理和使用而开立的银行结算账户,用于办理各项专用资金的收付。其中,证券交易结算资金、期货交易保证金和信托基金专用存款账户不得支取现金;基本建设资金、更新改造资金、政策性房地产开发资金账户需要支取现金的,应在开户时报中国人民银行当地分支机构批准;收入汇缴账户除向其基本存款账户或预算外资金财政专用存款账户划缴款项外,只收不付,不得支取现金;业务支出账户除从其基本存款账户拨入款项外,只付不收,可以依法支取现金。

一个企业只能在一家银行开立一个基本存款账户,不得在同一家银行的几个分支机构开立一般存款账户;银行结算账户的开立和使用应当遵守法律、行政法规,不得利用银行结算账户进行偷逃税款、逃避债务、套取现金及其他违法犯罪活动;不得供企业以外的其他单位或个人使用,接受银行监督;不得签发空头支票,年终开出的支票,须当年支取,不得跨年度,应按月与开户银行核对,防止错账、乱账。

企业支付结算应严格遵守结算纪律和结算原则。结算纪律要求单位和个人在办理支付结算时,不准签发没有资金保证的票据或远期支票,套取银行信用;不准签发、取得和转让没有真实交易和债权债务的票据,套取银行和他人资金;不得无理拒绝付款,任意占用他人资金;不准违反规定开立和使用账户。结算原则要求单位、个人和银行办理支付结算必须遵守下列结算原则:恪守信用,履约付款;谁的钱进谁的账,由谁支配;银行不垫款。结算行为中的各方对其违规行为应承担相应的法律责任,包括民事责任、行政责任和刑事责任。

银行存款,一般情况下存取是自由的,提现或转账不受限制,但不能忽视两种特殊的存款。一种是定期存款:如果管理层有明确的意图进行"定期"以获得比较高的协议利息收入,这部分存款就不是会计上所指的一般性银行存款了,而是选择将其记入"债权投资"账户或"长期应收款"账户,在资产负债表中应当将其归类到"其他非流动资产"项目中反映。另一种是冻结存款:企业遇到债务纠纷或处于法律处罚阶段,存款被法院冻结,这部分存款不仅失去了流动性的最基本特征,而且存款的所有权归属变得不可确定,对于被冻结的银行存款,是否需要重新进行会计处理以及如何处理,《企业会计准则》没有作出明确的规定。

2.3.2　银行转账结算方式

转账结算是指企业单位之间的款项收付不动用现金,而是由银行从付款单位的存款账户划转到收款单位的存款账户的货币清算行为。为了保证银行结算业务的正常开展,使社会经济活动中各项资金得以顺畅流转,中国人民银行《支付结算办法》规定了银行转账结算方式有以下几种:银行汇票、银行本票、支票、商业汇票、信用卡、汇兑、托收承付、委托收款、信用证。

2.3.2.1　银行汇票

银行汇票是指由出票银行签发的,由其在见票时按照实际结算金额无条件付给收款人或者持票人的票据,银行汇票的出票银行为银行汇票的付款人。银行汇票多用于办理异地转账结算和支取现金,具有使用灵活、票随人到、兑现性强等特点,适用于先收款后发货或钱货两清的商品交易,企业和个人都可使用银行汇票完成交易结算。

企业采用银行汇票的结算方式,应先作为申请人向出票银行提交银行汇票申请书,填明收款人名称、支付金额、申请人、申请日期等事项并签章(预留银行的签章),将款项交存银行。

出票银行受理申请书,收妥款项后,签发银行汇票给申请人。签发银行汇票时要注意银行汇票的绝对记载事项,具体事项如下:标明"银行汇票"的字样、无条件支付的承诺、出票金额、付款人名称、收款人名称、出票日期、出票人签章。如上述记载事项出票时未填写,银行汇票无效。

收款单位收到申请人交付的银行汇票时,要注意检查银行汇票和解讫通知是否齐全,汇票号码和记载的内容是否一致,收款人是否确为本单位或本人,银行汇票是否在提示付款期限内,必须记载的事项是否齐全,出票人签章是否符合规定,大小写出票金额是否一致,出票金额、出票日期、收款人名称是否更改,更改的其他记载事项是否由原记载人签章证明。如无问题,收款单位应在票面金额内,根据实际需要的款项到银行办理入账手续,并将多余的金额退给汇票申请人。银行汇票的提示付款期限为自出票之日起 1 个月内,持票人超过付款期限付款的,银行不予受理。申请人因银行汇票超过付款提示期限或其他原因要求退款时,应将银行汇票和解讫通知同时提交到出票银行。申请人为单位的,应出具该单位的证明;申请人为个人的,应出具本人的身份证件。对于代理付款银行查询的要求退款的银行汇票,汇票提示付款期满后方能办理退款。出票银行对于转账银行汇票的退款,只能转入原申请人账户;对于符合规定填明"现金"字样的银行汇票的退款,可以退付现金。申请人缺少解讫通知要求退款的,出票银行应于银行汇票提示付款期满 1 个月后办理退款。银行汇票丧失的,失票人可以凭人民法院出具的其享有票据权利的证明,向出票银行请求付款或退款。

单位和个人各种款项的结算,均可使用银行汇票。填明"现金"字样的银行汇票也可以用于支取现金。银行汇票可以背书转让,背书转让以不超过出票金额的实际结算金额为准,未填写实际结算金额或实际结算金额超过出票金额的银行汇票的,不得背书转让。

2.3.2.2 银行本票

银行本票是指由银行签发的,承诺自己在见票时无条件支付确定的金额给收款人或者持票人的票据,适用于单位和个人在同一票据交换区域需要支付各种款项的结算。银行本票按照其金额是否固定可分为不定额和定额两种。不定额银行本票是指凭证上金额栏是空白的,签发时根据实际需要填写金额(起点金额为 100 元),并用压数机压印金额的银行本票;定额银行本票是指凭证上预先印有固定面额的银行本票,面额有 1 000 元、5 000 元、10 000 元和50 000 元几种,其提示付款期限自出票日起最长不得超过 2 个月,在有效付款期内,银行见票即付,结算迅速;超过付款期限提示付款的,银行不予受理。

申请人使用银行本票时,应填写银行本票申请书。申请人或收款人为单位的,不得申请签发银行本票。出票银行受理银行本票申请书,收妥款项,签发银行本票。申请人将银行本票交付给本票上记载的收款人,收款人作为持票人可在票据权利时效内向出票银行作出说明,并提供本人身份证件或单位证明,持银行本票向出票银行请求付款。银行本票可以背书转让给被背书人。

申请人因银行本票超过提示付款期限或其他原因要求退款时,应将银行本票提交给出票银行。申请人为单位的,应出具该单位证明;申请人为个人的,应出具本人身份证件。对于在本行开立存款账户的申请人,出票银行只能将款项转入原申请人账户;对于现金银行本票和未在本行开立存款账户的申请人,出票银行可以退付现金。如果银行本票丢失,失票人可以凭人民法院出具的其享有票据权利的证明,向出票银行请求付款或退款。

2.3.2.3 支票

支票是单位或个人签发的,委托办理支票存款业务的银行在见票时无条件支付确定的金额给收款人或者持票人的票据。支票适用于同城各种款项的结算。

支票由银行统一印刷,分为现金支票、转账支票和普通支票。在支票上印有"现金"字样的支票为现金支票,只能用于支取现金;在支票上印有"转账"字样的支票为转账支票,只能用于转账;在支票上未印有"现金"或"转账"字样的支票为普通支票,可以用于支取现金,也可以用于转账。支票的提示付款期限为自出票之日起 10 日内,支票见票即付;超过提示付款期限提示付款的,持票人开户银行不予受理,付款人不予付款。

签发支票的金额不得超过付款时在付款人处实有的存款金额,禁止签发空头支票、与预留银行签章不符的支票以及支付密码错误的支票。否则,银行应予以退票,并按票面金额处以5%但不低于 1 000 元的罚款;持票人有权要求出票人赔偿支票金额 2‰的赔偿金。对屡次签发空头支票的出票人,银行应停止为其办理支票。另外,单位和个人在签发支票时应使用碳素墨水或墨汁填写,中国人民银行另有规定的除外。出票人为单位的,支票上出票人的签章,为与该单位在银行预留签章一致的财务专用章或者公章加其法定代表人或者其授权的代理人的签名或者盖章;出票人为个人的,支票上出票人的签章,为与该个人在银行预留签章一致的签名或者盖章。支票的出票人预留银行签章是银行审核支票付款的依据,出票人不得签发与其预留银行签章不符的支票。

支票的提示付款期限自出票日起 10 日。持票人可以委托开户银行收款或直接向付款人提示付款。用于支取现金的支票仅限于收款人向付款人提示付款。出票人必须按照签发的支票金额承担保证向该持票人付款的责任。出票人在付款人处的存款足以支付支票金额时,付款人应当在见票当日足额付款。付款人依法支付支票金额的,对出票人不再承担受委托付款的责任,对持票人不再承担付款的责任,但付款人以恶意或者有重大过失付款的除外。

2.3.2.4 商业汇票

商业汇票是出票人签发的,委托付款人在指定日期无条件支付确定的金额给收款人或者持票人的票据。商业汇票适用于同城或异地商品交易或债权债务的结算。商业汇票付款人为承兑人,按承兑人不同可分为商业承兑汇票和银行承兑汇票。商业承兑汇票由银行以外的付款人承兑,银行承兑汇票由银行承兑。

商业承兑汇票的出票人应具有如下资格:为在银行开立存款账户的法人以及其他组织,并与付款人具有真实的委托付款关系,具有支付汇票金额的可靠资金来源。银行承兑汇票的出票人必须是在承兑银行开立存款账户的法人以及其他组织,并与承兑银行具有真实的委托付款关系,资信状况良好,具有支付汇票金额的可靠资金来源。出票人办理电子商业汇票业务,还应同时具备签约开办对公业务的企业网银等电子服务渠道,并与银行签订《电子商业汇票业务服务协议》。单张出票金额在 100 万元以上的商业汇票原则上应全部通过电子商业汇票办理;单张出票金额在 300 万元以上的商业汇票应全部通过电子商业汇票办理。个人无法开具商业汇票。

商业承兑汇票属于商业信用范畴,可以由付款人签发并承兑,也可以由收款人签发交由付款人承兑。收款人或者持票人在提示付款期限内应填写委托收款凭证,并连同商业承兑汇票送交银行办理收款,在收到银行转来的收款通知后,就可办理收款的账务处理。付款人收到开户银行转来的付款通知,应在当日通知银行付款;付款人在接到通知日的次日起 3 日内未通知银行付款的,银行视同付款人承诺付款,并应于付款人接到通知日的次日起第 4 日上午开始营业时,将票款划给持票人。银行在办理划款时,付款人存款账户不足支付的,应填制付款人未付票款通知书,连同商业承兑汇票邮寄持票人开户银行转交持票人。

银行承兑汇票属于银行信用范畴,应由在承兑银行开立存款账户的存款人签发。存款人应与承兑银行具有真实的委托付款关系,而且资信状况良好,具有支付汇票金额的可靠资金来源。银行承兑汇票的出票人应于汇票到期前将票款足额交存其开户银行。承兑银行应按票面金额的一定比例向出票人收取手续费(银行承兑汇票手续费为市场调节价)。承兑银行在汇票到期日或到期日后的见票当日支付票款。

商业汇票的付款期限由交易双方商定,但最长不得超过 6 个月。商业汇票的付款期限记载有以下三种形式：

（1）定期付款的商业汇票，付款期限为在汇票上记载的具体到期日。

（2）出票后定期付款的商业汇票，付款期限自出票日起按月计算，并在汇票上记载。

（3）见票后定期付款的商业汇票，付款期限自承兑或拒绝承兑日起按月计算，并在汇票上记载。

商业汇票提示付款期限为自汇票到期之日起 10 日，持票人应在提示付款期内通过开户银行委托收款或直接向付款人提示付款；持票人超过提示付款期限提示付款的，持票人开户银行不予受理，但在作出说明后，承兑人或者付款人仍应当继续对持票人承担付款责任。

商业汇票的贴现是指持票人为了满足临时的资金需要，将尚未到期的票据在背书后送交银行，银行受理后从票据到期值中扣除按银行贴现率计算确定的贴现利息，然后将余额付给持票人，作为银行对企业提供短期贷款的行为。可见，票据贴现即以票据向银行借入短期资金，其实质是企业融通资金的一种形式。商业汇票的持票人向银行办理贴现必须具备以下条件：票据未到期、票据未记载"不得转让"事项、在银行开立存款账户的企业法人、其他组织出票人或者直接前手之间具有真实的商品交易关系。

2.3.2.5　信用卡

信用卡是指商业银行向个人和单位发行的，凭以向特约单位购物、消费和向银行存取现金，且具有消费信用的特制载体卡片。信用卡按使用对象分为单位卡和个人卡；按信誉等级分为金卡和普通卡等。

单位申领信用卡应按规定填制申请表，连同有关资料一并送交发卡银行。符合条件的单位应按银行的要求交存一定金额的备用金，银行方可为申领人开立信用卡存款账户，发放信用卡。凡在中国境内金融机构开立基本存款账户的单位均可申领单位卡。单位卡适用于同城或异地与特约单位的各种款项结算。利用单位卡结算的商品交易额、劳务供应款项最高不得高于 10 万元。信用卡透支期限最长为 60 天。单位卡账户的资金一律从其基本存款账户转账存入，不得交存现金，不得将销货收入的款项存入其账户。单位卡销户时，账户余额要转入其基本存款账户，不能提取现金。

2.3.2.6　汇兑

汇兑是汇款人委托银行将其款项支付给收款人的结算方式。单位和个人的各种款项结算，均可使用汇兑结算方式。汇兑分为信汇、电汇两种。信汇是指汇款人委托银行通过邮寄方式将款项划转给收款人。电汇是指汇款人委托银行通过电报将款项划给收款人。这两种汇兑方式由汇款人根据需要选择使用。对开立存款账户的收款人，汇入银行应将汇给收款人的款项直接转入收款人账户，并向其发出收账通知。未在银行开立存款账户的收款人，凭信汇、电汇的取款通知或"留行待取"的，向汇入银行支取款项时，必须交验本人的身份证件，并在信汇、电汇凭证上注明证件名称、号码及发证机关，在"收款人签章"处签章。信汇凭签章支取的，收款人的签章必须与预留信汇凭证上的签章相符。支取现金的，信汇、电汇凭证上必须有按规定填明的"现金"字样，才能办理；未填明"现金"字样需要支取现金的，由汇入银行按照国家现金管理规定审查支付；转账支付的，应由原收款人向银行填制支款凭证，并由本人交验其身份证件办理支付款项，且款项只能转入单位或个体工商户的存款账户，严禁转入储蓄和信用卡账户。汇款人对汇出银行尚未汇出的款项可以申请撤销；对汇出银行已经汇出的款项可以申请退汇。汇入银行对于收款人拒绝接受的汇款，应立即办理退汇。汇入银行对于向收款人发出取款通知,经过 2 个月无法交付的汇款,应主动办理退汇。

2.3.2.7 托收承付

托收承付是指当事人之间订立购销合同后,由收款人在发货后委托银行向异地的付款人收款,由付款人凭借收货的单据凭证在收到货后向银行承认付款的一种结算方式。托收承付使用范围限制较为严格,只适用于异地订有经济合同的商品交易及因为商品交易而产生的相关劳务款项的结算。代销、寄销、赊销商品的款项,不得办理托收承付结算。使用托收承付结算方式的收款单位和付款单位,必须是国有企业、供销合作社以及经营管理较好并经开户银行审查同意的城乡集体所有制工业企业。采用托收承付进行结算的交易双方必须签有符合法规要求的购销合同,并在合同上注明使用托收承付结算方式进行结算。

购货单位收到银行转来的付款通知以后,应在承付期内及时组织审查核对,安排资金,支付货款。承付货款分为验单付款和验货付款两种方式,由收付双方选择使用,并在合同中明确加以规定。验单付款的承付期为 3 天,从付款人开户银行发出承付通知的次日算起(承付期内遇法定休假日顺延)。付款人在承付期内未向银行表示拒绝付款的,银行即视作承付,并在承付期满的次日(法定休假日顺延)上午银行开始营业时,将款项主动从付款人的账户内付出,按照收款人指定的划款方式划给收款人。验货付款的承付期为 10 天,从运输部门向付款人发出提货通知的次日算起。不论验单付款还是验货付款,付款人都可以在承付期内提前向银行表示承付,并通知银行提前付款,银行应立即办理划款。因商品的价格、数量或金额变动,付款人应多承付款项的,须在承付期内向银行提出书面通知,银行据以随同当次托收款项划给收款人。付款人不得在承付货款中扣抵其他款项或以前托收的货款。

付款人在承付期满日银行营业终了时如无足够资金支付,其不足部分,即为逾期未付款项。对付款人逾期未付的款项,银行根据逾期付款金额和逾期天数按每天 0.5‰ 计算逾期付款赔偿金。付款人在承付期内如果有完整的拒付手续和充足的理由,可以向银行提出拒付。下列情况下,付款人在承付期内可向银行提出全部或部分拒绝付款:没有签订购销合同或购销合同未订明托收承付结算方式的款项;未经双方事先达成协议,收款人提前交货或因逾期交货付款人不再需要该项货物的款项;未按合同规定的到货地址发货的款项;代销、寄销、赊销商品的款项;验单付款,发现所列货物的品种、规格、数量、价格与合同规定不符,或货物已到,经查验货物与合同规定或发货清单不符的款项;验货付款,经查验货物与合同规定或与发货清单不符的款项;货款已经支付或计算有错误的款项。

2.3.2.8 委托收款

委托收款是指收款人委托银行向付款人收取款项的结算方式。单位和个人凭已承兑的商业汇票、债券、存单等付款人债务证明办理款项的结算,均可以使用委托收款结算方式。委托收款在同城、异地均可以使用。委托收款结算款项的划回方式分为邮寄和电报两种,由收款人自行选择使用。收款人委托银行向付款人收取款项时,应填写一式五联的委托收款结算凭证,连同有关债务证明送交银行办理委托收款手续,收款人开户行受理后,应将有关凭证寄交付款人开户行并由其审核后通知付款人。付款人应于接到通知的当日书面通知银行付款。按照规定,付款人未在接到通知日的次日起 3 日内通知银行付款的,视同付款人同意付款,银行应在付款人接到通知日的次日起第 4 日上午开始营业时,将款项划给收款人。银行在办理划款时,付款人存款账户不足支付应付金额时,应通过被委托银行向收款人发出未付款项通知书。按照规定,债务证明留存付款人开户银行的,付款人开户行应将其债务证明连同未付项通知书邮寄被委托银行并转交收款人。付款人审查有关债务证明后,对收款人委托收取的款项产生异议,需要拒绝付款的,应在付款期内出具拒付理由书连同有关凭证向银行办理拒绝付款。

2.3.2.9 信用证

信用证属于国际结算的一种主要方式,是一种由银行依照客户的要求和指示开立的有条件承诺付款的书面文件,一般是不可撤销的跟单信用证。这里提到的不可撤销是指信用证已经开出,在有效期内未经收益人及有关当事人的同意,开证行不能片面修改和撤销,只要收益人提供的单据符合信用证的规定,开证行必须履行付款的义务。跟单是指信用证项下的汇票必须附有货运单据。信用证只限于转账结算,不得支取现金。经中国人民银行批准经营结算业务的商业银行总行,以及经商业银行总行批准开办信用证结算业务的分支机构,也可以办理国内企业之间商品交易的信用证结算业务。信用证业务涉及六个方面的当事人:①开证申请人,是指向银行申请开立信用证的人,又称开证人;②开证行,是指接受开证申请人的委托开立信用证的银行,它承担保证付款的责任;③通知行,是指受开证行的委托,将信用证转交出口人的银行,它只证明信用证的真实性,不承担其他义务;④收益人,是指信用证上所指定的有权使用该证的人,即出口人或实际供货人;⑤议付银行,是指愿意买入收益人交来跟单汇票的银行;⑥付款银行,是指信用证上指定付款的银行,在多数情况下,付款银行即是开证行。

信用证结算方式的一般收付款程序是:首先,开证申请人根据合同填写开证申请书并缴纳押金或提供其他保证,请开证行开证。其次,开证行再根据申请书内容,向收益人开出信用证并寄出口人所在地通知行。通知行核对印鉴无误后,将信用证交收益人。收益人审核信用证内容与合同规定相符后,按信用证规定装运货物、备妥单据并开出汇票,在信用证有效期送议付行议付。议付行按信用证条款审核无误后,将货款垫付给收益人。再次,议付行将汇票和货运单据寄给开证行或其特定的付款行索偿。开证行审核单据无误后,付款给议付行。最后,开证行通知开证人付款赎单。

支票、汇兑通过"银行存款"科目进行核算,银行本票、银行汇票、信用证、信用卡通过"其他货币资金"科目进行核算,委托收款、托收承付通过"应收账款"科目核算,商业汇票通过"应付票据""应收票据"科目核算。

2.3.3 网上银行电子支付

电子支付是指单位、个人通过计算机、手机等电子终端发出支付指令,依托网络系统以电子信息传递形式进行的货币支付与资金转移。电子支付服务的主要提供方有银行和支付机构,银行的电子支付方式主要有网上银行、手机银行和条码支付等,支付机构的电子支付方式主要有网上银行支付、条码支付等。

网上银行支付简称网银支付,是指在银联在线支付平台通过输入用户名和密码等方式登录网上银行,并完成支付。网上银行是各银行在互联网中设立虚拟柜台,利用网络技术,通过互联网向客户提供开户、销户、查询、对账、行内转账、跨行转账、信贷、网上证券、投资理财等金融服务的新型银行机构与服务形式。网上银行被称为"3A银行",可以打破时间、空间限制,在任何时间(anytime)、任何地点(anywhere)、以任何方式(anyway)为客户提供金融服务。随着移动通信技术的发展和智能手机的普及,手机银行与计算机终端搭建的银行网站共同组成了企业和个人使用网上银行的主流方式。其中,手机银行也称为移动银行,通过手机、平板电脑和其他移动设备等方式完成客户与银行的对接,为客户办理相关银行业务或提供金融服务,当前手机银行更偏向借助手机 App 实现相关功能。

　　网上银行根据提供服务的主体差异,可分为企业网上银行和个人网上银行。企业网上银行主要适用于企事业单位,企事业单位可以通过企业网上银行实时了解财务运作情况,及时调度资金,轻松处理大批量的网上支付和工资发放业务。个人网上银行主要适用于个人与家庭,个人可以通过个人网上银行实现实时查询、转账、网上支付和汇款功能。

　　条码支付是指银行、支付机构应用条码技术,实现收付款人之间货币资金转移的业务活动。条码支付业务包括付款扫码和收款扫码。付款扫码是指付款人通过移动终端识读收款人展示的条码完成支付的行为。收款扫码是指收款人通过识读付款人移动终端展示的条码完成支付的行为。目前,常见的条码支付有银行及支付机构的条码支付、由中国银联携手各商业银行、支付机构共同开发建设、共同维护运营的银联便民支付服务,以及融合了多个银行和支付机构的支付端口、提供聚合类型二维码的聚合支付。其中,银联便民支付服务除条码支付功能外,还可以实现转账、缴费、信用卡还款等多项功能,并集合了部分银行的信用卡申请、理财信贷等服务,成为我国条码支付服务市场的重要构成之一。聚合支付又称第四方支付,由提供聚合支付服务的机构或银行融合不同支付机构及银行的多个支付接口,将不同机构分别生成的二维码聚合为一个二维码,使商户仅需提供一个二维码即可实现付款人自主选择使用不同银行或支付机构 App 扫码付款。

2.3.4　银行存款的核算与核对

2.3.4.1　银行存款的核算

　　为了反映和监督企业银行存款增加、减少和结存情况,企业应设置"银行存款"科目,并设置银行存款总账和银行存款日记账以反映进行银行存款总分类核算和序时核算。银行存款的总分类核算是为了总括地反映和监督企业在银行开立结算账户的收支结存情况。银行存款日记账是核算和监督银行存款日常收付结存情况的序时账簿。通过银行存款总账和银行存款日记账数据,企业可以全面、连续地了解和掌握企业银行存款的总体收支和动态余额,为系统、日常分析、检查企业的银行存款收支活动提供资料。企业收入银行存款时,应根据审核无误的记账凭证,借记"银行存款"科目,贷记有关科目;企业支出银行存款时,应根据审核无误的记账凭证,借记有关科目,贷记"银行存款"科目。

　　【例 2-7】　2×23 年 8 月 3 日,卓段制造采购原材料 100 000 元,增值税进项税额 13 000 元,缴纳销售部门电话费 3 000 元,上述款项均以银行存款转账结算。8 月 23 日,卓段制造收到 7 月赊销款 33 900 元存入银行,因扩展业务需要向银行借入 6 个月的银行借款 120 000 元。相关业务编制如下分录:

　　(1) 采购原材料:

　　　借:原材料　　　　　　　　　　　　　　　　　　　　　　　　　100 000
　　　　　应交税费——应交增值税(进项税额)　　　　　　　　　　　　13 000
　　　　　　贷:银行存款　　　　　　　　　　　　　　　　　　　　　　　　113 000

　　(2) 缴纳销售部门电话费:

　　　借:销售费用　　　　　　　　　　　　　　　　　　　　　　　　　3 000
　　　　　贷:银行存款　　　　　　　　　　　　　　　　　　　　　　　　　3 000

（3）收到 7 月赊销款：

借：银行存款	33 900
贷：应收账款	33 900

（4）借入 6 个月银行借款：

借：银行存款	120 000
贷：短期借款	120 000

2.3.4.2　银行存款的核对

企业为了准确反映银行存款的余额,应至少每月对银行存款进行一次清查,清查的内容主要是核对企业的银行存款日记账与银行提供的银行对账单余额是否相符,如有不符,须逐笔查明原因,及时更正。产生差额的原因一般有以下两个:一是企业和银行方存在一方或双方同时记账错误,如银行将企业支票存款串户记账,或者银行、企业记账时发生数字错误,如将数字 2 131 元记为 2 113 元等;二是存在未达账项,未达账项是由企业间的交易采用结算方式,涉及收、付款结算凭证在企业和银行之间的传递存在时间差导致的,在双方记账时会造成一方已收到凭证并正常入账,而另一方由于没有收到凭证故仍未入账的情况。因此,未达账项会使银行对账单上的存款余额同企业银行存款日记账的余额不相一致。未达账项产生的几种情况如下:

（1）银行已经收款记账,企业尚未记账的款项。

（2）银行已经付款记账,企业尚未记账的款项。

（3）企业已经收款记账,银行尚未记账的款项。

（4）企业已经付款记账,银行尚未记账的款项。

第(1)种、第(4)种情况会导致企业银行存款日记账余额小于银行对账单余额;第(2)种、第(3)种情况会导致企业银行存款日记账余额大于银行对账单余额。

判断是否存在未达账项,企业需要编制银行存款余额调节表,如表 2-2 所示。经过调节后,双方余额相等,表明双方记账没有错误而是存在未达账项导致的差额,调节后的余额即为企业实际可动用银行存款。调节计算公式为:

$$\begin{array}{l}\text{企业银行存款} \\ \text{日记账余额}\end{array} + \begin{array}{l}\text{银行已收、企} \\ \text{业未收款项}\end{array} - \begin{array}{l}\text{银行已付、企} \\ \text{业未付款项}\end{array} = \begin{array}{l}\text{银行对账} \\ \text{单余额}\end{array} + \begin{array}{l}\text{企业已收、银} \\ \text{行未收款项}\end{array} - \begin{array}{l}\text{企业已付、银} \\ \text{行未付款项}\end{array}$$

表 2-2　银行存款余额调节表　　　　　　　　　　　　　　　　单位:元

项目	金额	项目	金额
银行存款日记账余额	×××	银行对账单余额	×××
加:银行已收、企业未收项	×××	加:企业已收、银行未收项	×××
减:银行已付、企业未付项	×××	减:企业已付、银行未付项	×××
调节后银行存款余额	×××	调节后银行存款余额	×××

需要注意的是,银行存款余额调节表只是为了核对账目,不能作为调节银行存款账面余额的记账依据,只有等到有关凭证到达后,才能进行对应账务处理。

【例 2-8】　2×23 年 7 月 31 日,卓段制造银行存款日记账余额为 70 000 元,银行对账单的

存款余额为 73 150 元,经过双方逐笔核对后,发现存在以下未达账项:

(1)卓段制造因采购材料开出转账支票一张,金额为 2 000 元,卓段制造已登记入账,但持票人尚未到银行办理转账手续。

(2)卓段制造因销售商品收到购货方开来的转账支票一张,金额为 58 850 元,将支票送存银行后,卓段制造作银行存款增加入账,但是银行尚未办理入账手续。

(3)卓段制造委托银行代收外地销货款 65 000 元,银行已收款并登记入账,但卓段制造尚未收到收款通知。

(4)银行代为支付本月水电费 5 000 元,银行已付款并登记入账,但是卓段制造尚未收到付款通知。

根据上述资料,编制银行存款余额调节表,如表 2-3 所示。

表 2-3　银行存款余额调节表

单位:元

项目	金额	项目	金额
银行存款日记账余额	70 000	银行对账单余额	73 150
加:银行已收、企业未收款项	65 000	加:企业已收、银行未收款项	58 850
减:银行已付、企业未付款项	5 000	减:企业已付、银行未付款项	2 000
调节后银行存款余额	130 000	调节后银行存款余额	130 000

表 2-3 中左右两方调整后的余额相等,这说明卓段制造银行存款的实有数既不是 70 000 元,也不是 73 150 元,而是 130 000 元。这同时说明是由于存在未达账项导致企业银行存款日记账和银行对账单不一致,而不是企业与银行一方或双方记账错误导致的。后续记账时,对于银行已经入账,而企业尚未入账的未达账项,企业应在收到有关收、付款原始凭证后,进行账务处理,不能直接以银行转来的对账单作为原始凭证记账。

2.4　其他货币资金

2.4.1　其他货币资金的概述

其他货币资金是指除库存现金、银行存款以外的其他各种货币资金。其他货币资金其实是具有特殊用途的银行存款,由于其存放的地点、用途与库存现金和银行存款不同,会计上将其他货币资金进行单独核算。

其他货币资金主要包括银行汇票存款、银行本票存款、外埠存款、存出投资款、信用证保证金存款和信用卡存款等。其中,银行汇票存款是指企业为取得银行汇票按照规定存入银行的款项;银行本票存款是指企业为取得银行本票按照规定存入银行的款项;外埠存款是指企业到外地进行临时或零星采购时,汇往采购地银行开立采购专户的款项;存出投资款是指企业存入证券公司但尚未购买股票、基金等投资对象的款项;信用证保证金存款是指企业为取得信用证按照规定存入银行的保证金;信用卡存款是指企业为取得信用卡按照规定存入银行的款项。

2.4.2 其他货币资金的会计核算

为核算银行汇票存款、银行本票存款、外埠存款、存出投资款、信用证保证金存款和信用卡存款的增减变动,企业应设置"其他货币资金"科目登记其增减变动的总体情况。"其他货币资金"科目属于资产类会计科目,增加额记借方,减少额记贷方,期末余额在借方反映结余情况。企业可按照其他货币资金种类设置明细科目进行详细核算。

2.4.2.1 银行汇票存款

企业在填送银行汇票委托书并将款项交存银行,取得银行汇票后,应根据银行盖章退回的委托书存根联,借记"其他货币资金——银行汇票"科目,贷记"银行存款"科目。企业使用银行汇票后,应根据发票账单及开户银行转来的银行汇票第四联等有关凭证,经核对无误后,借记"在途物资""原材料""应交税费——应交增值税(进项税额)"等科目,贷记"其他货币资金——银行汇票"科目。结算后银行汇票多余款项被退回时,借记"银行存款"科目,贷记"其他货币资金——银行汇票"科目。

【例2-9】 2×23年6月10日,卓段制造将50万元交存银行,申请办理银行汇票用以购买原材料。根据银行盖章返回的银行汇票委托书存根联记账。其账务处理如下:

借:其他货币资金——银行汇票　　　　　　　　　　　　　　　　　500 000
　　贷:银行存款　　　　　　　　　　　　　　　　　　　　　　　　500 000

【例2-10】 卓段制造为增值税一般纳税人,2×23年6月15日,卓段制造购入原材料一批并已验收入库,取得的增值税专用发票上注明的价款为40万元,增值税税额为5.2万元,以前述银行汇票办理结算。其账务处理如下:

借:原材料　　　　　　　　　　　　　　　　　　　　　　　　　　400 000
　　应交税费——应交增值税(进项税额)　　　　　　　　　　　　　52 000
　　贷:其他货币资金——银行汇票　　　　　　　　　　　　　　　　452 000

【例2-11】 2×23年6月16日,上述银行汇票多余款项4.8万元已退回开户银行,卓段制造已收到开户银行转来的银行汇票多余款收账通知。其账务处理如下:

借:银行存款　　　　　　　　　　　　　　　　　　　　　　　　　48 000
　　贷:其他货币资金——银行汇票　　　　　　　　　　　　　　　　48 000

2.4.2.2 银行本票存款

企业使用银行本票完成交易结算,应向银行提交银行本票申请书,并将款项交存银行。取得银行本票后,根据银行盖章退回的申请书存根联,借记"其他货币资金——银行本票"科目,贷记"银行存款"科目。企业使用银行本票后,应根据发票账单等有关凭证,借记"在途物资""原材料""应交税费——应交增值税(进项税额)"等科目,贷记"其他货币资金——银行本票"科目。企业因银行本票超过付款期等原因要求退款时,应填制进账单,一式两联,连同本票一并送交银行,并根据银行盖章退回的进账单第一联,借记"银行存款"科目,贷记"其他货币资金——银行本票"科目。

【例2-12】 卓段制造申请银行本票100 000元,后因产品质量等原因,该次采购没有实现,银行本票也超过了付款期限,退回开户银行。其账务处理如下:

（1）申请银行本票时：

借：其他货币资金——银行本票 100 000
　　贷：银行存款 100 000

（2）超过提示付款期，款项退回银行：

借：银行存款 100 000
　　贷：其他货币资金——银行本票 100 000

2.4.2.3　外埠存款

企业将款项汇往外地银行开立采购专户时，根据汇出款项凭证编制付款凭证时，借记"其他货币资金——外埠存款"科目，贷记"银行存款"科目。收到采购员转来的供应单位发票账单等报销凭证时，借记"材料采购""原材料""应交税费——应交增值税（进项税额）"等科目，贷记"其他货币资金——外埠存款"科目。采购结束收回多余的外埠存款转回当地银行结算账户时，根据银行的收账通知，借记"银行存款"科目，贷记"其他货币资金——外埠存款"科目。该账户的存款不计利息，只收不付，付完清户，除采购人员可以提取少量现金外，一律采用转账结算。

【例 2-13】　2×23 年 5 月 5 日，卓段制造因零星采购需要，将款项 600 000 元汇往深圳并开立采购账户，会计部门应根据银行转来的回单联，填制记账凭证。5 月 12 日，会计部门收到采购员寄来的采购材料发票等凭证，货物价款 460 800 元，应交增值税 59 904 元，材料已入库。5 月 16 日，外地采购业务结束，采购员将剩余采购资金 79 296 元转回本地银行，会计部门根据银行转来的收款通知填制记账凭证。其账务处理如下：

（1）2×23 年 5 月 5 日：

借：其他货币资金——外埠存款 600 000
　　贷：银行存款 600 000

（2）2×23 年 5 月 12 日：

借：原材料 460 800
　　应交税费——应交增值税（进项税额） 59 904
　　　贷：其他货币资金——外埠存款 520 704

（3）2×23 年 5 月 16 日：

借：其他货币资金——外埠存款 79 296
　　贷：银行存款 79 296

2.4.2.4　存出投资款

存出投资款是指企业为购买股票、债券、基金等金融资产，根据有关规定存入在证券公司指定银行开立的投资款专户的款项。企业按要求向证券公司划出的金额，借记"其他货币资金——存出投资款"科目，贷记"银行存款"科目。购买股票、债券、基金时，借记"交易性金融资产"等科目，贷记"其他货币资金——存出投资款"科目。

【例 2-14】　2×23 年 7 月 3 日，卓段制造将银行存款 150 万元划给某证券公司申请资金账号。其账务处理如下：

借：其他货币资金——存出投资款	1 500 000
贷：银行存款	1 500 000

【例2-15】 承接[例2-14]，卓段制造购买某股票作为以公允价值计量且其变动计入当期损益的金融资产，确认初始投资成本35万元。其账务处理如下：

借：交易性金融资产——成本	350 000
贷：其他货币资金——存出投资款	350 000

2.4.2.5　信用证保证金存款

企业申请使用信用证进行结算时，应向银行缴纳保证金，根据银行退回的进账单，借记"其他货币资金——信用证保证金"科目，贷记"银行存款"科目。根据开证行交来的信用证来单通知书及有关单据列明的金额，借记"材料采购""原材料""库存商品""应交税费——应交增值税（进项税额）"等科目，贷记"其他货币资金——信用证保证金"科目。

【例2-16】 2×23年7月13日，卓段制造因从国外进口货物向银行申请使用国际信用证进行核算，按规定开出转账支票并向银行缴纳保证金500 000元，收到盖章退回的进账单第一联。其账务处理如下：

借：其他货币资金——信用证保证金	500 000
贷：银行存款	500 000

【例2-17】 2×23年7月25日，卓段制造收到银行转来的进口货物信用证通知书，根据海关出具的完税凭证，进口货物的成本（组成计税价格）为650 000元，应交进口环节增值税84 500元，货物已验收入库。其账务处理如下：

借：原材料	650 000
应交税费——应交增值税（进项税额）	84 500
贷：其他货币资金——信用证保证金	500 000
银行存款	234 500

2.4.2.6　信用卡存款

企业申请使用信用卡时，应按规定填制申请表，连同支票和有关资料一并送交发卡银行，根据银行盖章退回的进账单第一联，借记"其他货币资金——信用卡"科目，贷记"银行存款"科目。企业用信用卡购物或支付有关费用时，借记有关科目，如"管理费用""材料采购"等科目，贷记"其他货币资金——信用卡"科目。企业信用卡在使用过程中，需要向其账户续存资金时，借记"其他货币资金——信用卡"科目，贷记"银行存款"科目。

【例2-18】 2×23年7月6日，卓段制造向银行申请领用信用卡，按规定向银行存入50 000元。2×23年7月25日，卓段制造使用公司信用卡购买办公用品3 200元。卓段制造应编制如下会计分录：

借：其他货币资金——信用卡	50 000
贷：银行存款	50 000
借：管理费用	3 200
贷：其他货币资金——信用卡	3 200

章节测试

一、复习思考题

1. 货币资金的主要内容是什么？简述库存现金的使用范围。

2. 单位银行结算账户有哪些？

3. 什么是库存现金清查？清查的方法有哪些？

二、单选题

1. 按照现金管理相关规定,下列各项中,企业不能使用库存现金进行结算的经济业务是（　　）。

　A. 按规定颁发给科技人员的创新奖金　　　B. 发放给职工的劳保福利

　C. 向外单位支付的机器设备款　　　D. 向个人收购农副产品的价款

2. 下列各项中,企业现金清查发现的无法查明原因的现金短款,经批准后应借记的会计科目是（　　）。

　A. "营业外支出"　　　B. "其他应收款"

　C. "管理费用"　　　D. "财务费用"

3. 下列各项中,企业向证券公司指定银行开立的投资款账户划出资金时,应借记的会计科目是（　　）。

　A. "其他货币资金"　　　B. "交易性金融资产"

　C. "预付账款"　　　D. "其他应收款"

4. 某企业为增值税一般纳税人,2×19 年 10 月该企业使用信用卡购买一批办公用品,取得增值税专用发票上注明价款 1 000 元,增值税税额 130 元。不考虑其他因素,下列关于购买办公用品应记入的相关科目表述正确的是（　　）。

　A. 借记"管理费用"科目 1 130 元　　　B. 借记"材料采购"科目 1 130 元

　C. 贷记"其他货币资金"科目 1 130 元　　　D. 贷记"银行存款"科目 1 130 元

5. 下列各项中,企业应通过"其他货币资金"科目核算的经济业务是（　　）。

　A. 销售商品收到银行承兑汇票

　B. 委托银行代为支付电话费

　C. 开出转账支票支付购买办公设备款

　D. 为购买股票将资金存入证券公司指定投资款专户

6. 下列各项中,企业销售商品收到银行汇票存入银行,应借记的会计科目是（　　）。

　A. "应收账款"　　　B. "应收票据"

　C. "其他货币资金"　　　D. "银行存款"

7. 某企业为增值税一般纳税人,购买原材料取得增值税专用发票上注明的价款为 10 000 元,增值税税额为 1 300 元(税务机关已经认证),款项以银行本票结算。不考虑其他因素,下列各项中,关于该企业购买原材料会计处理正确的是（　　）。

　A. 借：原材料　　　　　　　　　　　　　　　　　　　10 000

　　　　应交税费——应交增值税(进项税额)　　　　　　　1 300

　　　　　贷：其他货币资金——银行本票　　　　　　　　　　　11 300

    B. 借：原材料   11 300

          贷：其他货币资金——银行本票   11 300

    C. 借：原材料   10 000

          应交税费——应交增值税(进项税额)   1 300

          贷：银行存款   11 300

    D. 借：原材料   10 000

          应交税费——应交增值税(进项税额)   1 300

          贷：应付票据   11 300

    8. 企业在现金清查中发现有待查明原因的现金短缺或溢余,已按管理权限批准,下列各项中,有关会计处理不正确的是( )。

    A. 属于无法查明原因的现金溢余,应借记"待处理财产损溢"科目,贷记"营业外收入"科目

    B. 属于应由责任方赔偿的现金短缺,应借记"其他应收款"科目,贷记"待处理财产损溢"科目

    C. 属于应支付给有关单位的现金溢余,应借记"待处理财产损溢"科目,贷记"其他应付款"科目

    D. 属于无法查明原因的现金短缺,应借记"营业外支出"科目,贷记"待处理财产损溢"科目

    9. 企业现金清查中发现现金短缺,在进行账务处理时不会涉及的会计科目是( )。

    A. "待处理财产损溢"   B. "管理费用"

    C. "其他应收款"   D. "营业外支出"

    10. 下列各项中,不会引起其他货币资金发生变动的是( )。

    A. 企业销售商品收到商业汇票

    B. 企业用银行本票购买办公用品

    C. 企业将款项汇往外地开立采购专用账户

    D. 企业为购买基金将资金存入在证券公司指定银行开立的投资款专户

三、计算分析题

    1. A 企业 2×22 年 4 月发生经济业务如下:

    (1) 4 月 2 日,出纳员开出现金支票 3 000 元,补充库存现金。

    (2) 4 月 4 日,财务部报销办公用品款,以现金支付 160 元。

    (3) 4 月 7 日,李某出差预借差旅费 1 000 元,以现金支付。

    (4) 4 月 9 日,对库存现金进行清查,发现库存现金短款 200 元,期末无法查明原因。

    (5) 4 月 20 日,购买原材料,取得增值税专用发票,注明价款 30 000 元、增值税税额 3 900 元,材料尚未运到,已用转账支票支付相关款项。

    要求:根据上述业务编制会计分录。

    2. B 公司于 2×22 年 3 月末收到某银行转来对账单,对账单余额为 25 000 元,B 公司在该银行的银行存款余额为 16 000 元。经查,存在下列未达账项:

    (1) B 公司于月末存入银行的转账支票 2 000 元,银行尚未入账。

    (2) 委托银行代收的销货款 12 000 元,银行已经收到入账,B 公司尚未收到银行的收款通知。

    (3) 银行代付本月电话费 4 000 元,B 公司尚未收到银行的付款通知。

    (4) B 公司于月末开出转账支票 3 000 元,持票人尚未到银行办理转账手续。

要求:根据资料编制银行存款余额调节表。

3. C 企业 2×23 年 6 月发生部分经济业务如下:

(1) 6 月 2 日,将款项 26 000 元交存银行,开出银行汇票一张,并派采购员张某前往办理材料采购事宜。

(2) 6 月 7 日,因临时材料采购的需要,将款项 35 000 元汇往采购地银行,并开立采购账户,材料采购员张某同日前往采购地。

(3) 6 月 10 日,为方便行政管理部门办理事务,办理信用卡一张,金额为 1 600 元。

(4) 6 月 12 日,采购员张某完成材料采购任务,将有关材料采购凭证交到会计部门。材料采购凭证注明材料价款 90 000 元、应交增值税 11 700 元。

(5) 6 月 18 日,行政管理部门小刘用信用卡购买办公用品,支付款项 3 720 元。

(6) 6 月 19 日,为购买股票,C 企业将款项 446 000 元存入中信证券的证券投资账户。

要求:根据上述经济业务编制会计分录。

第 3 章

存　货

 教学目的和要求

了解存货的种类,熟悉存货的取得方式;掌握不同方式取得存货初始入账全额的计量,发出存货的计量方法与选择,存货实际成本法和计划成本法账务核算原理;了解委托加工物资、库存商品、周转材料的概念,掌握委托加工物资、库存商品的核算方法,熟悉低值易耗品摊销核算方法;掌握存货清查的核算及存货的期末计价。

 教学重点与难点

重点:存货的初始确认与计量;实际成本法与计划成本法下存货收发核算;存货的期末清查与期末计价。

难点:委托加工物资的核算;存货可变现净值的确定。

 课程思政

通过对存货初始计量、后续计量、期末计价的学习,培养数据分析能力,保持认真谨慎的工作态度,严格遵守《企业会计准则》规定,不虚计存货成本,不利用存货操纵利润,不虚列存货财务报表价值,树立社会主义核心价值观。

3.1　存　货　概　述

3.1.1　存货的概念及其分类

3.1.1.1　存货的概念

存货是指企业在日常生活中持有以备出售的产成品或商品、处在生产过程中的在产品、在生产过程或提供劳务过程中耗用的材料和物料等。存货具有如下主要特征:

(1) 持有存货的最终目的是出售。企业持有存货的目的在于准备在正常经营过程中予以出售,如商品、产成品以及准备直接出售的半成品等;或者仍处在生产过程中,待制成产成品后再予以出售,如在产品、半成品等;或者将在生产过程或提供劳务过程中被耗用,如材料和物料、周转材料等。企业在判断一个资产项目是否属于存货时,必须考虑持有该资产的目的,即在生产经营过程中的用途或所起的作用。例如,企业为生产产品或提供劳务而购入的材料,属于存货;但为建造固定资产而购入的材料,就不属于存货。再如,对于生产和销售机器设备的企业来说,机器设备属于存货;而对于使用机器设备进行产品生产的企业来说,机器设备则属于固定资产。此外,企业为国家储备的特种物资、专项物资等,并不参与企业的经营周转,也不属于存货。

(2) 存货是有形资产。这与企业拥有的专利权、土地使用权等无形资产、应收账款形成显著对比。

(3) 存货是流动资产。存货通常都将在一年或超过一年的一个营业周期内被销售或耗用、重置,属于一项流动资产。因此,存货具有较强的变现能力和较大的流动性,这与固定资产、在建工程等具有物质实体的非流动资产形成显著对比。

(4) 存货属于非货币性资产,具有时效性,存在价值减损的可能性。存货在被销售、生产或者耗用最终转换为现金的过程中,容易受到市场价格或其他客观因素影响发生贬值。如果存货储备过剩,变质、毁损、灭失的风险增加,并挤占流动资金,企业给予降价处理,容易给企业带来较大损失。

3.1.1.2 存货的分类

不同企业存货结构不尽相同,存货种类较多,用途各异,为提高存货管理和会计核算的质量,应对存货进行适当分类,大致呈现以下三个类别。

1) 按经济用途分类

按经济用途分类,存货可作如下分类:

(1) 原材料,是指企业在生产过程中经加工改变其形态或性质并构成产品主要实体的各种原料及主要材料、辅助材料、外购半成品、修理用备件、包装材料、燃料等。

(2) 在产品,是指企业正在加工尚未完工入库的生产物,包括正在各个生产工序加工的产品和已加工完毕但尚未检验或已检验但尚未办理入库手续的产品。

(3) 半成品,是指经过一定生产过程并已检验合格交付半成品仓库保管,但尚未制造完工成为产成品,仍需进一步加工的中间产品。从一个生产车间转给另一个生产车间继续加工的半成品以及不能单独计算成本的半成品应以在产品进行核算。

(4) 产成品,是指工业企业已经完成全部生产过程并验收入库,可以按照合同规定的条件送交订货单位或者可以作为商品对外销售的产品。企业接受外来原材料加工制造的代制品和为外单位加工修理的代修品,制造和修理完成验收入库后,应视同企业的产成品。

(5) 库存商品,是指企业已完成全部生产过程并已验收入库、合乎标准规格和技术条件,可以按照合同规定的条件送交订货单位或者可以作为商品对外销售的产品以及外购或委托加工完成验收入库用于销售的各种商品。库存商品具体包括库存产成品、外购商品、存放在仓库准备出售的商品、发出展览的商品、寄存在外的商品、接受来料加工制造的代制品和为外单位加工修理的代修品等。可以降价出售的不合格品,也属于库存商品,但应当与合格商品分开记账。委托外单位加工的商品,不属于库存商品;已完成销售手续但购买单位在月末未提取的产品,不应作为企业的库存商品,而应作为代管商品处理,单独设置代管商品备查账簿进行登记。

(6) 周转材料,是指企业能够多次使用但不符合固定资产定义、不能确认为固定资产的各种用品,主要包括包装物和低值易耗品。包装物一般是为包装本企业产品而储备的各种包装容器,具有一定的盛装、装潢的作用,大多以桶、箱、瓶、坛、袋等形式存在。低值易耗品是指不能作为固定资产核算的各种用具物品,如工具、管理用具、玻璃器皿、劳动保护用品,以及在经营过程中周转使用的容器等。周转材料一般具有单位价值较低、使用期限相对于固定资产较短、在使用过程中原有实物形态基本不变等特点。

2) 按存放地点分类

在生产经营过程中,企业不断地购进、耗用和销售存货,因而存货分布于供、产、销各个环节,按其存放地点可作如下分类:

(1) 在途存货,是指已经取得所有权但尚在运输途中或虽已运抵企业但尚未验收入库的各种材料物资以及商品。

(2) 在库存货,是指已经购进或生产完工并经过验收入库的各种原材料、周转材料、半成品、产成品以及商品。

(3) 在制存货,是指正处于本企业各生产工序加工制造过程中的在产品以及委托外单位加工但尚未完成的材料物资。

(4) 在售存货,是指已发运给购货方但尚不能完全满足收入确认条件,因而仍应作为销货方存货的发出商品、委托代销商品等。

3) 按取得方式分类

由于企业取得存货的方式较为多样化,大致可分为外购存货、自制存货、委托加工存货、投资者投入存货、接受捐赠取得存货、债务重组取得存货、非货币性资产交换取得存货、盘盈存货等。

3.1.2 存货的确认条件

企业确定某项资产是否作为存货时,要视其是否符合存货的概念,在此前提下,应同时满足存货确认的以下两个条件,才能予以确认。

3.1.2.1 与该存货有关的经济利益很可能流入企业

一般情况下,随着存货实物的交付和所有权转移,存货控制权也一并转移。购买方转入存货所有权的同时通常也取得了存货的控制权,即能主导该商品的使用并从中获得几乎全部经济利益。因此,企业在判断与存货有关的经济利益能否流入企业时,主要结合该项存货所有权的归属情况。一般来说,凡企业拥有所有权的货物,无论存放在何处或处于何种状态,都应视为企业的存货。对于所有权不属于本企业的物品,即使存放在本企业,也不属于本企业存货。

然而,在有些特殊的交易方式下,存货实物交付及所有权的转移与存货控制权的转移可能并不同步,此时存货确认应注重交易的经济实质,而不能仅依据所有权归属。

1) 售后回购

售后回购是指销货方在销售商品时,承诺在未来一定期限内以约定的价格购回该批商品的一种交易方式。售后回购交易的经济实质是销货方利用商品质押向购买方融资的一种手段。销货方虽然在销售商品时将所有权已转移给购货方,但由于未来销货方还要购回所售商品,销货方依然保留商品控制权,所以购货方不应将售后回购的商品确认为自身的存货。

2) 分期收款销售

分期收款销售是指货物已经交付,但货款分期收回的一种销售方式。分期收款销售销货方为了保证货款能及时足额收回,通常在货款分期履行期间依然保留货物的所有权,直至购货方履行完全部的购货款。该交易的经济实质是销货方将商品交付时,购货方已能够主导该货物的使用并从中获得几乎全部的经济利益,已取得商品的控制权,购货方应将分期购买的货物确认为其存货。

3.1.2.2 存货的成本能够可靠地计量

存货作为资产的重要组成部分,确认时必须符合资产确认的基本条件,即成本能够可靠地计量。成本能够可靠地计量,是指成本的计量必须以取得确凿、可靠的证据为依据,并且具有可验证性。如果存货成本不能可靠地计量,则存货不能予以确认。例如,企业承诺的订货合同,由于并未实际发生,无法可靠确定其成本,不能确认为购买方企业的存货。

3.2 **存货的初始计量和发出核算**

3.2.1 存货的初始计量

存货的初始计量是指企业在取得存货时,对存货入账价值的确定。存货成本以历史成本计量,其中包括采购成本、加工成本和使存货达到目前场所和状态所发生的其他成本三个组成部分。

(1) 存货采购成本是指存货从采购到入库前发生的全部支出,一般包括购买价款、相关税费、运输费、装卸费、保险费以及其他可归属于存货采购成本的费用。购买价款,是指所购货物发票账单上列明的价款,但不包括按规定可予抵扣的增值税进项税额;相关税费,是指进口关税、购买存货发生的消费税以及不能从增值税销项税额中抵扣的进项税额等;其他可归属于存货采购成本的费用,是指存货采购过程中发生的除上述各项费用以外的仓储费、包装费、运输途中的合理损耗、大宗物资的市内运杂费、入库前的挑选整理费用等可直接归属于存货采购成本的费用。采购过程中涉及的市内零星货物运杂费、采购人员的差旅费、采购机构的经费以及供应部门经费等,一般不应当包括在存货的采购成本中。值得注意的是,企业购买存货的运输费分为以下两种情况。一种是销售方送货上门,如果是免费送货,则无须考虑入账成本的问题;如果是有偿送货,则要从对方取得运费增值税专用发票,记账时将存货发票和运费增值税专用发票同时入账,两张发票的税款合并记入"应交税费——应交增值税(进项税额)"科目,两张发票中的不含税存货价和不含税运费合并计入存货采购成本。另一种是购买方自行运输,这又具体分为两种类型:一是由专门运输公司承担,付款并取得增值税专用发票,对应增值税税款可抵扣;二是使用单位自有货车运货,但没有运输发票(单位不能自己给自己开票),不能享受税款抵扣的待遇。在我国全面实施"营改增"后,为了方便纳税处理,拥有自备车的企业基本上都将车队独立出来,成立专门的运输公司。

(2) 存货加工成本是指在存货加工过程中发生的直接人工成本以及按照一定方法分配的制造费用。

(3) 存货的其他成本是指除采购成本、加工成本以外的,使存货达到既定场所和状态所发生的其他支出,如为特定顾客设计产品发生的产品设计费。

存货的来源不同,其成本构成内容也不尽相同。在实际核算时,存货的成本应结合具体的取得方式分别确定存货入账价值。企业存货取得主要通过外购、自制、委托加工等方式,下文将详细讲解常见取得存货方式下对应的入账价值核算。

3.2.1.1　外购存货

外购存货的历史成本即存货的采购成本,主要包括购买价款、运杂费、相关税费以及其他可归属于存货采购成本的费用。购买价款是指购买货物购货发票上所列明的价款,但不包括按规定可予抵扣的增值税进项税额。运杂费包括增值税一般纳税人购进货物承担的运输费用、装卸费用、保险费用以及大宗货物的市内运杂费等,但不包括增值税专用发票上注明的可抵扣增值税进项税额。相关税费包括购进货物涉及的进口关税,购买、自制或委托加工存货发生的消费税、资源税、小规模纳税人购进货物支付的增值税。其他可归属于存货采购成本的费用是指存货采购过程中发生的其他必要支出,如仓储费、包装费、运输途中的合理损耗、入库前的挑选整理费用等。

存货在运输途中发生的合理损耗不应从总成本中扣除,但如属于供货单位或运输单位造成的存货短缺,应向过失人索取赔偿,不计入存货成本;属于自然灾害或意外事故造成的非常损失,应将扣除保险赔款及可收回残值后的净损失计入营业外支出;属于暂时无法查明原因的途中损耗,应先转入"待处理财产损溢"科目进行核算,待查明原因后再作相应处理。

商品流通企业采购商品过程中发生的运输费、装卸费、保险费以及其他可归属于存货采购成本的费用,可直接计入存货采购成本,或先进行归集,期末根据所购商品的存销情况在已销和未销之间进行分配。对于已销商品的进货费用应计入当期损益;对于未售商品的进货费用应计入期末存货成本。如果进货费用金额较小,也可在发生时直接计入当期损益。

【例 3-1】 卓段制造为增值税一般纳税人,2×23 年 9 月购入一批原材料,增值税专用发票上注明的价款为 50 万元,增值税税额为 6.5 万元,款项已经支付。另以银行存款支付装卸费 0.3 万元(不考虑增值税),入库前发生挑选整理费 0.2 万元,运输途中发生合理损耗 0.1 万元。不考虑其他因素,计算卓段制造该批材料的入账成本。

存货的采购成本包括购买价款、相关税费、运输费、装卸费、保险费以及其他可归属于存货采购成本的费用。

该批原材料的入账成本＝50＋0.3＋0.2＝50.5(万元)

运输途中的合理损耗属于存货的采购成本,本例中 0.1 万元的合理损耗本身已包含在 50 万元的价款中,所以无须另外考虑。

【例 3-2】 卓段制造本期购入一批商品 100 千克,进货总价格为 100 万元,所购商品到达后验收发现商品短缺 25%,其中合理损失 15%,另 10% 的短缺无法查明原因。在暂不考虑增值税的前提下,计算该批商品的单位成本。

该批产品的入账价值＝100×(1－10%)＝90(万元)

该批产品的入库数量＝100×(1－25%)＝75(千克)

该批产品的单位成本＝90÷75＝1.2(万元/千克)

3.2.1.2　自制加工存货

企业自制加工取得的存货,主要包括产成品、在产品、半成品等,其成本一般由采购成本、加工成本构成。采购成本是由进一步加工所使用或消耗的原材料采购成本转移而来,所以计量加工取得的存货成本重点应为确定存货的加工成本。加工成本是存货加工中追加产生的生产成本,由直接人工和制造费用组成,直接人工是企业在生产过程中直接支付给从事产品生产的工人的薪酬;制造费用是企业为生产产品而发生的各项间接费用,包括生产车间管理人员的薪酬、固定资产的折旧费、办公费、水电费、机物料消耗、劳动保护费等。常见的情况是企业同一生产车间同时生产多种产品,产生的制造费用一般无法在每种产品中直接区分,应当按照合理的方法在各种产品之间进行分配。在各种产品之间分配制造费用的方法,通常可按生产工人工资、生产工人工时、机器工时、耗用原材料的数量或成本、直接成本(原材料、燃料动力、生产工人工资等职工薪酬之和)及产成品产量等比例进行分配。企业具体选用哪种分配方法分配制造费用,由企业自行决定。分配方法一经确定,不得随意变更,如需变更,应当在财务报表附注中予以说明。

此外,月末产品成本明细账按照成本项目归集了相应的生产费用后,为确定完工产品总成本和单位成本,还应当将已经归集的产品成本在完工产品和月末在产品之间进行分配。为此,分配前需要取得完工产品和在产品收发结存的数量资料。在产品是指没有完成全部生产过程的产品,包括正在车间加工中的在产品(包括正在返修的废品)和已经完成一个或几个生产步骤但还需要继续加工的半成品(包括未经验收入库的产品和等待返修的废品)两部分;不包括对外销售的自制半成品。对某个车间或生产步骤而言,在产品只包括该车间或该生产步骤正在加工中的那部分在产品。而待分配成本,在每月月末,根据当月生产成本明细账中归集的本月发生的生产成本,但这并不是本月完工产品的成本。计算本月完工产品成本还需要将本月发生的生产成本,加上月初的在产品成本,再将其在本月完工产品和月末在产品之间进行分配,计算确认本月的完工产品成本。完工产品、在产品成本之间的关系如下:

$$本月完工产品成本 = 本月发生生产成本 + 月初在产品成本 - 月末在产品成本$$

根据这一关系,结合生产特点,企业应当根据在产品数量的多少、各月在产品数量变化的大小、各项成本比重的大小,以及定额管理基础的好坏等具体条件,采用适当的分配方法将生产成本在完工产品和在产品之间进行分配。常用的分配方法有:不计算在产品成本法、在产品按固定成本计价法、在产品按所耗直接材料成本计价法、约当产量比例法、在产品按定额成本计价法、在产品按完工产品成本计价法、定额比例法等。

3.2.1.3 委托加工存货

委托加工存货是指由委托方提供原料和主要材料,受托方只收取加工费和代垫部分辅助材料加工的应税消费品。对于由受托方提供原材料生产的存货,或者受托方先将原材料卖给委托方再接受加工的存货,以及由受托方以委托方名义购进原材料生产的各类存货,都不属于委托加工存货,应当按照受托方自制存货对外销售进行会计处理。

委托加工存货的成本一般包括加工过程中耗用的材料成本、支付的加工费、运输费、装卸费等以及相关税金。关于相关税金,委托方支付增值税时应先辨别委托方和受托方是否为增值税一般纳税人,如果委托方和受托方均为增值税一般纳税人,产生的增值税税款后期流转可以抵扣,委托方支付的增值税可作为进项税抵扣;如果委托方和受托方有一方不是一般纳税人,按照相关法律规定,产生的增值税税款后期流转不可以抵扣,故而委托方支付的增值税不能作为进项税抵扣,应计入委托加工成本。此外委托加工的存货是应税消费品,委托方是消费税的纳税义务人,受托方是消费税的代收代缴义务人。如果委托加工存货收回后直接出售,由受托方代收代缴的消费税应计入委托加工存货的成本;如果委托加工存货收回后用于连续生产应税消费品,由受托方代收代缴的消费税不计入委托加工存货的成本,记入"应交税费——

应交消费税"科目。

3.2.1.4 其他方式取得的存货

1）投资者投入存货的成本

投资者投入企业的存货应当按照投资合同或协议约定的价值入账，但合同或协议约定的价值不公允的，此时应按该项存货的公允价值作为其入账价值。

2）接受捐赠取得存货的成本

如果捐赠方提供了有关凭证（如发票、报关单、有关协议），按凭证上标明的金额加上应支付的相关税费作为入账成本。如果捐赠方没有提供有关凭证，按如下顺序确定入账成本：有同类或类似存货存在活跃市场的，按同类或类似存货的市场价格估计的金额加上应支付的相关税费，作为入账成本；同类或类似存货不存在活跃市场的，按该接受捐赠存货预计未来现金流量的现值，作为入账成本。

3）盘盈存货的成本

盘盈的存货应按其重置成本作为入账价值。

3.2.1.5 不应计入存货成本的相关费用

非正常消耗的直接材料、直接人工和制造费用，应计入当期损益，不应计入存货成本。如由于自然灾害而发生的直接材料、直接人工和制造费用，这些费用的发生无助于使该存货达到目前场所和状态，不应计入存货成本，应确认为当期损益。

仓储费用是指企业在存货采购入库后发生的储存费用，应在发生时计入当期损益。如果是生产过程中为达到下一个生产阶段所必需的仓储费用应计入存货成本。例如，某酒类产品生产企业为使生产的酒达到规定的产品质量标准，通常需要经过必要的储存环节，这个过程是生产产品过程的延续，是必不可少的一个环节，故而这种生产环节必须发生的仓储费用，应计入存货成本，而不应计入当期损益。

不能归属于使存货达到目前场所和状态的其他支出，应在发生时计入当期损益，不得计入存货成本。

3.2.2 存货取得

3.2.2.1 存货取得按实际成本记录

企业采用实际成本法对存货进行日常核算，存货收发及结存，无论是总分类核算还是明细分类核算，均按照实际成本计价。在实际成本法下，不存在成本差异的计算与结转问题，日常反映不出存货成本是节约还是超支，故不能反映和考核物资采购业务的经营成果，核算比较简便，不存在期末调整产品成本的问题，成本数据准确。

1）外购存货的核算

在实际业务中，企业外购存货的方式包括现购方式、预付款购货方式和赊购方式三种。在不同的购货方式下，其会计处理有所不同。涉及的会计科目一般有"原材料""在途物资""库存商品"等科目。

"原材料"科目用于核算库存各种材料的收发与结存情况。在原材料按实际成本核算时，"原材料"科目的借方登记入库材料的实际成本，贷方登记发出材料的实际成本，期末余额在借方，反映企业库存材料的实际成本。

"在途物资"科目用于核算企业购入尚未到达或尚未验收入库的各种物资采购和入库情

况。"在途物资"科目的借方登记企业购入在途物资的实际成本,贷方登记验收入库的在途物资实际成本,期末余额在借方,反映企业在途物资的采购成本。

"库存商品"科目用于反映和监督库存商品的增减变化及其结存情况。"库存商品"科目的借方登记验收入库的库存商品成本,贷方登记发出的库存商品成本,期末余额在借方,反映各种库存商品的实际成本或计划成本。

(1) 现购方式。企业采用现购方式购入存货,由于结算方式和采购地点不同,存货入库和货款的结算在时间上会存在差异,会计处理也不尽相同,具体情况如下:

A. 货物已入库,货款结算已完成。企业根据支付货款,在货物验收入库后,按发票、收料单等结算凭证确定材料成本,借记"原材料""库存商品"科目;按当月已认证的增值税专用发票上注明的增值税税额,借记"应交税费——应交增值税(进项税额)"科目,贷记"银行存款"科目。

【例3-3】 卓段制造为增值税一般纳税人,2×23 年 5 月 5 日向大连在履制造股份有限公司(以下简称在履制造)购入原材料 4 000 千克,取得的增值税专用发票上注明价款为 20 000 元,增值税税额 2 600 元,上述款项已通过银行转账方式支付,原材料已运到并验收入库。卓段制造账务处理如下:

借:原材料 20 000
　应交税费——应交增值税(进项税额) 2 600
　贷:银行存款 22 600

B. 货物在途,款项结算已完成。在已经支付货款,但存货尚在运输途中或虽已运达但尚未验收入库的情况下,企业应在支付货款收到相关结算凭证时,按发票账单等结算凭证确定货物入账成本,借记"在途物资"科目;按增值税专用发票上注明的增值税进项税额,借记"应交税费——应交增值税(进项税额)"科目;按实际支付的款项贷记"银行存款"科目。当货物运达企业并验收合格入库后,再根据验收凭证,借记"原材料""库存商品"科目,贷记"在途物资"科目。

【例3-4】 卓段制造为增值税一般纳税人,2×23 年 5 月 7 日向在履制造购入 B 原材料 3 000 千克,增值税专用发票注明的价款 45 000 元,增值税 5 850 元,全部款项已通过银行存款转账方式支付。但 B 原材料尚在运输中,直至 5 月 9 日才运达卓段制造,验收合格并入库。卓段制造账务处理如下:

(1) 2×23 年 5 月 7 日:

借:在途物资——B材料 45 000
　应交税费——应交增值税(进项税额) 5 850
　贷:银行存款 50 850

(2) 2×23 年 5 月 9 日:

借:原材料——B材料 45 000
　贷:在途物资——B材料 45 000

C. 货物已入库,款项未结算。在存货已运达企业并验收入库,但发票账单等结算凭证尚未到达、货款尚未结算的情况下,企业在收到存货时可先不进行会计处理。如果在当月内收到结算凭证,则在支付货款后,按发票账单等结算凭证确定存货入账成本,借记"原材料"科目;按增值税专用发票注明的增值税税额,借记"应交税费——应交增值税(进项税额)"科目,按实际支付的金额贷记"银行存款"科目。如果月末结算凭证仍未到达,此时全面反映企业资产及负债真实情况,应对收到的存货按暂估价值,借记"原材料"科目,贷记"应付账款——暂估应付账款"科目。下月初再用红字作相同的处理,反向冲回。待结算凭证到达并支付款项后,按发票账单等结算凭证确定材料入账成本,借记"原材料"科目;按增值税专用发票上注明的增值税税额,借记"应交税费——应交增值税(进项税额)"科目;按实际支付的款项,贷记"银行存款"科目。

【例 3-5】 卓段制造为增值税一般纳税人,2×23 年 5 月 15 日购入一批 C 材料,材料已验收入库,但发票账单等结算凭证尚未到达。月末,该批材料的结算凭证仍未到达,卓段制造参考同类 C 材料对其估价 50 000 元入账。6 月 9 日,该批材料的结算凭证到达卓段制造,增值税专用发票注明的材料价款为 46 000 元,增值税税额为 5 980 元,货款通过银行转账支付。相关账务处理如下:

(1) 2×23 年 5 月 15 日卓段制造不作账务处理。

(2) 2×23 年 5 月 31 日:

借:原材料——C 材料   50 000
    贷:应付账款——暂估应付账款   50 000

(3) 2×23 年 6 月 1 日卓段制造编制红字记账凭证:

借:原材料——C 材料   50 000
    贷:应付账款——暂估应付账款   50 000

(4) 2×23 年 6 月 9 日:

借:原材料——C 材料   46 000
    应交税费——应交增值税(进项税额)   5 980
    贷:银行存款   51 980

(2) 预付款购货。企业在预付货款时,根据实际预付的金额,借记"预付账款"科目,贷记"银行存款"科目。当货物验收入库时,按发票账单等结算凭证的金额,借记"原材料""库存商品"科目;按增值税专用发票上注明的增值税进项税额,借记"应交税费——应交增值税(进项税额)"科目;按价税合计金额,贷记"预付账款"科目。前期预付款不足抵扣部分须补足,按照补付的金额,借记"预付账款"科目,贷记"银行存款"科目;预付款多付被退回时,借记"银行存款"科目,贷记"预付账款"科目。

【例 3-6】 卓段制造为增值税一般纳税人,2×23 年 6 月 7 日向在履制造采购材料5 000 千克,每千克单价 10 元,所需支付的款项总额为 50 000 元。按照合同规定向在履制造预付货款的 50%。2023 年 6 月 23 日卓段制造收到在履制造发来的 5 000 千克材料,验收无误,增值税专用发票记载的货款为 50 000 元,增值税税额为 6 500 元。预付款项不足部分由银行存款补付。卓段制造账务处理如下:

(1) 2×23 年 6 月 7 日:

借:预付账款——大连在履制造股份有限公司   25 000
    贷:银行存款   25 000

（2）2×23 年 6 月 23 日：

借：原材料 50 000
　　应交税费——应交增值税(进项税额) 6 500
　　　贷：预付账款——大连在履制造股份有限公司 56 500

借：预付账款——大连在履制造股份有限公司 31 500
　　贷：银行存款 31 500

（3）赊购方式取得存货。在此情况下，企业应在存货验收入库后，按发票账单等结算凭证，借记"原材料""库存商品"科目；按增值税专用发票上注明的增值税税额，借记"应交税费——应交增值税(进项税额)"科目；按应付未付货款，贷记"应付账款"科目。按照信用期限规定缴纳货款的，以实际缴纳的货款金额，借记"应付账款"科目，贷记"银行存款"科目。

【例 3-7】 卓段制造为增值税一般纳税人，2×23 年 5 月 13 日向在履制造赊入一批 M 材料，在履制造开具增值税专用发票注明 M 材料价款为 60 000 元，增值税税额为 7 800 元，双方约定卓段制造于 5 月 23 日前偿还在履制造货款。卓段制造账务处理如下：

（1）2×23 年 5 月 13 日：

借：原材料——M 材料 60 000
　　应交税费——应交增值税(进项税额) 7 800
　　　贷：应付账款——大连在履制造股份有限公司 67 800

（2）2×23 年 5 月 23 日卓段制造支付货款：

借：应付账款——大连在履制造股份有限公司 67 800
　　贷：银行存款 67 800

如果赊购附有现金折扣条件，如 2/10,1/20,n/30,则其会计处理有总价法和净价法两种方法。在总价法下，应付账款按实际交易金额入账，如果购货方在现金折扣期内付款，则取得的现金折扣作为一项理财收入，冲减当期财务费用；在净价法下，应付账款按实际交易额扣除现金折扣后的净额入账，如果购货方超过现金折扣期限，则丧失的现金折扣视为超期付款支付的利息，计入当期财务费用。

【例 3-8】 卓段制造于 2×23 年 6 月 17 日从在履制造赊购一批原材料，增值税专用发票上注明的原材料价款为 35 000 元，增值税税额为 4 550 元。根据购货合同约定，卓段制造应于 2×23 年 7 月 17 日之前支付货款，并附有现金折扣条件：如果卓段制造能在 10 日内付款，可按原材料价款(不含增值税)的 2%享受现金折扣；如果卓段制造超过 10 日能在 20 日内付款，可按原材料价款(不含增值税)的 1%享受现金折扣；如果卓段制造超过 20 日付款，则须按交易金额全付。卓段制造采用总价法的账务处理如下：

2×23 年 6 月 17 日,赊购原材料：

借：原材料 35 000
　　应交税费——应交增值税(进项税额) 4 550
　　　贷：应付账款——大连在履制造股份有限公司 39 550

（1）假如卓段制造在 2×23 年 6 月 23 日付款：

现金折扣＝35 000×2%＝700(元)

实际支付款项＝39 550－700＝38 850(元)

借：应付账款——大连在履制造股份有限公司 39 550

　　贷：银行存款 38 850

　　　　财务费用 700

(2)假如卓段制造在2×23年7月2日付款：

现金折扣＝35 000×1%＝350(元)

实际支付款项＝39 550－350＝39 200(元)

借：应付账款——大连在履制造股份有限公司 39 550

　　贷：银行存款 39 200

　　　　财务费用 350

(3)假如卓段制造在2×23年7月12日付款,无现金折扣可以享受。

借：应付账款——大连在履制造股份有限公司 39 550

　　贷：银行存款 39 550

(4)外购存货发生短缺。企业在存货采购过程中,如果发生了短缺、毁损等情况,应及时查明原因,不同情况产生的会计处理有所不同,具体如下：

属于运输途中的合理损耗,应计入有关存货的采购成本。属于供货单位或运输单位的责任造成的存货短缺,应由责任人补足存货或赔偿货款,计入其他应收款,不计入存货的采购成本。属于自然灾害或意外事故等非常原因造成的存货毁损,报经批准处理后,将扣除保险公司和过失人赔款后的净损失,计入营业外支出。尚待查明原因的短缺存货,先将其成本转入"待处理财产损溢"科目进行核算,待查明原因后,再按上述要求进行会计处理。

2)自制存货的核算

企业自产的库存商品,当库存商品完工验收入库时,应按实际成本,借记"库存商品"科目,贷记"生产成本——基本生产成本"科目。

【例3-9】 卓段制造的基本生产车间生产一批产成品,已验收入库。经计算,该批产成品的实际成本为45 000元。相关账务处理如下：

借：库存商品 45 000

　　贷：生产成本——基本生产成本 45 000

3)委托加工物资的核算

企业委托加工的存货,其所有权依然属于委托方,该存货应计入委托方存货进行核算,为与其他企业存货区分,企业应当设置"委托加工物资"科目,以反映和监督委托加工物资增减变动及结存情况。该科目借方登记委托加工发出材料的实际成本、支付的加工费用和运杂费等,贷方登记加工完成验收入库物资的实际成本,期末余额在借方,反映委托外单位加工尚未完成物资的实际成本。具体账务处理如下：

(1)委托方向受托方发出物资的核算：

借：委托加工物资(发出物资的实际成本)

　　贷：原材料/库存商品等

（2）支付加工费、运杂费等：

借：委托加工物资（加工费、运杂费等）
　　应交税费——应交增值税（进项税额）
　　　贷：银行存款

（3）如果收回后以不高于委托方的计税价格出售，属于直接出售行为，受托方代扣代缴的消费税应计入委托加工应税消费品的成本，具体账务处理如下：

借：委托加工物资
　　　贷：银行存款

如果收回后用于连续生产应税消费品，受托方代扣代缴的消费税，按规定待继续加工应税消费品销售时，可以从应纳消费税中抵扣，具体账务处理如下：

借：应交税费——应交消费税
　　　贷：银行存款

（4）委托加工物资，加工完成验收入库的材料及剩余材料，应按其实际成本入账，具体账务处理如下：

借：原材料/库存商品
　　　贷：委托加工物资

【例 3-10】　卓段制造为增值税一般纳税人，委托在履制造加工一批材料，发出材料的实际成本为 5.6 万元，支付加工费 1.4 万元，取得的增值税专用发票上注明的增值税税额为 1 820 元，受托方代收代缴的可抵扣消费税 3 万元，卓段制造收回这批材料后用于继续加工应税消费品。卓段制造采用实际成本法核算，具体账务处理如下：

（1）卓段制造发出材料：

借：委托加工物资　　　　　　　　　　　　　　　　　　　　　　　　56 000
　　　贷：原材料　　　　　　　　　　　　　　　　　　　　　　　　　　56 000

（2）支付加工费、相关税费：

借：委托加工物资　　　　　　　　　　　　　　　　　　　　　　　　14 000
　　应交税费——应交增值税（进项税额）　　　　　　　　　　　　　　 1 820
　　　　　　——应交消费税　　　　　　　　　　　　　　　　　　　　30 000
　　　贷：银行存款　　　　　　　　　　　　　　　　　　　　　　　　45 820

（3）加工完成后收回委托加工的材料：

借：原材料　　　　　　　　　　　　　　　　　　　　　　　　　　　70 000
　　　贷：委托加工物资　　　　　　　　　　　　　　　　　　　　　　70 000

如果卓段制造收回委托加工的材料后直接以原价对外出售，受托方代扣代缴消费税，材料加工完成验收入库，相关的账务处理如下：

借：委托加工物资　　　　　　　　　　　　　　　　　　　　　　　　56 000
　　　贷：原材料　　　　　　　　　　　　　　　　　　　　　　　　　56 000

```
借：委托加工物资                                                    44 000
    应交税费——应交增值税(进项税额)                                 1 820
    贷：银行存款                                                         45 820
借：原材料                                                       100 000
    贷：委托加工物资                                                    100 000
```

4) 投资者投入的存货

投资者投入存货的成本,应当按照投资合同约定的价值确定,但合同约定价值不公允的除外。在投资合同约定价值不公允的情况下,按照该项存货的公允价值作为其入账价值。企业收到投资者投入的存货时,按照投资合同约定的存货价值,借记"原材料""周转材料""库存商品"等科目;按增值税专用发票上注明的增值税进项税额,借记"应交税费——应交增值税(进项税额)"科目;按投资者在注册资本中应占有的份额,贷记"实收资本"或"股本"科目;按其差额,贷记"资本公积"科目。

【例3-11】 在履制造于2×23年6月1日投资卓段制造,以其生产的原材料为投资,该批原材料的公允价值为3 000 000元,卓段制造收到对方投资的原材料,取得的增值税专用发票上注明的不含税价款为3 005 000元,增值税税额为390 650元。假定卓段制造的注册资本为10 000 000元,在履制造享有30%的股权,双方均为增值税一般纳税人,卓段制造采用实际成本法核算存货,相关账务处理如下:

在履制造享有的实收资本额=10 000 000×30%=3 000 000(元)

```
借：原材料                                                     3 005 000
    应交税费——应交增值税(进项税额)                              390 650
    贷：实收资本                                                      3 000 000
        资本公积——资本溢价                                            395 650
```

5) 接受捐赠取得的存货

企业接受捐赠取得的存货,应当分别以下列情况确定入账成本:如果捐赠方提供了有关凭据的,如发票、报关单、协议等,按凭据上注明的金额加上相关的税费作为入账成本。如果捐赠方没有提供有关凭据的,按照如下顺序确定入账成本:同类或类似存货存在活跃市场的,按同类或类似存货的市场价格估计的金额,加上相关税费,作为入账成本;同类或类似存货不存在活跃市场的,按该接受捐赠存货预计未来现金流量的现值,作为入账成本。

企业收到捐赠的存货时,按照确定的入账成本,借记"原材料""周转材料""库存商品"等科目;按实际支付或应付的相关税费,贷记"银行存款"等科目;按其差额,贷记"营业外收入——捐赠利得"科目。

【例3-12】 2×23年8月12日,卓段制造接受外单位捐赠一批商品,捐赠方提供发票注明的捐赠商品价值为342 500元,卓段制造相关账务处理如下:

```
借：库存商品                                                     342 500
    贷：营业外收入——捐赠利得                                          342 500
```

3.2.2.2 存货取得按计划成本记录

计划成本法是指存货的日常收入、发出和结存均按预先制定的计划成本计量,根据计划成本与实际成本产生的差异设置"材料成本差异"科目。期末根据存货成本差异的分摊,将发出存货的计划成本和结存存货的计划成本分别调整为实际成本进行反映的一种核算方法。一般会计部门与采购部门根据正常的市场条件下,结合本企业实际情况制定各类存货的计划成本。计划成本尽可能接近实际情况,制定后尽可能不作调整。

在计划成本法下,一般涉及"原材料""材料采购""材料成本差异"等科目。

"原材料""周转材料"等科目用来核算企业库存各种存货的计划成本。借方登记已验收入库存货的计划成本,贷方登记发出存货的计划成本,期末借方余额表示库存存货的计划成本。

"材料采购"科目用来核算企业采用计划成本法进行材料日常核算的实际成本。借方登记采购材料的实际成本,贷方登记入库材料的计划成本。借方金额大于贷方金额表示超支,从"材料采购"科目贷方转入"材料成本差异"科目的借方;贷方金额大于借方金额表示节约,从"材料采购"科目借方转入"材料成本差异"科目的贷方。期末余额在借方表示尚未验收入库的在途材料实际成本。

"材料成本差异"科目用来反映企业已入库各种材料的实际成本与计划成本的差异;借方登记入库超支差异及发出材料应负担的节约差异;贷方登记入库节约差异及发出材料应负担的超支差异。期末如为借方余额,反映企业库存材料的实际成本大于计划成本的差异(即超支差异);如为贷方余额,反映企业库存材料实际成本小于计划成本的差异(即节约差异)。

1) 外购存货

企业外购的存货需要专门设置"材料采购"科目进行计价对比,以确定外购存货实际成本与计划成本的差异。购进存货时,按确定的实际采购成本,借记"材料采购"科目;按增值税专用发票上注明的增值税税额,借记"应交税费——应交增值税(进项税额)"科目;按已支付或应支付的金额,贷记"银行存款""应付票据""应付账款"等科目。已购进的存货验收入库时,按其计划成本,借记"原材料""周转材料"等存货科目,贷记"材料采购"科目。已购进并已验收入库的存货,按实际成本大于计划成本的超支差异,借记"材料成本差异"科目,贷记"材料采购"科目;按实际成本小于计划成本的节约差异,借记"材料采购"科目,贷记"材料成本差异"科目。月末,如果存在已验收入库但尚未收到发票账单的存货,按计划成本暂估入账,借记"原材料"等科目,贷记"应付账款——暂估应付账款"科目。下月初再用红字作相同的会计分录予以冲回,即下月收到发票账单并结算时,按正常的程序进行会计处理。对计划成本法下外购存货账务处理总结如下。

(1) 货物已入库,货款结算已完成:

借:材料采购(购买价款、运杂费组成的实际成本)
　　应交税费——应交增值税(进项税额)
　　　贷:银行存款/应付票据

借:原材料等(计划成本)
　　材料成本差异(超支差异)
　　　贷:材料采购(购买价款、运杂费组成的实际成本)
　　　　　材料成本差异(节约差异)

(2) 货物未入库,货款结算已完成:

借:材料采购(购买价款、运杂费组成的实际成本)
　　应交税费——应交增值税(进项税额)
　　　贷:银行存款/应付票据

材料验收入库时：

借：原材料等（计划成本）
　　材料成本差异（超支差异）
　　贷：材料采购（购买价款、运杂费组成的实际成本）
　　　　材料成本差异（节约差异）

（3）货物已入库，货款结算未完成，月末按计划成本暂估入账：

借：原材料等（计划成本）
　　贷：应付账款——暂估应付账款

下月初用红字冲回，等相关结算单据送到时，再按"货物已入库，货款结算已完成"处理。

需要注意的是，在计划成本法下购入的存货无论是否验收入库，都要先通过"材料采购"科目进行核算，以反映企业所购存货的实际成本，从而与"原材料"等科目相比较，计算确定材料成本差异。

【例3-13】 卓段制造为增值税一般纳税人，2×23年5月11日购入L材料一批，增值税专用发票上注明的价款为300万元，增值税税额为39万元，发票账单已收到，计划成本为320万元，已验收入库，全部款项以银行存款支付。卓段制造采用计划成本进行核算，相关账务处理如下：

借：材料采购　　　　　　　　　　　　　　　　　　　　　　　3 000 000
　　应交税费——应交增值税（进项税额）　　　　　　　　　　　390 000
　　贷：银行存款　　　　　　　　　　　　　　　　　　　　　3 390 000

借：原材料　　　　　　　　　　　　　　　　　　　　　　　　3 200 000
　　贷：材料采购　　　　　　　　　　　　　　　　　　　　　3 000 000
　　　　材料成本差异　　　　　　　　　　　　　　　　　　　　200 000

在计划成本法下，购入的材料无论是否验收入库，都要先通过"材料采购"科目进行核算，以反映企业购入材料的实际成本，方便与"原材料"科目反映的计划成本进行比对，以便于后续计算实际成本与计划成本之间的差异。

【例3-14】 卓段制造为增值税一般纳税人。2×23年5月11日购入M材料一批，增值税专用发票上注明的价款为450万元，增值税税额为58.5万元，发票账单已收到，计划成本为420万元。该批材料尚未验收入库，全部款项以银行存款支付。5月17日，收到5月11日购进的M材料并验收入库。卓段制造采用计划成本进行核算，相关账务处理如下：

（1）2×23年5月11日：

借：材料采购　　　　　　　　　　　　　　　　　　　　　　　4 500 000
　　应交税费——应交增值税（进项税额）　　　　　　　　　　　585 000
　　贷：银行存款　　　　　　　　　　　　　　　　　　　　　5 085 000

（2）2×23年5月17日：

借：原材料　　　　　　　　　　　　　　　　　　　　　　　　4 200 000
　　材料成本差异　　　　　　　　　　　　　　　　　　　　　　300 000
　　贷：材料采购　　　　　　　　　　　　　　　　　　　　　4 500 000

【**例 3-15**】　卓段制造为增值税一般纳税人,2×23 年 5 月 11 日购入 P 材料一批,材料已验收入库,但发票尚未收到,款项尚未支付。卓段制造因未收到相关结算票据暂不作会计处理。假设 5 月 31 日,P 材料的结算凭证仍未到达卓段制造,按 P 材料的计划成本 36 000 元暂估入账。相关账务处理如下:

(1) 2×23 年 5 月 31 日:

借:原材料等　　　　　　　　　　　　　　　　　　　　　　　　　　36 000
　　贷:应付账款——暂估应付账款　　　　　　　　　　　　　　　　　　　　36 000

(2) 2×23 年 6 月 1 日,用红字冲回上月末暂估入账分录:

借:原材料等　　　　　　　　　　　　　　　　　　　　　　　　　　36 000
　　贷:应付账款——暂估应付账款　　　　　　　　　　　　　　　　　　　　36 000

2) 其他方式取得的存货

企业通过外购以外的方式取得的存货,直接按取得存货的计划成本,借记"原材料""周转材料""库存商品"等存货科目;涉及增值税的,按增值税专用发票上注明的增值税进项税额,借记"应交税费——应交增值税(进项税额)"科目;按确定的实际成本,贷记"生产成本""委托加工物资"等相关科目;按实际成本与计划成本的差额,借记或贷记"材料成本差异"等科目,此时不需要通过"材料采购"科目进行核算。

【**例 3-16**】　卓段制造为增值税一般纳税人,2×23 年 5 月 26 日自产一批商品已完工验收入库,该批产品计划成本 82 000 元,实际成本 77 000 元。其账务处理如下:

借:库存商品　　　　　　　　　　　　　　　　　　　　　　　　　　82 000
　　材料成本差异　　　　　　　　　　　　　　　　　　　　　　　　 5 000
　　贷:生产成本　　　　　　　　　　　　　　　　　　　　　　　　　　77 000

3.2.3　存货发出

3.2.3.1　发出存货成本的计量方法

企业发出存货的计量是对发出的存货和期末结存存货成本进行计算。发出存货的数量或结存存货的数量乘以单位成本可以得到发出存货或结存存货的成本,计算的关键在于找到合适的单位成本。在实务中,一般企业每月会分次购入存货或分批生产存货,由于市场价格的变动,每次或每批存货单价或单位成本会存在差别。如何选择合理的单位成本来核算发出存货的成本,成为会计核算中的一个重要问题。而发出存货计价方法的选择,会对企业的财务状况和经营成果产生一定的影响。首先,存货计价方法对损益计算有直接的影响,如果期末存货被高估,本期销售成本就会低估,对应的当期损益就会高估;反之,则低估当期损益。其次,存货计价方法对资产负债表有关项目数额的计算有直接影响,尤其是流动资产总额和所有者权益项目。另外,由于存货计价方法会影响损益,它必定也会影响应交所得税数额,合理选择存货的计价方法有一定的现实意义。

根据我国《企业会计准则》的规定,存货发出成本的计价方法包括个别计价法、先进先出法、月末一次加权平均法和移动加权平均法等。企业应当结合存货的性质、企业管理的要求等实际情况,合理选择发出存货成本的计算方法。存货计价方法一旦选定,根据可比性原则,在各会计经营年度不得随意变更;如确需变更,应作为会计政策变更处理,并在会计报表附注中予以披露。

1) 个别计价法

个别计价法亦称个别认定法、具体辨认法、分批实际法,该方法假设存货的实物流转与成本流转相一致,通过逐一辨认各批发出存货和期末存货所属的购进批别或生产批别,分别按其购入或生产时所确定的单位成本计算各批发出存货和期末存货成本。个别计价法把每一种存货的实际成本作为计算发出存货成本和期末存货成本的基础。由于个别计价法采用个别辨认或具体辨认、分批辨认的方法,与先进先出法、移动加权平均法、月末一次加权平均法相比,个别计价法计量出来的原材料实际成本,包括发出原材料的实际成本和库存原材料的实际成本,都最为准确。

个别计价法不太适用收发业务较为频繁的存货计量,工作量较大,一般适用于不能替代使用的存货或为特定项目专门购入或制造的存货的计价,以及品种数量不多、单位成本较高的存货的计价,如房产、船舶、飞机、重型设备以及珠宝、名画等贵重物品。该方法发出成本计算准确,可随时结算成本,在计算机信息系统日益广泛地应用于原材料日常业务记录的情况下,该方法在应用时的具体困难也会逐渐变小。

【例3-17】　卓段制造2×23年5月份收发K材料情况如下:5月7日购入K材料5 000千克,单价2.2元/千克;5月12日发出K材料4 500千克;5月15日购入K材料3 000千克,单价2.4元/千克;5月20日发出K材料3 000千克;5月26日发出K材料2 000千克。采用个别计价法核算相关成本,原材料明细账如表3-1所示。

表3-1　原材料明细账

材料名称及规格:K材料

2×23年		凭证	摘要	收入			发出			结存		
月	日			数量(千克)	单价(元/千克)	全额(元)	数量(千克)	单价(元/千克)	全额(元)	数量(千克)	单价(元/千克)	全额(元)
5	1	略	期初							2 000	2.0	4 000
5	7		购入	5 000	2.2	11 000				2 000	2.0	4 000
										5 000	2.2	11 000
5	12		发出				1 500	2.0	3 000	500	2.0	1 000
							3 000	2.2	6 600	2 000	2.2	4 400
5	15		购入	3 000	2.4	7 200				500	2.0	1 000
										2 000	2.2	4 400
										3 000	2.4	7 200
5	20		发出				2 000	2.2	4 400	500	2.0	1 000
							1 000	2.4	2 400	2 000	2.4	4 800
5	26		发出				500	2.0	1 000	500	2.4	1 200
							1 500	2.4	3 600			
5	31		本月合计	8 000		18 200	9 500		21 000	500	2.4	1 200

表 3-1 中,假设 5 月 12 日发出的 4 500 千克原材料中,经过个别辨认,1 500 千克属于期初的原材料,另外 3 000 千克属于 5 月 7 日购入的原材料,它们的实际成本分别为 3 000 元(1 500×2)和 6 600 元(3 000×2.2)。因此,此次发出原材料的实际成本为 9 600 元(3 000+6 600)。5 月 12 日发出原材料后剩余的原材料,经过个别辨认,500 千克属于期初的原材料,另外 2 000 千克属于 5 月 7 日购入的原材料,它们的实际成本分别为 1 000 元(500×2)和 4 400 元(2 000×2.2)。因此,此次发出原材料后剩余库存原材料的实际成本为 5 400 元(1 000+4 400)。5 月 20 日发出的原材料 3 000 千克,经过个别辨认,属于 5 月 7 日购入的原材料 2 000 千克,其实际成本为 4 400 元(2 000×2.2),属于 5 月 15 日购入的原材料 1 000 千克,其实际成本为 2 400 元(1 000×2.4)。5 月 26 日发出原材料后剩余的原材料,经过个别辨认,500 千克属于期初的原材料,1 500 千克属于 5 月 15 日购入的原材料,它们的实际成本分别为 1 000 元(500×2)和 3 600 元(1 500×2.4)。因此,此次发出原材料后剩余库存原材料的实际成本为 1 200 元(500×2.4)。

2) 先进先出法

先进先出法是以先入库的存货先发出去这一存货实物流转假设为前提,对先发出的存货按先入库的存货单位成本计价,对后发出的存货按后入库的存货单位成本计价,据以确定本期发出存货和期末结存存货成本的一种方法。

【例 3-18】 卓段制造 2×23 年 5 月份收发 M 材料,月初结存 M 材料 150 吨,每吨单价 10 元,本月购入情况如下:5 月 3 日购入 100 吨,单价 12 元;5 月 16 日购入 200 吨,单价 14 元。本月领用情况如下:5 月 10 日领用 200 吨,5 月 20 日领用 100 吨。采用先进先出法计算卓段制造的发出成本和结存成本,原材料明细账如表 3-2 所示。

表 3-2 原材料明细账

材料名称及规格:M 材料

2×23年		凭证	摘要	收入			发出			结存		
月	日			数量(件)	单价(元/件)	金额(元)	数量(件)	单价(元/件)	金额(元)	数量(件)	单价(元/件)	金额(元)
5	1	略	期初							150	10	1 500
5	3		购入	100	12	1 200				150	10	1 500
										100	12	1 200
5	10		发出				150	10	1 500	50	12	600
							50	12	600			
5	16		购入	200	14	2 800				50	12	600
										200	14	2 800
5	25		发出				50	12	600	150	14	2 100
							50	14	700			
5	31		本月合计	300		4 000	300		3 400	150		2 100

采用先进先出法进行存货计价,可以随时计算发出存货的成本,期末存货成本是按最近购货成本确定的,比较贴近市场价值。但该方法计算烦琐,对存货收发频繁的企业计价工作量大。需要注意的是,在物价持续上涨时,计算的期末存货成本接近于市价,而发出成本偏低,会高估企业当期的利润和库存存货的价值;反之,则会低估企业存货价值和当期利润。

3) 月末一次加权平均法

月末一次加权平均法是指以当月全部进货数量加上月初存货数量作为权数去除当月全部进货成本加上月初存货成本,计算出存货的加权平均单位成本,以此为基础计算当月发出存货成本和期末结存存货成本的方法。具体计算公式如下:

$$存货单位成本 = 总成本 \div 总数量$$
$$= [月初库存存货成本 + \sum(本月各批进货的实际单位成本$$
$$\times 本月各批进货的数量)] \div (月初库存存货的数量$$
$$+ 本月各批进货数量之和)$$
$$本月发出存货的成本 = 本月发出存货的数量 \times 存货单位成本$$
$$本月月末结存存货成本 = 月末库存存货的数量 \times 存货单位成本$$
$$= 月初结存成本 + 本月进货成本 - 本月发出存货成本$$

月末一次加权平均法只在月末一次计算加权平均单价,有利于简化成本计算工作,但无法提供发出和结存存货的单价及金额,不利于存货成本的日常管理与控制。

【例3-19】 承接[例3-18],采用月末一次加权平均法计算卓段制造相关存货发出成本及结存成本。

$$存货单位成本 = [150 \times 10 + (100 \times 12 + 200 \times 14)] \div (150 + 100 + 200) = 12.22(元)$$
$$本月发出存货成本 = 300 \times 12.22 = 3\,666(元)$$
$$本月结存存货成本 = 150 \times 10 + 100 \times 12 + 200 \times 14 - 3\,666 = 1\,834(元)$$

4) 移动加权平均法

移动加权平均法是指在每次购进货物时,以每次进货的成本与库存原有存货的成本之和,除以每次进货数量与库存原有存货的数量之和,得到加权平均单位成本,作为下次进货前计算发出存货成本的依据的一种方法。其计算公式如下:

$$移动加权平均成本 = (库存原有存货的成本 + 本次进货实际成本) \div (库存原有存货的数量 + 本次进货数量)$$
$$本次发出存货的成本 = 本次发出存货的数量 \times 本次发货前存货的单位成本$$
$$本次结存存货的成本 = 本次结存存货的数量 \times 本次发货前存货的单位成本$$
$$本月月末库存存货的成本 = 月末库存存货的数量 \times 本月月末存货单位成本$$

【例3-20】 承接[例3-18],采用移动加权平均法计算卓段制造相关存货发出成本及结存成本,原材料明细账如表3-3所示。

表3-3 原材料明细账

材料名称及规格:M材料

2×23年		凭证	摘要	收入			发出			结存		
月	日			数量(件)	单价(元/件)	金额(元)	数量(件)	单价(元/件)	金额(元)	数量(件)	单价(元/件)	金额(元)
5	1	略	期初							150	10.00	1 500
5	3		购入	100	12	1 200				250	10.80	2 700

(续表)

2×23年		凭证	摘要	收入			发出			结存		
月	日			数量(件)	单价(元/件)	金额(元)	数量(件)	单价(元/件)	金额(元)	数量(件)	单价(元/件)	金额(元)
5	10		发出				200	10.8	2 160	50	10.80	540
5	16		购入	200	14	2 800				250	13.36	3 340
5	25		发出				100	13.36	1 336	150	13.36	2 004
5	31		本月合计	300		4 000	300		3 496	150		2 004

5 月 3 日进货平均单位成本＝(150×10＋100×12)÷(150＋100)＝10.80(元)

5 月 16 日进货平均单位成本＝(540＋200×14)÷(50＋200)＝13.36(元)

移动加权平均法的特点是可以随时掌握发出存货的成本和结存存货的成本,为存货管理及时提供所需信息。但采用这种方法,每次收到存货都要计算一次加权平均单位成本,计算工作量较大。对于那些收发货业务频繁的企业,不适合采用移动加权平均法。

企业发出原材料实际成本的计量方法除先进先出法、移动加权平均法、月末一次加权平均法和个别计价法外,还有后进先出法。后进先出法是指以后取得的原材料先发出的流转顺序为前提,对发出原材料的实际成本以及剩余库存原材料的实际成本进行计价的一种方法。在后进先出法下,期末原材料的实际成本是以前期间购入的原材料的实际成本,与现行市价存在一定的差距,而且时间越长差距越大。另外,后进先出法的成本流转顺序与实物流转顺序相反。我国现行《企业会计准则》不允许企业使用后进先出法。

3.2.3.2 发出存货成本的会计处理

1) 实际成本法下发出存货成本的结转

(1) 发出原材料。原材料从仓库发出后,自身的实物形态会随领用后的用途不同而有所改变甚至消灭,其发出成本也变成了产品组成成本或直接转化为费用。企业应按发出原材料的用途,采取"谁受益谁承担"的原则,将原材料发出成本转入相关产品成本或当期费用。企业生产所耗用的原材料,按实际领用成本借记"生产成本""制造费用"科目,贷记"原材料"科目。企业管理部门、销售部门领用本企业材料,借记"管理费用""销售费用"科目,贷记"原材料"科目。企业发出委托外单位加工的材料,借记"委托加工物资"科目,贷记"原材料"科目。

【例3-21】 2×23 年 5 月 17 日,卓段制造各部门领用原材料合计 550 000 元。其中,基本生产车间 500 000 元,辅助生产车间领用 40 000 元,车间管理部门领用 5 000 元,企业行政管理部门领用 4 000 元,销售机构消耗领用 1 000 元。卓段制造相关账务处理如下:

```
借:生产成本——基本生产成本                                          500 000
        ——辅助生产成本                                            40 000
    制造费用                                                      5 000
    管理费用                                                      4 000
    销售费用                                                      1 000
    贷:原材料                                                        550 000
```

（2）销售原材料。企业销售积压的原材料，按出售时已收或应收价税款，借记"银行存款"或"应收账款"等科目；按实现的收入，贷记"其他业务收入"科目；按增值税销项税额，贷记"应交税费——应交增值税（销项税额）"科目。同时，按出售原材料的实际成本，借记"其他业务成本"科目，贷记"原材料"科目。

（3）销售库存商品。企业对外销售商品、产成品、自制半成品等存货，一般属于企业的日常活动行为，故而针对销售方取得的销售收入计入其主营业务收入，相应的存货成本转出至主营业务成本。具体账务处理根据从购货方已收或应收的全部合同价款，借记"银行存款"或"应收账款"等科目；按实现的营业收入，贷记"主营业务收入"科目；按增值税销项税额，贷记"应交税费——应交增值税（销项税额）"科目。同时，按发出存货的账面价值结转销售成本，借记"主营业务成本"科目，贷记"库存商品"等科目。

【例 3-22】 卓段制造为增值税一般纳税人，2×23 年 5 月 19 日向在履制造销售一批商品，开出的增值税专用发票上注明售价为 300 000 元，增值税税额为 39 000 元，卓段制造已收到在履制造支付的货款 339 000 元，并将提货单送交在履制造；该批商品成本为 240 000 元。卓段制造应编制如下会计分录：

借：银行存款　　　　　　　　　　　　　　　　　　　　339 000
　　贷：主营业务收入　　　　　　　　　　　　　　　　　　300 000
　　　　应交税费——应交增值税（销项税额）　　　　　　　 39 000
借：主营业务成本　　　　　　　　　　　　　　　　　　240 000
　　贷：库存商品　　　　　　　　　　　　　　　　　　　240 000

商品流通企业发出商品的核算，除采用上述方法外，还可以采用以下方法。

A. 毛利率法。毛利率法是指根据本期销售净额乘以上期毛利率从而计算本期销售毛利，并据以计算发出存货和期末存货成本的一种方法。其计算公式如下：

$$毛利率 = 销售毛利 \div 销售额 \times 100\%$$

$$销售净额 = 商品销售收入 - 销售退回与折让$$

$$销售毛利 = 销售净额 \times 毛利率$$

$$销售成本 = 销售净额 - 销售毛利$$

$$期末存货成本 = 期初存货成本 + 本期购货成本 - 本期销售成本$$

这一方法是商品流通企业尤其是商品批发企业常用的计算本期商品销售成本和期末库存商品成本的方法。商品流通企业由于经营商品的品种繁多，分品种计算商品成本的工作量较大，在企业同类商品的毛利率差异不大的情况下，采用该计价方法既能减轻工作量，也能满足销售毛利管理的需要。

【例 3-23】 某商场采用毛利率法进行核算，2×23 年 4 月 1 日针织品存货 1 800 万元，本月购进 3 000 万元，本月销售收入 3 400 万元，上季度该类商品毛利率为 25%。本月已销商品成本和月末库存商品成本如下：

销售毛利 = 3 400 × 25% = 850（万元）

本月销售成本 = 3 400 - 850 = 2 550（万元）

月末库存商品成本 = 1 800 + 3 000 - 2 550 = 2 250（万元）

使用毛利率法估计存货成本的准确性,取决于选用的估计毛利率是否贴近本期实际毛利率。在大多数情况下,企业上季度的毛利率与本期毛利率不会相差很大。因此,使用上季度的毛利率来估计本月份的存货成本,估计出来的存货成本具有一定的准确性。尽管如此,用毛利率法计算出来的存货成本仍然只是一个估计的数额,企业应当在每个季度末,使用先进先出法、加权平均法等存货计价方法对季末存货成本作一次准确的计量,并按准确计量的结果对相应的存货成本数额作一次调整。同时,计算出该季度的实际毛利率,供下一季度计算月份存货销售成本和月末存货成本使用。

毛利率法还可以在存货发生意外毁损时使用,即对毁损存货成本数额的估计。例如,某企业因突发地震而导致库存原材料发生意外毁损。由于该企业采用月末一次加权平均法计量存货成本数额,存货发生意外毁损时在账面上并不能直接得到库存存货的成本数额。但在存货发生意外毁损时,本月至此已经实现的销售收入,可供销售的存货成本等数据都可以直接在账面上计算获得。此时,企业可以使用毛利率法来估计存货意外毁损发生时存货的成本数额。企业通过毛利率法估计出来的存货意外毁损成本数额,是企业向保险公司索取相应保险赔偿的依据。

B. 销售金额核算法。销售金额核算法是指平时商品的购入、加工收回、销售均按售价记账,售价与进价的差额通过"商品进销差价"科目核算,期末计算进销差价率和本期已销售商品应分摊的进销差价,并据以调整本期销售成本的一种方法。该方法主要适用于商品流通企业,如百货公司、超市等。在销售金额核算法下,库存商品在购入时按照商品销售标价进行记录,进价或实际采购成本与售价的差额作为商品进销差价单独记录。库存商品在出售时减少库存商品的售价。期末持有的库存商品,先计算其售价,后通过计算商品进销差价率,将商品进销差价在已售商品和未售商品之间进行分摊后,再将期末持有的库存商品从售价调整为进价。按照《企业会计准则》的规定,列入财务会计报表中的期末库存商品及本期商品销售成本,都应当调整为进价或实际成本的数额。计算公式如下:

$$商品进销差价率=(期初库存商品进销差价+本期购入商品进销差价)÷(期初库存商品售价+本期购入商品售价)×100\%$$

$$本期销售商品应分摊的商品进销差价=本期商品销售收入×商品进销差价率$$

$$本期销售商品的成本=本期商品销售收入-本期销售商品应分摊的商品进销差价$$

$$期末结存商品的成本=期初库存商品的进价成本+本期购进商品的进价成本-本期销售商品的成本$$

企业购入商品,按验收入库商品的售价,借记"库存商品"科目;按商品进价,贷记"银行存款""在途物资""委托加工物资"等科目;按商品售价与进价之间的差额,贷记"商品进销差价"等科目。

对外销售发出商品时,按售价结转销售成本,借记"主营业务成本"科目,贷记"库存商品"科目。期末分摊已销商品的进销差价,借记"商品进销差价"科目,贷记"主营业务成本"科目。

在诸如百货公司、超市等商品流通企业,库存商品在采购后大多直接上架并贴上售价标签。这些库存商品事实上同时实行进价和售价的双重管理。进销差价是未实现的毛利。在这类商品流通企业,期末持有的库存商品通常可以比较方便地通过累加商品售价获得。这类商品流通企业由于其商品的种类、品种、规格繁多,采用实际成本的方法来核算每种库存商品的收入、发出和结存通常比较麻烦,售价金额法在这类商品流通企业中得到了广泛的应用。

【例3-24】　某商场采用售价金额核算法进行核算,2×23 年 7 月初库存商品的进价成本为 34 万元,售价总额为 45 万元。当月购进商品的进价成本为 126 万元,售价总额为 155 万元。当月销售收入为 130 万元。其账务处理如下:

(1) 本月购进商品验收入库,按售价金额入账:

借:库存商品		1 550 000
应交税费——应交增值税(进项税额)		163 800
贷:银行存款		1 423 800
商品进销差价		290 000

(2) 确认本月商品销售收入:

借:银行存款		1 469 000
贷:主营业务收入		1 300 000
应交税费——应交增值税(销项税额)		169 000
借:主营业务成本		1 300 000
贷:库存商品		1 300 000

(3) 月末,计算商品进销差价率,将平时按售价结转的销售成本调整为实际成本:

商品进销差价率=(11+29)÷(45+155)×100%=20%

本期销售商品实际成本=130-130×20%=104(万元)

期末结存商品的实际成本=126+34-104=56(万元)

借:商品进销差价		260 000
贷:主营业务成本		260 000

2)计划成本法下发出存货成本的结转

采用计划成本法对存货进行日常核算,月度终了,按照发出各种原材料的计划成本,计算应负担的成本差异,若实际成本大于计划成本的超支差异,借记有关科目,贷记"材料成本差异"科目;若为节约差异,作相反的会计分录。

材料成本差异应按发出材料的不同使用途径进行对应分配,记入相应会计科目:产品生产、辅助生产等领用的材料应分摊的成本差异,应转入"生产成本——基本生产成本""生产成本——辅助生产成本""制造费用"科目;企业行政管理部门领用的材料应分摊的成本差异,转入"管理费用"科目;对外销售材料应分摊的成本差异,应转入"其他业务成本"科目;发出委托加工材料应分摊的成本差异,转入"委托加工物资"科目;基建工程等部门领用的材料应分摊的成本差异,转入"在建工程"科目;销售机构领用的材料应分摊的成本差异,转入"销售费用"科目。另外,盘亏、毁损材料应分摊的材料成本差异,转入"待处理财产损溢"科目。材料成本差异的结转,一般在月份终了时进行,不得在季末或年末一次计算。月末结转本月发出材料应负担的成本差异,有关的计算公式如下:

本期材料成本差异率=(期初结存材料的成本差异+本期验收入库材料的成本差异)÷(期初结存材料的计划成本+本期验收入库材料的计划成本)

本期发出材料应负担的成本差异=发出材料的计划成本×本期材料成本差异率

本期发出材料的实际成本=本期发出材料的计划成本±本期发出材料应负担的成本差异

【例3-25】 2×23 年 5 月,卓段制造月初结存 L 材料的计划成本为 100 万元,成本差异为超支 30 740 元。当月入库材料的计划成本为 320 万元,节约差异为 20 万元。根据发料凭证汇总表,当月 L 材料的消耗(计划成本)为:基本生产车间领用 200 万元,辅助生产车间领用 60 万元,车间管理部门领用 25 万元,企业行政管理部门领用 5 万元。其账务处理如下:

(1) 按计划成本发出材料:

借:生产成本——基本生产成本	2 000 000
——辅助生产成本	600 000
制造费用	250 000
管理费用	50 000
贷:原材料——L 材料(计划成本)	2 900 000

(2) 本月材料成本差异率＝(30 740－200 000)÷(1 000 000＋3 200 000)×100%＝－4.03%

发出材料应负担的成本差异＝发出材料计划成本×材料成本差异率

$$＝2 900 000×(－4.03\%)＝－116 870(元)$$

基本生产成本应分摊的材料成本差异＝2 000 000×4.03%＝80 600(元)

辅助生产成本应分摊的材料成本差异＝600 000×4.03%＝24 180(元)

制造费用应分摊的材料成本差异＝250 000×4.03%＝100 75(元)

管理费用应分摊的材料成本差异＝50 000×4.03%＝2 015(元)

借:材料成本差异——L 材料	116 870
贷:生产成本——基本生产成本	80 600
——辅助生产成本	24 180
制造费用	10 075
管理费用	2 015

3) 周转材料

周转材料是企业能够多次使用、其价值逐渐转移但仍保持原有实物形态、不确认为固定资产的材料。周转材料主要包括包装物、低值易耗品等。

(1) 包装物。包装物是指为了包装商品而储备的各种包装容器,如桶、箱、瓶、坛、袋等。具体包括:生产过程中用于包装产品作为产品组成部分的包装物;随同商品出售而不单独计价的包装物;随同商品出售单独计价的包装物;出租或出借给购买单位使用的包装物。对于用于储存和保管产品、材料而不对外出售的包装物,应按照价值大小和使用年限长短,分别在"固定资产"科目或"原材料"科目核算。

为了反映和监督包装物的增减变化及价值损耗情况,企业应设置"周转材料——包装物"科目,也可单独设置"包装物"科目,并按包装物的种类设置明细科目进行明细分类核算。

A. 领用构成产品组成部分的包装物。对于生产过程中领用的用于包装产品的包装物,由于包装物已经构成了产品的组成部分,在实际成本法下,应根据领用包装物的实际成本,借记"生产成本——基本生产成本"科目,贷记"周转材料——包装物"科目。在计划成本法下,按实际成本,借记"生产成本——基本生产成本"科目;按计划成本,贷记"周转材料——包装物"科目;成本差异借记或贷记"材料成本差异"科目。

【例3-26】　卓段制造为增值税一般纳税人,对包装物采用计划成本核算,2×23 年 5 月 8 日生产产品领用包装物的计划成本为 100 000 元,材料成本差异率为－3%。其账务处理如下:

借：生产成本(实际成本)   97 000
　　材料成本差异   3 000
　　贷：周转材料——包装物(计划成本)   100 000

B. 随同商品出售而不单独计价的包装物。对于随同商品出售而不单独计价的包装物,在实际成本法下,按其实际成本,借记"销售费用"科目,贷记"周转材料——包装物"科目。在计划成本法下,按其实际成本计入销售费用,借记"销售费用"科目;按其计划成本,贷记"周转材料——包装物"科目;按其差额,借记或贷记"材料成本差异"科目。

【例3-27】　卓段制造为增值税一般纳税人,2×23年5月9日销售商品领用不单独计价包装物的实际成本为50 000元。对包装物采用实际成本法核算。其账务处理如下:

借：销售费用   50 000
　　贷：周转材料——包装物   50 000

【例3-28】　卓段制造为增值税一般纳税人,对包装物采用计划成本核算,某月销售商品领用不单独计价包装物的计划成本为50 000元,材料成本差异率为3%。其账务处理如下:

借：销售费用(实际成本)   51 500
　　贷：周转材料——包装物(计划成本)   50 000
　　　　材料成本差异   1 500

C. 随同商品出售单独计价的包装物。随同商品出售单独计价的包装物按照实际取得的金额,借记"银行存款"等科目;按照其销售收入,贷记"其他业务收入"科目;按照增值税专用发票上注明的增值税销项税额,贷记"应交税费——应交增值税(销项税额)"科目。同时,结转所销售包装物的成本,在实际成本法下,应按其实际成本计入其他业务成本,借记"其他业务成本"科目。在计划成本法下,应按其实际成本计入其他业务成本,借记"其他业务成本"科目;按其计划成本,贷记"周转材料——包装物"科目;按其差额,借记或贷记"材料成本差异"科目。

【例3-29】　卓段制造为增值税一般纳税人,对包装物采用计划成本核算。2×23年5月23日销售商品领用单独计价包装物的计划成本为80 000元。销售收入为100 000元,增值税税额为13 000元,款项已存入银行。包装物的材料成本差异率为-3%。卓段制造相关账务处理如下:

(1)出售单独计价包装物:

借：银行存款   113 000
　　贷：其他业务收入   100 000
　　　　应交税费——应交增值税(销项税额)   13 000

(2)结转所售单独计价包装物的成本:

借：其他业务成本(实际成本)   77 600
　　材料成本差异   2 400
　　贷：周转材料——包装物(计划成本)   80 000

【例3-30】　卓段制造为增值税一般纳税人,对包装物采用计划成本核算。某月销售商品领用单独计价包装物的计划成本为80 000元。销售收入为100 000元,增值税税额为13 000元,款项已存入银行。包装物的材料成本差异率为−3%。卓段制造相关账务处理如下：

（1）出售单独计价包装物：

借：银行存款   113 000
    贷：其他业务收入   100 000
        应交税费——应交增值税（销项税额）   13 000

（2）结转所售单独计价包装物的成本：

借：其他业务成本（实际成本）   77 600
    材料成本差异   2 400
    贷：周转材料——包装物（计划成本）   80 000

D. 出租或出借包装物。企业将包装物以出租或出借的形式发出给客户的，一般包装物会在约定的时间内予以收回。在发出包装物时，企业应根据包装物出库等凭证，借记"周转材料——包装物（出租包装物或出借包装物）"科目，贷记"周转材料——包装物（库存包装物）"科目。包装物如按计划成本计价，还应同时结转材料成本差异。

双方如有约定押金，出租方或出借方收到押金时，借记"库存现金""银行存款"等科目，贷记"其他应付款——存入保证金"科目；到期客户按时返还包装物的，出租或出借方应退还押金，借记"其他应付款——存入保证金"科目，贷记"库存现金""银行存款"等科目。

针对出租包装物企业按约定收取的包装物租金，借记"库存现金""银行存款""其他应收款"等科目，贷记"其他业务收入"科目。

针对出租或出借包装物发生的摊销费用，企业按照规定的摊销方法，对包装物进行摊销时，借记"其他业务成本（出租包装物）""销售费用（出借包装物）"科目，贷记"周转材料——包装物——包装物摊销"科目。

针对出租或出借包装物发生的维修费用。企业应借记"其他业务成本（出租包装物）""销售费用（出借包装物）"科目，贷记"库存现金""银行存款""原材料""应付职工薪酬"科目。

（2）低值易耗品的核算。低值易耗品，是指单位价值较低或使用期限较短，不能作为固定资产核算的劳动资料，如工具器具、管理用具、玻璃器皿、劳保用品，以及建筑企业的钢模板、木模板脚手架等。低值易耗品通常视同存货，作为流动资产进行核算和管理。

为了反映和监督低值易耗品的增减变动及其结存情况，企业应当设置"周转材料——低值易耗品"科目，借方登记低值易耗品的增加，贷方登记低值易耗品的减少，期末余额在借方，通常反映企业期末结存低值易耗品的金额。企业应根据周转材料的消耗方式、价值大小、耐用程度等，选择适当的摊销方法，将其账面价值一次或分次计入有关成本费用。常用的周转材料摊销方法有一次转销法、五五摊销法、分次摊销法等。

A. 一次转销法。该方法核算低值易耗品时，领用低值易耗品时将其价值一次全部计入有关资产或者当期损益。适用于价值较低、容易损坏的低值易耗品。领用低值易耗品时，应按其账面价值，借记"生产成本""制造费用""其他业务成本""销售费用""管理费用"等科目，贷记"周转材料——低值易耗品"科目。低值易耗品报废时，如有残值，应将其冲减有关成本费用，借记"原材料""银行存款"等科目，贷记"生产成本""制造费用""其他业务成本""销售费用""管理费用"等科目。

【例3-31】 2×23年5月，卓段制造领用低值易耗品总账面价值为2 000元。其中，生产部门领用 1 700 元用于辅助生产,管理部门领用 300 元用于日常消耗。卓段制造对该批包装物采用一次转销法摊销。相关账务处理如下:

借:生产成本   1 700
  管理费用   300
   贷:周转材料   2 000

B. 五五摊销法。该种核算方法下,企业应当在"周转材料——低值易耗品"科目下面设置"在库""在用""摊销"三个明细分类科目。"在用"和"摊销"两个明细科目结合可以揭示在用低值易耗品的摊余价值。这种摊销方法核算时低值易耗品在领用时摊销 50% 的价值,报废时再摊销另外一半的价值,适用于价值较低、使用期限较短的低值易耗品,也适用于每期领用和报废大致相等的低值易耗品。

在领用低值易耗品时,按其账面价值,借记"周转材料——在用"科目,贷记"周转材料——在库"科目,同时摊销其账面价值的一半,借记"制造费用""其他业务成本""管理费用""销售费用"等科目,贷记"周转材料——摊销"科目。周转材料报废时,摊销剩下的一半账面价值,借记"制造费用""其他业务成本""管理费用""销售费用"等科目,贷记"周转材料——摊销"科目;同时,转销周转材料全部已计提摊销额,借记"周转材料——摊销"科目,贷记"周转材料——在用"科目。

【例 3-32】 卓段制造 2×23 年 5 月领用一批管理用工具,账面价值为 2 000 元。卓段制造对该批包装物采用五五摊销法进行摊销。

(1)领用包装物并摊销其账面价值的一半:

借:周转材料——在用   2 000
   贷:周转材料——在库   2 000

借:管理费用   1 000
   贷:周转材料——摊销   1 000

(2)包装物报废,摊销剩余一半的账面价值并转销全部已计提摊销额:

借:管理费用   1 000
   贷:周转材料——摊销   1 000

借:周转材料——摊销   2 000
   贷:周转材料——在用   2 000

C. 分次摊销法。此种核算方法下,低值易耗品在领用时摊销其账面价值的单次平均摊销额。分次摊销法适用于可供多次反复使用的低值易耗品。在采用分次摊销法的情况下,需要单独设置"周转材料——低值易耗品(在库)""周转材料——低值易耗品(在用)""周转材料——低值易耗品(摊销)"明细科目。其中,"周转材料——低值易耗品(摊销)"明细科目为"周转材料——低值易耗品(在用)"明细科目的备抵科目,用于核算使用中低值易耗品的累计摊销额。

在领用低值易耗品时,应在"周转材料——低值易耗品"明细科目中进行结转,由"在库"明细科目转入"在用"明细科目;在每次对低值易耗品按照计划成本摊销的同时,应结转相应的材料成本差异,将领用低值易耗品的计划成本调整为实际成本;在最后一次摊销时,"在用"低值易耗品已经全部摊销完毕,需要将"周转材料——低值易耗品"明细科目中的"摊销"明细科目的贷方余额与"在用"明细科目的借方余额进行相互抵销,从而结平"周转材料——低值易耗品"明细科目的余额。

【例 3-33】　卓段制造为增值税一般纳税人,对低值易耗品采用计划成本核算。2×23 年 5 月基本生产车间领用专用工具一批,实际成本为 101 000 元,计划成本为 100 000 元,不符合固定资产定义,采用分次摊销法进行摊销。该专用工具的估计使用次数为 4 次,该专用工具的材料成本差异率为 1%。卓段制造账务处理如下:

(1) 领用专用工具时:

借:周转材料——低值易耗品(在用) 　　　　　　　　　　　　　100 000
　　贷:周转材料——低值易耗品(在库) 　　　　　　　　　　　　　　100 000

(2) 第一次领用及后期每次摊销其价值的 1/4,同时结转发出材料成本差异:
材料成本差异=25 000×1%=250(元)

借:制造费用 　　　　　　　　　　　　　　　　　　　　　　　25 000
　　贷:周转材料——低值易耗品(摊销) 　　　　　　　　　　　　　　25 000

借:制造费用 　　　　　　　　　　　　　　　　　　　　　　　250
　　贷:材料成本差异——低值易耗品 　　　　　　　　　　　　　　　250

(3) 结转低值易耗品"在用"和摊销"明细科目:

借:周转材料——低值易耗品(摊销) 　　　　　　　　　　　　　100 000
　　贷:周转材料——低值易耗品(在用) 　　　　　　　　　　　　　　100 000

3.3　存货期末计量

存货期末计量的主要工作是核算存货在期末资产负债表上应列示的金额。我国《企业会计准则》明确规定,资产负债表日,存货应按照成本与可变现净值孰低法进行计量。

企业存货初始计量和后续计量通常是以历史成本进行核算的。但在实际工作中,由于存货毁损、陈旧、过时、售价持续下跌等原因,会使企业存货出现贬值现象即持有的存货账面成本高于可变现净值。可变现净值既不是存货的市场价格,也不是存货的预计售价,而是存货的预计未来净现金流入量。依据谨慎性原则,为了真实地反映企业资产负债表日资产的价值,体现稳健性要求,企业应合理地计提存货可能发生的跌价损失。

成本与可变现净值孰低法是指将存货的成本与可变现净值进行比较,以两者之中的较低者对期末存货进行计量的一种方法,即当期末存货账面成本低于可变现净值时,表明该存货未发生减值,不需要作账务处理,资产负债表中存货仍按期末账面价值列示;当可变现净值低于成本时,表明该项存货为企业带来的未来经济利益将低于账面成本,期末存货账面价值应调整为可变现净值,其中可变现净值低于成本的差额确认为存货跌价准备,将其从存货价值中扣除,并调增资产减值损失,否则,就会虚增当期利润和存货价值。存货的成本是指期末存货的实际成本,即采用先进先出法、月末一次加权平均法等存货计量方法,对发出存货及期末存货进行计量所确定的期末存货账面成本;可变现净值是指企业在正常经营过程中以存货的估计售价减去至完工时估计将要发生的成本、估计的销售费用以及相关税金后的金额。

3.3.1 存货发生减值的迹象

会计实务中,如存在下列情况之一,表明存货发生了减值,应计提存货跌价准备,并确认存货减值损失:

（1）市场价格持续下跌,并且在可预见的未来无回升的希望。

（2）企业使用该项原材料生产的产品的成本大于产品的销售价格。

（3）企业因产品更新换代,原有库存原材料已不适应新产品的需要,而该原材料的市场价格又低于其账面成本。

（4）因企业所提供的产品或劳务过时或消费者偏好改变而使市场需求发生变化导致市场价格逐渐下跌。

（5）其他足以证明该项存货实质上已经发生减值的情形。

当存在下列情况之一时,则表明存货的可变现净值为零:

（1）已霉烂变质的存货。

（2）已过期且无转让价值的存货。

（3）生产中已不再需要,并且已无使用价值和转让价值的存货。

（4）其他足以证明已无使用价值和转让价值的存货。

3.3.2 可变现净值的确定方法

3.3.2.1 存货估计售价的确定

在确定存货的可变现净值时,应合理确定估计售价、至完工时估计将要发生的成本、估计的销售费用和相关税费。其中,存货估计售价的确定对计算存货可变现净值至关重要。通常情况下,如果存货有合同约定的,以合同约定的售价为基础;如果没有合同约定的,以资产负债表日的市场价格为基础;如果当月存货价格变动较大的,以当月存货平均销售价格或资产负债表日最近几次销售价格的平均数为基础。具体按下列原则进行:

（1）为执行销售合同或者劳务合同而持有的产成品、商品等存货,通常应当以存货的合同价格作为其可变现净值的计算基础。

（2）没有销售合同或者劳务合同企业持有的产成品、商品等存货,其可变现净值应当以存货的一般销售价格作为计算基础。

（3）当企业持有存货的数量等于或少于销售合同订购的数量,应以合同所规定的价格作为可变现净值的计算基础。当企业持有存货的数量多于销售合同或劳务合同订购数量,超出部分的存货可变现净值应当以产成品或商品的一般销售价格作为计算基础。

（4）如果企业销售合同或劳务合同所规定的标的物还未生产出来,但持有专门用于生产该标的物的原材料,则该原材料的可变现净值也应当以合同价格作为计算基础。

（5）用于出售的原材料、半成品等存货,通常以该原材料或半成品的市场销售价格作为其可变现净值的计算基础。如果用于出售的原材料或半成品存在销售合同约定,应按合同价格作为其可变现净值的计算基础。

【例3-34】 卓段制造共存有 A 库存商品 100 件,每件商品的成本为 1 万元,其中合同约定商品 60 件,合同价为每件 1.3 万元;该商品在市场上的售价为每件 0.9 万元。

A 库存商品库存总量 100 件,其中分为有合同 60 件和无合同 40 件,有合同部分按合同约定价格确定估计售价为 78 万元(60×1.3),无合同部分按市场一般销售价格确定估计销售价格 36 万元(40×0.9)。

3.3.2.2　可变现净值的确定

企业确定存货的可变现净值,应当以取得的确凿证据为基础,并且考虑持有存货的目的、资产负债表日后事项的影响等因素。

存货可变现净值的确凿证据是指对确定存货的可变现净值有直接影响的客观证明。如产成品或商品的市场销售价格、与产成品或商品相同或类似商品的市场销售价格、销售方提供的有关资料等;存货的采购成本、加工成本和其他成本及以其他方式取得的存货的成本应当以取得外来原始凭证、生产成本资料、生产成本账簿记录等作为确凿证据。

持有存货的目的。由于企业持有存货的目的不同,确定存货可变现净值的计算方法也不同。如用于出售的存货和用于继续加工的存货,其可变现净值的计算就不相同。因此,企业在确定存货的可变现净值时,应考虑持有存货的目的。一般地,企业持有存货的目的:一是持有以备出售,如商品、产成品,其中又分为有合同约定的存货和没有合同约定的存货;二是将在生产过程或提供劳务过程中耗用,如材料等。

资产负债表日后事项等的影响。企业在确定资产负债表日存货的可变现净值时,不仅要考虑资产负债表日与该存货相关的价格与成本波动,而且还应考虑未来的相关事项。也就是说,企业在确定存货的可变现净值时,不仅限于要考虑财务报告批准报出日之前发生的相关价格与成本波动,还应考虑以后期间发生的相关事项。

1) 直接用于销售的存货

直接用于销售的存货包括可直接对外销售的库存商品和原材料。其计算公式如下:

$$可变现净值 = 存货估计售价 - 估计销售费用及相关税金$$

【例 3-35】　承接[例 3-34],假设合同约定的 60 件商品,预计每件商品的销售费用及相关税金为 0.2 万元,该商品市场上预计每件商品的销售费用及相关税费为 0.15 万元。

有合同约定的 60 件 A 商品可变现净值 = 78 - 60×0.2 = 66(万元),大于其账面余额 60 万元(60×1),因此 60 件 A 产品未发生减值。

无合同约定的 40 件 A 商品可变现净值 = 36 - 40×0.15 = 30(万元),小于其账面余额 40 万元(40×1),因此 40 件 A 产品发生减值,应计提存货跌价准备 10 万元。

2) 需要继续加工的存货

需要继续加工的存货包括用于生产的原材料、半成品、周转材料等。其计算公式如下:

$$可变现净值 = 终端产品估计售价 - 至完工时估计将要发生的成本 - 终端产品估计的销售费用及相关税金$$

如果用该材料生产的最终产品可变现净值预计高于其生产成本,表明该材料生产的最终产品未发生减值,该材料应当按照成本计量,不计提存货跌价准备。如果用该材料生产的最终产品可变现净值预计低于其生产成本,表明该材料生产的最终产品发生了价值减损的迹象,则该材料应当按照可变现净值计量。

【例 3-36】　卓段制造 2×23 年 12 月 31 日库存配件 100 套,每套配件的账面成本为 12 万元,市场价格为 10 万元。该批配件可用于加工 100 件 A 产品,将每套配件加工成 A 产品尚需投入 17 万元。A 产品 2×23 年 12 月 31 日的市场价格为每件 28.7 万元,估计销售过程中每件将发生销售费用及相关税费 1.2 万元。

配件是用于生产 A 产品的,所以应先计算 A 产品是否减值。

单件 A 产品的成本＝12＋17＝29(万元)

单件 A 产品的可变现净值＝28.7－1.2＝27.5(万元)

A 产品减值,配件应按照成本与可变现净值孰低计量,单件配件的成本为 12 万元,单件配件的可变现净值为 10.5 万元(28.7－17－1.2),单件配件应计提跌价准备为 1.5 万元(12－10.5),所以 100 件配件应计提跌价准备为 150 万元(100×1.5)。

3.3.3 存货减值账务处理(计提、转回和结转)

3.3.3.1 存货跌价准备的计提和转回

$$本期应计提存货跌价准备＝本期存货减值金额－"存货跌价准备"期初余额$$

公式中的本期应计提存货跌价准备可能会出现以下三种情况:

(1) 本期应计提存货跌价准备大于零,则按照此金额计提存货跌价准备,借记"资产减值损失"科目,贷记"存货跌价准备"科目。

(2) 本期应计提存货跌价准备等于零,表明本期存货减值损失在此之前已经计提了存货跌价准备,本期不再需要计提。

(3) 本期应计提存货跌价准备小于零,表明以前引起存货减值的影响因素已经部分消失,存货的价值又得以部分恢复,企业应当对减记的金额予以恢复,再转回金额不得超过原已计提存货跌价准备的金额,即借记"存货跌价准备"科目,贷记"资产减值损失"科目。

【例 3-37】 2×22 年 12 月 31 日,卓段制造 A 商品的账面余额为 10 万元。由于市场价格下跌,预计可变现净值为 8 万元。相关账务处理如下:

2×22 年 12 月 31 日,A 商品账面余额 100 000 元,预计可变现净值为 80 000 元。

本期应计提存货跌价准备＝100 000－80 000＝20 000(元)

借:资产减值损失   20 000

  贷:存货跌价准备——A 商品   20 000

2×22 年 12 月 31 日的资产负债表中,A 商品应按可变现净值 8 万元列示。

2×23 年 6 月 30 日,A 商品的账面余额为 10 万元,A 商品的预计可变现净值为 95 000 元,则计提存货跌价准备金额为 5 000 元(100 000－95 000),即"存货跌价准备"科目的贷方余额应为 5 000 元,而此时 A 商品之前已计提存货跌价准备金额 20 000 元,应转回 15 000 元(5 000－20 000)。

借:存货跌价准备——A 商品   15 000

  贷:资产减值损失   15 000

3.3.3.2 存货跌价准备的结转

企业已计提了存货跌价准备,生产领用的存货,领用时一般可不结转相应的存货跌价准备,待期末统一调整;如需同时结转已计提的存货跌价准备,应借记"存货跌价准备"科目,贷记

"生产成本"等科目。如销售存货,企业前期已经计提了存货跌价准备,在结转销售成本时存货跌价准备也应一并结转,如果其中有部分存货已经销售,则在结转销售成本时,应同时结转相应部分的存货跌价准备。

【例 3-38】　卓段制造本月生产领用 L 材料,领用的 L 材料账面余额 56 000 元,相对应的存货跌价准备为 1 500 元。

```
借:生产成本                                          56 000
    贷:原材料——L 材料                                     56 000
```

同时结转 L 材料已计提的跌价准备:

```
借:存货跌价准备——L 材料                              1 500
    贷:生产成本                                           1 500
```

【例 3-39】　卓段制造为增值税一般纳税人,有库存一批商品,成本 3 000 万元,计提存货跌价准备 500 万元。后期对外出售其中的 40%,不含税的售价 1 100 万元,增值税税额 143 万元,上述款项全部已通过银行存款转账方式收回。根据上述资料,作如下账务处理:

存货跌价准备=500×40%=200(万元)

库存商品=3 000×40%=1 200(万元)

```
借:银行存款                                          12 430 000
    贷:主营业务收入                                        11 000 000
        应交税费——应交增值税(销项税额)                      1 430 000
借:主营业务成本                                      10 000 000
    存货跌价准备                                       2 000 000
    贷:库存商品                                           12 000 000
```

3.4　存 货 清 查

企业的存货品种多,数量大,收发频繁。在日常的收发、保管过程中,由于计量错误、计算差错、检验疏忽、管理不善、自然损耗、核算失误以及偷窃、贪污等原因,有时会发生存货的盘盈、盘亏和毁损现象,从而造成存货账实不相符。此外,企业因计划不周、盲目采购等原因,还可能引起材料物资超储积压等现象。为了保护企业流动资产的安全和完整,做到账实相符,企业必须对存货进行定期或不定期的清查盘点。

存货清查采用实地盘点法。在每次进行清查盘点前,应将已经收发的存货数量全部入账,并准备盘点清册,抄列各种存货的编号、名称、规格和存放地点。盘点时,应在盘点清册上逐一登记各种存货的账面结存数量和实存数量,并进行核对。对于账实不符的存货,应查明原因,分清责任,并根据清查结果编制存货盘存报告单,作为存货清查的原始凭证。

为了反映在存货清查过程中各种存货的盘盈、盘亏或毁损,企业应设置"待处理财产损溢"科目。该科目具有双重性质,借方登记发生的各种财产物资的盘亏金额和批准转销的盘盈金额,贷方登记发生的各种财产物资的盘盈金额和批准转销的盘亏金额。该科目处理前的借方余额反映企业尚未处理的各种财产净损失,处理前的贷方余额反映企业尚未处理的各种财产的净盈余。期末,该科目处理后没有余额。存货的盘盈或盘亏、毁损,应区分不同情况进行账务处理。

3.4.1 存货盘盈

存货盘盈是指存货的实际结存数量大于账面结存数量。企业发生存货盘盈,在查明原因前,应按重置成本,借记"原材料""库存商品"等科目,贷记"待处理财产损溢——待处理流动资产损溢"科目;在查明原因后,按管理权限报经批准,借记"待处理财产损溢——待处理流动资产损溢"科目,贷记"管理费用"科目,冲减当期管理费用。

【例 3-40】 卓段制造在存货清查中发现盘盈一批 A 材料,重置成本为 6 500 元,应编制如下会计分录:

(1) 发现盘盈,原因待查:

借:原材料——A 材料　　　　　　　　　　　　　　　　　　　　　　6 500
　　贷:待处理财产损溢——待处理流动资产损溢　　　　　　　　　　　　　　6 500

(2) 查明原因,报经批准处理后:

借:待处理财产损溢——待处理流动资产损溢　　　　　　　　　　　　6 500
　　贷:管理费用　　　　　　　　　　　　　　　　　　　　　　　　　　　6 500

3.4.2 存货盘亏及其毁损

存货盘亏是指存货的实际结存数量小于账面结存数量。存货发生盘亏,应按其账面价值及时转销,借记"待处理财产损溢——待处理流动资产损溢"科目,贷记"原材料""库存商品"等科目。属于一般经营性损失的,扣除残料价值以及由保险公司和过失人赔偿部分的净损失,经批准记入"管理费用"科目;对于入库的残料价值,记入"原材料"科目;由保险公司和过失人赔偿的部分,记入"其他应收款"科目。属于自然灾害损失等非正常损失的,按扣除可收回的保险赔偿和残料价值后的净损失,作为企业的营业外支出处理。如因管理不善造成被盗、丢失、霉烂变质的存货,相应的进项税额不得从销项税额中抵扣,应当予以转出。

【例 3-41】 卓段制造为增值税一般纳税人,因遭受雷电毁损一批库存原材料。该批原材料的实际成本为 10 000 元,增值税税额为 1 300 元。经确认,毁损原材料应由保险公司赔偿2 000 元。根据上述资料编制如下会计分录:

(1) 批准处理前:

借:待处理财产损溢　　　　　　　　　　　　　　　　　　　　　　10 000
　　贷:原材料　　　　　　　　　　　　　　　　　　　　　　　　　　　10 000

(2) 批准后:

借:其他应收款　　　　　　　　　　　　　　　　　　　　　　　　2 000
　　营业外支出　　　　　　　　　　　　　　　　　　　　　　　　8 000
　　贷:待处理财产损溢　　　　　　　　　　　　　　　　　　　　　　10 000

【例 3-42】 承接[例 3-41],如果卓段制造原材料盘亏经查属于材料保管员的过失造成

的,按规定由其个人赔偿 20 000 元,应编制如下会计分录:

(1) 批准处理前:

借:待处理财产损溢 11 300
　贷:原材料 10 000
　　应交税费——应交增值税(进项税额转出) 1 300

(2) 批准后:

借:其他应收款 2 000
　管理费用 9 300
　贷:待处理财产损溢 11 300

 章节测试

一、复习思考题

1. 什么是存货? 存货有什么特征?

2. 存货发出计价方法有哪些?

3. 什么是可变现净值? 应如何确定可变现净值?

二、单选题

1. 某商业批发企业采用毛利率法对存货计价,第一季度的某商品实际毛利率为 30%。5 月 1 日该存货成本为 1 800 万元,5 月购入该存货成本为 4 200 万元,销售商品收入 4 500 万元,发生销售退回 450 万元。则 5 月末该存货结存成本为( )万元。

A. 3 165　　　　　B. 2 850　　　　　C. 1 950　　　　　D. 3 300

2. 某企业为增值税一般纳税人,本期购入一批商品 100 千克,进货价格为 100 万元,增值税税额为 13 万元。所购商品到达后验收发现商品短缺 25%,其中合理损失 15%,另有 10% 的短缺无法查明原因,该批商品的单位成本为( )万元/千克。

A. 1　　　　　B. 1.4　　　　　C. 1.2　　　　　D. 1.25

3. 某企业采用月末一次加权平均法核算原材料。2×22 年 4 月 1 日,结存 A 商品 400 件,单位成本 20 元;4 月 15 日购入 A 商品 400 件,单位成本 35 元;4 月 20 日购入 A 商品 600 件,单位成本 38 元;当月共发出 A 商品 1 000 件。不考虑其他因素,该企业 4 月份发出 A 商品的成本为( )元。

A. 28 000　　　　　B. 30 000　　　　　C. 32 000　　　　　D. 35 000

4. 2×22 年 3 月 31 日,某企业乙存货的实际成本为 100 万元,加工该存货至完工产成品估计还将发生的成本为 25 万元,估计销售费用和相关税费为 3 万元,估计该存货生产的产成品售价为 120 万元。假定乙存货月初"存货跌价准备"科目余额为 12 万元,2×22 年 3 月 31 日应计提的存货跌价准备为( )万元。

A. -8　　　　　B. 4　　　　　C. 8　　　　　D. -4

5. 下列各项中,关于企业原材料盘亏及毁损会计处理表述正确的是( )。

A. 保管员过失造成的损失赔偿,计入管理费用

B. 因台风造成的净损失,计入营业外支出

C. 应由保险公司赔偿的部分,计入营业外收入

D. 经营活动造成的净损失,计入其他业务成本

6. 某企业材料采用计划成本核算。月初结存材料的计划成本为 130 万元,材料成本差异为节约 20 万元。当月入库材料一批,实际成本 110 万元,计划成本 120 万元,领用材料的计划成本为 100 万元。该企业当月领用材料的实际成本为(   )万元。

A. 88   B. 96   C. 100   D. 112

7. 某企业为增值税一般纳税人,对包装物采用计划成本核算。2×18 年 7 月 1 日,该企业销售商品领用不单独计价包装物的计划成本为 60 000 元,材料成本差异率为—5%。下列各项中,关于该包装物会计处理正确的是(   )。

A. 借:销售费用　　　　　　　　　　　　　　　　　　　　　　　　 63 000
　　　贷:周转材料——包装物　　　　　　　　　　　　　　　　　 60 000
　　　　　材料成本差异　　　　　　　　　　　　　　　　　　　　　 3 000

B. 借:销售费用　　　　　　　　　　　　　　　　　　　　　　　　 57 000
　　　　材料成本差异　　　　　　　　　　　　　　　　　　　　　　 3 000
　　　贷:周转材料——包装物　　　　　　　　　　　　　　　　　 60 000

C. 借:其他业务成本　　　　　　　　　　　　　　　　　　　　　　 63 000
　　　贷:周转材料——包装物　　　　　　　　　　　　　　　　　 60 000
　　　　　材料成本差异　　　　　　　　　　　　　　　　　　　　　 3 000

D. 借:其他业务成本　　　　　　　　　　　　　　　　　　　　　　 57 000
　　　　材料成本差异　　　　　　　　　　　　　　　　　　　　　　 3 000
　　　贷:周转材料——包装物　　　　　　　　　　　　　　　　　 60 000

8. 下列各项中,不会引起企业期末存货账面价值变动的是(   )。

A. 已发出商品但尚未确认销售收入

B. 已确认销售收入但尚未发出商品

C. 已收到材料但尚未收到发票账单

D. 已收到发票账单并付款但尚未收到材料

9. 某增值税一般纳税人因管理不善毁损库存原材料一批,其成本为 200 万元,经确认应转出的增值税税额为 26 万元;收回残料价值 8 万元,收到保险公司赔偿款 112 万元。不考虑其他因素,经批准企业确认该材料毁损净损失的会计分录是(   )。

A. 借:营业外支出　　　　　　　　　　　　　　　　　　　　　　 1 060 000
　　　贷:待处理财产损溢　　　　　　　　　　　　　　　　　 1 060 000

B. 借:管理费用　　　　　　　　　　　　　　　　　　　　　　　 1 060 000
　　　贷:待处理财产损溢　　　　　　　　　　　　　　　　　 1 060 000

C. 借:营业外支出　　　　　　　　　　　　　　　　　　　　　　　 800 000
　　　贷:待处理财产损溢　　　　　　　　　　　　　　　　　　 800 000

D. 借:管理费用　　　　　　　　　　　　　　　　　　　　　　　　 800 000
　　　贷:待处理财产损溢　　　　　　　　　　　　　　　　　　 800 000

10. 某企业按照成本与可变现净值孰低法对存货进行期末计价,按单项存货进行比较。

2×22 年 12 月 31 日,甲、乙、丙三种存货成本与可变现净值分别为:甲存货成本 10 万元,可变现净值 8 万元;乙存货成本 12 万元,可变现净值 15 万元;丙存货成本 18 万元,可变现净值 15 万元。甲、乙、丙三种存货已计提的跌价准备分别为 1 万元、2 万元、1.5 万元。假定该企业只有这三种存货,2×22 年 12 月 31 日应补提的存货跌价准备总额为(　　)万元。

  A. -0.5   B. 5   C. 2   D. 0.5

三、计算分析题

1. 甲企业为增值税一般纳税人,月初结存 L 材料的计划成本为 100 万元,成本差异为超支 30 740 元。当月入库材料的计划成本为 320 万元,节约差异为 20 万元。根据发料凭证汇总表,当月 L 材料的消耗(计划成本)为:基本生产车间领用 200 万元,辅助生产车间领用 60 万元,车间管理部门领用 25 万元,行政管理部门领用 5 万元。

  要求:

  (1) 计算发出材料应负担的成本差异。

  (2) 编制按计划成本发出材料的会计分录及结转发出材料成本差异的会计分录。

2. 甲卷烟厂委托乙企业加工一批烟丝,假设加工收回后的烟丝当期全部用于生产卷烟且双方企业均为一般纳税人企业,加工劳务适用的增值税税率为 13%,其他相关资料如下:

  (1) 2×21 年 4 月 1 日,甲卷烟厂发出原材料烟叶,成本为 80 万元。

  (2) 2×21 年 5 月 10 日,支付加工费 10 万元,增值税 1.3 万元。

  (3) 2×21 年 5 月 13 日,由受托方代收代缴消费税,假定应交消费税为 40 万元,如果收回后的烟丝以 200 万元的价格直接对外销售,由受托方乙企业代收代缴的消费税。

  要求:编制各业务涉及的会计分录。

3. 甲公司为增值税一般纳税人,适用的增值税税率为 13%。甲企业生产主要耗用一种原材料 A,A 材料按计划成本进行日常核算,计划单位成本为每千克 10 元。2×22 年 6 月 1 日,该"原材料"科目余额 40 000 元,"材料成本差异"科目借方余额 5 200 元。甲公司 6 月份发生的有关业务如下:

  (1) 6 月 5 日,从乙公司购入 A 材料 5 000 千克,增值税专用发票上注明的销售价格为 45 000 元,增值税税额为 5 850 元,全部款项以银行存款付清,材料尚未到达。

  (2) 6 月 10 日,从乙公司购入的 A 材料到达,验收入库时发现短缺 80 千克,经查明,短缺为运输中合理损耗,按实际数量入库。

  (3) 6 月 20 日,从丙公司购入 A 材料 4 000 千克,增值税专用发票上注明的销售价格为 44 000 元,增值税税额为 5 720 元,材料已验收入库,款项尚未支付。

  (4) 6 月份,甲公司共领用 A 材料 6 000 千克用于生产产品。

  要求:根据上述资料,假定取得的增值税专用发票均已经税务机关认证,不考虑其他因素,分析回答下列问题:

  (1) 编制甲公司购入 A 材料的账务处理。

  (2) 编制 A 材料验收入库时的账务处理。

  (3) 计算本月材料成本差异率。

  (4) 计算本月发出材料应负担的成本差异。

第4章

金融资产（上）

 教学目的与要求

掌握应收票据、应收账款、其他应收款等应收款项以及交易性金融资产的核算；理解金融资产分类；了解金融资产的内容。

 教学重点和难点

重点：应收账款备抵法计提坏账的会计核算；交易性金融资产初始计量、期间持有、期末计价的会计核算。

难点：金融资产的分类；交易性金融资产期末计价的会计核算。

 课程思政

任何投资都有风险，低风险低收益，高风险高收益，应树立正确的价值观，不要过度追求收益而忽视风险。

4.1 金融资产概述

4.1.1 金融工具

金融工具是指形成一方的金融资产并形成其他方的金融负债或权益工具的合同。金融工具具体包括金融资产、金融负债和权益工具。金融工具还可分为基础金融工具和衍生金融工具。

其中，合同的形式多种多样，可以是书面的，也可以不采用书面形式。实务中的金融工具合同通常采用书面形式。非合同的资产和负债不属于金融工具。例如，应交所得税是企业按照税收法规规定承担的义务，不是以合同为基础的义务，因此不符合金融工具定义。金融资产是金融工具的构成项目之一。

4.1.2 金融资产

金融资产是指企业持有的现金、其他方的权益工具以及符合下列条件之一的资产：

（1）从其他方收取现金或其他金融资产的合同权利。例如，企业的银行存款、应收账款、应收票据和贷款等均属于金融资产;预付账款不是金融资产,其产生的未来经济利益是商品或服务,不是收取现金或其他金融资产的权利。

(2) 在潜在有利条件下,与其他方交换金融资产或金融负债的合同权利。例如,企业持有的看涨期权或看跌期权等。

(3) 将来须用或可用企业自身权益工具进行结算的非衍生工具合同,且企业根据该合同将收到可变数量的自身权益工具。

(4) 将来须用或可用企业自身权益工具进行结算的衍生工具合同,但以固定数量的自身权益工具交换固定金额的现金或其他金融资产的衍生工具合同除外。

金融资产主要包括库存现金、银行存款、应收账款、应收票据、合同资产、其他应收款项、股权投资、债权投资、基金投资及衍生金融资产等。

4.1.3　金融资产的分类

金融资产的分类是后续进行确认和计量的基础。企业根据管理金融资产的业务模式和金融资产的合同现金流量特征,将取得的金融资产划分为以摊余成本计量的金融资产、以公允价值计量且其变动计入其他综合收益的金融资产、以公允价值计量且其变动计入当期损益的金融资产。

企业管理金融资产的业务模式,是指企业如何管理其金融资产以产生现金流量。业务模式决定企业所管理金融资产现金流量的来源是收取合同现金流量、出售金融资产还是两者兼有。以收取合同现金流量为目标的业务模式下,企业管理金融资产旨在通过在金融资产存续期内收取合同付款来取得现金流量,而不是通过持有并出售金融资产产生整体回报。以出售金融资产为目标的业务模式下,企业持有金融资产的目的是交易性的或者基于金融资产的公允价值作出决策并对其进行管理,在这种情况下,企业管理金融资产的目标是通过出售金融资产以取得现金流量。以收取合同现金流量和出售金融资产为目标的业务模式下,企业的关键管理人员认为收取合同现金流量和出售金融资产对于实现其管理目标而言都是不可或缺的,与以收取合同现金流量为目标的业务模式相比,此业务模式涉及的出售通常频率更高金额更大。企业确定其管理金融资产的业务模式时,应当注意以下方面:

(1) 企业应当在金融资产组合的层次上确定管理金融资产的业务模式,而不必按照单个金融资产逐项确定业务模式。金融资产组合的层次应当反映企业管理该金融资产的层次。有些情况下,企业可能将金融资产组合分拆为更小的组合,以合理反映企业管理该金融资产的层次。例如,企业购买一个抵押贷款组合,以收取合同现金流量为目标管理该组合中的一部分贷款,以出售为目标管理该组合中的其他贷款。

(2) 一个企业可能会采用多种业务模式管理其金融资产。例如,企业持有一组以收取合同现金流量为目标的投资组合,同时还持有另一组既以收取合同现金流量为目标又以出售该金融资产为目标的投资组合。

(3) 企业应当以企业关键管理人员决定的对金融资产进行管理的特定业务目标为基础,确定管理金融资产的业务模式。其中,关键管理人员是指《企业会计准则第 36 号——关联方披露》中定义的关键管理人员。

(4) 企业的业务模式并非企业自愿指定,通常可以从企业为实现其目标而开展的特定活动中得以反映。

（5）企业不得以按照合理预期不会发生的情形为基础确定管理金融资产的业务模式。

此外，如果金融资产实际现金流量的实现方式不同于评估业务模式时的预期，只要企业在评估业务模式时已经考虑了当时所有可获得的相关信息，这一差异不构成企业财务报表的前期差错，也不改变企业在该业务模式下持有的剩余金融资产的分类。企业在评估新的金融资产的业务模式时，应当考虑这些信息。

合同现金流量特征，是指金融资产合同约定的、反映相关金融资产经济特征的现金流量属性。被划分为以摊余成本计量的金融资产、以公允价值计量且其变动计入其他综合收益的金融资产，其合同现金流量特征为在特定日期产生的合同现金流量仅为本金和以未偿付本金金额为基础的利息的支付。其中，本金是指金融资产在初始确认时的公允价值，本金金额可能因提前还款等原因在金融资产的存续期内发生变动。利息包括对货币时间价值、与特定时期未偿付本金金额相关的信用风险，以及其他基本借贷风险，如流动性风险、成本和利润的对价。在基本借贷安排中，利息的构成要素中最重要的通常是货币时间价值和信用风险的对价。例如，甲银行有一项支付逆向浮动利率（即贷款利率与市场利率呈负相关关系）的贷款，该贷款的利息金额不是以未偿付本金金额为基础的货币时间价值的对价，其不符合本金加利息的合同现金流量特征。

4.1.3.1 以摊余成本计量的金融资产

金融资产如果同时满足以下条件，应划分为以摊余成本计量的金融资产：①企业管理该金融资产的业务模式是以收取合同现金流量为目标；②该金融资产的合同条款规定，在特定日期产生的现金流量，仅为对本金和以未偿付本金金额为基础的利息的支付。普通债券的合同现金流量是到期收回本金及按约定利率在合同期间按时收取固定或浮动利息的权利。比如，企业持有的普通债券，其合同现金流量是到期收回本金及按约定利率在合同期间按时收取固定或浮动利息的权利。在没有其他特殊安排的情况下，普通债券通常可能符合本金加利息的合同现金流量特征。如果企业管理该债券的业务模式是以收取合同现金流量为目标，则该债券可以分类为以摊余成本计量的金融资产。此外，企业通过平时商业往来形成的具有一定信用期限的应收账款，如果企业拟根据应收账款的合同现金流量收取现金，且不打算提前处置该应收账款，则该应收账款也应分类为以摊余成本计量的金融资产。企业一般应当设置"贷款""应收账款""债权投资"等科目核算分类为以摊余成本计量的金融资产。

4.1.3.2 以公允价值计量且其变动计入其他综合收益的金融资产

金融资产如果同时满足以下条件，应划分为以公允价值计量且其变动计入其他综合收益的金融资产：①企业管理该金融资产的业务模式既以收取合同现金流量为目标又以出售该金融资产为目标；②该金融资产的合同条款规定，在特定日期产生的现金流量，仅为对本金和以未偿付本金金额为基础的利息的支付。如果企业持有的普通债券其管理该债券的业务模式是既以收取合同现金流量为目标，又以出售该债券为目标，则该债券可被企业按以公允价值计量且其变动计入其他综合收益的金融资产进行管理。一般会计上通过"其他债权投资"科目进行核算，如果指定为以公允价值计量且其变动计入其他综合收益的非交易性权益工具投资，应当通过"其他权益工具投资"科目进行核算。

4.1.3.3 以公允价值计量且其变动计入当期损益的金融资产

以摊余成本计量的金融资产和以公允价值计量且其变动计入其他综合收益的金融资产以外的金融资产，企业应当将其分类为以公允价值计量且其变动计入当期损益的金融资产，如以赚取差价为目的短期持有的股票、债券、基金等金融资产。股票、合同现金流量源自收取被投资企业未来股利分配以及其清算时获得剩余收益的权利,由于股利及获得剩余收益的权利均不符合上述本金和利息的定义,股票不符合本金加利息的合同现金流量特征。在不考虑特殊指定的情况下,企业持有的股票应当分类为以公允价值计量且其变动计入当期损益的金融资产。基金的常见类型有股票型基金、债券型基金、货币基金或混合基金,通常投资于动态管理的资产组合,投资者从该类投资中所取得的现金流量既包括投资期间基础资产产生的合同现金流量,也包括处置基础资产的现金流量。基金一般情况下不符合本金加利息的合同现金流量特征。企业持有的基金通常也应当分类为以公允价值计量且其变动计入当期损益的金融资产。可转换债券除按一般债权类投资的特性到期收回本金、获取约定利息或收益外,还嵌入了一项转股权。通过嵌入衍生工具,企业获得的收益在基本借贷安排的基础上,会产生基于其他因素变动的不确定性。企业将可转换债券作为一个整体进行评估,由于可转换债券不符合本金加利息的合同现金流量特征,企业持有的可转换债券投资应当分类为以公允价值计量且其变动计入当期损益的金融资产。上述被划分为以公允价值计量且其变动计入当期损益的金融资产在会计上一般通过"交易性金融资产"科目进行核算。

【例 4-1】　根据下面资料,判断卓段制造 2×23 年发生业务的分类:

(1)3 月 1 日购入 A 公司发行在外的股票 50 万股,并以短期持有赚取差价为主要目的。

(2)5 月 1 日购入 B 公司债券 100 万份,该债券为当日发行的 10 年期债券,票面年利率为 15%,利息按单利计算,到期一次还本付息。实际利率等于票面利率,按年确认投资收益。当日,卓段制造不考虑出售其投资,打算长期持有收取投资利息。

(3)6 月 15 日购入 C 公司债券 50 万份。该债券为当日发行的 5 年期债券,票面年利率为 10%,利息按单利计算,到期一次还本付息。其实际年利率为 7.5%,按年确认投资收益。当日,卓段制造考虑出售其投资。

解析:

(1)购入 A 公司的股票不以收取合同现金流量为目标,而是以短期持有赚取差价为主要目的,属于交易性的,故购入 A 公司的股票应分类为以公允价值计量且其变动计入当期损益的金融资产。

(2)购入 B 公司的债券同时满足下列条件:第一,企业管理该金融资产的业务模式是以收取合同现金流量为目标,投资时不准备出售;第二,该金融资产的合同条款规定,在特定日期产生的现金流量,仅为收回的本金和以未偿付本金金额为基础收取的利息,应收利息和投资收益都按本金乘以票面利率 15% 确认。故购入 B 公司的债券应当分类为以摊余成本计量的金融资产。

(3)购入 C 公司的债券同时满足下列条件:第一,企业管理该金融资产的业务模式既以收取合同现金流量为目标又以出售该金融资产为目标,投资时考虑了出售,且按年确认利息和投资收益;第二,该金融资产的合同条款规定,在特定日期产生的现金流量,仅为收回的本金和以未偿付本金金额为基础收取的利息,利息按票面利率 10% 确认,投资收益按期初摊余成本乘以实际利率 7.5% 确认。故购入 C 公司的债券应当分类为以公允价值计量且其变动计入其他综合收益的金融资产。

此外,金融资产分类存在一些特殊性规定。权益工具投资一般不符合本金加利息的合同现金流量特征,因此应当分类为以公允价值计量且其变动计入当期损益的金融资产。然而在初始确认时,企业可以将非交易性权益工具投资指定为以公允价值计量且其变动计入其他综合收益的金融资产,并按规定确认股利收入。该指定一经作出,不得撤销。企业投资其他上市公司股票或者非上市公司股权的,都可能属于这种情形。

4.1.4　金融资产重分类

企业改变其管理金融资产的业务模式时,应当按照规定对所有受影响的相关金融资产进行重分类。企业业务模式未发生改变的以及所有金融负债均不得进行重分类。

企业管理金融资产业务模式的变更是一种极其少见的情形。该变更源自外部或内部的变化,必须由企业的高级管理层进行决策,且其必须对企业的经营非常重要,并能够向外部各方证实。因此,只有当企业开始或终止某项对其经营影响重大的活动时,如当企业收购、处置或终止某一业务线时,其管理金融资产的业务模式才会发生变更。企业对金融资产进行重分类,应当自重分类日起采用未来适用法进行相关会计处理,不得对以前已经确认的利得、损失(包括减值损失或利得)或利息进行追溯调整。重分类日,是指导致企业对金融资产进行重分类的业务模式发生变更后的首个报告期间的第一天。需要注意的是,企业业务模式的变更必须在重分类日之前生效。

企业将一项以摊余成本计量的金融资产重分类为以公允价值计量且其变动计入当期损益的金融资产的,应当按照该资产在重分类日的公允价值进行计量,原账面价值与公允价值之间的差额计入当期损益。企业将一项以摊余成本计量的金融资产重分类为以公允价值计量且其变动计入其他综合收益的金融资产的,应当按照该金融资产在重分类日的公允价值进行计量,原账面价值与公允价值之间的差额计入其他综合收益。该金融资产重分类不影响其实际利率和预期信用损失的计量。

企业将一项以公允价值计量且其变动计入其他综合收益的金融资产重分类为以摊余成本计量的金融资产的,应当将之前计入其他综合收益的累计利得或损失转出,调整该金融资产在重分类日的公允价值,并以调整后的金额作为新的账面价值,即视同该金融资产一直以摊余成本计量。该金融资产重分类不影响其实际利率和预期信用损失的计量。企业将一项以公允价值计量且其变动计入其他综合收益的金融资产重分类为以公允价值计量且其变动计入当期损益的金融资产的,应当继续以公允价值计量该金融资产。同时,企业应当将之前计入其他综合收益的累计利得或损失从其他综合收益转入当期损益。

企业将一项以公允价值计量且其变动计入当期损益的金融资产重分类为以摊余成本计量的金融资产的,应当以其在重分类日的公允价值作为新的账面余额。企业将一项以公允价值计量且其变动计入当期损益的金融资产重分类为以公允价值计量且其变动计入其他综合收益的金融资产的,应当继续以公允价值计量该金融资产。企业应当根据该金融资产在重分类日的公允价值确定其实际利率。

4.2　应收款项

应收款项是指企业在日常生产经营活动中形成的应予收取但尚未收到的款项。应收款项形成的原因主要是赊销商品、赊账提供劳务等,它是市场经济中商业信用的表现形式。应收款项是企业的待结算债权,不断处在发生、收回、又发生、又收回的过程中,具有较强的流动性,是企业的一项重要的流动资产。应收款项的种类主要有应收票据、应收账款、预付账款和其他应收款等。其中,应收票据、应收账款、其他应收款属于企业的金融资产,它们代表企业从其他方收取现金或其他金融资产的合同权利;预付账款也可以称为预付款项,它不是企业的金融资产,因为它产生的未来经济利益是商品或服务,不是收取现金或其他金融资产的权利。企业应当正确区分应收款项的有关种类,对不同种类的应收款项实行分别核算和分类管理,以分别反映不同种类应收款项的发生和收回等情况,有针对性地加强对不同种类应收款项的管理,切实保护应收款项这类资产的安全完整。

由于应收款项同时符合下列条件:企业管理该金融资产的业务模式是以收取合同现金流量为目标;该金融资产的合同条款规定,在特定日期产生的现金流量,仅为对本金和以未偿付本金金额为基础的利息的支付;应当将其作为以摊余成本计量的金融资产。应收款项会计核算应遵守下列规定:应收款项应当按照实际发生额记账,并按照往来户名等设置明细账,进行明细核算;带息的应收款项,应于期末按照本金或票面价值与确定的利率计算的金额,增加其账面余额,并确认为利息收入,计入当期损益;到期不能收回的应收票据,应按其账面余额转入应收账款,并不再计提利息;企业与债务人进行债务重组的,按照《企业会计准则第 12 号——债务重组》的规定处理;企业应于期末时对应收款项计提坏账准备。

一般企业的应收款项,通常应设置"应收账款""应收票据""长期应收款""其他应收款""合同资产"等科目进行核算。合同资产是指企业已向客户转让商品而有权收取对价的权利,且该权利取决于时间流逝之外的其他因素。应收款项是企业无条件收取合同对价的权利,该权利应当作为应收款项单独列示。两者的区别在于,应收款项代表的是无条件收取合同对价的权利,即企业仅仅随着时间的流逝即可收款;而合同资产并不是一项无条件收款权,除了时间流逝,还取决于其他条件。因此,与合同资产相关的风险不同,应收款项仅承担信用风险;而合同资产除了信用风险,还可能承担其他风险,如履约风险等。

4.2.1　应收票据

应收票据是指企业因销售商品、提供劳务等而持有尚未到期、尚未兑现的商业汇票。商业汇票根据承兑人的不同可分为银行承兑汇票和商业承兑汇票。承兑是汇票付款人承诺在汇票到期日支付汇票金额的票据行为,商业汇票必须经过承兑后方可生效。此外,商业汇票按是否计息可分为带息商业汇票和不带息商业汇票,不带息商业汇票是指商业汇票到期时,承兑人只按照票面金额向收款人或持票人(被背书人)支付款项的汇票;带息汇票是指商业汇票到期时,承兑人必须按照票面金额连带应计利息向收款人或持票人(被背书人)支付款项的汇票。

为了反映和监督商业汇票的取得、兑现、贴现等业务,企业应设置"应收票据"科目。"应收票据"科目借方登记应收商业汇票的票面金额,贷方登记到期收回款项或未到期向银行贴现的商业汇票的票面金额,期末余额在借方,表示企业尚未收回的商业汇票票面金额。"应收票据"科目可根据商业汇票的种类设置明细科目,也可设置应收票据备查账簿,逐笔登记商业汇票的种类、号数、出票日、票面金额、交易合同号、付款人、承兑人、背书人的姓名或单位名称、到期日、背书转让日、贴现日、贴现率、贴现净额、收款日、收回金额以及退票情况等资料。商业汇票到期结清票款或退票后,在备查账簿中应予注销。

1）不带息应收票据的核算

不带息应收票据的到期价值等于应收票据的面值。企业因销售商品或提供劳务而收到的商业汇票，借记"应收票据"科目，贷记"主营业务收入"科目，贷记"应交税费——应交增值税（销项税额）"科目。

应收票据到期收回票款时，借记"银行存款"科目，贷记"应收票据"科目。应收票据根据商业汇票的性质不同导致到期收回款项的可能性也不相同。如果商业汇票是银行承兑汇票，应收票据到期收回款项不会存在问题。如果商业汇票是商业承兑汇票，应收票据到期能否收回款项存在一定的不确定性。如果票据承兑人因财务困难等原因，其届时的银行存款不足以支付票据到期款项，企业有权继续向票据承兑人追索已经到期或者已经超过到期日的票据款项。因此，企业收到银行退回的商业承兑汇票、委托收款凭证、未付票款通知书或拒绝付款证明等，借记"应收账款"科目，贷记"应收票据"科目；收到用于抵付以往应收账款的票据时，借记"应收票据"科目，贷记"应收账款"科目。

【例4-2】 卓段制造为增值税一般纳税人，2×23年5月1日向在履制造销售一批产品，货款为150 000元，适用的增值税税率为13%，产品成本100 000元。卓段制造收到在履制造寄来的一张期限为3个月的不带息商业承兑汇票，面值为169 500元，抵付产品的价款和增值税款。编制的会计分录如下：

```
借：应收票据                                    169 500
    贷：主营业务收入                                150 000
        应交税费——应交增值税（销项税额）             19 500

借：主营业务成本                                100 000
    贷：库存商品                                    100 000
```

2×23年8月15日，卓段制造收回票面金额169 500元并存入银行：

```
借：银行存款                                    169 500
    贷：应收票据                                    169 500
```

假设，在履制造到期违约无法偿付票款，卓段制造的账务处理如下：

```
借：应收账款                                    169 500
    贷：应收票据                                    169 500
```

2）带息应收票据的核算

企业收到带息应收票据，可参考不带息应收票据的核算进行账务处理，但是在会计期末应计提票面利息，故带息票据的到期值等于票面价值加到期应计利息。期末计提利息计算公式如下：

$$应收票据的利息 = 票面金额 \times 票面利率 \times 期限$$

公式中的票面利率一般以年利率表示，期限是指从票据签发日起到票据到期日止的时间间隔。票据的期限可按月或日两种方式表示。按月计算的票据，以到期月份中与出票日相同的日期为到期日，次月对日为整月，如5月16日出票的3个月票据，到期日为8月16日。月末出票的票据，不论月份大小，均以到期月份的月末一天为到期日，如2月28日出票的1个月票据，到期日为3月31日。与此同时，计算利息使用的利率要换算成月利率（年利率÷12）。

按日计算的票据,应从出票日起按实际经历天数计算,通常出票日和到期日只能算一天,即"算头不算尾""算尾不算头",如 3 月 3 日出票的 60 天票据,3 月份算 28 天(31-3),4 月份 30 天,尚有 2 天(60-28-30),到期日为 5 月 2 日,与此同时,计算利息使用的利率要换算成日利率(年利率÷360)。

对于带息应收票据,期末应按其账面价值和确定的利率计提利息,计提利息增加应收票据的账面余额,并同时计入当期损益,借记"应收票据"科目,贷记"财务费用"科目。商业汇票到期日,如果付款单位的货币资金充足,不论采用银行承兑汇票还是商业承兑汇票进行结算,企业按期足额收到到期带息商业汇票款,应终止确认应收票据,按实际收到的款项,借记"银行存款"科目;按票据面值,贷记"应收票据"科目;实际收款额大于票据面值的差额即票据利息额,作冲减财务费用处理。如果付款单位货币资金不足,企业未收到到期应收票据时,应将票据面值与应计未收利息之和一并转为应收账款,借记"应收账款"科目,贷记"应收票据""财务费用"科目,后续将不再计提利息。

【例 4-3】　卓段制造 2×23 年 9 月 1 日销售一批产品给在履制造,货已发出,增值税专用发票上注明的价款为 200 000 元,增值税税额为 26 000 元。在履制造交给卓段制造商业承兑汇票一张以结算交易款项,期限为 6 个月,票面利率为 6%,卓段制造的账务处理如下:

借:应收票据	226 000
贷:主营业务收入	200 000
应交税费——应交增值税(销项税额)	26 000

年末,计提票据利息:

应收票据=226 000×6%÷12×4=4 520(元)

借:应收票据	4 520
贷:财务费用	4 520

票据在票据到期日收回款项:

总利息=226 000×6%÷12×6=6 780(元)

借:银行存款	232 780
贷:应收票据	230 520
财务费用	2 260

如果票据到期,但付款人账户资金不足,票据由银行退回:

借:应收账款	232 780
贷:应收票据	230 520
财务费用	2 260

3) 应收票据的贴现

应收票据贴现是指应收票据的持票人急需资金,到银行卖出未到期的票据的行为,一般银行会预先扣除自贴现日起至票据到期日止的利息,而将余额付给贴现者。贴现是银行放贷的一种方式,银行买入未到期的票据所载金额的债权,放出现金以达到盈利的目的。对于贴现企业而言,是将未到期的票据所载金额转让给银行,以换取现金并贴以利息的交易。实质上贴现是企业融通资金的一种方式。其计算公式如下:

$$贴现息 = 票据到期值 × 贴现率 × 贴现期$$

$$带息票据到期值 = 票据面值 \times (1 + 票面利率 \times 票据期限)$$

$$不带息票据到期值 = 票据面值$$

$$贴现所得金额 = 票据到期值 - 贴现息$$

需要注意的是,票据贴现天数是指票据贴现日主票据到期日的天数。票据贴现天数越长,企业越早向银行申请贴现,银行扣除的贴现息越大,企业得到的贴现款项越小。企业持商业汇票向银行申请贴现时,无论商业汇票的期限是按月表示的还是按天表示的,银行在计算贴现息时,一般都按票据贴现天数计算。相对应的银行贴现率也需要换算为日贴现率或天贴现率。另外,商业汇票的票面利率与贴现率是两个不同的概念。其中,票面利率用以计算票据的利息,贴现率用以计算银行扣除的贴现息。

企业持有未到期的应收票据向银行贴现,按实际收到的贴现金额,借记"银行存款"科目。如果是带有追索权的应收票据贴现,由于贴现企业仍然需承担票据到期不能收回票款的风险,不符合金融资产终止确认的条件,不应冲减应收票据账户金额,按应收票据票面金额,贷记"短期借款"科目;如果是不带有追索权的应收票据贴现,企业在转让票据所有权时票据到期不能收回票款的风险也转移给贴现银行,贴现企业在收到贴现款时可以对应收票据进行终止确认,即按应收票据票面金额贷记"应收票据"科目,贴现息确认为"财务费用"科目。

【例 4-4】 2×23 年 4 月 1 日,卓段制造收到在履制造开具的不带息银行承兑汇票面值 45 000 元,到期日为当年 7 月 1 日。卓段制造急需资金,在 2×23 年 6 月 1 日到银行将该银行承兑汇票贴现,与银行约定卓段制造将不再承担票据到期无法收回票款责任,卓段制造实际收到贴现金额 44 000 元。相关账务处理如下:

借:银行存款	44 000
财务费用	1 000
贷:应收票据	45 000

【例 4-5】 2×23 年 4 月 15 日,卓段制造收到在履制造开具的 60 日后到期带息银行承兑汇票,该银行承兑汇票面值 36 000 元,票面利率 10%。卓段制造急需资金,在 2×23 年 4 月 30 日到银行将该银行承兑汇票贴现,贴现率为 16%,与银行约定卓段制造将不再承担票据到期无法收回票款责任。相关账务处理如下:

票据到期值＝36 000×(1+10%×60÷360)＝36 600(元)

到期日:6 月 14 日。

贴现天数:从贴现日 4 月 30 日至到期日 6 月 14 日,共计 45 天。

贴现息＝36 600×16%×45÷360＝732(元)

实际收到贴现款＝36 600－732＝35 868(元)

借:银行存款	35 868
财务费用	732
贷:应收票据	36 600

【例 4-6】 2×23 年 4 月 1 日,卓段制造收到在履制造开具的不带息商业承兑汇票面值 45 000 元,到期日为当年 7 月 1 日。卓段制造急需资金,在 2×23 年 6 月 1 日到银行将该商业承兑汇票贴现,实际收到贴现金额 44 000 元。相关账务处理如下:

```
借：银行存款                                                    44 000
    财务费用                                                     1 000
    贷：短期借款                                                        45 000
```

本例中,卓段制造向开户银行申请贴现的商业汇票是商业承兑汇票,开户银行存在到时收不回票据款项的可能性,企业为此也将承担连带偿付责任。此时,企业暂时还不能在账面上销记应收票据,企业从开户银行获得的贴现款应当暂时作为开户银行给企业的短期贷款处理。

如果贴现的商业承兑汇票,票据付款人无力支付票据款,申请贴现企业收到银行退回的商业承兑汇票,足额偿付贴现款,卓段制造账务处理如下：

```
借：短期借款                                                    45 000
    贷：银行存款                                                        45 000

借：应收账款                                                    45 000
    贷：应收票据                                                        45 000
```

4.2.2　应收账款

4.2.2.1　应收账款入账金额的确认

应收账款是指企业销售商品或提供服务而应向有关债务人收取的各类款项。应收账款包括销售商品或提供服务对向购货方或接受服务方收取的价款、增值税、代购货单位垫付的包装费、运杂费等。应收账款构成企业应收项目的重要组成部分,其与收入确认密切相关。在满足收入的确认条件后,销售款尚未收到,所以确认收入的同时会确认应收账款的增加。如果交易过程中双方约定折扣,在确认应收账款时应考虑折扣因素。

企业交易中约定的常见折扣方式有两种：商业折扣和现金折扣。商业折扣是指企业为促进销售而在商品标价上给予的扣除。企业之所以对客户提供商业折扣,往往出于多种原因,如为不同的客户或不同的购货数量提供不同的价格、向竞争对手隐瞒真实的开票价格等。商业折扣一般在交易发生时即已确定,它仅仅是确定实际销售价格的一种手段,不需要在买卖双方任何一方的账上反映,因此,在存在商业折扣的交易活动中,企业应收账款入账金额应按扣除商业折扣以后的实际售价确定。

现金折扣是指债权人为鼓励债务人在规定的期限内还款,向债务人提供的债务扣除。赊销业务中,销货企业为了鼓励客户在一定期限内及早偿还货款,与债务人约定可在不同付款期限内享受不同程度的折扣。现金折扣通常用一定的术语来表示,如"$2/10,1/20,n/30$"表示如果在 10 天内付款可享受 2% 的现金折扣,20 天内付款可享受 1% 的现金折扣,30 天内付款按原金额还款无折扣。销货方提供现金折扣,有利于早日收回货款,加速资金周转,而对于购货方来说,接受现金折扣无异于得到一笔可观的理财收入。

应收账款中含有现金折扣,应按照最可能发生的现金折扣,也就是最可能发生的可变对价扣除以后的金额来入账,然后在每个期末需要对尚未发生的可变对价进行评估;如果有新的证据证明买方能够取得或者不能够取得现金折扣,应该对应收账款的金额进行调整,调整应收账款金额的同时调整主营业务收入或者其他业务收入。在向客户提供现金折扣的情况下,销售合同中约定的对价金额即销售发票的金额是可变的。如果客户在折扣期内付款,企业收回的应收账款金额就会小于合同约定的对价金额;如果客户超过折扣期付款,企业收回的应收账款金额等于合同约定的对价金额。企业应当在应收账款发生时,对之后可能收回的金额即可变对价进行估计,并按照最可能发生的金额确认应收账款。后续当客户偿付款项的可能性发生变化时,应当调整之前确认的应收账款的金额,并相应调整收入的金额。现金折扣的业务会影响应收账款的确认金额,但按照税法的规定,现金折扣的业务不会影响应交增值税的数额。企业应当严格遵守税法的规定,不能随意调整应交增值税的数额。

4.2.2.2 应收账款会计科目设置

企业应设置"应收账款"科目以反映应收账款的增减变动和结余情况。该科目的借方登记应收账款的增加数,贷方登记应收账款的减少数,期末一般为借方余额表示尚未收回的应收账款,如为贷方余额表示企业预收的账款。"应收账款"科目可根据债务人设置明细科目。

4.2.2.3 应收账款的会计核算

企业销售商品或提供劳务发生应收款项,应根据应收取的全部价款,借记"应收账款"科目;根据确认的收入,贷记"主营业务收入"等科目;同时贷记"应交税费——应交增值税(销项税额)"科目。企业为购货方代垫运杂费,应借记"应收账款"科目,贷记"银行存款"等科目;在实际收回代垫费用时,借记"银行存款"等科目,贷记"应收账款"科目。

【例4-7】 卓段制造为增值税一般纳税人,2×23年10月向在履制造赊销商品一批,开具的增值税专用发票上注明价款200 000元,增值税税额为26 000元,并以银行存款为在履制造垫付运费1 000元,增值税税额为90元。相关账务处理如下:

(1)确认收入时:

借:应收账款	226 000
贷:主营业务收入	200 000
应交税费——应交增值税(销项税额)	26 000

(2)代垫付运费时:

借:应收账款	1 000
贷:银行存款	1 000

【例4-8】 卓段制造为增值税一般纳税人,2×23年6月5日向在履制造销售A材料一批,销售价格为5万元,增值税税额为6 500元,销售材料实际成本为4万元。A材料已发出,销售款项尚未收到。卓段制造相关账务处理如下:

(1)确认收入时:

借:银行存款	56 500
贷:其他业务收入	50 000
应交税费——应交增值税(销项税额)	6 500

(2)结转销售材料成本:

借:其他业务成本	40 000
贷:原材料——A材料	40 000

【例4-9】 卓段制造为增值税一般纳税人,2×23年10月向在履制造赊销商品200件,每件200元(不含税),由于是批量购买,卓段制造给予10%的商业折扣,适用的增值税税率为13%。卓段制造账务处理如下:

(1) 销售商品时:

借:应收账款	40 680
贷:主营业务收入	36 000
应交税费——应交增值税(销项税额)	4 680

(2) 收到销售款时:

| 借:银行存款 | 40 680 |
| 贷:应收账款 | 40 680 |

【例 4-10】 卓段制造为增值税一般纳税人,2×23 年 10 月 5 日向在履制造赊销商品一批共计 5 000 件并开具增值税专用发票,每件商品的标价为 200 元(不含增值税),该商品适用的增值税税率为 13%;每件商品的实际成本为 120 元。由于是成批销售的,卓段制造给予客户 10% 的商业折扣,并在销售合同中规定现金折扣条件为"2/10,1/20,n/30"。卓段制造基于对客户的了解,预计客户 10 天内结款的概率为 90%,20 天内结款的概率为 6%,超过 20 天结款的概率为 4%。该批商品于 10 月 5 日发出,假设客户于 10 月 9 日付款,计算现金折扣,不考虑增值税。相关账务处理如下:

(1) 满足收入确认条件:

借:应收账款	999 000
贷:主营业务收入	882 000
应交税费——应交增值税(销项税额)	117 000
借:主营业务成本	600 000
贷:库存商品	600 000

(2) 10 月 9 日收到货款时:

| 借:银行存款 | 999 000 |
| 贷:应收账款 | 999 000 |

如果卓段制造 2×23 年 10 月 12 日对在履制造是否能够在现金折扣期内偿付进行重新评估,认为在履制造已经不可能在现金折扣期内偿付款项。因此,卓段制造对之前确认的应收账款金额进行调整,增加应收账款金额 18 000 元。卓段制造应编制如下会计分录:

| 借:应收账款 | 18 000 |
| 贷:主营业务收入 | 18 000 |

如果在履制造 30 天内付款:

借:银行存款	1 017 000
贷:应收账款	999 000
主营业务收入	18 000

4.2.2.4 应收账款融资

应收账款融资是指上游企业为获取资金,以其与下游企业签订的真实合同产生的应收账款为基础,向供应链企业申请以应收账款为还款来源的融资。在企业日常销售行为中发生的赊销,经常会导致销售款回收放缓,严重者甚至会形成大量应收账款回收困难,导致企业资金流凝滞,为解决阶段性的资金缺口,此时可以通过应收账款进行融资。应收账款融资在传统贸易以及供应链贸易过程中均属于较为普遍的融资方式,通常以银行作为主要的金融平台。但在供应链贸易业务中,供应链贸易企业在获得保理商相关资质后亦可充当保理商的角色,所提供的应收款融资方式对于中小企业而言更为高效、专业,可省去银行的繁杂流程且供应链企业对业务各环节更为熟知,同时在风控方面针对性更强。应收账款融资是一种以应收账款为工具为企业筹措资金的方式,也是一种债权融资形式,主要有应收账款抵借和应收账款出售两种形式。

1) 应收账款抵借

应收账款抵借是指持有应收账款的企业与银行等信贷机构订立合同,以应收账款作为担保品,在规定的期限内企业有权以一定额度为限借用资金的一种融资方式。合同中会明确规定信贷机构或代理商借给企业资金所占应收账款的比率,一般根据抵押应收账款客户的信誉和财务状况确定,我国通常为 30% ~ 80% 不等。借款企业在借款期间,应将收到的每笔账款额加上利息转交给发放借款的金融机构,如果作为担保品的应收账款中某一账款到期收不回来,信贷机构有权向借款企业追索。

企业以应收款项等应收债权为质押取得银行借款时,按实际收到的款项,借记"银行存款"科目;按实际支付的手续费,借记"财务费用"科目;按银行借款本金,贷记"短期借款"等科目。

【例 4-11】 卓段制造 2×23 年 11 月 1 日以债务人为 A 公司的应收账款 1 000 000 元作抵押向大连银行借得 750 000 元。该项借款按 6% 的年利率计息。卓段制造按被抵押应收账款总额的 0.5% 支付公司手续费 5 000 元。双方制定的借款合同规定:抵押的应收账款仍由卓段制造负责收账并承担现金折扣、销售折让及退回和坏账损失;卓段制造每月底把收回的应收账款如数向大连银行结算。相关账务处理如下:

(1) 取得大连银行抵押借款:

借:银行存款	745 000
财务费用	5 000
贷:短期借款——大连银行	750 000

(2) 假设 11 月月底收到 A 公司偿还欠款 600 000 元,扣除销售退回款项 12 000 元:

借:银行存款	588 000
主营业务收入	12 000
贷:应收账款	600 000

(3) 假设卓段制造将上述实收款项全部偿还大连银行:

借:短期借款	588 000
财务费用	3 750
贷:银行存款	591 750

(4) 假设 12 月份月底收回 A 公司偿还的剩余欠款 400 000 元,不过有 3 000 元的坏账:

借:银行存款	397 000
主营业务收入	3 000
贷:应收账款	400 000

（5）卓段制造将向大连银行融资的款项全部偿还：

借：短期借款	162 000
财务费用	810
贷：银行存款	162 810

2）应收账款出售

应收账款出售是指企业将应收款项出售给收购应收款项的银行或其他金融机构，由银行或其他金融机构直接向赊购方收账的一种交易行为。企业与银行等金融机构达成的协议出售应收账款，在收到款项时，按实际收到的款项借记"银行存款"等科目，按照协议中约定预计将发生的销售退回和销售折让的金额作为银行的扣留款，借记"其他应收款"科目，按出售应收账款已提取的坏账准备金额，借记"坏账准备"科目，按应支付的相关手续费的金额借记"财务费用"科目，按售出应收款项的账面余额，贷记"应收账款"等有关应收款项会计科目，按借方或贷方差额记"营业外支出"或"营业外收入"等科目。

【例4-12】　卓段制造因急需资金，将一笔应向 A 公司收取的账面余额为 11 300 元的应收账款以不附追索权方式出售给大连银行，该项应收账款包括销售价款为 10 000 元以及增值税税额 1 300 元。卓段制造对该项应收账款计提坏账准备 1 000 元。根据合同规定，大连银行按应收账款总额的 1% 收取手续费，并按应收账款总额的 5% 保留扣留款，最后实际收到款项 10 500 元。卓段制造编制会计分录如下：

借：银行存款	10 500
其他应收款	565
财务费用	113
营业外支出	122
贷：应收账款	11 300

假如后续 A 公司向大连银行支付了对应的货款，卓段制造收回银行退回的扣留款 565 元，相应的账务处理如下：

借：银行存款	565
贷：其他应收款	565

4.2.3　其他应收款及预付账款

4.2.3.1　其他应收款

其他应收款是指企业除应收票据、应收账款、预付账款、应收股利和应收利息以外的其他各种应收及暂付款项。其他应收款主要包括应收的各种赔款、包装物押金、备用金以及应向职工收取的各种垫付款项等。其他应收款具体涉及的范围如下：

（1）应收的各种赔款、罚款，如因企业财产等遭受意外损失而应向有关保险公司收取的赔款等。

（2）应收的出租包装物租金。

（3）应向职工收取的各种垫付款项，如为职工垫付的水电费、应由职工负担的医药费、房租费等。

（4）存出保证金，如租入包装物支付的押金。

(5) 其他各种应收、暂付款项。

其他应收款从企业管理金融资产的业务模式看,主要是收取合同现金流量。其他应收款的合同现金流量特征是在到期日收取的合同现金流量主要为其他应收款本金。根据其他应收款的业务模式和合同现金流量特征判断,应划分为以摊余成本计量的金融资产。

为了反映其他应收款的增减变动及结算情况,企业应设置"其他应收款"科目。该科目的借方登记实际发生的其他应收款;贷方登记收回的其他应收款;期末借方余额表示尚未收回的其他应收款。"其他应收款"科目根据不同的债务人设置明细科目,方便会计控制的实施。企业发生其他应收款时,借记"其他应收款"科目,贷记"库存现金""银行存款""营业外收入"等科目;收回其他应收款时,借记"库存现金""银行存款""应付职工薪酬"等科目,贷记"其他应收款"科目。其他应收款相关账务处理总结如下:

(1) 企业支付押金:

借:其他应收款
    贷:银行存款/库存现金

(2) 企业收到相关赔偿款:

借:银行存款/库存现金
    贷:其他应收款

(3) 企业为职工垫付各种款项:

借:其他应收款
    贷:银行存款/库存现金

(4) 企业收回为职工支付的代垫款,从工资中扣回:

借:应付职工薪酬
    贷:其他应收款

【例4-13】 2×23 年 8 月 1 日,卓段制造销售商品为客户代垫运费 20 000 元;收回垫付员工刘某的房租 40 000 元;支付租入包装物押金 20 000 元,12 月 1 日退回包装物,收回包装物押金。卓段制造账务处理如下:

(1) 代垫运费:

借:应收账款		20 000
贷:银行存款		20 000

(2) 收回垫付员工房租:

借:银行存款		40 000
贷:其他应收款——刘某		40 000

(3) 支付包装物押金:

借:其他应收款		20 000
贷:银行存款		20 000

(4) 收到退回的包装物押金:

借:银行存款		20 000
贷:其他应收款		20 000

【例 4-14】　2×23 年 7 月 22 日,卓段制造工程师张伟出差,预借差旅费 3 000 元,以现金支付。7 月 27 日张伟出差回来,报销差旅费 2 670 元,余款退回。相关账务处理如下:

(1) 2×23 年 7 月 22 日张伟预借差旅费:

借:其他应收款——张伟　　　　　　　　　　　　　　　　　　　　　　　　3 000
　　贷:库存现金　　　　　　　　　　　　　　　　　　　　　　　　　　　　　3 000

(2) 2×23 年 7 月 27 日张伟出差回来报销差旅费:

借:管理费用　　　　　　　　　　　　　　　　　　　　　　　　　　　　　　2 670
　　库存现金　　　　　　　　　　　　　　　　　　　　　　　　　　　　　　　330
　　贷:其他应收款——张伟　　　　　　　　　　　　　　　　　　　　　　　3 000

4.2.3.2　预付账款

预付账款是指企业按照购货合同的规定预付给供货单位的款项,是企业暂时被供货单位占用的资金。预付账款必须以购销双方签订的购货合同为条件,按照规定的程序和方法进行核算。预付账款和应收账款都是企业短期债权,不过两者有区别,应收账款是企业销货引起的,是向购货方收取的款项,与之相比预付账款是企业购货引起的,是预先付给供货方的款项,所以核算时应将两者分开进行核算。

企业一般设置“预付账款”科目,属于资产类科目,反映预付账款增减变动情况。“预付账款”科目借方登记预付的款项和补付的款项,贷方登记收到货物时按发票金额冲销的预付账款和退回的剩余款项,期末一般余额在借方表示尚未享受相关权益的预付款项,如出现贷方余额则表示企业存在应付账款。当企业预付账款不多时,为了简化核算,可以不单独设置“预付账款”科目,而将发生的预付账款业务通过“应付账款”科目核算。但在期末编制会计报表时,仍应将“应付账款”科目与“预付账款”科目分开列示。“预付账款”科目和“应付账款”科目所属的明细科目中,有的可能是借方余额,有的可能是贷方余额,其中借方余额合计列示于资产负债表流动资产项目下的预付账款项目;贷方余额合计列示于资产负债表流动负债项下的应付账款项目。

企业根据购货合同的规定向供货单位预付货款时,借记“预付账款”科目,贷记“银行存款”科目;企业收到所购货物时,借记“原材料”“应交税费——应交增值税(进项税额)”等科目,贷记“预付账款”科目;当预付货款小于采购货物所需支付的款项时,应补付不足部分货款,借记“预付账款”科目,贷记“银行存款”科目;当预付货款大于采购货物所需支付的款项时,对收回的多余货款应借记“银行存款”科目,贷记“预付账款”科目。

【例 4-15】　卓段制造为增值税一般纳税人,向在履制造采购材料 6 000 千克,每千克单价10 元,所需支付的款项总额为 60 000 元。按照合同规定向在履制造预付货款的 50%。卓段制造应编制如下会计分录:

借:预付账款——大连在履制造股份有限公司　　　　　　　　　　　　　　30 000
　　贷:银行存款　　　　　　　　　　　　　　　　　　　　　　　　　　　30 000

卓段制造收到在履制造发来的 6 000 千克材料,验收无误,增值税专用发票记载的货款为60 000 元,增值税税额为 7 800 元,预付款项不足部分由银行存款补付:

借:原材料　　　　　　　　　　　　　　　　　　　　　　　　　　　　　　60 000
　　应交税费——应交增值税(进项税额)　　　　　　　　　　　　　　　　　7 800
　　贷:预付账款——大连在履制造股份有限公司　　　　　　　　　　　　30 000
　　　　银行存款　　　　　　　　　　　　　　　　　　　　　　　　　　　37 800

4.2.4 坏账

坏账是指企业由于债务人拒付、破产、死亡等信用缺失原因使得应收款项部分或全部无法收回。坏账损失是指企业因坏账而遭受的损失。企业存在应收款项，随着账龄的增加，发生坏账的概率逐渐加大。企业在对应收款项坏账损失计量时要做到真实、准确，切合自身的实际情况。一般企业应当定期或者至少于每年年度终了时，对应收款项进行减值测试，应收款项等金融资产发生减值时，应当将该金融资产的账面价值减记至预计未来现金流量现值，减记的金额确认为信用减值损失，计提坏账准备。由于应收款项属于短期债权，预计未来现金流量与其现值相差很小，在确定相关减值损失时，可不对其预计未来现金流量进行折现。

4.2.4.1 坏账业务涉及的会计科目

核算坏账损失时通过"信用减值损失"科目核算企业计提各项金融工具减值准备所形成的预期信用损失。该科目借方登记企业应收款项等各项资产发生减值损失的金额；贷方登记企业已计提减值准备的相关资产价值得以回升，在原已计提的减值准备金额内转销的信用减值损失的金额；期末，该科目余额转入"本年利润"科目，故无余额。

此外，企业应设置"坏账准备"科目，该科目属于资产类备抵科目，贷方登记按期估计的坏账准备数额，借方登记已确认为坏账损失应予转销的应收账款数额。余额通常在贷方，表示已经预提尚未注销的坏账准备金额，在期末资产负债表上列作各项应收款项的减项。

4.2.4.2 坏账业务的会计核算方法

应收账款坏账的核算有两种方法：直接转销法和备抵法。我国《企业会计准则》规定企业应收款项减值的核算应采用备抵法。《小企业会计准则》规定应收款项减值采用直接转销法。

1）直接转销法

直接转销法只有在实际发生坏账时才作为损失计入当期损益，同时冲销应收款项，借记"信用减值损失"科目，贷记"应收账款""其他应收款"等科目。若已经确认为坏账的应收账款，后期因债务人经济情况好转或由于其他原因又全部或部分收回时，为了通过应收账款等应收款项账簿记录反映债务人的偿债信誉，应先按收回的金额冲销原确认坏账的会计分录，然后再反映应收账款的收回，即借记"应收账款""其他应收款"等科目，贷记"信用减值损失"科目；同时借记"银行存款"等科目，贷记"应收账款""其他应收款"等科目。

直接转销法核算简单，不需要设置"坏账准备"科目，但是其方法下，应收款项即使已经成为呆账，账面也一直不作调整，报表不能及时反映应收款项的实际情况，会导致应收款项虚增，资产的真实性受到一定影响。确认坏账损失时核销应收款项，同时增加费用或损失，不符合权责发生制的计量基础，也不符合谨慎性的信息质量要求。因此，我国《企业会计准则》规定确定应收账款减值只能采用备抵法，不得采用直接转销法。

2）备抵法

备抵法是按期对应收款项进行减值测试，如有客观证据表明已发生减值，应当确认减值损失，计提坏账准备，在坏账实际发生时，冲销已计提的坏账准备和相应的应收款项。表明应收账款发生减值的客观证据，是指应收账款初始确认后实际发生的、对该应收账款的预计未来现金流量有影响，且企业能够对该影响进行可靠计量的事项。应收账款发生减值的客观证据主要包括下列各项：

（1）债务人发生严重财务困难。

（2）企业出于经济或法律等方面的考虑,对发生财务困难的债务人作出让步。

（3）债务人很可能倒闭或进行债务重组。

采用备抵法核算符合权责发生制和会计谨慎性要求,在资产负债表中列示应收款项的净额,使财务报表使用者了解企业应收款项预期可收回的金额和谨慎的财务状况。但是,备抵法预期信用损失的估计需要考虑的因素众多,且有部分估计因素带有一定的主观性,可能导致预期信用损失的确定不够准确、客观。预期信用减值损失影响各期营业利润金额的计算与确定,客观存在企业管理者平滑利润进行盈余管理甚至利润操纵与舞弊的可能性,增加会计职业风险,增加注册会计师审计难度和审计风险,同时,也增加政府和行业的会计监管难度和风险,这对会计制度的制定者、执行者和监管者等提出更高的要求。

采用备抵法核算坏账损失,必须使用一定的方法合理估计各会计期间的坏账损失。按期估计坏账损失的方法有应收款项余额百分比法、账龄分析法和个别认定法等,方法一经确定,后续不得随意变更。

4.2.4.3　坏账业务坏账损失的核算

1）应收款项余额百分比法

应收款项余额百分比法,是根据会计期末应收款项的余额和估计的坏账率,估计坏账损失,计提坏账准备的方法。其计算公式如下：

$$本期预期信用损失金额＝本期应收款项期末余额×预期信用损失率$$

$$本期应计提的“坏账准备”金额＝本期预期信用损失金额－“坏账准备”原有贷方余额$$

根据上列公式,如果计提坏账准备前,“坏账准备”科目无余额,应按本期预期信用损失金额计提坏账准备,借记“信用减值损失”科目,贷记“坏账准备”科目。

如果计提坏账准备前,“坏账准备”科目已有贷方余额,应按本期预期信用损失金额大于“坏账准备”科目原有贷方余额的差额补提坏账准备,借记“信用减值损失”科目,贷记“坏账准备”科目;按本期预期信用损失金额小于“坏账准备”科目原有贷方余额的差额,冲减已计提的坏账准备,借记“坏账准备”科目,贷记“信用减值损失”科目;本期预期信用损失金额等于“坏账准备”科目原有贷方余额时,不计提坏账准备。

如果应收款项确认无法收回后,应转销应收款项,借记“坏账准备”科目,贷记“应收账款”“其他应收款”等科目。

已确认并转销的应收款项以后又收回的,按实际收回的金额,借记“应收账款”“其他应收款”“坏账准备”科目,贷记“坏账准备”科目,同时,借记“银行存款”科目,贷记“应收账款”“其他应收款”等科目。

【例4-16】　2×23 年 3 月 31 日,卓段制造应收款项余额为 9 600 万元,进行减值测试应计提的坏账准备为 1 500 万元。2×23 年 1 月 1 日,应收款项余额为 7 600 万元,坏账准备余额为 1 600 万元。2×23 年,坏账准备的借方发生额为 200 万元,属于本年核销的应收账款,贷方发生额为 40 万元,为收回以前年度已核销的预付账款而转回的坏账准备。相关账务处理如下：

计提坏账准备前坏账准备的余额＝1 600－200＋40＝1 440(万元)

2×23 年应计提的坏账准备＝1 500－1 440＝60(万元)

```
借：信用减值损失                                                    600 000
    贷：坏账准备                                                         600 000
```

【例 4-17】 卓段制造 2×20 年年底采用应收款项余额百分比法估计坏账损失，应收账款余额为 100 000 元，坏账准备计提比例为 10%。假定期初"坏账准备"科目无余额。相关账务处理如下：

```
借：信用减值损失                                                     10 000
    贷：坏账准备                                                          10 000
```

(1) 2×21 年 12 月 31 日，卓段制造应收账款余额为 250 000 元：

```
借：信用减值损失                                                     15 000
    贷：坏账准备                                                          15 000
```

(2) 2×22 年 3 月，卓段制造收到通知，确认在履制造赊销产生的应收账款 36 000 元无法收回，故予以核销：

```
借：坏账准备                                                          3 600
    贷：应收账款——大连在履制造股份有限公司                                      3 600
```

(3) 2×22 年 12 月 31 日，卓段制造应收账款余额为 100 000 元：

```
借：坏账准备                                                          5 000
    贷：信用减值损失                                                        5 000
```

(4) 2×23 年 5 月，卓段制造接到银行通知，2×22 年核销的在履制造的坏账 3 600 元又入账收回：

```
借：应收账款——大连在履制造股份有限公司                                      3 600
    贷：坏账准备                                                          3 600

借：银行存款                                                          3 600
    贷：应收账款——大连在履制造股份有限公司                                      3 600
```

2）账龄分析法

账龄一般是欠款客户所欠账款时间的长短。一般账龄越长，坏账的风险越大，对应设置坏账计提比例也应越高。故账龄分析法是指对应收账款按账龄的长短进行分组，分别确定坏账计提比例，据以计算确定预期信用损失金额、计提坏账准备的一种方法。企业根据以往经验确定不同账龄组应计提的坏账比例，期末，企业再根据账龄分析表中各账龄段应收账款的余额乘以相应的坏账计提比例，最后加和汇总得到期末应保留的坏账准备金额。企业为了加强应收账款的管理，在期末一般都要编制应收账款账龄分析表，该表可以使管理当局了解收款、欠款情况，判断欠款的可收回程度和可能发生的损失。相关账务处理参考上述应收款项余额百分比法。

账龄分析表所提供的信息，可使管理当局清晰地了解应收款项的实际情况，判断欠款的可收回程度和可能发生的损失。利用该表，管理当局还可酌情作出采取放宽或紧缩商业信用政策，并可作为衡量负责收款部门和资信部门工作效率的依据。

【例 4-18】 卓段制造 2×23 年 12 月 31 日，根据应收账款明细账编制应收账款账龄分析表，并根据实际情况确认不同的坏账计提比例。应收账款账龄分析表如表 4-1 所示。

表 4-1 应收账款账龄分析表 单位:元

客户名称	账龄	2×23 年 12 月 31 日		
		应收账款金额	坏账计提比例	计提坏账金额
A	未到期	100 000	1%	1 000
B	不足 1 年	240 000	2%	4 800
C	不足 2 年	110 000	5%	5 500
D	不足 3 年	40 000	10%	4 000
E	超过 3 年	70 000	20%	14 000
合计		560 000	—	29 300

(1) 假设卓段制造"坏账准备"科目本年贷方期初余额 0 元,相关账务处理如下:

借:信用减值损失 29 300
　贷:坏账准备 29 300

(2) 假设卓段制造"坏账准备"科目本年贷方期初余额 17 000 元,相关账务处理如下:

借:信用减值损失 12 300
　贷:坏账准备 12 300

(3) 假设卓段制造"坏账准备"科目本年贷方期初余额 33 000 元,相关账务处理如下:

借:信用减值损失 3 700
　贷:坏账准备 3 700

3) 个别认定法

如果某项应收账款的可收回性与其他应收账款存在明显的差别,导致该项应收账款如果按其他应收账款同样的方法计提坏账准备,将无法真实地反映其可收回金额的,可对该项应收账款单独计提坏账准备。个别认定法计提坏账准备的比率与坏账可能产生的概率更加接近,因而使计提的坏账准备数额与其后可能产生的坏账损失更为相符。该方法下计提坏账准备的比率不再是所有的欠款客户都用一个相同的比例,而是信用状况不同其适用的比率也不同。

4.3 交易性金融资产

4.3.1 交易性金融资产概述

《企业会计准则》规定,不属于以摊余成本计量,也不属于以公允价值计量且其变动计入其他综合收益的金融资产,应归类为以公允价值计量且其变动计入当期损益的金融资产。以公允价值计量且其变动计入当期损益的金融资产,即企业为了近期内出售而持有的金融资产,主要包括以交易为目的的债券、股票、基金和权证等。

根据《企业会计准则》对交易性金融资产的规定可以看出,企业持有交易性金融资产的目的就是短期获利,以出售赚取差价的方式获得利润。交易性金融资产在企业生产经营中具有一定的重要性。从属性角度分析,企业生产经营活动下交易性金融资产对企业投资策略的优化效果更好,可以协调经营与发展的矛盾,提高企业现金流的应用效率,实现利益最大化。从企业发展目标来看,提高短期规划中的风险控制是保障企业经营效率的重要措施,在这一阶段中,交易性金融资产也可以发挥一定的辅助效果,保证企业每一个阶段实现利润最大化。从我国会计准则向国际会计准则趋同化来看,公允价值计量方式紧跟市场变动的前沿,与市场价值最为接近,也是我国会计准则与国际接轨的重要标志。而传统的成本计量方式已经不能适应现代企业经营的需求,逐渐被公允价值计量的方式所淘汰。这种会计处理以及会计信息披露的方式在反映了企业经营效果的同时,更加充分地反映了企业的资产负债的结构水平,以及相应的抵御财务风险的能力,保障会计核算的长远发展,从而更加合理地反映企业的财务状况。

4.3.2 交易性金融资产的科目设置

《企业会计准则第 22 号——金融工具确认和计量》第 33 条规定:企业初始确认金融资产或金融负债,应当按照公允价值计量。根据这一规定,企业取得交易性金融资产按其公允价值记入"交易性金融资产"科目。公允价值,是指市场参与者在计量日发生的有序交易中,出售一项资产所能收到的收益或者转移一项负债所需支付的价格。市场参与者是指在相关资产或负债的主要市场(或最有利市场)中相互独立(不存在关联方关系)、熟悉情况(能够根据可取得的信息对相关资产或负债以及交易具备合理认知)、有能力并自愿进行相关资产或负债交易的主体。有序交易是指在计量日前一段时间内相关资产或负债具有惯常市场活动的交易。清算等被迫交易不属于有序交易。投资者计量交易性金融资产时,在活跃的证券交易市场中(如在证券交易所),股票持有人的股票报价能被购买人接受而成交,则股票报价应作为股票的公允价值计量。企业取得的交易性金融资产按其公允价值入账,但由于市场交易的公允价值会不断变动,企业应设置"公允价值变动损益"科目反映这种情况的变动。与此相对应,"交易性金融资产"科目除设置"成本"明细科目外,还应设置"公允价值变动"明细科目。

"交易性金融资产"科目核算以公允价值计量且其变动计入当期损益的金融资产。"交易性金融资产"科目的借方登记交易性金融资产的取得成本、资产负债表日其公允价值高于账面余额的差额,以及出售交易性金融资产时结转公允价值低于账面余额的变动金额;贷方登记资产负债表日其公允价值低于账面余额的差额,以及企业出售交易性金融资产时结转的成本和公允价值高于账面余额的变动金额。

"公允价值变动损益"科目核算企业交易性金融资产等的公允价值变动而形成的应计入当期损益的利得或损失。"公允价值变动损益"科目的借方登记资产负债表日企业持有的交易性金融资产等的公允价值低于账面余额的差额;贷方登记资产负债表日企业持有的交易性金融资产等的公允价值高于账面余额的差额。

4.3.3 交易性金融资产的初始计量

交易性金融资产应当按照取得时的公允价值作为初始入账金额,相关的交易费用应当在发生时直接计入当期损益。其中,交易费用是指可直接归属于购买、发行或处置金融工具的增量费用。增量费用是指企业没有发生购买、发行或处置相关金融工具的情形就不会发生的费用,包括支付给代理机构、咨询公司、券商、证券交易所、政府有关部门等的手续费、佣金、相关税费及其他必要支出,但不包括债券溢价、折价、融资费用、内部管理成本和持有成本等与交不直接相关的费用。

取得交易性金融资产所支付价款中包含的已宣告但尚未发放的现金股利或已到付息期但尚未领取的债券利息的,应当单独确认为应收项目,不应计入交易性金融资产的初始入账金额。

企业取得以公允价值计量且其变动计入当期损益的金融资产时,其公允价值作为其初始确认金额,借记"交易性金融资产——成本"科目;按发生的交易费用,借记"投资收益"科目;按已到付息期但尚未领取的利息或已宣告但尚未发放的现金股利,借记"应收利息"或"应收股利"科目;按实际支付的金额,贷记"银行存款"或"其他货币资金——存出投资款"等科目。

【例 4-19】 2×22 年 1 月 10 日,卓段制造委托某证券公司从上海证券交易所购入在履制造股票 10 万股,并将其划分为交易性金融资产。该笔股票投资在购买日的公允价值为 1 000 万元。另支付相关交易费用金额为 2.5 万元。卓段制造应编制如下会计分录:

借:交易性金融资产——成本　　　　　　　　　　　　　　　　　　10 000 000
　　投资收益　　　　　　　　　　　　　　　　　　　　　　　　　　25 000
　　贷:其他货币资金——存出投资款　　　　　　　　　　　　　　　　10 025 000

【例 4-20】 2×23 年 6 月 1 日,卓段制造购入在履制造发行的公司债券,支付价款 3 000 万元(其中包含已到付息期但尚未领取的债券利息 50 万元),另支付交易费用 30 万元,取得的增值税专用发票上注明的增值税税额为 1.8 万元。在履制造债券面值为 2 000 万元,卓段制造将其划分为交易性金融资产进行管理和核算。假定不考虑其他相关税费和因素,卓段制造应编制如下会计分录:

借:交易性金融资产——成本　　　　　　　　　　　　　　　　　　29 500 000
　　应收利息　　　　　　　　　　　　　　　　　　　　　　　　　500 000
　　投资收益　　　　　　　　　　　　　　　　　　　　　　　　　300 000
　　应交税费——应交增值税(进项税额)　　　　　　　　　　　　　18 000
　　贷:其他货币资金——存出投资款　　　　　　　　　　　　　　　30 318 000

4.3.4　交易性金融资产持有期间的股利或利息收益

在持有交易性金融资产期间可依法获得相关的股利或债券利息。按照《企业会计准则》的规定,企业同时满足以下三个条件时,才能确认股利收入并将股利收入计入当期损益:

(1)企业收到股利的权利已经确立,比如发行股票的公司已经宣告发放的现金股利。

(2)与股利相关的经济利益很可能流入企业,即该股利很可能收到。

(3)股利的金额能够可靠计量,即股利具有确定的金额。

一般情况下,公司宣告发放股利即能满足这三个条件。企业持有上市公司股票应在上市公司宣告发放股利时,根据股利分配方案确定本企业应收的股利金额。

持有以公允价值计量且其变动计入当期损益的金融资产期间,被投资单位宣告发放现金股利同时满足股利收入的确认条件时,投资方应按应享有的份额,借记"应收股利"科目,贷记"投资收益"科目;资产负债表日或付息日,投资方按债券投资的面值和票面利率计提利息时,借记"应收利息"科目,贷记"投资收益"科目。收到上列现金股利或债券利息时,应借记"银行存款"科目,贷记"应收股利"或"应收利息"科目。

【例4-21】 承接[例4-19],假定2×23年3月20日在履制造宣告发放2×22年现金股利,卓段制造按其持有该上市公司股份计算确定的应分得的现金股利为10万元。2×23年4月1日卓段制造收到现金股利。假定不考虑相关税费,卓段制造应编制如下会计分录:

(1) 2×23年3月20日宣告发放时:

借:应收股利   100 000
    贷:投资收益   100 000

(2) 2×23年4月1日实际收到时:

借:其他货币资金   100 000
    贷:应收股利   100 000

【例4-22】 承接[例4-20],假定2×23年6月10日卓段制造收到买价当中包含的已到付息期但是尚未领取的债券利息。卓段制造应编制如下会计分录:

借:其他货币资金   500 000
    贷:应收利息   500 000

4.3.5 交易性金融资产的期末计价

资产负债表日,应按当日该金融资产的公允价值对其账面价值进行调整,将公允价值与账面价值之间的差额计入当期损益。企业应根据该金融资产公允价值高于其账面价值的差额,借记"交易性金融资产——公允价值变动"科目,贷记"公允价值变动损益"科目;根据该金融资产公允价值低于其账面余额的差额,作相反的会计处理。

【例4-23】 承接[例4-19],假定2×22年6月30日,卓段制造持有在履制造股票的公允价值为960万元。2×22年12月31日,卓段制造持有在履制造股票的公允价值为1 100万元。不考虑相关税费和其他因素。卓段制造应编制如下会计分录:

(1) 2×22年6月30日:

借:公允价值变动损益   400 000
    贷:交易性金融资产——公允价值变动   400 000

(2) 2×22年12月31日:

借:交易性金融资产——公允价值变动   1 400 000
    贷:公允价值变动损益   1 400 000

【例4-24】 承接[例4-20],2×23年6月30日该交易性金融资产公允价值为2 850万元;2×23年12月31日该交易性金融资产公允价值为2 600万元。不考虑相关税费和其他因素,卓段制造应编制如下会计分录:

(1) 2×23年6月30日:

借:公允价值变动损益   1 000 000
    贷:交易性金融资产——公允价值变动   1 000 000

(2) 2×23年12月31日:

借:公允价值变动损益   2 500 000
    贷:交易性金融资产——公允价值变动   2 500 000

4.3.6　交易性金融资产的处置

企业应根据收取的全部价款,借记"银行存款"等科目;根据出售该金融资产的初始成本,贷记"交易性金融资产——成本"科目;根据出售该金融资产的公允价值变动额,借记(原确认的公允价值变动减少额)或贷记(原确认的公允价值变动增加额)"交易性金融资产——公允价值变动"科目;根据上述确认金额的差额,贷记或借记"投资收益"科目。

【例 4-25】　承接[例 4-19][例 4-21][例 4-23],假定 2×23 年 4 月 10 日卓段制造出售了所持有的全部在履制造股票,价款为 1 300 万元。卓段制造应编制的会计分录如下:

借:其他货币资金——存出投资款　　　　　　　　　　　　　　　　　13 000 000
　　贷:交易性金融资产——成本　　　　　　　　　　　　　　　　　10 000 000
　　　　　　　　　　——公允价值变动　　　　　　　　　　　　　　 1 000 000
　　　　投资收益　　　　　　　　　　　　　　　　　　　　　　　　 2 000 000

【例 4-26】　承接[例 4-20][例 4-22][例 4-24],假定 2×24 年 1 月 15 日卓段制造出售交易性金融资产,价款为 2 256 万元。卓段制造应编制的会计分录如下:

借:其他货币资金——存出投资款　　　　　　　　　　　　　　　　　22 560 000
　　交易性金融资产——公允价值变动　　　　　　　　　　　　　　　 3 500 000
　　投资收益　　　　　　　　　　　　　　　　　　　　　　　　　　 3 440 000
　　贷:交易性金融资产——成本　　　　　　　　　　　　　　　　　29 500 000

 **章节测试**

一、复习思考题

1. 金融资产是如何分类的?

2. 应收票据贴现应如何处理?

3. 交易性金融资产手续费构成有哪些? 如何进行账务处理?

二、单选题

1. 甲公司为增值税一般纳税人,向乙公司销售商品一批,商品价款 20 万元、增值税税额 2.60 万元;以银行存款支付代垫运费 1 万元、代垫保险费 0.09 万元,上述业务均已开具增值税专用发票,全部款项尚未收到。不考虑其他因素,甲公司应收账款的入账金额为(　　)万元。

A. 21.09　　　　　　B. 22.60　　　　　　C. 23.69　　　　　　D. 20

2. 2×23 年 11 月 30 日,某企业"坏账准备——应收账款"科目贷方余额为 30 万元;12 月 31 日,相关应收账款所属明细科目借方余额合计为 500 万元。经评估确定,该应收账款账面价值为 410 万元。不考虑其他因素,该企业 2×23 年 12 月 31 日应确认的信用减值损失为(　　)万元。

A. 90　　　　　　　 B. 120　　　　　　 C. 30　　　　　　　 D. 60

3. 下列各项中,通过其他应收款核算的是(　　)。

A. 销售货物为购货方代垫的运费　　　　　B. 应付保险公司的赔款

C. 存出保证金　　　　　　　　　　　　　 D. 出租收到的押金

4. 下列各项中,增值税一般纳税人取得交易性金融资产的相关支出应计入投资收益的是（ ）。

A. 不含增值税的交易费用

B. 价款中包含的已宣告但尚未发放的现金股利

C. 增值税专用发票上注明的增值税税额

D. 价款中包含的已到付息期但尚未领取的债券利息

5. 下列各项中,关于交易性金融资产相关会计处理表述正确的是（ ）。

A. 资产负债表日,其公允价值与账面余额之间的差额计入投资收益

B. 按取得时的公允价值作为初始入账金额

C. 出售时公允价值与账面余额的差额计入公允价值变动损益

D. 取得时发生相关交易费用计入初始入账金额

6. 下列各项中,通过"应收票据"科目核算的是（ ）。

A. 提供服务收到的银行汇票   B. 销售原材料收到银行承兑汇票

C. 销售商品收到的银行本票   D. 销售商品收到的支票

7. 下列各项中,不单独设置"预收账款"科目的企业实际预收的账款应记入的会计科目是（ ）。

A. "其他应收款"   B. "应收账款"   C. "预付账款"   D. "其他应付款"

8. 某金融资产的业务模式是以收取合同现金流量为目标,合同现金流量包括投资期间各期应收的利息和到期日收回的本金,企业应当将该金融资产分类为（ ）。

A. 以摊余成本计量的金融资产

B. 以公允价值计量且其变动计入当期损益的金融资产

C. 以公允价值计量且其变动计入其他综合收益的金融资产

D. 长期股权投资

9. 2×22 年初,某企业"坏账准备"科目贷方余额为 10 万元,当期实际发生坏账损失 5 万元。经减值测试,2×22 年年末"坏账准备"科目应保持的贷方余额为 16 万元。不考虑其他因素,该企业年末应计提坏账准备的金额为（ ）万元。

A. 11   B. 6   C. 16   D. 1

10. 下列各项中,关于"预付账款"科目说法不正确的是（ ）。

A. "预付账款"科目属于资产性质的科目

B. 预付款项情况不多的企业,可以不单独设置"预付账款"科目,将预付的款项记入"应付账款"科目的借方

C. "预付账款"科目贷方余额反映的是应付或应补付供应单位的款项

D. "预付账款"科目核算企业因销售业务产生的往来款项

三、计算分析题

1. 甲公司为增值税一般纳税人。2×23 年 1 月 3 日,甲公司委托证券公司购入乙上市公司股票 100 万股,支付价款 510 万元,其中包含已宣告但尚未发放的现金股利 10 万元,另支付相关交易费用 2 万元,支付增值税 0.12 万元。甲公司将该股票投资确认为交易性金融资产。3 月 15 日,甲公司收到乙上市公司发放的现金股利并存入银行的投资款专户。3 月 31 日,甲公司持有的乙上市公司股票公允价值为 520 万元。4 月 30 日,甲公司持有的乙上市公司股票

公允价值为 510 万元。5 月 1 日,甲公司将乙上市公司股票 100 万股全部出售,售价为 600 万元,款项已收存投资款专户。

要求:根据上述资料,编制会计分录。

2. 2×23 年 12 月 31 日,甲公司对应收丙公司的账款进行减值测试,应收账款余额合计为 1 000 000 元,甲公司根据《企业会计准则》确定应计提 100 000 元坏账准备;甲公司 2×24 年对丙公司的应收账款实际发生坏账损失 30 000 元。假设甲公司 2×24 年 12 月 31 日应收丙公司的账款金额为 1 200 000 元,经减值测试,甲公司应计提 120 000 元坏账准备。

要求:根据上述资料,编制会计分录。

3. 某企业采用备抵法核算应收账款减值。2×23 年年初,"应收账款"科目借方余额为 600 万元,"坏账准备"科目贷方余额为 30 万元。2×23 年度发生与应收账款相关的经济业务如下:

(1) 3 月 31 日,甲客户因长期经营不善破产,经批准后,将甲客户所欠货款 5 万元作为坏账转销。

(2) 8 月 2 日,收回 2×20 年已作坏账转销的应收乙客户货款 10 万元并存入银行。

(3) 12 月 31 日,确定应收账款的坏账准备余额为 20 万元。

要求:根据上述资料,不考虑其他因素,编制会计分录。

第5章

金融资产（下）

教学目的和要求

掌握债权投资的核算，理解长期债权投资的摊余成本的构成和投资收益的核算；掌握其他债权投资的核算；掌握其他权益工具投资的核算；理解金融资产减值的核算。

教学重点和难点

重点：债权投资的摊余成本的计算；其他权益工具投资的核算。

难点：各类金融资产减值的账务处理区别。

课程思政

各企业在正常生产经营活动中，会进行各类投资活动，投资活动高风险高收益、低风险低收益，企业在进行投资分析时也应注意不要忽视自己的主业，注重价值创造，树立正确的经营观、风险观，注重防控金融风险。

5.1 债 权 投 资

5.1.1 债权投资概述

债权投资是指业务管理模式为以特定日期收取合同现金流量为目的的金融资产，具体来说是指企业购入的到期日固定、回收金额固定或可确定，且企业有明确意图和能力持有至到期的国债和企业债券等各种债券投资。其中，既包括发行期在一年以上的债券投资，也包括发行期在一年以内的债券投资。作为债权投资购入的债券，可以按不同的标准分类，如按付息情况可以分为分期付息债券与到期一次付息债券。

债券作为投资工具其特征有：安全性高、收益高于银行存款、流动性强。安全性高体现在由于债券发行时就约定了到期后可以支付本金和利息，其收益稳定、安全性高。特别是对于国债来说，其本金及利息的给付是由政府作担保的，几乎没有什么风险，是具有较高安全性的一种投资方式。收益高于银行存款体现在我国债券的利率高于银行存款的利率。投资债券，投资者一方面可以获得稳定的、高于银行存款的利息收入，另一方面可以利用债券价格的变动，买卖债券，赚取价差。债券典型的特点还有流动性强。上市债券具有较好的流动性,当债券持有人急需资金时,可以在交易市场随时卖出,而且随着金融市场的进一步开放,债券的流动性将会不断加强。因此,债券作为投资工具,最适合想获取固定收入、投资目标属长期的投资人。

5.1.2　债权投资的初始计量

我国《企业会计准则》规定,债权投资应按取得时的公允价值和相关交易费用作为初始入账价值,实际支付的价款包括支付的债券实际买价及手续费、佣金等初始直接费用。

交易费用是指可直接归属于购买、发行或处置金融工具的增量费用。增量费用是指企业没有发生购买、发行或处置相关金融工具的情形就不会发生的费用,包括支付给代理机构、咨询公司、券商、证券交易所、政府有关部门等的手续费、佣金、相关税费以及其他必要支出,不包括债券溢价、折价、融资费用、内部管理成本和持有成本等与交易不直接相关的费用。企业购入划分为"债权投资"的债券时发生的交易费用,记入"债权投资——利息调整"明细科目。

企业取得债权投资时,可能是溢价、折价或按面值购入。折价、溢价主要是因为债券票面利率与市场利率之间可能存在差异。当债券票面利率高于金融市场利率时,债券发行者按债券票面利率会多付利息,在这种情况下,可能会导致债券溢价。这部分溢价差额属于债券购买者由于日后多获利息而给予债券发行者的利息返还。反之,当债券票面利率低于金融市场利率时,债券发行者按债券票面利率会少付利息,在这种情况下,可能会导致债券折价。这部分折价差额属于债券发行者由于日后少付利息而给予债券购买者的利息补偿。因此,溢价或折价部分均应在"利息调整"明细科目中进行反映,并于企业持有该投资期间,在分期确认利息收入时调整增加或减少实际的利息收入。

企业在发行日或付息日购入债券时,实际支付的价款中不含有利息。应按照购入债券的面值,借记"债权投资——成本"科目;按照可以抵扣的增值税进项税额,借记"应交税费——应交增值税(进项税额)"科目;按照实际支付的全部价款扣除面值以后的差额,借记或贷记"债权投资——利息调整"科目;按实际支付的全部价款,贷记"银行存款"等科目。

企业在发行日后或两个付息日之间购入债券时,实际支付的价款中含有自发行日或付息日至购入日之间的利息。这部分利息应分别按照不同的情况进行处理。其中,由于到期一次付息债券的利息不能在一年以内收回,应计入投资成本,借记"债权投资——应计利息"科目;分期付息债券的利息一般在一年以内能够收回,从性质上看属于企业获得的一项短期债权,应借记"应收利息"科目,不计入投资成本。

【例5-1】　2×23 年 1 月 1 日,卓段制造以 1 100 万元价格购入在履制造当日发行的面值 1 000 万元、票面利率 6%、期限 5 年、每年 12 月 31 日付息、到期还本的债券,并划分为以摊余成本计量的金融资产。卓段制造另支付购买债券的交易费用 5.3 万元,其中包括准予抵扣的增值税进项税额 0.3 万元。相关账务处理如下:

债权投资的入账金额＝1 100+5.3-0.3=1 105(万元)

应确认的利息调整借差＝1 105-1 000=105(万元)

借:债权投资——成本	10 000 000
——利息调整	1 050 000
应交税费——应交增值税(进项税额)	3 000
贷:银行存款	11 053 000

【例 5-2】 2×23 年 1 月 1 日,卓段制造以 960 万元价格购入在履制造当日发行的面值 1 000 万元、票面利率 6%、期限 5 年、每年 12 月 31 日付息、到期还本的债券,并划分为以摊余成本计量的金融资产。卓段制造另支付购买债券的交易费用 5.3 万元,其中包括准予抵扣的增值税进项税额 0.3 万元。相关账务处理如下:

债权投资的入账金额＝960＋5.3－0.3＝965(万元)

应确认的利息调整贷差＝1 000－965＝35(万元)

借:债权投资——成本		10 000 000
应交税费——应交增值税(进项税额)		3 000
贷:银行存款		9 653 000
债权投资——利息调整		350 000

【例 5-3】 2×23 年 1 月 1 日,卓段制造以 895 万元价格购入在履制造当日发行的面值 1 000 万元、票面利率 5%、期限 5 年、到期一次还本付息的债券,并划分为以摊余成本计量的金融资产。卓段制造另支付购买债券的交易费用 5.3 万元,其中包括准予抵扣的增值税进项税额 0.3 万元。相关账务处理如下:

债权投资的入账金额＝895＋5.3－0.3＝900(万元)

应确认的利息调整借差＝1 000－900＝100(万元)

借:债权投资——成本		10 000 000
应交税费——应交增值税(进项税额)		3 000
贷:银行存款		9 003 000
债权投资——利息调整		1 000 000

5.1.3 债权投资的摊余成本与投资收益的确定

5.1.3.1 影响债券投资收益的因素

1) 债券的票面利率

债券票面利率越高,债券利息收入就越高,债券收益也就越高。债券的票面利率取决于债券发行时的市场利率、债券期限、发行者信用水平、债券的流动性水平等因素。发行时市场利率越高,票面利率就越高;债券期限越长,票面利率就越高;发行者信用水平越高,票面利率就越低;债券的流动性越高,票面利率就越低。

2) 市场利率与债券价格

市场利率的变动与债券价格的变动呈反向关系,即当市场利率升高时债券价格下降,市场利率降低时债券价格上升。市场利率的变动引起债券价格的变动,从而给债券的买卖带来差价。市场利率升高,债券买卖差价为正数,债券的投资收益增加;市场利率降低,债券买卖差价为负数,债券的投资收益减少。随着市场利率的升降,投资者如果能适时地买进卖出债券,就可获取更大的债券投资收益。当然,如果投资者债券买卖的时机不当,也会使得债券的投资收益减少。

与债券面值和票面利率相联系,当债券价格高于其面值时,债券收益率低于票面利率;反之,则高于票面利率。

3)债券的投资成本

债券投资的成本大致有购买成本、交易成本和税收成本三部分。购买成本是投资人买入债券所支付的金额(购买债券的数量与债券价格的乘积,即本金);交易成本包括经纪人佣金、成交手续费和过户手续费等。国债的利息收入是免税的,但企业债券的利息收入还需要缴税,税收也是影响债券实际投资收益的重要因素。债券的投资成本越高,其投资收益也就越低。因此债券投资成本是投资者在比较选择债券时所必须考虑的因素,也是在计算债券的实际收益率时必须扣除的。

4)市场供求、货币政策和财政政策

市场供求、货币政策和财政政策会对债券价格产生影响,从而影响到投资者购买债券的成本,因此市场供求、货币政策和财政政策也是考虑投资收益时所不可忽略的因素。

债券的投资收益虽然受到诸多因素的影响,但是债券本质上是一种固定收益工具,其价格变动不会像股票一样出现太大的波动,因此其收益是相对固定的,投资风险也较小,适合于想获取固定收入的投资者。

5.1.3.2　债权投资的摊余成本

债权投资的摊余成本,是指持有债权投资的初始确认金额经过下列调整后的结果:

(1)扣除已偿还的本金。

(2)加上或减去采用实际利率法将该初始确认金额与到期日金额之间的差额进行摊销形成的累计摊销额。

(3)扣除累计计提的损失准备(仅限于金融资产)。

确认投资的摊余成本,应先确认投资的账面余额,在此基础上再考虑投资是否发生了减值。如果投资未发生减值,则投资的账面余额即为摊余成本。由于债权投资摊余成本的确定伴随着投资收益的确定,两者密切相关。债权投资账面余额的确定有两种方法,也就是利息调整的摊销方法:直线法与实际利率法。我国现行《企业会计准则》要求采用实际利率法确定摊余成本。

5.1.3.3　按直线法确定摊余成本

直线法的特点是各期的摊销额和投资收益固定不变,但随着利息调整借差或贷差的摊销,债券投资成本在不断变化,因而各期的投资收益率也在变化。采用直线法能够简化计算工作,但在一项投资业务中各期投资收益率不同,不能正确反映各期的经营业绩。

按直线法确定摊余成本,就是将债券投资的初始利息调整总额在债券的存续期间内平均分摊到各个会计期间。

【例 5-4】　承接[例 5-1],假定卓段制造购买债券后采用直线法确定债权投资的摊余成本。相关账务处理如下:

每年摊销利息调整借差 $=105 \div 5 = 21$(万元)

票面利息 $=1\,000 \times 6\% = 60$(万元)

每年 12 月 31 日的账务处理如下:

(1)收到利息:

借:银行存款　　　　　　　　　　　　　　　　　　　　　　　　　　　600 000

　　贷:投资收益　　　　　　　　　　　　　　　　　　　　　　　　　　　600 000

（2）摊销利息调整：

借：投资收益	210 000
贷：债权投资——利息调整	210 000

直线法下，卓段制造每年确认的债权投资投资收益为：

债权投资投资收益＝60－21＝39（万元）

【例5-5】 承接[例5-2]，假定卓段制造购买债券后采用直线法确定债权投资的摊余成本。相关账务处理如下：

每年摊销利息调整贷差＝35÷5＝7（万元）

票面利息＝1 000×6%＝60（万元）

（1）收到利息：

借：银行存款	600 000
贷：投资收益	600 000

（2）摊销利息调整：

借：债权投资——利息调整	70 000
贷：投资收益	70 000

直线法下，卓段制造每年确认的债权投资投资收益为：

债权投资投资收益＝60＋7＝67（万元）

【例5-6】 承接[例5-3]，假定卓段制造购买债券后采用直线法确定债权投资的摊余成本。相关账务处理如下：

每年摊销利息调整贷差＝100÷5＝20（万元）

票面利息＝1 000×5%＝50（万元）

（1）收到利息：

借：债权投资——应计利息	500 000
贷：投资收益	500 000

（2）摊销利息调整：

借：债权投资——利息调整	200 000
贷：投资收益	200 000

直线法下，卓段制造每年确认的债权投资投资收益为：

债权投资投资收益＝50＋20＝70（万元）

5.1.3.4　按实际利率法确定摊余成本

实际利率法的特点是各期的投资收益率保持不变，但由于债券投资额在不断变化，各期的投资收益也在不断变化。实际利率法下，债券利息调整借差或贷差摊销额是票面利息与投资收益（即实际利息）的差额，在票面利息不变而投资收益变化的情况下，摊销额也是不断变化的。采用实际利率法能够使一项投资业务中各期的投资收益率相同，正确反映各期经营业绩，但计算较为复杂。

采用实际利率法时，期末债权投资就是按照未来现金流量和实际利率计算的现值计量的。

实际利率,是指将债权投资在预计存续期的估计未来现金流量折现为该债权投资摊余成本所使用的利率。

在债券分期付息的情况下,债券面值在到期时一次收回,其现值应根据债券面值乘以复利现值系数计算;债券票面利息分期等额收回,其现值应根据各期债券票面利息乘以年金现值系数计算。其计算公式为:

$$债券初始入账价值 = 债券面值 \times (P/F, i, n) + 债券票面利息 \times (P/A, i, n)$$

采用插值法即可计算出债券实际利率 i。

根据[例 5-1]的资料,设实际利率为 i,则:

$$1\,105 = 1\,000 \times (P/F, i, 5) + 1\,000 \times 6\% \times (P/A, i, 5)$$

式中,$(P/F, i, 5)$ 是利率为 i、期限为 5 的复利现值系数;$(P/A, i, 5)$ 是利率为 i、期限为 5 的年金现值系数。

采用插值法确定债券的实际利率 i 为 3.67%。

同理,根据[例 5-2]的资料,设实际利率为 i,则有:

$$965 = 1\,000 \times (P/F, i, 5) + 1\,000 \times 6\% \times (P/A, i, 5)$$

采用插值法确定债券的实际利率 i 为 6.85%。

在债券到期一次还本付息的情况下,不论是面值购入还是溢价或折价购入,不论是否含有初始直接费用,其实际利率均可采用下列公式计算:

因为:

$$债券初始入账价值 \times (1 + 实际利率)^n = 债券到期价值$$

所以:

$$实际利率\ i = \sqrt[n]{\dfrac{债券到期价值}{债券初始入账价值}} - 1$$

根据[例 5-3]的资料,设实际利率为 i,则有:

$$1\,205 \times (1+i)^5 = 1\,000 \times (1 + 5\% \times 5)$$

求得债券的实际利率 i 为 6.79%。

【例 5-7】　承接[例 5-1],假定卓段制造购买债券后采用实际利率法确定债权投资的摊余成本,实际利率确定为 3.67%。为了方便各期账务处理,编制利息调整摊销和摊余成本计算表(结果保留两位小数),如表 5-1 所示。

表 5-1　利息调整摊销和摊余成本计算表　　　　　　　　　　单位:万元

日期	实收利息	投资收益	利息调整借差摊销	利息调整余额	摊余成本
	(1)=面值×6%	(2)=期初(5)×3.67%	(3)=(1)-(2)	(4)=期初(4)-(3)	(5)=期初(5)-(3)
2×23.1.1	—	—	—	105.00	1 105.00
2×23.12.31	60.00	40.55	19.45	85.55	1 085.55
2×24.12.31	60.00	39.84	20.16	65.39	1 065.39
2×25.12.31	60.00	39.10	20.90	44.49	1 044.49

(续表)

日期	实收利息	投资收益	利息调整借差摊销	利息调整余额	摊余成本
	(1)=面值×6%	(2)=期初(5)×3.67%	(3)=(1)-(2)	(4)=期初(4)-(3)	(5)=期初(5)-(3)
2×26.12.31	60.00	38.33	21.67	22.82	1 022.82
2×27.12.31	60.00	37.18*	22.82	0	1 000.00
合计	300.00	195.00	105.00	—	—

注:* 含尾差调整。

2×23 年 12 月 31 日的账务处理如下:

(1) 确认利息收入并进行利息调整摊销:

借:应收利息 600 000
　　贷:投资收益 405 500
　　　　债权投资——利息调整 194 500

(2) 收到利息:

借:银行存款 600 000
　　贷:应收利息 600 000

以后各年的账务处理与此类似,不再展开。

2×27 年 12 月 31 日的账务处理如下:

(1) 确认利息收入并进行利息调整摊销:

借:应收利息 600 000
　　贷:投资收益 371 800
　　　　债权投资——利息调整 228 200

(2) 收到利息:

借:银行存款 600 000
　　贷:应收利息 600 000

【例5-8】 承接[例5-2],假定卓段制造购买债券后采用实际利率法确定债权投资的摊余成本,实际利率确定为 6.85%。为了方便各期账务处理,编制利息调整摊销和摊余成本计算表(结果保留两位小数),如表 5-2 所示。

表5-2　利息调整摊销和摊余成本计算表 单位:万元

日期	实收利息	投资收益	利息调整贷差摊销	利息调整余额	摊余成本
	(1)=面值×6%	(2)=期初(5)×6.85%	(3)=(2)-(1)	(4)=期初(4)-(3)	(5)=期初(5)+(3)
2×23.1.1	—	—	—	35.00	965.00
2×23.12.31	60.00	66.10	6.10	28.90	971.10

(续表)

日期	实收利息	投资收益	利息调整贷差摊销	利息调整余额	摊余成本
	(1)=面值 ×6%	(2)=期初(5) ×6.85%	(3)=(2)−(1)	(4)=期初 (4)−(3)	(5)=期初 (5)+(3)
2×24.12.31	60.00	66.52	6.52	22.38	977.62
2×25.12.31	60.00	66.97	6.97	15.41	984.59
2×26.12.31	60.00	67.44	7.44	7.97	992.03
2×27.12.31	60.00	67.97*	7.97	0	1 000
合计	300.00	335.00	35.00	—	—

注:*含尾差调整。

2×23 年 12 月 31 日的账务处理如下:

(1) 确认利息收入并进行利息调整摊销:

借:应收利息   600 000
　　债权投资——利息调整   61 000
　　贷:投资收益   661 000

(2) 收到利息:

借:银行存款   600 000
　　贷:应收利息   600 000

以后各年的账务处理与此类似,不再展开。

2×27 年 12 月 31 日的账务处理如下:

(1) 确认利息收入并进行利息调整摊销:

借:应收利息   600 000
　　债权投资——利息调整   79 700
　　贷:投资收益   679 700

(2) 收到利息:

借:银行存款   600 000
　　贷:应收利息   600 000

【例 5-9】 承接[例 5-3],假定卓段制造购买债券后采用实际利率法确定债权投资的摊余成本,实际利率确定为 6.79%。为了方便各期账务处理,编制利息调整摊销和摊余成本计算表(结果保留两位小数),如表 5-3 所示。

表 5-3　利息调整摊销和摊余成本计算表　　　　　　　　单位:万元

日期	实收利息 (1)=面值 ×5%	投资收益 (2)=期初(5) ×6.79%	利息调整贷差摊销 (3)=(2)-(1)	利息调整余额 (4)=期初 (4)-(3)	摊余成本 (5)=期初 (5)+(3)+(1)
2×23.1.1	—	—	—	100.00	900.00
2×23.12.31	50.00	61.11	11.11	88.89	961.11
2×24.12.31	50.00	65.26	15.26	73.63	1 026.37
2×25.12.31	50.00	69.69	19.69	53.94	1 096.06
2×26.12.31	50.00	74.42	24.42	29.52	1 170.48
2×27.12.31	50.00	79.52*	29.52	0	1 250.00
合计	250.00	350.00	100.00	—	—

注:＊含尾差调整。

2×23 年 12 月 31 日的账务处理如下,确认利息收入并进行利息调整摊销:

借:债权投资——应计利息　　　　　　　　　　　　　　　　　　　　　　500 000
　　　　　　——利息调整　　　　　　　　　　　　　　　　　　　　　　111 100
　　贷:投资收益　　　　　　　　　　　　　　　　　　　　　　　　　　　611 100

以后各年的账务处理与此类似,不再展开。

2×27 年 12 月 31 日的账务处理如下,确认利息收入并进行利息调整摊销:

借:债权投资——应计利息　　　　　　　　　　　　　　　　　　　　　　500 000
　　　　　　——利息调整　　　　　　　　　　　　　　　　　　　　　　295 200
　　贷:投资收益　　　　　　　　　　　　　　　　　　　　　　　　　　　795 200

5.1.4　债权投资的到期兑现

债权投资的到期兑现是指在债权投资期限届满时,按面值收回投资及应收未收的利息。一般来说,在债券投资到期时,利息调整(包括溢价或折价以及交易费用)已经摊销完毕,"债权投资"科目的余额均为债券面值和应计利息。如果是分期付息的债券,到期时企业可以收回债券面值;企业如果是一次付息的债券,到期时企业可以收回债券面值和各期利息。

【例 5-10】　承接[例 5-1][例 5-2],债券到期,收回债券面值。账务处理如下:

借:银行存款　　　　　　　　　　　　　　　　　　　　　　　　　　10 000 000
　　贷:债权投资——成本　　　　　　　　　　　　　　　　　　　　　10 000 000

【例 5-11】　承接[例 5-3],债券到期,收回债券面值和各期利息。账务处理如下:

借:银行存款　　　　　　　　　　　　　　　　　　　　　　　　　　12 500 000
　　贷:债权投资——成本　　　　　　　　　　　　　　　　　　　　　10 000 000
　　　　　　——应计利息　　　　　　　　　　　　　　　　　　　　　2 500 000

5.1.5 债权投资的减值

5.1.5.1 债权投资减值的确定

债权投资减值是指以预期信用损失为基础确认的价值减损。预期信用损失是指以发生违约的风险为权重的债权投资信用损失的加权平均值。

信用损失是指企业按照实际利率折现的、根据合同应收的所有合同现金流量与预期收取的所有现金流量之间的差额,即全部现金短缺的现值。对于债权投资,应按照其经信用调整的实际利率折现。由于预期信用损失考虑付款的金额和时间分布,即使企业预计可以全额收款但收款时间晚于合同规定的到期期限,也会产生信用损失。

企业应当在资产负债表日对债权投资的账面价值进行检查,有客观证据表明该金融资产信用风险已经显著增加,应当计提减值准备。当对债权投资预期未来现金流量具有不利影响的一项或多项事件发生时,该债权投资成为已发生信用减值的金融资产。金融资产已发生信用减值的证据包括下列可观察信息:

(1) 发行方或债务人发生重大财务困难。

(2) 债务人违反合同,如偿付利息或本金违约或逾期等。

(3) 债权人出于与债务人财务困难有关的经济或合同考虑,给予债务人在任何其他情况下都不会作出的让步。

(4) 债务人很可能破产或进行其他财务重组。

(5) 发行方或债务人财务困难导致该金融资产的活跃市场消失。

(6) 以大幅折扣购买一项金融资产,该折扣反映了发生信用损失的事实。金融资产发生信用减值,有可能是多个事件的共同作用所致,未必是可单独识别的事件所致。

预计未来现金流量现值,一般按照该债权投资经信用调整的实际利率折现计算。

企业通常能够可靠估计债权投资的现金流量和预计存续期。在极少数情况下,债权投资的未来现金流量或预计存续期无法可靠估计的,企业在计算确定其实际利率时,应当基于该债权投资在整个合同期内的合同现金流量。

对于购买的已发生信用减值的债权投资,企业应当在资产负债表日仅将自初始确认后整个存续期内预期信用损失的累计变动确认为减值准备。在每个资产负债表日,企业应当将整个存续期内预期信用损失的变动金额作为减值损失或利得计入当期损益。

债权投资发生减值时,应当将该债权投资的账面价值减记至预计未来现金流量的现值,减记的金额确认为信用减值损失,计入当期损益,借记"信用减值损失"科目,贷记"债权投资减值准备"科目。

5.1.5.2 债权投资减值的转回

债权投资确认减值损失后,如有客观证据表明该资产的价值得以恢复,且客观上与确认该损失后发生的事项有关,原确认的减值损失应当予以转回,计入当期损益。但是,该转回后的账面价值不应超过假定不计提减值准备情况下该债权投资在转回日的摊余成本。

企业在前一会计期间已经按照相当于债权投资整个存续期内预期信用损失的金额计提了损失准备,但在当期资产负债表日,该债权投资已不再属于自初始确认后信用风险显著增加的情形的,企业应当在当期资产负债表日按照相当于未来 12 个月内预期信用损失的金额计量该债权投资的损失准备,由此形成的损失准备的转回金额应当作为减值利得计入当期损益。

债权投资的减值包括两个方面的内容:①确定其账面余额;②进行减值测试,如果发生减值,则需计提减值准备。这就意味着,资产负债表上"债权投资"项目在投资没有发生减值的情况下是按其账面余额计量的,在投资发生减值的情况下是按其可收回金额计量的。

【例 5-12】 承接[例 5-6],假定卓段制造于 2×27 年 12 月 31 日预计到期时能够收回债券面值 1 000 万元,还能够收回部分债券利息 150 元。2×28 年 1 月 1 日,收回债券面值和利息共计 1 150 万元。假定该债权投资经信用调整的实际利率与初始利率相同。根据以上资料,编制会计分录如下:

估计未来现金流量现值=1 150÷(1+5%)=1 095.24(万元)

信用减值损失=1 250-1 095.24=154.76(万元)

借:信用减值损失	1 547 600
贷:债权投资减值准备	1 547 600

5.2 其他债权投资

5.2.1 其他债权投资的概述

"其他债权投资"科目属于资产类科目,核算企业按照《企业会计准则第 22 号——金融工具确认和计量》第 18 条分类为以公允价值计量且其变动计入其他综合收益的金融资产。企业管理该金融资产的业务模式即以收取合同现金流量为目标又以出售该金融资产为目标。

企业应当设置"其他债权投资"科目,核算持有的以公允价值计量且其变动计入其他综合收益的金融资产,并按照其他债权投资的类别和品种,分别以"成本""利息调整""应计利息""公允价值变动"等明细科目进行明细核算。其中,"成本"明细科目反映其他债权投资的面值;"利息调整"明细科目反映其他债权投资的初始入账金额与其面值的差额,以及按照实际利率法分期摊销后该差额的摊余金额;"应计利息"明细科目反映企业计提的到期一次还本付息其他债权投资应计未收的利息;"公允价值变动"明细科目反映其他债权投资的公允价值变动金额。

5.2.2 其他债权投资的初始计量

其他债权投资应当按取得该金融资产的公允价值和相关交易费用之和作为初始入账金额。如果支付的价款中包含已到付息期但尚未领取的利息,应单独确认为应收项目,不构成其他债权投资的初始入账金额。

【例 5-13】 2×21 年 1 月 1 日,卓段制造购入在履制造当日发行的面值 600 000 元、期限 3 年、票面利率 8%、每年 12 月 31 日付息、到期还本的债券,分类为以公允价值计量且其变动计入其他综合收益的金融资产,实际支付购买价款(包括交易费用)620 000 元。其账务处理如下:

借:其他债权投资——成本	600 000
——利息调整	20 000
贷:银行存款	620 000

5.2.3　其他债权投资的收益

其他债权投资在持有期间确认利息收入的方法与按摊余成本计量的债权投资相同，即采用实际利率法确认当期利息收入，计入投资收益。需要注意的是，在采用实际利率法确认其他债权投资的利息收入时，应当以不包括"公允价值变动"明细科目余额的其他债权投资账面余额和实际利率计算确定利息收入。

【例 5-14】 承接［例 5-10］，卓段制造 2×21 年 1 月 1 日购入的面值 600 000 元、期限 3 年、票面利率 8％、每年 12 月 31 日付息、到期还本、初始入账金额为 620 000 元的在履制造债券，在持有期间采用实际利率法确认利息收入的会计处理如下：

（1）计算实际利率。

由于在履制造债券的初始入账金额高于面值，实际利率一定低于票面利率，先按 7％作为折现率进行测算。查年金现值系数表和复利现值系数表可知，3 期、7％的年金现值系数和复利现值系数分别为 2.624 316 04 和 0.816 297 88。在履制造债券的利息和本金按 7％作为折现率计算的现值如下：

债券每年应收利息＝600 000×8％＝48 000（元）

利息和本金的现值＝48 000×2.624 316 04＋600 000×0.816 297 88＝615 746（元）

计算结果小于在履制造债券的初始入账金额，说明实际利率小于 7％。再按 6％作为折现率进行测算。查年金现值系数表和复利现值系数表可知，3 期、6％的年金现值系数和复利现值系数分别为 2.673 011 95 和 0.839 619 28。在履制造债券的利息和本金按 6％作为折现率计算的现值如下：

利息和本金的现值＝48 000×2.673 011 95＋600 000×0.839 619 28＝632 076（元）

上式计算结果大于在履制造债券的初始入账金额，说明实际利率大于 6％。因此，实际利率介于 6％和 7％。使用插值法估算实际利率如下：

实际利率＝6％＋（7％－6％）×（632 076－620 000）÷（632 076－615 746）＝6.74％

（2）采用实际利率法编制利息收入与账面余额（不包括"公允价值变动"明细科目的余额）计算表。

卓段制造在购买日采用实际利率法编制的利息收入与账面余额计算表，如表 5-4 所示。

表 5-4　利息收入与账面余额计算表

（实际利率法）

金额单位：元

日期	应收利息	实际利率	利息收入	利息调整	摊销账面余额
2×21 年 1 月 1 日	—	—	—	—	620 000
2×21 年 12 月 31 日	48 000	6.74％	41 788	6 212	613 788
2×22 年 12 月 31 日	48 000	6.74％	41 369	6 631	607 157
2×23 年 12 月 31 日	48 000	6.74％	40 843	7 157	600 000
合计	144 000	—	124 000	20 000	—

(3) 编制各年确认利息收入并摊销利息调整的会计分录(各年收到债券利息的会计处理略)。

2×21 年 12 月 31 日：

借：应收利息		48 000
贷：投资收益		41 788
其他债权投资——利息调整		6 212

2×22 年 12 月 31 日：

借：应收利息		48 000
贷：投资收益		41 369
其他债权投资——利息调整		6 631

2×23 年 12 月 31 日：

借：应收利息		48 000
贷：投资收益		40 843
其他债权投资——利息调整		7 157

5.2.4 其他债权投资的期末计价

其他债权投资的价值应按资产负债表日的公允价值反映,公允价值的变动计入其他综合收益。资产负债表日其他债权投资的公允价值高于其账面余额时,应按两者之间的差额调增其他债权投资的账面余额,同时将公允价值变动计入其他综合收益;其他债权投资的公允价值低于其账面余额时,应按两者之间的差额调减其他债权投资的账面余额,同时按公允价值变动减记其他综合收益。

【例 5-15】 承接[例 5-10][例 5-11],卓段制造持有的面值 600 000 元、期限 3 年、票面利率 8%、每年 12 月 31 日付息的在履制造债券。该债券 2×21 年 12 月 31 日的市价(不包括应计利息)为 615 000 元,2×22 年 12 月 31 日的市价(不包括应计利息)为 608 000 元。其账务处理如下:

(1) 2×21 年 12 月 31 日,确认公允价值变动:

公允价值变动=615 000−613 788=1 212(元)

借：其他债权投资——公允价值变动		1 212
贷：其他综合收益——其他债权投资公允价值变动		1 212

调整后在履制造债券账面价值=613 788+1 212=615 000(元)

(2) 2×22 年 12 月 31 日,确认公允价值变动:

调整前在履制造债券账面价值=615 000−6 631=608 369(元)

公允价值变动=608 000−608 369=−369(元)

借：其他综合收益——其他债权投资公允价值变动		369
贷：其他债权投资——公允价值变动		369

调整后在履制造债券账面价值=608 369−369=608 000(元)

5.2.5　其他债权投资的出售

处置其他债权投资时，应将取得的处置价款与该金融资产账面余额之间的差额，计入投资收益；同时，将原直接计入其他综合收益的累计公允价值变动对应处置部分的金额转出，计入投资收益。

【**例5-16**】　承接［例5-10］［例5-11］［例5-12］，2×23 年 3 月 1 日卓段制造将持有的面值 600 000 元、期限 3 年、票面利率 8%、每年 12 月 31 日付息、到期还本的在履制造债券售出，实际收到出售价款 612 000 元。出售日，在履制造债券账面余额为 608 000 元，其中，成本 600 000 元，利息调整（借方）7 157 元，公允价值变动（借方）843 元（1 212－369）。其账务处理如下：

借：银行存款　　　　　　　　　　　　　　　　　　　　612 000
　　贷：其他债权投资——成本　　　　　　　　　　　　　600 000
　　　　　　　　——利息调整　　　　　　　　　　　　　7 157
　　　　　　　　——公允价值变动　　　　　　　　　　　843

5.2.6　其他债权投资的减值

对于分类为以公允价值计量且其变动计入其他综合收益的金融资产，企业应当在其他综合收益中确认其损失准备，并将减值损失或利得计入当期损益，且不应减少该金融资产在资产负债表中列示的账面价值。

【**例5-17**】　承接［例5-10］，卓段制造持有该债券投资自初始确认后，信用风险显著增加，年末按该金融工具未来 12 个月确认预期信用损失准备 10 000 元。其账务处理如下：

借：信用减值损失　　　　　　　　　　　　　　　　　　10 000
　　贷：其他综合收益——信用减值损失　　　　　　　　　10 000

5.3　其他权益工具投资

5.3.1　其他权益工具投资概述

企业应当设置"其他权益工具投资"科目，核算持有的指定为以公允价值计量且其变动计入其他综合收益的非交易性权益工具投资，并按照非交易性权益工具投资的类别和品种，分为"成本"和"公允价值变动"明细科目进行明细核算。其中，"成本"明细科目反映非交易性权益工具投资的初始入账金额，"公允价值变动"明细科目反映非交易性权益工具投资在持有期间的公允价值变动金额。

5.3.2　其他权益工具投资的初始计量

其他权益工具投资应当按取得时的公允价值和相关交易费用之和作为初始入账金额。如果支付的价款中包含已宣告但尚未发放的现金股利,则应单独确认为应收项目,不构成其他权益工具投资的初始入账金额。

【例5-18】 2×21 年 4 月 20 日,卓段制造按每股 7.60 元的价格从二级市场购入在履制造每股面值 1 元的股票 80 000 股并指定为以公允价值计量且其变动计入其他综合收益的非交易性权益工具投资,支付交易费用 1 800 元。股票购买价格中包含每股 0.20 元已宣告但尚未领取的现金股利,该现金股利于 2×21 年 5 月 10 日发放。其账务处理如下:

(1) 2×21 年 4 月 20 日,购入在履制造股票:

初始入账金额=(7.60-0.20)×80 000+1 800=593 800(元)

应收现金股利=0.20×80 000=16 000(元)

借:其他权益工具投资——成本	593 800
应收股利	16 000
贷:银行存款	609 800

(2) 2×21 年 5 月 10 日,收到在履制造发放的现金股利:

借:银行存款	16 000
贷:应收股利	16 000

5.3.3 其他权益工具投资的收益

其他权益工具投资在持有期间,只有在同时满足股利收入的确认条件(见交易性金融资产持有收益的确认)时,才能确认为股利收入并计入当期投资收益。

【例5-19】 承接[例 5-15],卓段制造持有在履制造股票 80 000 股。2×22 年 4 月 15 日,在履制造宣告每股分派现金股利 0.25 元(该现金股利已同时满足股利收入的确认条件),并于 2×22 年 5 月 15 日发放。其账务处理如下:

(1) 2×22 年 4 月 15 日,在履制造宣告分派现金股利:

应收现金股利=0.25×80 000=20 000(元)

借:应收股利	20 000
贷:投资收益	20 000

(2) 2×22 年 5 月 15 日,收到在履制造发放的现金股利:

借:银行存款	20 000
贷:应收股利	20 000

5.3.4 其他权益工具投资的期末计价

其他权益工具投资的价值应按资产负债表日的公允价值反映,公允价值的变动计入其他综合收益。

【例5-20】 承接[例 5-15],卓段制造持有的 80 000 股在履制造股票,2×21 年 12 月 31 日的每股市价为 8.20 元,2×22 年 12 月 31 日的每股市价为 7.50 元。2×21 年 12 月 31 日,在履制造股票按公允价值调整前的账面余额(即初始入账金额)为 593 800 元。其账务处理如下:

(1) 2×21 年 12 月 31 日,调整其他权益工具投资账面余额:

公允价值变动＝8.20×80 000－593 800＝62 200(元)

借:其他权益工具投资——公允价值变动	62 200
贷:其他综合收益——其他权益工具投资公允价值变动	62 200

调整后在履制造股票账面余额＝593 800＋62 200＝8.20×80 000＝656 000(元)

(2) 2×22 年 12 月 31 日,调整其他权益工具投资账面余额:

公允价值变动＝7.50×80 000－656 000＝－56 000(元)

借:其他综合收益——其他权益工具投资公允价值变动	56 000
贷:其他权益工具投资——公允价值变动	56 000

调整后在履制造股票账面余额＝656 000－56 000＝7.50×80 000＝600 000(元)

5.3.5　其他权益工具投资的出售

　　处置其他权益工具投资时,应将取得的处置价款与该金融资产账面余额之间的差额,计入留存收益;同时,该金融资产原计入其他综合收益的累计利得或损失对应处置部分的金额应当从其他综合收益中转出,计入留存收益。其中,其他权益工具投资的账面余额是指其他权益工具投资的初始入账金额加上或减去累计公允价值变动后的金额,即出售前最后一个计量日其他权益工具投资的公允价值。如果在处置其他权益工具投资时,已计入应收项目的现金股利尚未收回,还应从处置价款中扣除该部分现金股利之后,确认处置损益。

　　【例5-21】　承接[例 5-15][例 5-17]。2×23 年 2 月 20 日卓段制造将持有的 80 000 股在履制造股票售出,实际收到价款 650 000 元。出售日,在履制造股票账面余额为 600 000 元(593 800＋62 200－56 000)。其中,成本 593 800 元,公允价值变动(借方)6 200 元(62 200－56 000)。卓段制造按 10%提取法定盈余公积,其账务处理如下:

借:银行存款	650 000
贷:其他权益工具投资——成本	593 800
——公允价值变动	6 200
盈余公积	5 000
利润分配——未分配利润	45 000
借:其他综合收益——其他权益工具投资公允价值变动	6 200
贷:盈余公积	620
利润分配——未分配利润	5 580

 章节测试

一、复习思考题

1. 什么是债券投资? 如何确认债权投资的利息收益?

2. 什么是其他债权投资?

3. 资产负债表日,其他债权投资的价值应如何反映?

二、单选题

1. 下列各项中,不属于金融资产的是(   )。

A. 贷款 B. 应收账款 C. 预付账款 D. 债权投资

2. 甲公司对其购入债券的业务管理模式是以收取合同现金流量为目标。该债券的合同条款规定,在特定日期产生的现金流量,仅为对本金和以未偿还本金金额为基础的利息的支付。不考虑其他因素,甲公司应将该债券投资分类为(   )。

A. 其他货币资金

B. 以公允价值计量且其变动计入当期损益的金融资产

C. 以公允价值计量且其变动计入其他综合收益的金融资产

D. 以摊余成本计量的金融资产

3. A公司2×22年1月1日按面值发行分期付息、到期还本的一般公司债券100万张,另支付发行手续费10万元。该债券每张面值100元,期限5年,票面年利率为5%。下列会计处理中,正确的是(   )。

A. 发行公司债券时支付的手续费直接计入财务费用

B. 应付债券初始确认金额为9 980万元

C. 2×22年应确认的利息费用为500万元

D. 发行的公司债券面值总额确认为负债

4. 2×22年1月1日,甲公司自证券市场购入面值总额为2 000万元的债券,购入时实际支付价款2 078.98万元,另支付交易费用10万元。该债券发行日为2×22年1月1日,系分期付息、到期还本债券,期限为5年,票面年利率为5%,实际年利率为4%,每年12月31日支付当年利息。甲公司将该债券作为以摊余成本计量的金融资产核算。2×22年12月31日,该债券投资的信用风险自初始确认后未显著增加,甲公司由此确认的预期信用损失准备为10万元。假定不考虑其他因素,甲公司持有该债券投资2×23年应确认的投资收益为(   )万元。

A. 100 B. 82.90 C. 72 D. 82.50

5. 甲公司于2×23年1月1日以19 900万元发行一项3年期、到期还本、按年付息的公司债券,发行方每年1月1日支付上年度利息。甲公司债券票面年利率为5%,面值总额为20 000万元,该债券的实际利率(   )。

A. 等于5% B. 大于5% C. 小于5% D. 等于0

6. 2×22年1月1日,甲公司购入乙公司同日发行的5年期公司债券,该债券面值为3 000万元,票面年利率为5%,每年1月5日支付上年度利息,到期归还本金。甲公司支付购买价款2 950万元,另支付相关税费20万元。甲公司根据管理金融资产的业务模式和该债券的合同现金流量特征,将其分类为以摊余成本计量的金融资产。同类债券的市场实际年利率为5.23%。不考虑其他因素,2×23年12月31日,该债券的摊余成本为(   )万元。

A. 3 000 B. 2 975.33 C. 2 980.94 D. 2 958.79

7. 企业购入下列资产发生的交易费用,应在发生时计入当期损益的是(   )。

A. 控股合并方式形成的长期股权投资

B. 其他债权投资

C. 其他权益工具投资

D. 非企业合并方式形成的长期股权投资

8. 2×22 年 1 月 1 日,甲公司以 3 133.50 万元购入乙公司当日发行的面值总额为 3 000 万元的债券,作为以摊余成本计量的金融资产,该债券期限为 5 年,票面年利率为 5%,实际年利率为 4%,每年年末付息一次,到期偿还本金。不考虑其他因素,2×22 年 12 月 31 日,该债券应确认的投资收益为( )万元。

A. 125.34　　　　　B. 120　　　　　C. 150　　　　　D. 24.66

9. B 公司于 2×22 年 9 月 8 日支付 450 万元取得一项股权投资,划分为交易性金融资产,支付的价款中包括已宣告发放尚未领取的现金股利 30 万元,另外支付交易费用 1 万元。2×22 年 12 月 3 日,该项金融资产的公允价值为 500 万元。2×23 年 4 月日,B 公司将该项金融资产全部出售,共取得价款 540 万元。B 公司因该项金融资产应确认的投资收益为( )万元。

A. 39　　　　　B. 120　　　　　C. 90　　　　　D. 119

10. 关于其他债权投资,下列说法正确的是( )。

A. 其他债权投资以公允价值进行初始与后续计量,公允价值变动计入当期损益

B. 其他债权投资持有期间取得的现金股利应冲减投资成本

C. 资产负债表日发生减值的,应计提减值准备,持有期间价值回升,应在已计提的减值准备范围内冲回

D. 处置时,将实际收到的款项与其他债权投资账面价值的差额确认为投资收益,同时将其他综合收益转入"投资收益"科目,计提减值准备的,还应同时将其他债权投资减值准备予以结转

三、计算分析题

1. 为提高闲置资金的使用效率,A 公司于 2×21 年 1 月 1 日购入 B 公司于当日发行且可上市交易的债券 100 万张,支付价款 1 026 万元,另支付手续费 1.23 万元。该债券期限为 3 年,每张面值为 10 元,票面年利率为 6%,于每年 12 月 31 日支付当年利息,实际年利率为 5%。A 公司管理该金融资产的业务模式是以收取合同现金流量为目标,该金融资产的合同条款规定,在特定日期产生的现金流量,仅为对本金和以未偿付本金金额为基础的利息的支付。2×21 年 12 月 31 日,A 公司收到 2×21 年度利息 60 万元。A 公司确认预期信用损失准备 5 万元。当日市场年利率为 4.5%。2×22 年 12 月 31 日,A 公司收到 2×22 年度利息 60 万元,A 公司按整个存续期确认预期信用损失准备余额 3 万元。当日市场年利率为 4.8%。

假定:

(1) A 公司按净利润的 10% 提取法定盈余公积,不考虑中期财务报告、所得税及其他因素影响。

(2) 利息收入根据金融资产账面余额乘以实际利率计算确定。

要求:

(1) 判断 A 公司取得 B 公司债券应划分的金融资产类别,说明理由,并编制 A 公司取得 B 公司债券时的会计分录。

(2) 计算 A 公司 2×21 年度因持有 B 公司债券应确认的利息收入及预期信用损失,并编制相关会计分录。

(3) 计算 A 公司 2×22 年度因持有 B 公司债券应确认的利息收入及预期信用损失,并编

制相关会计分录。

2. 2×22年1月1日,A公司自证券市场购入B公司同日发行的面值总额为2 000万元的债券,购入时实际支付价款1 914万元,另支付交易费用1.75万元。该债券系分期付息、到期还本债券,期限为5年,票面年利率为5%,实际年利率为6%,每年12月31日支付当年利息。A公司将该债券分类为以公允价值计量且其变动计入其他综合收益的金融资产。至2×22年12月31日,A公司确认的预期信用损失准备为10万元,其公允价值为1 920万元。A公司于2×23年1月1日变更了债券管理的业务模式,将其重分类为以摊余成本计量的金融资产,至2×23年12月31日,A公司确认的预期信用损失准备余额为15万元。

假定本题利息收入根据金融资产账面余额乘以实际利率计算确定,不考虑其他因素。

要求:

(1) 编制A公司2×22年1月1日购入B公司债券的会计分录。

(2) 计算A公司2×22年应确认的利息收入,并编制相关会计分录。

(3) 编制A公司2×22年12月31日公允价值变动及确认预期信用损失的会计分录。

(4) 编制A公司2×23年1月1日重分类时的会计分录。

(5) 计算A公司2×23年应确认的利息收入,并编制相关会计分录。

(6) 编制A公司2×23年12月31日确认预期信用损失的会计分录。

3. 甲公司2×21年度至2×23年度对乙公司债券投资业务如下:

(1) 2×21年1月1日,甲公司以银行存款900万元购入乙公司当日发行的5年期公司债券,作为以摊余成本计量的金融资产核算,该债券面值总额为1 000万元,票面年利率为5%,每年年末支付利息,到期一次偿还本金,但不得提前赎回。甲公司该债券投资的实际年利率为7.47%。

(2) 2×21年12月31日,甲公司收到乙公司支付的债券利息50万元。当时,该债券投资不存在减值迹象。

(3) 2×22年12月31日,甲公司收到公司支付的债券利息50万元。当日,甲公司获悉乙公司发生财务困难,对该债券投资进行了减值测试,预计该债券投资未来现金流量的现值为800万元。

(4) 2×23年1月1日,甲公司以801万元的价格全部售出所持有的乙公司债券,款项已收存银行,假定甲公司持有以摊余成本计量的金融资产全部为对乙公司的债券投资。

假定除上述资料外,不考虑其他因素。要求:

(1) 编制甲公司2×21年1月1日购入乙公司债券投资的会计分录。

(2) 计算甲公司2×21年度以摊余成本计量的金融资产的利息收入和期末摊余成本,并编制计提利息和收到利息的会计分录。

(3) 计算甲公司2×22年度以摊余成本计量的金融资产的利息收入、期末摊余成本和计提减值的金额,并编制计提利息、收到利息及计提减值的会计分录

(4) 计算甲公司2×23年1月1日出售以摊余成本计量的金融资产的损益,并编制出售的会计分录。

第6章

长期股权投资

教学目的和要求

掌握长期股权投资的定义和分类;掌握长期股权投资分类的标准;掌握长期股权投资的初始计量、后续计量及核算方法的转换。

教学重点和难点

重点:长期股权投资的初始计量、后续计量及核算方法的转换。

难点:区分不同种类长期股权投资;不同种类长期股权投资的初始计量、后续计量及核算方法的转换;顺流交易与逆流交易。

课程思政

马克思主义强调初心和信仰,长期股权投资也需要坚守长期目标和信仰,不贪图短期利益,戒骄戒躁,避免盲目跟风投资,不仅关注眼前利益,还要考虑未来可持续的发展。马克思主义追求科学的社会分析方法,要求客观地看待社会问题。在股权投资中,也需要客观地分析市场和公司的发展趋势,不受情绪和偏见左右。

6.1 长期股权投资概述

6.1.1 长期股权投资的性质

股权投资,又称权益性投资,是指通过付出现金或非现金资产等取得被投资单位的股份或股权,享受一定比例的权益份额代表的资产。按照《企业会计准则第22号——金融工具确认和计量》的界定,股权投资原则上属于金融工具,根据投资方在投资后对被投资单位能够施加的影响程度,《企业会计准则》将股权投资区分为按照金融工具确认进行核算和按照长期股权投资准则进行核算两种情况。

长期股权投资是指投资方对被投资方单位实施控制(又称控股合并形成的长期股权投资、企业合并形成的长期股权投资、对子公司投资)、重大影响的权益性投资,以及对其合营企业的权益投资。

6.1.2 长期股权投资的分类

长期股权投资包括投资方持有的对联营企业、合营企业以及子公司的投资。

长期股权投资的分类如图 6-1 所示。

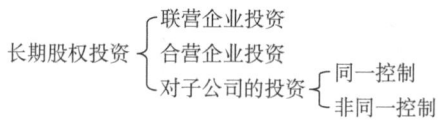

图 6-1 长期股权投资的分类

6.1.2.1 联营企业投资

联营企业投资是指投资方能够对被投资单位施加重大影响的股权投资。重大影响,是指投资方对被投资方的财务和生产经营决策有参与决策的权利,但并不能控制或与其他方一起共同控制这些政策的制定。

6.1.2.2 合营企业投资

合营企业投资是指投资方持有的对构成合营企业的合营安排的投资。合营安排包括共同经营和合营企业。共同经营,是指合营方享有该安排相关资产且承担该安排相关负债的合营安排。合营企业,是指合营方仅对该安排的净资产享有权利的合营安排。

6.1.2.3 对子公司的投资

对子公司的投资是指投资方持有的能够对被投资单位施加控制的股权投资。控制,是指投资方拥有对被投资单位的权利,通过参与被投资的相关活动而享有可变回报,并且有能力运用对被投资单位的权利影响其回报金额。对子公司的投资,即企业合并,企业合并分为同一控制下企业合并和非同一控制下企业合并。企业合并,是指将两个或者两个以上单独的企业(主体)合并形成一个报告主体的交易或者事项。

6.2 长期股权投资初始计量

6.2.1 同一控制下企业合并形成的对子公司的长期股权投资

参与合并的企业在合并前后均受同一方或相同的多方最终控制且该控制并非暂时性的,为同一控制下的企业合并。对于同一控制下的企业合并,从能够对参与合并各方在合并前及合并后均实施最终控制的一方来看,其能够控制的资产在合并前及合并后并没有发生变化,合并方通过企业合并形成的对被合并方的长期股权投资,其成本代表的是在被合并方所有者权益账面价值中按持股比例享有的份额。因此,同一控制下企业合并形成的长期股权投资,应当按照合并日取得的被合并方所有者权益在最终控制方合并财务报表中的账面价值份额作为初始投资成本。

合并方支付合并对价的方式主要有支付现金、转让非现金资产、承担债务、发行权益性证券等。如果初始投资成本大于支付的合并对价的账面价值(或权益性证券的面值),则其差额应当计入资本公积(资本溢价或股本溢价);如果初始投资成本小于支付的合并对价的账面价值(或权益性证券的面值),则其差额应先冲减资本公积(仅限于资本溢价或股本溢价),资本公积余额不足冲减的,依次冲减盈余公积、未分配利润。实际支付的价款或对价中包含的已宣告但尚未发放的现金股利或利润,应作为应收项目处理。

合并方为进行企业合并而发行债券或权益性证券支付的手续费、佣金等,应当计入所发行债券或权益性证券的初始确认金额;合并方为进行企业合并而发生的各项直接相关费用,如审计费用、评估费用、法律服务费用等,应当于发生时计入当期管理费用。

【例 6-1】　卓段制造和大连一甲制造股份有限公司(以下简称一甲制造)为同一家母公司所控制的两个子公司。2×22 年 2 月 20 日,卓段制造与一甲制造达成合作协议,协议约定卓段制造以 4 600 万元的银行存款作为合并对价,取得一甲制造 80% 的股份。一甲制造 80% 的股份母公司于 2×20 年 1 月 1 日从外部购入(属于非同一控制下的企业合并),购买日,一甲制造可辨认净资产公允价值为 4 500 万元;2×20 年 1 月 1 日至 2×22 年 3 月 1 日。一甲制造以购买日可辨认净资产的公允价值为基础计算的净利润为 1 000 万元,无其他所有者权益变动。2×22 年 3 月 1 日,卓段制造实际取得对一甲制造的控制权,当日,一甲制造所有者权益在最终控制方合并财务报表中的账面价值总额为 5 500 万元(4 500+1 000),"资本公积——股本溢价"科目余额为 120 万元。在与一甲制造的合并中,卓段制造以银行存款支付审计费用、评估费用、法律服务费用等共计 45 万元。卓段制造应作如下会计处理:

初始投资成本=5 500×80%=4 400(万元)

借:长期股权投资——一甲制造股份有限公司　　　　　　　　　　　　　44 000 000
　　资本公积——股本溢价　　　　　　　　　　　　　　　　　　　　　　1 200 000
　　盈余公积　　　　　　　　　　　　　　　　　　　　　　　　　　　　800 000
　　贷:银行存款　　　　　　　　　　　　　　　　　　　　　　　　　　46 000 000

借:管理费用　　　　　　　　　　　　　　　　　　　　　　　　　　　　450 000
　　贷:银行存款　　　　　　　　　　　　　　　　　　　　　　　　　　450 000

【例 6-2】　卓段制造和一甲制造为同一家母公司所控制的两个子公司。根据卓段制造和一甲制造达成的合并协议,2×22 年 4 月 1 日,卓段制造以增发的权益性证券作为合并对价,取得一甲制造 80% 的股份。卓段制造增发的权益性证券为每股面值 1 元的普通股股票,共增发 3 000 万股,并以银行存款支付手续费及佣金等发行费用共计 60 万元。2×22 年 4 月 1 日,卓段制造实际取得对一甲制造的控制权,当日,一甲制造所有者权益在最终控制方母公司合并财务报表中的账面价值总额为 6 000 万元。卓段制造应作如下会计处理:

初始投资成本=6 000×80%=4 800(万元)

借:长期股权投资——一甲制造股份有限公司　　　　　　　　　　　　　48 000 000
　　贷:股本　　　　　　　　　　　　　　　　　　　　　　　　　　　　30 000 000
　　　　资本公积——股本溢价　　　　　　　　　　　　　　　　　　　　18 000 000

借:资本公积——股本溢价　　　　　　　　　　　　　　　　　　　　　　600 000
　　贷:银行存款　　　　　　　　　　　　　　　　　　　　　　　　　　600 000

6.2.2 非同一控制下控股合并形成的对子公司的长期股权投资

参与合并的各方在合并前后不受同一方或相同的多方最终控制的,为非同一控制下的企业合并。非同一控制下的企业合并,购买方应将企业合并视为一项购买交易,合理确定合并成本,作为长期股权投资的初始投资成本。合并成本为购买方在购买日为取得对被购买方的控制权而付出的资产、发生或承担的负债以及发行的权益性证券的公允价值。

购买方作为合并对价付出的资产,应当按照以公允价值处置该资产进行会计处理。其中,付出资产为固定资产、无形资产的,付出资产的公允价值与其账面价值的差额,计入资产处置损益;付出资产为金融资产的,付出资产的公允价值与其账面价值的差额,计入投资收益(如果付出资产是指定为以公允价值计量且其变动计入其他综合收益的非交易性权益工具投资,则付出资产的公允价值与账面价值的差额,应当计入留存收益);付出资产为存货的,按其公价值确认收入,同时按其账面价值结转成本。此外,作为合并对价付出的资产为以公允价值计量且其变动计入其他综合收益的金融资产的,该金融资产在持有期间因公允价值变动而形成的其他综合收益应同时转出,计入当期投资收益(或者留存收益),实际支付的价款或对价中包含的已宣告但尚未发放的现金股利或利润,应作为应收项目处理。

购买方为进行企业合并而发行债券或权益性证券支付的手续费、佣金等,应当计入所发行债券或权益性证券的初始确认金额;购买方为进行企业合并而发生的各项直接相关费用,如审计费用、评估费用、法律服务费用等,应当于发生时计入当期管理费用。

【例6-3】 卓段制造和两翼制造为两个独立的法人企业,合并之前不存在任何关联方关系。2×22年1月11日,卓段制造和两翼制造达成合并协议,约定卓段制造以库存商品和银行存款作为合并对价,取得两翼制造80%的股份。卓段制造付出库存商品的账面价值为4 200万元,购买日公允价值为5 000万元,增值税税额为650万元;付出银行存款的金额为6 000万元。2×22年2月1日,卓段制造实际取得对两翼制造的控制权。在与两翼制造的合并中,卓段制造以银行存款支付审计费用、评估费用、法律服务费用等共计80万元。卓段制造应作如下会计处理:

合并成本=5 000+650+6 000=11 650(万元)

借:长期股权投资——大连两翼制造股份有限公司		116 500 000
贷:主营业务收入		50 000 000
应交税费——应交增值税(销项税额)		6 500 000
银行存款		60 000 000
借:主营业务成本		42 000 000
贷:库存商品		42 000 000
借:管理费用		800 000
贷:银行存款		800 000

【例6-4】 卓段制造和两翼制造不属于受同一控制的两个公司,合并之前不存在任何关联方关系。卓段制造和两翼制造达成合并协议,约定卓段制造以发行的权益性证券作为合并对价,取得两翼制造70%的股份。卓段制造拟增发的权益性证券为每股面值1元的普通股股票,共增发1 800万股,每股公允价值4元。2×22年7月1日,卓段制造完成权益性证券的增

发,发生手续费及佣金等发行费用 140 万元。在卓段制造和两翼制造的合并中,卓段制造另以银行存款支付审计费用、评估费用、法律服务费用等共计 70 万元。卓段制造应作如下会计处理:

合并成本＝4×1 800＝7 200(万元)

借:长期股权投资——大连两翼制造股份有限公司	72 000 000	
贷:股本		18 000 000
资本公积——股本溢价		54 000 000
借:资本公积——股本溢价	1 400 000	
贷:银行存款		1 400 000
借:管理费用	700 000	
贷:银行存款		700 000

6.2.3　对联营企业、合营企业投资形成的长期股权投资

以支付现金取得的长期股权投资,应当按照实际支付的购买价款作为长期股权投资的初始投资成本,包括与取得长期股权投资直接相关的费用、税金及其他必要支出,但所支付价款中包含的被投资单位已宣告但尚未发放的现金股利或利润应作为应收项目核算,不构成取得长期股权投资的成本。

发行权益性证券方式取得的长期股权投资,其成本为所发行权益性证券的公允价值,但不包括被投资单位已宣告但尚未发放的现金股利或利润。为发行权益性证券支付给有关证券承销机构等的手续费、佣金等与权益性证券发行直接相关的费用,不构成取得长期股权投资的成本。按照《企业会计准则第 37 号——金融工具列报》的规定,该部分费用应自权益性证券的溢价发行收入中扣除,权益性证券的溢价收入不足冲减的,应冲减盈余公积和未分配利润。

以债务重组、非货币性资产交换等方式取得的长期股权投资,其初始投资成本应按照《企业会计准则第 12 号——债务重组》和《企业会计准则第 7 号——非货币性资产交换》的规定确定。

【例 6-5】　卓段制造以支付现金的方式取得大连田丙制造股份有限公司(以下简称田丙制造)20％的股份,实际支付的买价为 4 200 万元,在购买过程中另支付手续费等相关费用 15 万元。股份购买价款中包含田丙制造已宣告但尚未发放的现金股利 90 万元。卓段制造在取得田丙制造股份后,派人员参与了田丙制造的生产经营决策,能够对田丙制造施加重大影响,卓段制造将其划分为长期股权投资。卓段制造应作如下会计处理:

(1) 购入田丙制造 20％的股份:

初始投资成本＝4 200＋15－90＝4 125(万元)

借:长期股权投资——投资成本(田丙制造)	41 250 000	
应收股利	900 000	
贷:银行存款		42 150 000

(2) 收到田丙制造派发的现金股利:

借:银行存款	900 000	
贷:应收股利		900 000

【例6-6】 2×22年3月5日,卓段制造通过增发8 000万股本公司普通股(每股面值1元)取得田丙制造20%的股权,该8 000万股股份的公允价值为16 600万元。为增发该部分股份,卓段制造向证券承销机构支付了500万元的佣金和手续费。假定卓段制造取得该部分股权后,能够对田丙制造的财务和生产经营决策施加重大影响。卓段制造应作如下会计处理:

初始投资成本＝16 600(万元)

借:长期股权投资——大连田丙制造股份有限公司 166 000 000
　　贷:股本 80 000 000
　　　　资本公积——股本溢价 86 000 000
借:资本公积——股本溢价 5 000 000
　　贷:银行存款 5 000 000

6.3 长期股权投资后续计量

投资企业在持有长期股权投资期间,应根据是否能够对被投资方实施控制,在个别财务报表中分别采用成本法或权益法进行核算。

6.3.1 长期股权投资核算的成本法

成本法是指长期股权投资的账面价值按初始投资成本计量,除追加或收回投资外,一般不对长期股权投资的账面价值进行调整的一种会计处理方法。成本法适用于投资方持有的对子公司投资,投资方为投资性主体且子公司不纳入其合并财务报表的除外。

在成本法下,当被投资方宣告发放现金股利或利润时,投资方应当按照本企业应享有的份额确认投资收益;当被投资方宣告分派股票股利时,投资方应于除权日对获得的股份作记录;被投资方未分派股利,投资方不作任何会计处理。

【例6-7】 2×17年3月21日,两翼制造以6 000万元的价款(包括相关税费和已宣告但尚未发放的现金股利180万元)取得田丙制造普通股股票2 200万股,占田丙制造普通股股份的70%,形成非同一控制下的企业合并,两翼制造将其划分为长期股权投资并采用成本法核算。2×17年4月6日,两翼制造收到支付的投资价款中包含的已宣告但尚未发放的现金股利;2×18年3月5日,田丙制造宣告2×17年度股利分配方案,每股分派现金股利0.20元,并于2×18年4月15日派发;2×19年4月15日,田丙制造宣告2×18年度股利分配方案,每股派送股票股利0.3股,除权日为2×19年5月10日;2×19年度田丙制造发生亏损,以留存收益弥补亏损后,于2×20年4月25日宣告2×19年度股利分配方案,每股分派现金股利0.10元,并于2×20年5月10日派发;2×20年度田丙制造继续亏损,该年未进行股利分配;2×21年度田丙制造扭亏为盈,该年未进行股利分配;2×22年度田丙制造继续盈利,于2×23年3月10日宣告2×22年度股利分配方案,每股分派现金股利0.25元,并于2×23年4月15日派发。两翼制造应作如下会计处理:

(1) 2×17年3月21日,两翼制造取得田丙制造普通股股票:

借：长期股权投资——大连田丙制造股份有限公司　　　　　　　58 200 000

　　应收股利　　　　　　　　　　　　　　　　　　　　　　　1 800 000

　　　贷：银行存款　　　　　　　　　　　　　　　　　　　　　　　60 000 000

（2）2×17 年 4 月 6 日,收到田丙制造派发的现金股利：

借：银行存款　　　　　　　　　　　　　　　　　　　　　　1 800 000

　　贷：应收股利　　　　　　　　　　　　　　　　　　　　　　　1 800 000

（3）2×18 年 3 月 5 日,田丙制造宣告 2×17 年度股利分配方案：

现金股利＝0.20×22 000 000＝4 400 000(元)

借：应收股利　　　　　　　　　　　　　　　　　　　　　　4 400 000

　　贷：投资收益　　　　　　　　　　　　　　　　　　　　　　　4 400 000

（4）2×18 年 4 月 15 日,收到田丙制造派发的现金股利：

借：银行存款　　　　　　　　　　　　　　　　　　　　　　4 400 000

　　贷：应收股利　　　　　　　　　　　　　　　　　　　　　　　4 400 000

（5）2×19 年 5 月 10 日,田丙制造派送的股票股利除权。两翼制造不作正式会计记录,但应于除权日在备查账簿中登记增加的股份：

股票股利＝0.3×22 000 000＝6 600 000(股)

持有田丙制造股票总数＝22 000 000＋6 600 000＝28 600 000(股)

（6）2×20 年 4 月 25 日,田丙制造宣告 2×19 年度股利分配方案：

现金股利＝0.1×28 600 000＝2 860 000(元)

借：应收股利　　　　　　　　　　　　　　　　　　　　　　2 860 000

　　贷：投资收益　　　　　　　　　　　　　　　　　　　　　　　2 860 000

（7）2×20 年 5 月 10 日,收到田丙制造派发的现金股利：

借：银行存款　　　　　　　　　　　　　　　　　　　　　　2 860 000

　　贷：应收股利　　　　　　　　　　　　　　　　　　　　　　　2 860 000

（8）2×20 年度田丙制造继续亏损,该年未进行股利分配,两翼制造不必作任何会计处理。

（9）2×21 年度田丙制造扭亏为盈,该年未进行股利分配,两翼制造不必作任何会计处理。

（10）2×23 年 3 月 10 日,田丙制造宣告 2×22 年度股利分配方案：

现金股利＝0.25×28 600 000＝7 150 000(元)

借：应收股利　　　　　　　　　　　　　　　　　　　　　　7 150 000

　　贷：投资收益　　　　　　　　　　　　　　　　　　　　　　　7 150 000

（11）2×23 年 4 月 15 日,收到田丙制造派发的现金股利：

借：银行存款　　　　　　　　　　　　　　　　　　　　　　7 150 000

　　贷：应收股利　　　　　　　　　　　　　　　　　　　　　　　7 150 000

6.3.2 长期股权投资核算的权益法

权益法是指在取得长期股权投资时以投资成本计量,投资持有期投资方应享有被投资方所有者权益份额的变动,对长期股权投资的账面价值进行相应调整的一种会计处理方法。投资方对被投资方具有共同控制或重大影响的长期股权投资,即对合营企业或联营企业的长期股权投资,应当采用权益法核算。

采用权益法核算,应当在"长期股权投资"科目下设置"投资成本""损益调整""其他综合收益""其他权益变动"明细科目分别反映长期股权投资的初始投资成本被投资方发生净损益及利润分配引起的所有者权益变动、被投资方确认其他综合收益引起的所有者权益变动以及被投资方除上述原因以外的其他原因引起的所有者权益变动而对长期股权投资账面价值进行调整的金额。

6.3.2.1 取得长期股权投资的会计处理

企业在取得长期股权投资时,按照确定的初始投资成本入账。初始投资成本与应享有被投资方可辨认净资产公允价值份额之间的差额,应分情况处理:

(1) 如果长期股权投资的初始投资成本大于取得投资时应享有被投资方可辨认净资产公允价值的份额,不调整已确认的初始投资成本。

(2) 如果长期股权投资的初始投资成本小于取得投资时应享有被投资方可辨认净资产公允价值的份额,应按两者之间的差额调整长期股权投资的账面价值,同时计入当期营业外收入。

【例6-8】 2×22年7月1日,两翼制造购入田丙制造股票1 600万股,实际支付购买价款2 450万元(包括交易税费)。该股份占田丙制造普通股股份的25%,两翼制造在取得股份后,派人参与了田丙制造的生产经营决策,因能够对田丙制造施加重大影响,两翼制造采用权益法核算。

(1) 假定投资当时,田丙制造可辨认净资产公允价值为9 000万元。

应享有田丙制造可辨认净资产公允价值份额=9 000×25%=2 250(万元)

由于长期股权投资的初始投资成本大于投资时应享有田丙制造可辨认净资产公允价值的份额,不调整长期股权投资的初始投资成本。两翼制造应作如下会计处理:

借:长期股权投资——投资成本(田丙制造)   24 500 000

    贷:银行存款   24 500 000

(2) 假定投资时,田丙制造可辨认净资产公允价值为10 000万元。

应享有田丙制造可辨认净资产公允价值份额=10 000×25%=2 500(万元)

由于长期股权投资的初始投资成本小于投资时应享有田丙制造可辨认净资产公允价值的份额,应按两者之间的差额调整长期股权投资的初始投资成本,同时计入当期营业外收入。两翼制造应作如下会计处理:

初始投资成本调整额=2 500-2 450=50(万元)

借:长期股权投资——投资成本(田丙制造)   24 500 000

    贷:银行存款   24 500 000

借：长期股权投资——投资成本（田丙制造）　　　　　　　　　　　　　　　　　　　500 000
　　　贷：营业外收入　　　　　　　　　　　　　　　　　　　　　　　　　　　　　　　500 000

调整后的投资成本＝2 450＋50＝2 500（万元）

6.3.2.2　确认投资损益及取得现金股利或利润的会计处理

投资方取得长期股权投资后，应当按照应享有或应分担的在被投资方实现的净利润或发生的净亏损中的份额确认投资损益，同时调整长期股权投资的账面价值。投资方应当在被投资方账面净损益的基础上，考虑以下因素对被投资方净损益的影响并进行适当调整，作为确认投资损益的依据：

（1）被投资方采用的会计政策及会计期间与投资方不一致的，应当按照投资方的会计政策及会计期间对被投资方的财务报表进行调整。

（2）以取得投资时被投资方各项可辨认资产等的公允价值为基础，对被投资方的净损益进行调整，但应考虑重要性原则，不具重要性的项目可不予调整。

（3）投资方与联营企业及合营企业之间进行商品交易形成的未实现内部交易损益按照持股比例计算的归属于投资方的部分，应当予以抵销。未实现内部交易损益的抵销既包括顺流交易也包括逆流交易。

A. 顺流交易是指投资方向其联营企业或合营企业投出或出售资产的交易。在顺流交易存在未实现内部交易损益的情况下，投资方采用权益法计算确认应享有联营企业或者合营企业的投资损益时，应抵销该未实现内部交易的影响，同时调整对联营企业或合营企业长期股权投资的账面价值。

【例 6-9】　2×22 年 1 月 1 日，两翼制造持有田丙制造 20% 有表决权的股份，能够对田丙制造施加重大影响。2×22 年 11 月，两翼制造将其账面价值为 1 000 万元的商品以 1 600 万元的价格出售给田丙制造，田丙制造将其作为存货核算。至 2×22 年 12 月 31 日，该批商品尚未对外部独立第三方出售。田丙制造 2×22 年实现净利润 2 000 万元。假定两翼制造取得该项投资时，田丙制造各项可辨认资产、负债的公允价值与其账面价值相等，两者在以前期间未发生过内部交易，不考虑所得税及其他因素影响。

两翼制造在该项顺流交易中未实现利润 600 万元（1 600－1 000），其中的 120 万元（600×20%）是针对两翼制造持有的联营企业的权益份额，在采用权益法计算确认投资损益时应予以抵销，即 2×22 年两翼制造应当进行以下会计处理：

应抵销的损益调整＝（2 000－600）×20%＝280（万元）

借：长期股权投资——损益调整（田丙制造）　　　　　　　　　　　　　　　　　　2 800 000
　　　贷：投资收益　　　　　　　　　　　　　　　　　　　　　　　　　　　　　　　2 800 000

B. 逆流交易是指联营企业或合营企业向投资方出售资产的交易。在逆流交易存在未实现内部交易损益的情况下，投资方采用权益法计算确认应享有联营企业或者合营企业的投资损益时，应抵销该未实现内部交易的影响，即当投资方从联营企业或合营企业购买资产时，在将该资产出售给外部独立第三方或未被消耗之前，不应确认联营企业或合营企业因该交易产生的损益中投资方应享有的部分。

【例 6-10】　2×22 年 1 月 1 日，两翼制造取得田丙制造 20% 有表决权的股份，能够对田丙制造施加重大影响。假定两翼制造取得该项投资时，田丙制造各项可辨认资产、负债的公允价值与其账面价值相等。2×22 年 11 月,田丙制造将其账面价值为 1 200 万元的某商品以 1 800 万元的价格出售给两翼制造,两翼制造将取得的商品作为存货核算。田丙制造 2×22 年 实现净利润 3 200 万元。

(1) 至 2×22 年 12 月 31 日,两翼制造未对外出售该部分存货且期末该批存货未发生减 值。假定两翼制造与田丙制造未发生其他内部交易,不考虑所得税等因素影响。

2×22 年内部交易存货中未实现内部销售利润=1 800-1 200=600(万元)

两翼制造采用权益法确认应享有田丙制造 2×22 年净损益份额时,应进行以下会计理:

应抵销的损益调整=(3 200-600)×20%=520(万元)

借:长期股权投资——损益调整(田丙制造) 5 200 000
　　贷:投资收益 5 200 000

(2) 至 2×22 年 12 月 31 日,两翼制造对外销售该商品 40%,假定两翼制造与田丙制造未 发生其他内部交易,不考虑所得税等因素影响。

2×22 年内部交易存货中未实现内部销售利润=(1 800-1 200)×(1-40%)=360(万元)

2×22 年两翼制造个别财务报表应确认的投资收益=(3 200-360)×20%=568(万元)

借:长期股权投资——损益调整(田丙制造) 5 680 000
　　贷:投资收益 5 680 000

当被投资方宣告分派现金股利或利润时,投资方按应获得的现金股利或利润确认应收股 利,同时,抵减长期股权投资的账面价值。被投资方分派股票股利,投资方不进行账务处理的, 应于除权日在备查账簿中登记增加的股份。

【例 6-11】 2×19 年 7 月 1 日,两翼制造购入田丙制造股票 1 600 万股,占田丙制造普通 股股份的 25%,能够对田丙制造施加重大影响,两翼制造对该项股权投资采用权益法核算。 假定两翼制造与田丙制造的会计年度及采用的会计政策相同,投资时田丙制造各项可辨认资 产、负债的公允价值与其账面价值相同,双方未发生任何内部交易。田丙制造 2×19 年至 2×22 年各年取得的净收益及其分配情况和两翼制造相应的会计处理如下:

(1) 2×19 年,田丙制造报告净收益 1 500 万元;2×20 年 3 月 10 日,田丙制造宣告 2×19 年利润分配方案,每股分派现金股利 0.10 元。

确认投资收益:

应确认投资收益=1 500×25%×6÷12=187.50(万元)

借:长期股权投资——损益调整(田丙制造) 1 875 000
　　贷:投资收益 1 875 000

确认应收股利:

应收现金股利=0.10×1 600=160(万元)

借:应收股利 1 600 000
　　贷:长期股权投资——损益调整(田丙制造) 1 600 000

收到现金股利:

借:银行存款 1 600 000
　　贷:应收股利 1 600 000

（2）2×20年,田丙制造报告净收益1 250万元;2×21年4月15日,田丙制造宣告2×20年利润分配方案,每股派送股票股利0.30股,除权日为2×21年5月10日。

确认投资收益:

应确认投资收益=1 250×25%=312.50(万元)

借:长期股权投资——损益调整(田丙制造) 3 125 000
　　贷:投资收益 3 125 000

除权日,在备查账簿中登记增加的股份:

股票股利=0.30×1 600=480(万股)

持有股票总数=1 600+480=2 080(万股)

（3）2×21年,田丙制造告净收益1 000万元,未进行利润分配。

应确认投资收益=1 000×25%=250(万元)

借:长期股权投资——损益调整(田丙制造) 2 500 000
　　贷:投资收益 2 500 000

（4）2×22年,田丙制造发生亏损500万元,未进行利润分配。

应确认投资损失=500×25%=125(万元)

借:投资收益 1 250 000
　　贷:长期股权投资——损益调整(田丙制造) 1 250 000

6.3.2.3　确认其他综合收益的会计处理

被投资方因确认其他综合收益而导致其所有者权益发生变动时,投资方应按照持股比例计算应享有或承担的份额,调整长期股权投资的账面价值,同时计入其他综合收益。

【例6-12】　两翼制造持有田丙制造25%的股份,能够对田丙制造施加重大影响,采用权益法核算。2×22年12月31日,田丙制造持有的一项成本为1 500万元的以公允价值计量且其变动计入其他综合收益的金融资产,公允价值升至2 000万元,田丙制造按公允价值超过成本的差额500万元调增该项金融资产的账面价值,并计入其他综合收益,导致其所有者权益发生变动。两翼制造的会计处理如下:

应享有其他综合收益份额=500×25%=125(万元)

借:长期股权投资——其他综合收益(田丙制造) 1 250 000
　　贷:其他综合收益 1 250 000

6.3.2.4　确认其他权益变动的会计处理

其他权益变动是指被投资方除实现净损益及进行利润分配、确认其他综合收益以外的其他原因导致的所有者权益变动,如被投资方接受股东资本性投入、确认以权益结算的股份支付等导致的所有者权益变动。投资方对于按照持股比例计算的应享有或承担的被投资方其他权益变动份额,应调整长期股权投资的账面价值,同时计入资本公积(其他资本公积)。

【例6-13】　两翼制造持有田丙制造30%的股份,能够对田丙制造施加重大影响,采用权益法核算。2×22年田丙制造接受其母公司实质上属于资本性投入的现金捐赠,金额为600万元,田丙制造将其计入资本公积,导致所有者权益发生变动。两翼制造的会计处理如下：

应享有其他权益变动份额＝600×30％＝180（万元）

借：长期股权投资——其他综合收益（田丙制造）　　　　　　　　　　　　1 800 000
　　贷：资本公积——其他资本公积　　　　　　　　　　　　　　　　　　　　　1 800 000

6.4　长期股权投资的处置

企业处置长期股权投资时，应当按取得的处置收入扣除长期股权投资账面价值和已确认但尚未收到的现金股利之后的差额确认处置损益。采用权益法核算长期股权投资，处置时还应将与所处置的长期股权投资相对应的原计入其他综合收益（不能结转损益的除外）或资本公积项目的金额转出，计入处置当期投资损益。

【例6-14】　两翼制造对持有的田丙制造股份采用权益法核算。2×22年4月5日，两翼制造将持有的田丙制造股份全部转让，收到转让价款4 500万元。转让日，该项长期股权投资的账面余额为4 300万元。其中，投资成本3 500万元，损益调整（借方）500万元，其他综合收益（借方）200万元，其他权益变动（借方）100万元。两翼制造的会计处理如下：

转让损益＝4 500－4 300＝200（万元）

借：银行存款　　　　　　　　　　　　　　　　　　　　　　　　　　　　45 000 000
　　贷：长期股权投资——投资成本（田丙制造）　　　　　　　　　　　　　35 000 000
　　　　　　　　　　——损益调整（田丙制造）　　　　　　　　　　　　　　5 000 000
　　　　　　　　　　——其他综合收益（田丙制造）　　　　　　　　　　　　2 000 000
　　　　　　　　　　——其他权益变动（田丙制造）　　　　　　　　　　　　1 000 000
　　　　投资收益　　　　　　　　　　　　　　　　　　　　　　　　　　　2 000 000
借：其他综合收益　　　　　　　　　　　　　　　　　　　　　　　　　　　2 000 000
　　资本公积——其他资本公积　　　　　　　　　　　　　　　　　　　　　　1 000 000
　　贷：投资收益　　　　　　　　　　　　　　　　　　　　　　　　　　　3 000 000

6.5　长期股权投资的减值

长期股权投资的减值是企业在进行长期股权投资的期末计价时，应遵循可收回金额与账面价值孰低的原则，确认企业长期股权投资的价值在发生减值时的金额并计提减值准备的情况。在会计实务中，企业长期股权投资的减值可以通过借记"资产减值损失"科目，贷记"长期股权投资减值准备"科目进行处理。其中，"长期股权投资减值准备"科目可以按照被投资单位的类别设置对应的二级明细科目，而对应的长期股权投资的减值准备一经计提，不得转回。

长期股权投资可收回金额是指企业资产的出售净价与预期从该资产的持有和投资到期处置中形成的预计未来现金流量的现值两者之中的较高者。其中，出售净价是指资产的出售价格减去所发生的资产处置费用后的余额。

6.6 长期股权投资后续计量方法的转换

长期股权投资在持有期间,因各方面情况的变化,可能导致其核算需要由一种方法转换为另外一种方法,或者某些情况下因出售股权等原因对被投资单位丧失了控制、共同控制或重大影响时,会由长期股权投资转为金融资产核算。

6.6.1 成本法转换为权益法

因处置投资导致对被投资单位的影响能力下降,由控制转为具有重大影响,或是与其他投资方一起实施共同控制的情况下,在投资企业的个别财务报表中,应按处置或收回投资的比例结转应终止确认的长期股权投资成本。在此基础上,将剩余的长期股权投资转为采用权益法核算,即应当比较剩余的长期股权投资成本与按照剩余持股比例计算原投资时应享有被投资单位可辨认净资产公允价值的份额,属于投资作价中体现的商誉部分的,不调整长期股权投资的账面价值;属于投资成本小于应享有被投资单位可辨认净资产公允价值份额的,在调整长期股权投资成本的同时,调整留存收益。对于原取得投资后至转变为权益法核算之间被投资单位实现的净损益中应享有的份额,应调整长期股权投资的账面价值,同时对于原取得投资时至处置投资当期期初被投资单位实现的净损益(扣除已发放及已宣告发放的现金股利及利润)中应有的份额,调整留存收益;对于处置投资当期至处置投资之日被投资单位实现的净损益中享有的份额,调整当期损益;其他原因导致被投资单位所有者权益变动中应享有的份额,在调整长期股权投资账面价值的同时,应当记入"其他综合收益"或"资本公积——其他资本公积"科目。

【例 6-15】 2×20 年 1 月 1 日,两翼制造支付 600 万元取得田丙制造 100% 的股权,投资当时田丙制造可辨认净资产的公允价值为 500 万元,商誉 100 万元。2×20 年 1 月 1 日至 2×21 年 12 月 31 日,田丙制造的净资产增加了 75 万元,其中按购买日公允价值计算实现的净利润 50 万元,持有的非交易性权益工具投资以公允价值计量且其变动计入其他综合收益的金融资产的公允价值升值 25 万元。

2×22 年 1 月 8 日,两翼制造转让田丙制造 60% 的股权,收取现金 480 万元存入银行,转让后两翼制造对田丙制造的持股比例为 40%,能对其施加重大影响。2×22 年 1 月 8 日,即两翼制造丧失对田丙制造的控制权日,田丙制造剩余 40% 股权的公允价值为 320 万元。假定两个公司提取盈余公积的比例均为 10%。假定田丙制造未分配现金股利,并不考虑其他因素。两翼制造在其个别财务报表中的处理如下:

(1)确认部分股权处置收益:

长期股权投资=600×60%=360(万元)

借:银行存款	4 800 000	
贷:长期股权投资		3 600 000
投资收益		1 200 000

（2）对剩余股权改按权益法核算：

盈余公积＝50×40％×10％＝2（万元）

未分配利润＝50×40％×90％＝18（万元）

其他综合收益＝25×40％＝10（万元）

借：长期股权投资	300 000	
贷：盈余公积		20 000
未分配利润		180 000
其他综合收益		100 000

经上述调整后，在两翼制造个别财务报表中，剩余股权的账面价值为 270 万元（600×40％＋30）。

6.6.2　公允价值计量或权益法转换为成本法

因追加投资原因导致原持有的分类为以公允价值计量且其变动计入当期损益的金融资产，或非交易性权益工具投资分类为公允价值计量且其变动计入其他综合收益的金融资产，以及对联营企业或合营企业的投资转变为对子公司投资的，长期股权投资账面价值的调整应当按照本章关于对子公司投资初始计量的相关规定处理。

对于原作为金融资产，转换为采用成本法核算的对子公司投资的，如有关金融资产分类为以公允价值计量且其变动计入当期损益的金融资产，应当按照转换时的公允价值确认为长期股权投资，公允价值与其原账面价值之间的差额计入当期损益；如非交易性权益工具投资分类为以公允价值计量且其变动计入其他综合收益的金融资产，在按照转换时的公允价值确认长期股权投资，该公允价值与账面价值之间的差额计入当期损益外，原确认计入其他综合收益的前期公允价值变动亦应结转计入当期损益。

6.6.3　公允价值计量转为权益法核算

投资企业对原持有的被投资单位的股权不具有控制、共同控制或重大影响，按照金融工具确认和计量准则进行会计处理的，因追加投资等原因导致持股比例增加，使其能够对被投资单位实施共同控制或重大影响而转按权益法核算的，应在转换日按照原股权的公允价值加上为取得新增投资而应支付对价的公允价值，作为改按权益法核算的初始投资成本；如原投资属于分类为公允价值计量且其变动计入其他综合收益的非交易性权益工具投资，与其相关的原计入其他综合收益的累计公允价值变动转入改按权益法核算当期的留存收益，不得计入当期损益。在此基础上，比较初始投资成本与获得被投资单位共同控制或重大影响时应享有被投资单位可辨认净资产公允价值份额之间的差额，前者大于后者的，不调整长期股权投资的账面价值；前者小于后者的，调整长期股权投资的账面价值，并计入当期营业外收入。

【例 6-16】　两翼制造于 2×21 年 2 月取得田丙制造 10％的股权，对田丙制造不具有控制、共同控制和重大影响，两翼制造将其分类为以公允计量且其变动计入其他综合收益的金融资产，投资成本为 900 万元，取得股权时田丙制造可辨认净资产公允价值总额为 8 400 万元（假定公允价值与账面价值相同）。

2×22 年 3 月 1 日,两翼制造又以 1 800 万元取得田丙制造 12% 的股权,当日田丙制造可辨认净资产公允价值总额为 12 000 万元。取得该部分股权后,按照田丙制造章程规定,两翼制造能够派人参与田丙制造的财务和生产经营决策,该项长期股权投资转为采用权益法核算。假定两翼制造在取得田丙制造 10% 的股权后,双方未发生任何内部交易。田丙制造通过生产经营活动实现的净利润为 900 万元,未派发现金股利或利润。除所实现净利润外,未发生其他所有者权益变动事项。

2×22 年 3 月 1 日,两翼制造对田丙制造投资原 10% 股权的公允价值为 1 300 元,账面价值为 1 020 万元,差额计入损益;同时,因追加投资改按权益法核算,原计入其他综合收益的累计公允价值变动收益 120 万元转入损益。

两翼制造对田丙制造股权增持后,持股比例改为 22%,初始投资成本为 3 100 万元(1 300 ＋1 800),应享有田丙制造可辨认净资产公允价值份额为 2 640 万元(12 000×22%),前者比后者多出 460 万元,不调整长期股权投资的账面价值。两翼制造对上述交易的会计处理如下:

借:长期股权投资——投资成本　　　　　　　　　　　　　　　31 000 000
　　贷:银行存款　　　　　　　　　　　　　　　　　　　　　18 000 000
　　　　投资收益　　　　　　　　　　　　　　　　　　　　　 2 800 000
　　　　其他权益工具投资　　　　　　　　　　　　　　　　　10 200 000

借:其他综合收益　　　　　　　　　　　　　　　　　　　　　 1 200 000
　　贷:投资收益　　　　　　　　　　　　　　　　　　　　　 1 200 000

6.6.4　权益法转公允价值计量的金融资产

投资企业原持有的被投资单位的股权对其具有共同控制或重大影响,因部分处置等原因导致持股比例下降,不能再对被投资单位实施共同控制或重大影响的,应于失去共同控制或重大影响时,改按金融工具确认和计量准则的规定对剩余股权进行会计处理。换句话说,即剩余股权在改按公允价值计量时,公允价值与其原账面价值之间的差额计入当期损益。同时,原采用权益法核算的相关其他综合收益应当在终止采用权益法核算时,采用与被投资单位直接处置相关资产或负债相同的基础进行会计处理;因被投资单位除净损益、其他综合收益和利润分配以外的其他所有者权益变动而确认的所有者权益,应当在终止采用权益法时全部转入当期损益。

【例 6-17】　两翼制造持有田丙制造 30% 的有表决权股份,能够对田丙制造施加重大影响,对该股权投资采用权益法核算。2×22 年 10 月,两翼制造将该项投资中 50% 的股份对外出售,取得价款 1 800 万元。相关股权划转手续于当日完成。两翼制造持有田丙制造剩余 15% 的股权,无法再对田丙制造施加重大影响,转为以公允价值计量且其变动计入其他综合收益的金融资产核算。股权出售日,剩余股权的公允价值为 1 800 万元。

两翼制造出售该股权时,长期股权投资的账面价值为 3 200 万元,其中投资成本 2 600 万元,损益调整为 300 万元,因田丙制造的非交易性权益工具投资以公允价值计量且其变动计入其他综合收益的金融资产的累计公允价值变动享有部分为 200 万元,除净损益、其他综合收益和利润分配外的其他所有者权益变动为 100 万元。不考虑相关税费等其他因素影响,两翼制造的会计处理如下:

(1) 确认有关股权投资的处置损益：

借：银行存款 18 000 000
　　贷：长期股权投资 16 000 000
　　　　投资收益 2 000 000

(2) 由于终止采用权益法核算，将原确认的相关其他综合收益全部转入当期损益：

借：其他综合收益 2 000 000
　　贷：投资收益 2 000 000

(3) 由于终止采用权益法核算，将原计入资本公积的其他所有者权益变动全部转入当期损益：

借：资本公积——其他资本公积 1 000 000
　　贷：投资收益 1 000 000

(4) 剩余股权投资转为以公允价值计量且其变动计入其他综合收益的金融资产，当日公允价值为 1 800 万元，账面价值为 1 600 万元，两者差异计入当期投资收益：

借：其他权益工具投资 18 000 000
　　贷：长期股权投资 16 000 000
　　　　投资收益 2 000 000

6.6.5　成本法转为公允价值计量的金融资产

投资企业原持有被投资单位的股份使得其能够对被投资单位实施控制，其后因部分处置等原因导致持股比例下降，不能再对被投资单位实施控制，同时对被投资单位亦不具有共同控制能力或重大影响的，应将剩余股权改按金融工具确认和计量准则的要求进行会计处理，并于丧失控制权日将剩余股权按公允价值重新计量，公允价值与其账面价值的差额计入当期损益。

【例 6-18】　两翼制造持有田丙制造 60% 的股权并能控制田丙制造，投资成本为 1 200 万元，按成本法核算。2×22 年 5 月 12 日，两翼制造出售所持田丙制造股权的 90% 给非关联方，所得价款为 1 800 万元，剩余 6% 股权于丧失控制权日的公允价值为 200 万元，两翼制造将其分类为以公允价值计量且其变动计入当期损益的金融资产。假定不考虑其他因素，两翼制造于丧失控制权日的会计处理如下：

(1) 出售股权：

借：银行存款 18 000 000
　　贷：长期股权投资 10 800 000
　　　　投资收益 7 200 000

(2) 剩余股权的处理：

借：交易性金融资产 2 000 000
　　贷：长期股权投资 1 200 000
　　　　投资收益 800 000

 **章节测试**

一、复习思考题

1. 企业持有的哪些权益性投资应划分为长期股权投资？

2. 什么是成本法？什么是权益法？适用范围是什么？

3. 如何确认长期股权投资的处置损益？

二、单选题

1. A 公司和 B 公司为非关联方。2×22 年 5 月 1 日，A 公司按每股 6 元的价格增发每股面值为 1 元的普通股股票 2 000 万股，并以此为对价取得 B 公司 70％的股权，能够对乙公司实施控制。A 公司另以银行存款支付审计费、评估费等共计 20 万元。B 公司 2×22 年 5 月 1 日可辨认净资产公允价值为 14 000 万元。不考虑其他因素，A 公司取得 B 公司 70％股权时的初始投资成本为（　　）万元。

　　A. 9 800　　　　　　B. 12 000　　　　　　C. 12 200　　　　　　D. 9 820

2. 甲公司于 2×22 年 1 月 1 日与乙公司签订协议，以 3 000 万元购入乙公司持有的 B 公司 30％股权，从而对 B 公司具有重大影响。投资日 B 公司可辨认净资产账面价值与公允价值均为 9 000 万元。2×22 年 B 公司发生亏损 600 万元，2×22 年 10 月 1 日 B 公司向甲公司销售一批商品，成本为 80 万元，售价为 100 万元。至 2×22 年 12 月 31 日，甲公司将上述商品对外销售 60％。不考虑其他因素，甲公司 2×22 年应确认的投资收益为（　　）万元。

　　A. −117.60　　　　　B. −180　　　　　　　C. −182.40　　　　　D. −183.60

3. 2×22 年 2 月 1 日，A 公司以增发 1 000 万股本公司普通股股票为对价，取得 B 公司 25％股权，能够对 B 公司施加重大影响。其中，A 公司所发行普通股面值为每股 1 元，公允价值为每股 10 元。为增发股票，A 公司向证券承销机构支付佣金和手续费 400 万元。当日，B 公司可辨认净资产公允价值为 50 000 万元。不考虑增值税等其他因素影响，A 公司该项长期股权投资的入账价值为（　　）万元。

　　A. 10 000　　　　　　B. 12 500　　　　　　C. 12 100　　　　　　D. 9 600

4. A 企业于 2×21 年 10 月 1 日以银行存款 5 000 万元取得 B 公司 80％的股份，能够对 B 公司实施控制。B 公司 2×21 年实现净利润 480 万元（假定利润在全年均衡实现）。2×22 年 4 月 3 日，B 公司宣告分配上年度现金股利 200 万元，B 公司 2×22 年实现净利润 600 万元。不考虑其他因素，2×22 年 A 企业个别报表中应确认的投资收益为（　　）万元。

　　A. 96　　　　　　　　B. 160　　　　　　　　C. 480　　　　　　　　D. 320

5. 甲公司于 2×22 年 1 月 1 日以银行存款 8 000 万元购入乙集团有表决权股份的 30％，能够对乙集团施加重大影响。取得该项投资时，乙集团各项可辨认资产、负债的公允价值等于账面价值，双方采用的会计政策、会计期间相同。2×22 年度，乙集团母公司个别报表中的净利润为 1 000 万元，乙集团合并报表中的净利润为 1 100 万元，归属于母公司净利润为 1 080 万元。不考虑其他因素，甲公司 2×22 年年末因对乙集团的长期股权投资应确认投资收益为（　　）万元。

　　A. 300　　　　　　　　B. 324　　　　　　　　C. 330　　　　　　　D. 2 400

6. 在同一控制下的企业合并中，合并方得的净资产账面价值与支付的合并对价账面价值

(或发行股份面值总额)的差额,正确的会计处理是(   )。

  A. 确认为商誉   B. 调整资本公积

  C. 计入营业外收入   D. 计入营业外支出

  7. 2×22 年 3 月 20 日,甲公司合并乙企业,该项合并属于同一控制下的企业合并。合并中,甲公司发行本公司普通股 1 000 万股(每股面值 1 元,市价为 2.1 元),作为对价取得乙企业 60% 股权。合并日,乙企业的净资产账面价值为 3 200 万元,公允价值为 3 500 万元。假定合并前双方采用的会计政策及会计期间均相同,不考虑其他因素,甲公司对乙企业长期股权投资的初始投资成本为(   )万元。

  A. 1 920   B. 2 100   C. 3 200   D. 3 500

  8. 2×22 年 3 月 20 日,甲公司以银行存款 1 000 万元及一项土地使用权取得其母公司控制的乙公司 80% 的股权,并于当日起能够对乙公司实施控制。合并日,该土地使用权的账面价值为 3 200 万元(假定尚未开始摊销),公允价值为 4 000 万元;乙公司净资产的账面价值为 6 000 万元,公允价值为 6 250 万元。假定甲公司与乙公司的会计年度和采用的会计政策相同,不考虑其他因素,甲公司的下列会计处理中,正确的是(   )。

  A. 确认长期股权投资 5 000 万元,不确认资本公积

  B. 确认长期股权投资 5 000 万元,确认资本公积 800 万元

  C. 确认长期股权投资 4 800 万元,确认资本公积 600 万元

  D. 确认长期股权投资 4 800 万元,冲减资本公积 200 万元

  9. 甲公司于 2×22 年 1 月 1 日以一批原材料对乙公司进行长期股权投资,占乙公司 60% 的股权。投出的原材料账面余额为 5 000 万元,公允价值(计税价格)为 5 400 万元;投资时乙公司可辨认净资产公允价值为 11 000 万元。假设甲、乙公司不存在关联关系,属于非同一控制下的企业合并,则甲公司投资时长期股权投资的入账价值为(   )万元。

  A. 6 600   B. 5 400   C. 5 000   D. 6 318

  10. 2×22 年 1 月 2 日,甲公司以货币资金取得乙公司 30% 的股权,初始投资成本为 2 000 万元,投资时乙公司各项可辨认资产、负债的公允价值与其账面价值相同,可辨认净资产公允价值及账面价值的总额均为 7 000 万元,甲公司取得投资后即派人参与乙公司生产经营决策,但无法对乙公司实施控制。乙公司 2×22 年实现净利润 500 万元,假定不考虑所得税因素,该项投资对甲公司 2×22 年度损益的影响金额为(   )万元。

  A. 50   B. 100   C. 150   D. 250

三、计算分析题

  1. 2×20 年 1 月 2 日,甲、乙、丙公司分别以银行存款 1 000 万元、2 000 万元和 2 000 万元出资设立 A 公司,分别持有 A 公司 20%、40%、40% 的股权。甲公司对 A 公司具有重大影响。A 公司 2×20 年实现净利润 4 000 万元,投资性房地产转换增加其他综合收益 1 000 万元,无其他所有者权益变动。2×21 年 1 月 1 日,经甲、乙、丙公司协商,乙公司对 A 公司增资 4 000 万元,增资后 A 公司净资产为 14 000 万元,甲、乙、丙公司分别持有 A 公司 15%、50%、35% 的股权。相关手续于当日完成,甲公司仍能够对 A 公司施加重大影响。A 公司 2×21 年实现净利润 5 000 万元,宣告分派并发放现金股利 1 000 万元,其他权益工具投资公允价值下降减少其他综合收益 600 万元,无其他所有者权益变动。2×22 年 1 月 20 日,甲公司将该项投资中的 50% 出售给非关联方,售价为 1 350 万元,相关手续于当日完成。出售部分股权后,

甲公司无法再对 A 公司施加重大影响,将剩余股权投资转为交易性金融资产核算,转换日剩余股权投资的公允价值为 1 350 万元。假定甲公司与 A 公司适用的会计政策、会计期间相同,双方在当期及以前期间未发生其他内部交易。甲公司按净利润的 10% 提取盈余公积,不考虑相关税费等其他因素影响。

要求:编制甲公司 2×20 年 1 月 2 日至 2×22 年 1 月 20 日与 A 公司股权投资有关的会计分录。

2. 甲公司为上市集团公司,原持有乙公司 30% 股权,能够对乙公司施加重大影响。甲公司 2×21 年及 2×22 年发生的相关交易事项如下:

(1) 2×21 年 1 月 1 日,甲公司从乙公司的控股股东——丙公司处受让乙公司 50% 股权,受让价格为 13 000 万元,款项已用银行存款支付,并办理了股东变更登记手续。甲公司受让乙公司 50% 股权后,共计持有乙公司 80% 股权,能够对乙公司实施控制。甲公司受让乙公司 50% 股权时,所持乙公司 30% 股权的账面价值为 5 400 万元,其中投资成本 4 500 万元,损益调整 870 万元,其他权益变动 30 万元,公允价值 6 200 万元。

(2) 2×22 年 1 月 1 日,甲公司向丁公司转让所持乙公司 70% 的股权,转让价格为 20 000 万元,款项已经收到,并办理了股东变更登记手续。出售日,甲公司所持乙公司剩余 10% 股权的公允价值为 2 500 万元。转让乙公司 70% 股权后,甲公司不能对乙公司实施控制、共同控制和重大影响,将剩余股权投资转为交易性金融资产核算。

其他相关资料:甲公司与丙公司、丁公司于交易发生前无任何关联方关系。甲公司受让乙公司 50% 股权后,甲公司与乙公司无任何关联方交易。

不考虑相关税费及其他因素。要求:

(1) 计算甲公司 2×21 年度个别报表中受让乙公司 50% 股权后长期股权投资的初始投资成本,并编制与取得该股权相关的会计分录。

(2) 根据上述资料,编制甲公司 2×22 年度个别财务报表中因处置 70% 股权相关的会计分录。

3. 甲公司发生业务如下:

(1) 2×21 年 1 月 1 日,甲公司以银行存款 7 300 万元从非关联方取得乙公司 20% 的有表决权股份,对其财务和经营政策具有重大影响。当日,乙公司所有者权益的账面价值为 40 000 万元,各项可辨认资产、负债的公允价值与账面价值均相等。本次投资前,甲公司不持有乙公司股份且与乙公司不具有关联方关系,甲公司的会计政策、会计期间和乙公司一致。

(2) 2×21 年 6 月 15 日,甲公司将生产的一项成本为 600 万元的设备销售给乙公司,销售价款为 1 000 万元。当日,乙公司以银行存款支付了全部货款,并将其交付给乙公司专设销售机构作为固定资产立即投入使用。乙公司预计该设备使用年限 10 年,预计净残值为零,采用年限平均法计提折旧。

(3) 乙公司 2×21 年度实现的净利润为 6 000 万元,因持有的其他债权投资公允价值上升计入其他综合收益 380 万元。

(4) 2×22 年 4 月 1 日,乙公司宣告分派现金股利 1 000 万元;2×22 年 4 月 10 日,甲公司按其持股比例收到乙公司分派的股利并存入银行。

(5) 2×22 年 9 月 1 日,甲公司以定向发行普通股股票 2 000 万股(每股面值 1 元,公允价值 10 元)的方式,从非关联方购入乙公司 40% 的有表决权股份。至此共持有乙公司 60% 的有表决权股份,对其形成控制,该项合并不构成反向购买。当日,乙公司可辨认净资产的账面价值与公允价值均为 45 000 万元;甲公司原持有 20% 股权的公允价值为 10 000 万元。

假定不考虑增值税和所得税等税费的影响。要求:

(1) 判断甲公司 2×21 年 1 月 1 日是否需要调整对乙公司长期股权投资的初始投资成本,并编制取得投资的相关会计分录。

(2) 计算 2×21 年甲公司应确认的投资收益、其他综合收益的金额,以及 2×21 年年末甲公司股权投资的账面价值,并编制相关会计分录。

(3) 编制 2×22 年 4 月 1 日甲公司在乙公司分派现金股利时的会计分录,以及 2×22 年 4 月 10 日甲公司收到现金股利的会计分录。

(4) 计算 2×22 年 9 月 1 日甲公司股权投资由权益法转为成本法时应确认的初始投资成本,并编制相关会计分录。

第7章

固 定 资 产

 教学目的和要求

了解固定资产的性质和分类;掌握固定资产购置、自行建造的核算;掌握固定资产折旧的计算和核算;掌握固定资产修理、改扩建和清理的核算。

 教学重点和难点

重点:固定资产折旧方法及运用;固定资产清理的核算。

难点:固定资产改扩建核算。

 课程思政

固定资产价值高,占资产比重大,对固定资产进行核算能够提高企业管理效率,整合内部资源,合理配置资源,保证企业财产的完整、安全,规避漏洞,为学生树立正确的会计思想和诚信的会计行为,让学生了解固定资产在企业中的重要性。

7.1 固定资产概述

7.1.1 固定资产的性质

7.1.1.1 固定资产的概念

固定资产是指同时具有下列特征的有形资产:

(1) 为生产商品、提供劳务、出租或经营管理而持有的。

(2) 使用寿命超过一个会计年度。

固定资产作为企业资产的一部分,对企业经营发展有积极的推动作用。而从企业层面考虑,加强固定资产管理尤为重要。以工业企业及制造企业为例,房屋、建筑物、生产设施工具设备等均属于企业的固定资产,且这些固定资产的价值较高,能够展现企业的综合竞争实力,且在一定程度上代表着企业的外在形象。结合固定资产的概念可知,在加强企业固定资产管理的基础上,提升企业外在形象,提高企业资产运作水平,进一步使企业投资人作出正确、科学的经营决策,带动企业可持续发展。并且,固定资产对制造企业或工业企业均能够带来一定的经济效益,在加强固定资产管理的条件下,可以使产品生产计划的落实更加合理、高效。在企业产品销售效益得到有效提升的基础上,盘活企业的经济利益,其中,固定资产起到了为企业创造利润价值的作用。此外,加强企业固定资产管理,可以盘活企业的固定资产,有效避免因管理缺失而导致的企业固定资产闲置、老旧、大范围损耗等问题,进而使企业整体经营管理水平得到有效提高。总之,无论是从企业外在形象提高的角度,还是从企业利润创造提高的角度考虑,加强企业固定资产管理均显得尤为重要。

7.1.1.2 固定资产的特点

根据固定资产的概念,固定资产具有以下三个特点。

1) 固定资产是为生产商品、提供劳务、出租或经营管理而持有的

这一特征与企业存货相区分,意味着企业持有的固定资产是企业的劳动工具或手段,而不是直接用于出售的产品。需要注意的是,出租的固定资产是指企业以经营租赁方式出租的机器设备类固定资产,不包括以经营租赁方式出租的建筑物,后者属于企业的投资性房地产,不属于固定资产。

2) 固定资产的使用寿命超过一个会计年度

固定资产是一项长期资产,这一特征使固定资产明显区别于流动资产。使用寿命是指企业使用固定资产的预计期间,或者该固定资产所能生产产品或提供劳务的数量。固定资产在长期的生产经营过程中,随着使用和磨损,其服务能力会逐渐丧失直至报废,因此,固定资产的价值必须在固定资产的有效寿命内通过折旧的方式进行补偿。

3) 固定资产是有形资产

固定资产具有实物特征,这一特征将固定资产与无形资产区分开来。无形资产和固定资产一样都是使用寿命超过一个会计年度的生产工具、劳动资料,但由于无形资产不具有实物形态,其不是固定资产。

7.1.1.3 固定资产的确认条件

固定资产在符合定义的前提下,应同时满足以下两个条件,才能予以确认。

1) 与该固定资产有关的经济利益很可能流入企业

资产最重要的特征是预期会给企业带来经济利益。企业在确认固定资产时,需要判断该项固定资产有关的经济利益是否很可能流入企业。如果与该项固定资产有关的经济利益很可能流入企业,并同时满足固定资产其他确认条件,那么企业应将其确认为固定资产;否则不应将其确认为固定资产。

2) 该固定资产的成本能够可靠地计量

成本能够可靠地计量是资产确认的一项基本条件。企业在确定固定资产成本时必须取得确凿证据,但有时需要根据所获得的最新资料,对固定资产的成本进行合理的估计。比如,企业对于已达到预定可使用状态但尚未办理竣工决算的固定资产,需要根据工程预算、工程造价或者工程实际发生的成本等资料,按估计价值确定其成本,办理竣工决算后,再按照实际成本调整原来的暂估价值。

7.1.1.4 固定资产管理的要求

固定资产是企业的重要资源,它包括生产与非生产性的资产。固定资产占用了企业的大量资金,对固定资产的管理是企业的一项重要基础工作。固定资产是企业的主要劳动手段,它的数量、质量、技术结构标志着企业的生产能力,也标志着企业生产力的发展水平。固定资产的管理和核算是企业财务管理核算的重要组成部分,企业的实物管理和价值核算是分开的,目

前由设备部门和财务部门分别负责,因此企业固定资产的管理和核算是一项具体而又复杂的工作。运用现代化信息技术手段加强固定资产的管理和核算,可以大大降低核算工作量,加快收集信息的速度,通过加强管理,保护固定资产完整无缺,充分挖掘潜力,不断改进固定资产利用情况,提高固定资产的使用经济效益。这不仅有利于企业增大产品产量、增加产品品种、提高产品质量、降低产品成本,还可以节约企业基本建设投入资金,以有限的建设资金不断扩大企业资产规模,实现国有资产的保值增值。

根据固定资产的经济性质和周转特点,企业固定资产管理的基本要求如下:

(1) 保证固定资产的完整无缺。

(2) 提高固定资产的完好程度和利用效果。

(3) 准确核定固定资产的需用量。

(4) 采用适当的折旧方法,正确计算固定资产折旧额。

(5) 科学地进行固定资产的投资预测。

企业在日常生活中除了要满足固定资产管理的基本要求,在核算时要做到以下三点:

(1) 严格管理固定资产卡片,包括卡片的增加、删除、查询、打印、按月汇总、分类汇总等。

(2) 正确、全面、及时地记录固定资产的增加、减少、使用等情况,保护生产资料安全、完整。企业增加固定资产可以通过购置、建造等方式进行;可以通过出售、报废等途径减少固定资产。为了真实地反映和监督固定资产的增减变动和实际情况,企业必须建立健全固定资产账簿体系。由于固定资产本身的特性,企业应对固定资产进行总分类及明细核算,在固定资产核算的账簿体系中。其中,固定资产登记簿总账按原值反映固定资产的增减变动;"累计折旧"科目反映固定资产在使用过程中的磨损价值;固定资产登记卡对其进行明细分类核算。

(3) 正确计算固定资产的折旧和修理费用,并进行固定资产折旧和修理的核算,保证固定资产简单再生产的实现。计算折旧的方法有多种,如平均年限法、工作量法、双倍余额递减法、年数总和法等。在实际工作中,对固定资产折旧的计算,是通过编制固定资产折旧计算表来进行的,它是进行固定资产折旧总分类核算的依据。

7.1.1.5　固定资产核算管理系统的特点

企业会计信息化在会计实务中应用计算机,帮助企业提高会计核算和管理水平,进行固定资产相关的日常管理。固定资产核算管理系统具有三个明显的特点,即数据存储量大、日常数据输入量少、输出内容多。

在一般工业企业中,固定资产不仅价值高、数量多,反映每一项固定资产的数据项也比较多,在固定资产核算管理系统投入运行初期,需要通过系统初始化把当前固定资产有关数据全部输入计算机,从整个存储量来看,固定资产核算管理系统是一个数据量大、占用存储空间较多的系统。

固定资产核算管理系统投入运行后,日常需要输入的数据一般仅限于固定资产的购入、清理、出售以及内部调动等涉及企业固定资产变动的情况。一般来说,企业日常发生这类业务的频率是很分散的,除此以外,需要输入的数据很少。这个特点对于计算机来说,是个非常有利的条件,因为输入的数据少,出错的概率很小。一件固定资产的有关原始数据一旦正确输入,直到它报废或出售为止,可以在很长的一段时间里使用。

固定资产核算管理系统的日常输出量较大。这是由于使用目的的不同,往往同一项固定资产的数据项指标要求反映在不同的输出账表上。在手工管理方式下,编制输出账表的工作量不仅很大,而且受手工条件的限制,容易出现数据不一致的差错。采用计算机进行处理后,编制账表的速度提高了,也可以避免数据的不一致问题。

另外,采用计算机处理后,企业需要建立严格的变动数据采集制度,设置专职人员负责系统的运行维护。固定资产建成或投入使用后,会分散在企业各个使用部门,涉及许多具体使用人员,虽然使用中变动较少,但是一旦发生变动往往容易被忽视。因此,在运用计算机技术建立固定资产管理系统时,应进行固定资产的清查盘点,账实相符后,再输入计算机;更重要的是,一定要建立严格的固定资产管理与变动数据采集制度,作为企业会计系统内部控制制度的组成部分,以便能够及时采集变动数据,更新有关记录,使固定资产核算管理系统能够正确反映企业固定资产的实际情况。

7.1.2 固定资产的分类

企业固定资产的种类繁多,为了正确进行固定资产核算,应按不同标准对固定资产进行分类。

7.1.2.1 按经济用途分类

固定资产按经济用途进行分类可以分为生产经营用固定资产和非生产经营用固定资产。

生产经营用固定资产是指直接参加生产经营过程或直接服务于生产经营过程的各种房屋、建筑物、机器设备、运输设备、动力传导设备、工具器具和管理用具等。

非生产经营用固定资产是指不直接服务于生产经营过程的各种房屋、设备、器具等固定资产,如职工食堂、职工宿舍等。

7.1.2.2 按使用情况分类

固定资产按使用情况进行分类可以分为使用中固定资产、未使用固定资产和不需用固定资产。

使用中固定资产是指正在使用的各种固定资产。

未使用固定资产是指尚未投入使用或者暂停使用的各种固定资产,如建造完工但尚未交付使用的固定资产、因进行改扩建等暂停使用的固定资产等。

不需用固定资产是指不适合本企业需要,准备出售处理的各种固定资产。

7.1.2.3 按产权关系分类

固定资产按产权关系进行分类可以分为自有固定资产和融资租入固定资产。

自有固定资产是指企业拥有所有权的各种固定资产。

融资租入固定资产是指企业在租赁期间不拥有所有权但拥有实质控制权的各种固定资产。

7.1.3 固定资产的计价

为了正确反映固定资产价值的增减变动,企业应按一定的标准对固定资产进行计价。固定资产的计价标准一般有以下四种。

7.1.3.1 原始价值

原始价值也称原价或原值,是指购建的固定资产在达到可使用状态之前所发生的全部耗费的货币表现。企业采用不同方式购建的固定资产,其原值的构成有所不同。一般来说,企业从外部取得的固定资产,其原值中包括固定资产的买价、运输途中发生的各种包装运杂费以及在使用前发生的各种安装调试费;企业自行建造的固定资产,其原值中包括建造过程中发生的全部耗费。固定资产原值的具体构成,本教材将在后面章节结合取得固定资产的具体方式讲述。

7.1.3.2　重置价值

重置价值是指企业在当前的条件下,重新购置同样的固定资产所需的全部耗费的货币表现。重置价值的构成内容与原值的构成内容相同。

7.1.3.3　折余价值

折余价值也称净值,是指固定资产原值减去已计提折旧后的余额。

7.1.3.4　现值

现值是指固定资产在使用期间以及处置时产生的未来净现金流量的折现值。

7.1.4　固定资产核算的科目设置

为了反映固定资产的增减变动,企业应设置"固定资产""累计折旧""固定资产减值准备""固定资产清理""在建工程""工程物资"等科目。

7.1.4.1　"固定资产"科目

"固定资产"总账科目总括反映固定资产原值的增减变动和结存情况,借方登记增加固定资产的原值,贷方登记减少固定资产的原值,借方余额表示实有固定资产的原值。

7.1.4.2　"累计折旧"科目

"累计折旧"科目属于"固定资产"科目的抵减科目。该科目贷方登记计提的固定资产折旧,借方登记减少的固定资产的已提折旧,贷方余额表示全部固定资产已提折旧的累计数。

7.1.4.3　"固定资产减值准备"科目

"固定资产减值准备"科目属于"固定资产"科目的抵减科目,借方登记结转的固定资产减值准备,贷方登记计提的减值准备,贷方余额反映企业已计提但尚未转销的固定资产减值准备。

7.1.4.4　"固定资产清理"科目

"固定资产清理"科目用来核算企业因出售、报废和毁损等原因转入清理的固定资产价值以及在清理过程中所发生的清理费用和清理收入。该科目借方登记固定资产转入清理的净值和清理过程中发生的费用,贷方登记出售固定资产的取得的价款、残料价值和变价收入。其借方余额表示清理后的净损失,贷方余额表示清理后的净收益。清理完毕后净收益按资产还有无价值转入"营业外收入"或"资产处置损益"科目;净损失转入"营业外支出"科目或"资产处置损益"科目。

7.1.4.5　"在建工程"科目

"在建工程"科目反映各项工程的实际成本,借方登记各项工程发生的实际成本,贷方登记已完工程的实际成本,借方余额表示未完工程的实际成本。"在建工程"科目应按工程项目设置明细账。

7.1.4.6　"工程物资"科目

"工程物资"科目核算企业为在建工程而准备的各种物资的实际成本,借方登记企业购入工程物资的成本,贷方登记领用工程物资的成本,借方余额反映企业为在建工程准备的各种物资的成本。

此外,企业固定资产、在建工程、工程物资发生减值的,还应当设置"固定资产减值准备"

"在建工程减值准备""工程物资减值准备"等科目进行核算。

7.2　固定资产初始计量

企业取得的固定资产,主要包括外购的固定资产和自行建造的固定资产等。

7.2.1　外购的固定资产

企业外购固定资产的成本包括买价、相关税费以及使固定资产达到预定可使用状态前所发生的可归属于该项资产的运输费、装卸费、安装费和专业人员服务费等。

企业购入的固定资产,有些不需要安装即可投入使用,有些则需要安装才能使用;可能采用现购结算方式,也可能采用赊购结算方式。企业应根据不同情况,分别采用不同的核算方法。

下面以一笔款项购入多项没有单独标价的固定资产为例,按照各项固定资产公允价值比例对总成本进行分配,分别确定各项固定资产的成本。

7.2.1.1　购入不需安装的固定资产

企业购入不需要安装的固定资产时,应按支付的购买价款、使固定资产达到预定可使用状态前所发生的可归属于该资产的运输费、装卸费和专业人员服务费等,作为固定资产成本,按应计入固定资产成本的金额,借记"固定资产"科目,按取得增值税专用发票、海关完税凭证或公路发票等增值税扣税凭证,并经税务机关认证可以抵扣的,按专用发票上注明的增值税进项税额,借记"应交税费——应交增值税(进项税额)"科目,按实际支付的款项,贷记"银行存款"等科目。

【例7-1】 2×22年12月5日,卓段制造以银行存款购入一套不需安装的大型生产设备,取得的增值税专用发票上注明的价款为5 000万元,增值税税额为650万元。按照相关增值税税法规定,进项税额均允许在取得扣税凭证的当期从销项税额中抵扣。假定不考虑其他因素,卓段制造的相关会计处理如下:

借:固定资产　　　　　　　　　　　　　　　　　　　　　　　50 000 000
　　应交税费——应交增值税(进项税额)　　　　　　　　　　　6 500 000
　　贷:银行存款　　　　　　　　　　　　　　　　　　　　　　56 500 000

7.2.1.2　购入需要安装的固定资产

企业作为增值税一般纳税人,购入需要安装的固定资产时,应在购入的固定资产取得成本的基础上加上安装调试成本作为入账成本。按照购入需安装固定资产的取得成本,借记"在建工程"科目,按购入固定资产时可抵扣的增值税进项税额,借记"应交税费——应交增值税(进项税额)"科目,贷记"银行存款""应付账款"等科目;按照发生的安装调试成本,借记"在建工程"科目;按取得的外部单位提供的增值税专用发票上注明的增值税进项税额,借记"应交税费——应交增值税(进项税额)"科目,贷记"银行存款"等科目;耗用了本单位的材料或人工的,按应承担的成本金额,借记"在建工程"科目,贷记"原材料""应付职工薪酬"等科目。安装完成达到预定可使用状态时,由"在建工程"科目转入"固定资产"科目,借记"固定资产"科目,贷记

"在建工程"科目。

【例 7-2】 卓段制造为增值税一般纳税人,2×23 年 1 月 3 日外购需要安装的生产设备一套,取得增值税专用发票注明价款为 60 万元,增值税税额为 7.80 万元,支付运费取得增值税普通发票注明的运费为 2 万元,增值税税额为 0.18 万元,支付安装人员薪酬 2.82 万元。上述款项均以银行存款支付,不考虑其他因素,卓段制造的相关账务处理如下:

借:在建工程　　　　　　　　　　　　　　　　　　　　　　　　　　621 800
　　应交税费——应交增值税(进项税额)　　　　　　　　　　　　　　78 000
　　　贷:银行存款　　　　　　　　　　　　　　　　　　　　　　　　　　699 800

借:在建工程　　　　　　　　　　　　　　　　　　　　　　　　　　　28 200
　　　贷:应付职工薪酬　　　　　　　　　　　　　　　　　　　　　　　　　28 200

借:固定资产　　　　　　　　　　　　　　　　　　　　　　　　　　　728 000
　　　贷:在建工程　　　　　　　　　　　　　　　　　　　　　　　　　　728 000

7.2.1.3　以一笔款项购入多项没有单独标价的固定资产

【例 7-3】 2×23 年 9 月 1 日,卓段制造向在履制造(增值税一般纳税人)一次购进了三台不同型号且具有不同生产能力的设备 A、B、C,取得的增值税专用发票上注明的价款为 160 000 000 元,增值税税额为 2 080 000 元,另支付包装费 100 000 元,增值税税额为 6 000 元,全部款项以银行存款转账支付。假设设备 A、B、C 的公允价值分别为 45 000 000 元、35 000 000 元和 20 000 000 元。卓段制造为增值税一般纳税人,相关账务处理如下:

(1) 确定应计入固定资产成本的金额,包括购买价款、包装费。

应计入固定资产的成本＝160 000 000＋100 000＝160 100 000(元)

(2) 确定设备 A、B、C 的价值分配比例。

设备 A 应分配的固定资产价值比例＝45 000 000÷(45 000 000＋35 000 000＋20 000 000)×100%＝45%

设备 B 应分配的固定资产价值比例＝35 000 000÷(45 000 000＋35 000 000＋20 000 000)×100%＝35%

设备 C 应分配的固定资产价值比例＝20 000 000÷(45 000 000＋35 000 000＋20 000 000)×100%＝20%

(3) 确定设备 A、B、C 的成本。

设备 A 的成本＝160 100 000×45%＝72 045 000(元)

设备 B 的成本＝160 100 000×35%＝56 035 000(元)

设备 C 的成本＝160 100 000×20%＝32 020 000(元)

应交增值税进项税额＝2 080 000＋6 000＝2 086 000(元)

(4) 卓段制造应编制如下会计分录:

借:固定资产——设备 A　　　　　　　　　　　　　　　　　　　　72 045 000
　　　　　　——设备 B　　　　　　　　　　　　　　　　　　　　56 035 000
　　　　　　——设备 C　　　　　　　　　　　　　　　　　　　　32 020 000
　　应交税费——应交增值税(进项税额)　　　　　　　　　　　　　2 086 000
　　　贷:银行存款　　　　　　　　　　　　　　　　　　　　　　　162 186 000

7.2.2 自行建造的固定资产

企业自行建造的固定资产,应按照建造该项固定资产使之达到预定可使用状态前所发生的全部支出,作为初始入账成本。自行建造的固定资产,从发生第一笔购置支出到固定资产完工交付使用,通常需要经历一段较长的建造期间。为了便于归集和计算固定资产的实际建造成本,企业应设置"在建工程""工程物资"等科目。自行建造的固定资产按建造方式的不同,分为自营方式和出包方式两种。

7.2.2.1 自营方式

企业以自营方式建造固定资产,是指企业利用自身的生产能力进行固定资产建造工程。由于固定资产的建造成本往往很难与产品的生产成本完全划分清楚,为了简化核算,企业通常只将固定资产建造工程中所发生的直接支出计入工程成本,主要包括消耗的工程物资、原材料、库存商品、负担的职工薪酬,辅助生产部门为工程提供的水、电及运输等劳务支出等。

自营工程购入工程物资所支付的增值税税额,不应计入工程成本,应作为进项税额单独列示,从销项税额中抵扣。但若自营工程购入的工程物资用于企业集体福利设施工程,则支付的增值税税额不得抵扣,而应计入工程成本。

自营工程领用本企业原材料时,应按实际成本转出,计入工程成本。

自营工程领用本企业库存自制半成品和库存产成品时,应按其实际成本计入工程成本。若自营工程属于企业集体福利设施工程,领用库存自制半成品和库存产成品时,应视同企业销售货物,按适用税率计算销项税额,并计入工程成本

在建工程进行负荷联合试车发生的费用,计入工程成本,试车期间形成的产品或副产品对外销售或转为库存商品时,应借记"银行存款""库存商品"等科目,贷记"在建工程"科目。

建设期间发生的工程物资盘亏、报废及毁损净损失,计入工程成本,借记"在建工程"科目,贷记"工程物资"科目;盘盈的工程物资或处置净收益作相反的会计处理。

工程完工后发生的工程物资盘盈、盘亏、报废、毁损,计入当期营业外收支。

在建工程完工,对于已领出的剩余物资应办理退库手续,借记"工程物资"科目,贷记"在建工程"科目。

建造的固定资产已达到预定可使用状态,但尚未办理竣工决算的,应当自达到预定可使用状态之日起,根据工程预算、造价或者工程实际成本等,按暂估价值转入固定资产成本并按有关计提固定资产折旧的规定,计提固定资产折旧;待办理竣工决算手续后再调整原来的暂估价值,但不需要追溯调整原已计提的折旧额。

【例 7-4】 卓段制造采用自营方式建造生产流水线,根据发生的经济业务,编制会计分录如下:

(1)购入工程用材料一批,价款 200 万元,增值税 26 万元,共计 226 万元,用银行存款支付,材料已验收入库:

借:工程物资	2 000 000
应交税费——应交增值税(进项税额)	260 000
贷:银行存款	2 260 000

(2)自营工程领用工程用材料 200 万元:

借：在建工程 2 000 000
　　贷：工程物资 2 000 000

（3）自营工程应负担的职工薪酬 10 万元：

借：在建工程 100 000
　　贷：应付职工薪酬 100 000

（4）用银行存款支付自营工程应负担的其他支出 3 万元：

借：在建工程 30 000
　　贷：银行存款 30 000

（5）自营工程某一部件报废，残料计价 200 元作为生产废料入库，应收有关责任者赔款 1 000 元：

借：原材料 200
　　其他应收款 1 000
　　　贷：在建工程 1 200

（6）该项工程完工交付使用，结转为固定资产：
实际工程成本＝200＋10＋3－0.12＝212.88（万元）

借：固定资产 2 128 800
　　贷：在建工程 2 128 800

7.2.2.2　出包方式

采用出包方式建造固定资产，应在"在建工程"科目下设置"预付工程款——工程成本"明细科目。"预付工程款"明细科目反映已经发生尚未进行结算的工程款，"工程成本"明细科目反映已经结算的工程成本。

企业采用出包方式建造固定资产，一般需要预付工程款。由于预付的工程款在未来结算工程价款时，应计入工程成本，在预付工程款时，应借记"在建工程——预付工程款"科目，贷记"银行存款"等科目。

结算工程进度款时，应根据结算的价款，借记"在建工程——工程成本""应交税费——应交增值税（进项税额）"科目；根据结算价款中的预付工程款，贷记"在建工程——预付工程款"科目；根据补付的工程进度款，贷记"银行存款"等科目。

工程完工结算全部工程款时，应根据补付的工程价款，借记"在建工程——工程成本""应交税费——应交增值税（进项税额）"科目，贷记"银行存款"等科目。

出包工程在达到预定可使用状态之前应负担的借款费用，也应计入工程成本，借记"在建工程"科目，贷记"应付利息"等科目。

出包工程完工后，应结转为固定资产，根据工程实际成本，借记"固定资产"科目，贷记"在建工程"科目。

【例 7-5】　卓段制造采用出包方式建造生产流水线。合同规定：全部工程款（不含增值税）为 500 万元，合同签订日预付 25% 工程款；工程完成 60% 时，结算工程进度款；工程全部完工并验收合格时，支付剩余工程款。卓段制造根据发生的经济业务，编制会计分录如下：

（1）合同签订日，用银行存款预付工程款 125 万元：

借：在建工程——预付工程款   1 250 000
    贷：银行存款   1 250 000

（2）工程完成 60%，结算工程进度款 300 万元，增值税 39 万元，合计 339 万元。扣除预付工程款 125 万元，用银行存款补付工程款及增值税 214 万元：

借：在建工程——工程成本   3 000 000
   应交税费——应交增值税(进项税额)   390 000
    贷：在建工程——预付工程款   1 250 000
       银行存款   2 140 000

（3）工程全部完工，验收合格，用银行存款支付剩余工程款 200 万元，增值税 26 万元，合计 226 万元：

借：在建工程——工程成本   2 000 000
   应交税费——应交增值税(进项税额)   260 000
    贷：银行存款   2 260 000

（4）生产流水线交付使用，结转为固定资产：

实际工程成本＝300＋200＝500（万元）

借：固定资产   5 000 000
    贷：在建工程   5 000 000

若出包方式中含待摊支出的，其成本由建造该项固定资产达到预定可使用状态前所发生的必要支出构成，包括发生的建筑工程支出、安装工程支出以及需分摊计入各固定资产价值的待摊支出。待摊支出是指在建设期间发生的，不能直接计入某项固定资产价值，而应由所建造固定资产共同负担的相关费用，包括为建造工程发生的管理费、可行性研究费、临时设施费、公证费、监理费、应负担的税金、符合资本化条件的借款费用、建设期间发生的工程物资盘亏、报废及毁损净损失以及负荷联合试车费等。以出包方式建造固定资产的具体支出，由建造承包商核算，"在建工程"科目实际成为企业与建造承包商的结算科目，企业将与建造承包商结算的工程价款作为工程成本，统一通过"在建工程"科目进行核算。其计算公式如下：

待摊支出分配率＝累计发生的待摊支出÷（建筑工程支出＋安装工程支出＋在安装设备支出）×100%
××工程应分摊的待摊支出＝（××工程的建筑工程支出＋××工程的安装工程支出＋
××工程的在安装设备支出）×待摊支出分配率

计算确定已完工的固定资产成本：

房屋、建筑物等固定资产成本＝建筑工程支出＋应分摊的待摊支出

需要安装设备的成本＝设备成本＋为设备安装发生的基础、支座等建筑工程支出＋
安装工程支出＋应分摊的待摊支出

【例 7-6】 假定卓段制造为增值税一般纳税人，经当地有关部门批准启动一项建设工程，整个工程包括建造新厂房、冷却循环系统以及安装生产设备 3 个单项工程。2×22 年 2 月 1 日，卓段制造与在履制造签订合同，将该项目出包给在履制造承建。根据双方签订的合同，建造新厂房的价款为 5 000 000 元，建造冷却循环系统的价款为 4 000 000 元，安装生产设备需支付安装费用 500 000 元。上述价款均不含增值税，建造期间发生如下经济业务：

(1) 2×22 年 2 月 15 日,卓段制造按合同约定向在履制造预付 10% 备料款 900 000 元,其中厂房 500 000 元,冷却循环系统 400 000 元。

(2) 2×22 年 10 月 1 日,建造厂房和冷却循环系统的工程进度达到 50%,卓段制造与在履制造办理工程价款结算 5 000 000 元,其中厂房 3 000 000 元,冷却循环系统 2 000 000 元。在履制造开具的增值税专用发票上注明的价款为 5 000 000 元,增值税税额为 450 000 元。卓段制造抵扣了预付备料款后,将余款通过银行转账付讫。

(3) 2×22 年 12 月 6 日,卓段制造购入需安装的设备,取得的增值税专用发票上注明的价款为 3 600 000 元,增值税税额为 468 000 元,已通过银行转账支付。

(4) 2×23 年 4 月 6 日,建筑工程主体已完工,卓段制造与在履制造办理工程价款结算 4 000 000 元,其中,厂房 2 000 000 元,冷却循环系统 2 000 000 元。在履制造开具的增值税专用发票上注明的价款为 4 000 000 元,增值税税额为 360 000 元。卓段制造通过银行转账支付了上述款项。

(5) 2×23 年 5 月 1 日,卓段制造将生产设备运抵现场,交付在履制造安装。

(6) 2×23 年 5 月 15 日,生产设备安装到位,卓段制造与在履制造办理设备安装价款结算。在履制造开具的增值税专用发票上注明的价款为 500 000 元,增值税税额为 45 000 元。卓段制造通过银行转账支付上述款项。

(7) 整个工程项目发生管理费、可行性研究费、监理费共计 393 000 元,未取得增值税专用发票,款项已通过银行转账支付。

(8) 2×23 年 6 月 1 日,完成验收,各项指标达到设计要求。

假定不考虑其他相关税费和其他因素,卓段制造的账务处理如下:

(1) 2×22 年 2 月 15 日,预付 10% 备料款:

借:预付账款——大连在履制造股份有限公司	900 000	
贷:银行存款		900 000

(2) 2×22 年 10 月 1 日,办理工程价款结算:

借:在建工程——厂房	3 000 000	
——冷却循环系统	2 000 000	
应交税费——应交增值税(进项税额)	450 000	
贷:银行存款		4 550 000
预付账款		900 000

(3) 2×22 年 12 月 6 日,购入设备:

借:工程物资——××设备	3 600 000	
应交税费——应交增值税(进项税额)	468 000	
贷:银行存款		40 680 000

(4) 2×23 年 4 月 6 日,办理建筑工程价款结算:

借:在建工程——厂房	2 000 000	
——冷却循环系统	2 000 000	
应交税费——应交增值税(进项税额)	360 000	
贷:银行存款		4 360 000

(5) 2×23 年 5 月 1 日,将生产设备交付安装:

| 借:在建工程——××设备 | 3 600 000 | |
| 贷:工程物资——××设备 | | 3 600 000 |

(6) 2×23 年 5 月 15 日,办理安装工程价款结算:

借:在建工程——××设备	500 000	
应交税费——应交增值税(进项税额)	45 000	
贷:银行存款		545 000

(7) 支付工程发生的管理费、可行性研究费、监理费:

| 借:在建工程——待摊支出 | 393 000 | |
| 贷:银行存款 | | 393 000 |

(8) 结转固定资产:

① 计算分摊待摊支出。

待摊支出分摊率=393 000÷(5 000 000+4 000 000+3 600 000+500 000)×100%=3%

厂房应分摊的待摊支出=5 000 000×3%=150 000(元)

冷却循环系统应分摊的待摊支出=4 000 000×3%=120 000(元)

安装工程应分摊的待摊支出=(3 600 000+500 000)×3%=123 000(元)

借:在建工程——厂房	150 000	
——冷却循环系统	120 000	
——××设备	123 000	
贷:在建工程——待摊支出		393 000

② 计算完工固定资产的成本。

厂房的成本=5 000 000+150 000=5 150 000(元)

冷却循环系统的成本=4 000 000+120 000=4 120 000(元)

安装工程的成本=3 600 000+500 000+123 000=4 223 000(元)

借:在建工程——厂房	5 150 000	
——冷却循环系统	4 120 000	
——××设备	4 223 000	
贷:在建工程——厂房		5 150 000
——冷却循环系统		4 120 000
——××设备		4 223 000

7.2.3 其他方式取得的固定资产

其他方式取得的固定资产有投资者投入、非货币性资产交换、债务重组、企业合并、接受捐赠等。本教材重点介绍通过投资者投入方式、接受捐赠方式取得固定资产,其余方式将在"高级财务会计"课程中介绍。

7.2.3.1 投资者投入的固定资产

投资者投入固定资产的成本,应当按照投资合同或协议约定的价值确定,合同或协议约定价值不公允的除外。企业收到投资者投入固定资产,应借记"固定资产"科目;按可以抵扣的增值税进项税额,借记"应交税费——应交增值税(进项税额)"科目;按在注册资本中享有的份额,贷记"实收资本"科目;其差额,贷记"资本公积——资本溢价(股本溢价)"科目。

【例 7-7】　卓段制造 2×23 年 4 月 25 日收到在履制造投入的一台设备,投资合同约定的公允价值为 200 万元,增值税税额为 26 万元,折换卓段制造每股面值为 1 元的股票50 000 股。该设备不需要安装,直接投入使用。卓段制造应编制如下会计分录:

```
借:固定资产                                      2 000 000
    应交税费——应交增值税(进项税额)              260 000
    贷:股本                                          50 000
        资本公积                                   2 210 000
```

7.2.3.2　接受捐赠的固定资产

接受捐赠固定资产是指接受捐赠的各种达到固定资产标准的物品。接受捐赠固定资产,是一种单方面的行为,往往无需花费成本。对这部分资产,常用的方法是以经过评估的公允价值作为入账依据,也可以用捐赠方所提供的原始单据作为入账依据。我国《企业会计准则》规定,接受捐赠的固定资产如果捐赠方提供了有关凭据的,按凭证上表明的金额加上应当支付的相关税费作为其入账价值,如果捐赠方没有提供有关凭据,可通过相同资产市场价格评估计价,或按其预计未来现金流量现值入账,旧资产可在以上计价基础上考虑新旧程度,以折余价值入账。

企业接受捐赠的会计分录,借记"固定资产"科目,按可以抵扣的增值税进项税额,借记"应交税费——应交增值税(进项税额)"科目,按接受捐赠的非货币资产含税的公允价值,贷记"营业外收入"科目。

【例 7-8】　卓段制造接受捐赠一台新设备,捐赠者提供的有关凭证上标明价款 120 万元,增值税进项税额为 15.60 万元。其账务处理如下:

```
借:固定资产                                      1 200 000
    应交税费——应交增值税(进项税额)              156 000
    贷:营业外收入                                 1 356 000
```

7.2.4　取得附有弃置义务的固定资产

对于特殊行业的特定固定资产,确定其初始入账成本时,还应考虑弃置费用。弃置费用通常是指根据国家法律和行政法规、国际公约等规定,企业承担的环境保护和生态恢复等义务所确定的支出,如油气资产、核电站核设施等的弃置和恢复环境义务。弃置费用的金额与其现值比较,通常相差较大,需要考虑货币时间价值,对于这些特殊行业的特定固定资产,企业应当根据《企业会计准则第 13 号——或有事项》,按照现值计算确定应计入固定资产成本的金额和相应的预计负债。在固定资产的使用寿命内按照预计负债的摊余成本和实际利率计算确定的利息费用应计入财务费用。一般工商企业的固定资产发生的报废清理费用不属于弃置费用,应当在发生时作为固定资产处置费用处理。

【例 7-9】　卓段制造经国家批准于 2×23 年 1 月 1 日建造完成核电站核反应堆并交付使用,建造成本为 2 500 000 万元,预计使用寿命 40 年。该核电站核反应堆将会对当地的生态环境产生一定的影响,根据法律规定,企业应在该设施使用期满后将其拆除,并对造成的污染进行整治,预计发生弃置费用 250 000 万元。假设适用的折现率为 10%,核反应堆属于特殊行业的特定固定资产,确定其成本时应考虑弃置费用。卓段制造账务处理为:

(1) 弃置费用的现值＝250 000×(P/F,10%,40)＝250 000×0.022 1＝5 525(万元)

固定资产的成本＝2 500 000＋5 525＝2 505 525(万元)

借:固定资产——××核反应堆   25 055 250 000

    贷:在建工程——××核反应堆   25 000 000 000

      预计负债——××核反应堆(弃置费用)   55 250 000

(2) 计算第 1 年应负担的利息费用＝55 250 000×10%＝5 525 000(元)

借:财务费用   5 525 000

    贷:预计负债——××核反应堆(弃置费用)   5 525 000

以后年度,卓段制造应当按照实际利率法计算确定每年财务费用,账务处理略。

7.3　固定资产后续计量

7.3.1　固定资产折旧

折旧是固定资产在使用过程中因损耗逐渐转移到新产品中去的那部分价值的一种补偿方式,固定资产的物质形态在报废之前是在生产中长期被使用的,它的价值按照其在生产中的损耗程度逐渐转移到产品中去。为了保证再生产的正常继续进行,必须在产品销售以后,把那部分已经转移到新产品中去的固定资产的价值,以货币形式提取并积累起来,以便若干年在固定资产价值全部转移完毕时用于更新固定资产。这种按固定资产的损耗程度进行补偿的方法就称为折旧。

在会计实务中,企业一般都是按月计提固定资产折旧的,为了简化核算,月份内开始使用的固定资产,当月不计提折旧,从下月起计提折旧;月份内减少的固定资产,当月仍计提折旧,从下月起停止计提折旧。

我国现行《企业会计准则》规定,除以下情况外,企业应对所有固定资产计提折旧:

(1) 已提足折旧仍继续使用的固定资产。

(2) 单独估价作为固定资产价值入账的土地。

需要注意的是,固定资产提足折旧后,不论能否继续使用,均不再计提折旧;提前报废的固定资产,也不再补提折旧。提足折旧,是指已经提足该项固定资产的应计折旧额。已达到预定可使用状态但尚未办理竣工决算的固定资产,应当按照估计价值确定其成本,并计提折旧;待办理竣工决算后,再按实际成本调整原来的暂估价值,但不需要调整原已计提的折旧额。

7.3.2　计提折旧应考虑的因素

影响固定资产折旧计算的因素主要有三个,即计提折旧基数(原始价值)、预计净残值和预计使用年限。在这三个因素中,除计提折旧基数(原始价值)之外,其他两个因素如果有确凿的证据表明固定资产受到其所处的经济环境、技术环境以及其他环境的较大影响,企业至少应当于每年年度终了时对预计净残值和预计使用年限重新进行复核。因为这种外部环境的变化,可能会使得固定资产使用强度比正常情况大大加强,或者会产生新的产品以替代该固定资产,从而使固定资产使用寿命大大缩短,预计净残值减少,所以如果在复核时发现复核后的预计数与原先估计数存在差异,要相应地对影响固定资产计算的因素进行调整。

7.3.2.1　计提折旧基数

计算固定资产折旧的基数一般为取得固定资产的原始成本,即固定资产初始确认的账面价值。企业对于已入账的固定资产价值,除发生下列情况外,不得任意变动:①根据国家规定对固定资产进行重新估价;②增加补充设备或改良设备;③将固定资产的一部分拆除;④根据实际价值调整原来的暂估价值;⑤发现原记固定资产价值有错误。在会计核算中,以固定资产原始成本作为计提折旧的基数,可以使折旧额的计算建立在客观的基础上,不受主观因素的影响。

7.3.2.2　预计净残值

固定资产预计净残值是指固定资产报废时,预计可以收回的残余价值扣除预计清理费用后的数额。其中,可以收回的残余价值是指固定资产报废清理时预计可收回的器材、材料等残料价值收入;预计清理费用是指固定资产报废清理时预计发生的拆卸、整理、搬运等费用。

固定资产账面原价减去预计净残值后的余额即固定资产应计折旧额。如果固定资产已经计提减值准备,还应扣除减值准备累计金额。

7.3.2.3　预计使用年限

固定资产预计使用年限是指固定资产预计经济使用年限,即折旧年限。它通常比固定资产的实物年限要短。以经济使用年限作为固定资产的折旧年限是因为企业在计算折旧时,不仅需要考虑固定资产因物质因素引起的减损,还要考虑固定资产因功能因素引起的减损。

固定资产折旧年限的长短,直接影响各期应计折旧额的计算,但折旧年限是很难确切估计的。为了避免人为地延长或缩短折旧年限,合理计算固定资产的转移价值,企业应根据国家有关规定,结合本企业的具体情况合理地确定折旧年限,作为计提折旧的依据。

除国务院财政、税务主管部门另有规定外,固定资产计算折旧的最低年限如下。

1) 房屋、建筑物为 20 年

房屋和建筑物作为最主要的固定资产,其构造、属性等方面相对较为特殊,使用寿命相对较长,价值相对较高,其使用价值的体现也是一个相对较长的过程,根据收入与支出配比原则等要求,其折旧年限也应相对较长,所以《企业会计准则》规定房屋、建筑物的最低折旧年限为20 年,这基本能反映房屋、建筑物的现实使用情况。房屋、建筑物是指供生产、经营使用和为职工生活、福利服务的房屋、建筑物及其附属设施。其中,房屋包括厂房、营业用房、办公用房、库房、住宿用房、食堂及其他房屋等;建筑物包括塔、池、槽、井、架、棚(不包括临时工棚、车棚等简易设施)、场、路、桥、平台、码头、船坞、涵洞、加油站以及独立于房屋和机器设备之外的管道、烟囱、围墙等;房屋、建筑物的附属设施是指同房屋、建筑物不可分割的、不单独计算价值的配套设施,包括房屋、建筑物内的通气、通水、通油管道,通信、输电线路,电梯,卫生设备等。

2) 飞机、火车、轮船、机器、机械和其他生产设备为 10 年

飞机、火车、轮船作为交通工具,与其他交通工具相比,其性能较强、价值较高、使用期限相对较长,折旧年限也相应较长;机器、机械及其他生产设备等,也具有使用年限较长等特性,折

旧年限也应相对较长。所以《企业会计准则》规定此类固定资产的最低折旧年限为 10 年。其中,火车包括各种机车、客车、货车以及不单独计算价值的车上配套设施;轮船包括各种机动船舶以及不单独计算价值的船上配套设施;机器、机械和其他生产设备包括各种机器、机械、机组、生产线及其配套设备,如各种动力、输送、传导设备等。

3) 与生产经营活动有关的器具、工具、家具等为 5 年

此类固定资产是除机械、机器和其他生产设备之外,与生产经营活动有关的固定资产,即不是直接的生产工具,而是在生产经营过程中起到辅助作用的器具、工具、家具等,它们的使用寿命相对较短,其最低折旧年限为 5 年。

4) 飞机、火车、轮船以外的运输工具为 4 年

除飞机、火车、轮船以外的其他运输工具,相对而言价值较低、使用年限较短,其折旧年限也就应相应较短。所以《企业会计准则》规定,此类固定资产的最低折旧年限为 4 年。此类固定资产包括汽车(小型汽车,越野汽车)、电车、拖拉机、摩托车(艇)、机帆船、帆船以及其他运输工具。

5) 电子设备为 3 年

考虑到现在科技日新月异,技术更新换代较快、电子设备的使用年限相对缩短等各种现实因素,《企业会计准则》将电子设备的最低折旧年限从 5 年改为 3 年,使企业的折旧扣除额向前提前。电子设备,是指由集成电路、晶体管、电子管等电子元器件组成,应用电子技术(包括软件)发挥作用的设备,包括电子计算机以及由电子计算机控制的机器人、数控或者程控系统等。

《企业会计准则》规定的折旧年限,只是各项固定资产的最低折旧年限,是一个基本要求,它并不排除企业自己规定对资产采用比最低折旧年限更长的折旧时限。也就是说,企业可以根据固定资产的属性和使用情况,在比《企业会计准则》规定的相关资产最低折旧年限更长的时限内计提折旧。国务院财政、税务主管部门也可以作出不同于《企业会计准则》规定的最低折旧年限的规定。考虑到现实情况非常复杂,各种固定资产的属性、使用情况等也会发生变化,若不授权国务院财政、税务主管部门根据实际情况的需要而适时调整的权力,容易造成僵化、机械、难以适应实践的需要。因此,根据《企业会计准则》的授权,国务院财政、税务主管部门可以在不修改条例的情况下,作出不同于《企业会计准则》所确定的各种资产的最低折旧年限的规定。

7.3.3 折旧的计算方法

企业选择固定资产折旧方法时,应当根据与固定资产有关的经济利益的预期消耗方式作出决定。需要注意的是,企业不能以包括使用固定资产在内的经济活动所产生的收入为基础进行折旧。因为收入可能受到投入、生产过程、销售等因素的影响,这些因素与固定资产有关经济利益的预期实现方式无关。

折旧方法分为直线法和加速折旧法。固定资产的折旧方法一经确定,不得随意变更。

7.3.3.1 直线法

1) 年限平均法

年限平均法是指将固定资产的应计折旧额平均地分摊到固定资产预计使用寿命期内的一种方法。采用这种方法计算的每期折旧额均相等。其计算公式如下:

$$年折旧额 = (固定资产原始价值 - 预计净残值) \div 预计使用年限$$

$$月折旧额 = 年折旧额 \div 12$$

在会计实务中,固定资产折旧额一般应根据固定资产原始价值乘以折旧率计算。折旧率是指折旧额占原始价值的比重。其计算公式如下:

$$年折旧率 = (1 - 预计净残值率) \div 预计使用年限$$

$$月折旧率 = 年折旧率 \div 12$$

$$月折旧额 = 固定资产原始价值 \times 月折旧率$$

【例7-10】　卓段制造某项固定资产的原值为100 000元,预计净残值率为4%,预计使用年限为10年。该项固定资产的年折旧率、月折旧率和月折旧额计算如下:

年折旧率=(1－4%)÷10×100%=9.6%

年折旧额=100 000×9.6%=9 600(元)

月折旧率=9.6%÷12=0.8%

月折旧额=100 000×0.8%=800(元)

年限平均法折旧计算表,如表7-1所示。

表 7-1　年限平均法折旧计算表　　　　　　　　　　　　　　单位:元

使用年次	年折旧额	累计折旧额	账面价值(净值)
购置时(原值)	—	—	100 000
1	9 600	9 600	90 400
2	9 600	19 200	80 800
3	9 600	28 800	71 200
4	9 600	38 400	61 600
5	9 600	48 000	52 000
6	9 600	57 600	42 400
7	9 600	67 200	32 800
8	9 600	76 800	23 200
9	9 600	86 400	13 600
10	9 600	96 000	4 000
合计	96 000	—	—

2) 工作量法

工作量法是以固定资产预计可完成的工作量为分摊标准,根据各期实际完成的工作量计算折旧额的一种方法。采用这种方法计提折旧,各期固定资产的折旧额与工作量呈正相关关系。其计算公式如下:

$$单位工作量折旧额 = 固定资产原始价值 \times (1 - 预计净残值率) \div 预计总工作量$$

$$某项固定资产月折旧额 = 该项固定资产当月工作量 \times 单位工作量折旧额$$

【例7-11】　某企业运输汽车一辆,原值为300 000元,预计净残值率为4%,预计行驶总里程为800 000千米。该汽车采用工作量法计提折旧。某月该汽车行驶6 000千米。该汽车的单位工作量折旧额和该月折旧额计算如下：

$$单位工作量折旧额 = 300\,000 \times (1-4\%) \div 800\,000 = 0.36(元/千米)$$

$$该月折旧额 = 0.36 \times 6\,000 = 2\,160(元)$$

3）直线法的优缺点

（1）年限平均法。

优点：年限平均法最大的优点是简单明了，易于掌握，简化了会计核算。因此，年限平均法在实际工作中得到了广泛的应用。

缺点：首先，固定资产在使用前期操作效能高，使用资产所获得收入比较高。根据收入与费用配比的原则，前期应提的折旧额应该相应的比较多。其次，固定资产使用的总费用包括折旧费和修理费两部分。通常，在固定资产使用后期的修理费会逐渐增加，而年限平均法的折旧费用在各期是不变的，这造成了总费用逐渐增加，不符合配比的原则。再次，年限平均法未考虑固定资产的利用程度和强度，忽视了固定资产使用磨损程度的差异及工作效能的差异。最后，年限平均法没有考虑到无形损耗对固定资产的影响。

（2）工作量法。

优点：当有形损耗比无形损耗更重要量，如一些运输工具、精密设备按照实际使用过程磨损程度计算折旧；或各个期间资产使用不均衡、不经常使用，其使用程度与产品的生产工作量有关，在这些条件下，可以选择工作量法。

缺点：首先，同平均年限法一样，未能考虑到修理费用递增以及操作效能或收入递减等因素。其次，资产所能提供的服务数量也难以准确地估计。最后，工作量法忽视了无形损耗对资产的影响。

实际工作中，运输企业、其他的专业车队和客货汽车、某些价值大而又不经常使用的或季节性使用的大型机器设备可以用工作量法来计提折旧。

7.3.3.2 加速折旧法

加速折旧法也称快速折旧法或递减折旧法。其特点是：在固定资产有效使用年限的前期多提折旧，后期少提折旧，从而相对加快折旧的速度，以使固定资产成本在有效使用年限中加快得到补偿。

1）双倍余额递减法

双倍余额递减法是指在不考虑固定资产预计净残值的情况下，根据每期期初固定资产原价减去累计折旧后的金额（即固定资产净值）和双倍直线法折旧率计算固定资产折旧的一种方法。其计算公式如下：

$$年折旧率 = 2 \div 预计使用寿命(年) \times 100\%$$

$$月折旧额 = 固定资产净值 \times 年折旧率 \div 12$$

由于每年年初固定资产净值没有扣除预计净残值，在双倍余额递减法下，固定资产的净值不能低于其预计净残值。通常在其折旧年限到期前 2 年内，将固定资产净值扣除预计净残值后的余额平均摊销。

【例 7-12】 卓段制造某项固定资产原值为 60 000 元，预计净残值为 2 000 元，预计使用年限为 5 年。该项固定资产采用双倍余额递减法计提折旧，具体计算如下：

$$年折旧率 = 2 \div 5 \times 100\% = 40\%$$

第一年折旧金额＝60 000×40％＝24 000(元)

第二年折旧金额＝(60 000－24 000)×40％＝14 400(元)

第三年折旧金额＝(60 000－24 000－14 400)×40％＝8 640(元)

第四年折旧金额＝(60 000－24 000－14 400－8 640－2 000)÷2＝5 480(元)

第五年折旧金额＝(60 000－24 000－14 400－8 640－2 000)÷2＝5 480(元)

双倍余额递减法折旧计算表,如表 7-2 所示。

表 7-2　双倍余额递减法折旧计算表　　　　　金额单位:元

使用年次	年折旧率	年初净值	年折旧额	累计折旧额	年末净值
1	40％	60 000	24 000	24 000	36 000
2	40％	36 000	14 400	38 400	21 600
3	40％	21 600	8 640	47 040	16 120
4	—	16 120	5 480	52 520	10 640
5	—	10 640	5 480	58 000	5 160
合计	—	—	58 000	—	—

2) 年数总和法

年数总和法又称年限合计法,是指将固定资产的原价减去预计净残值的余额乘以固定资产尚可使用寿命为分子、以预计使用寿命逐年数字之和为分母的逐年递减的分数来计算每年的折旧额的一种方法。其计算公式如下:

$$年折旧率＝尚可使用寿命÷预计使用寿命的年数总和×100％$$

$$月折旧额＝(固定资产原始价值－预计净残值)×年折旧率÷12$$

【例 7-13】　卓段制造某项固定资产原值为 62 000 元,预计净残值为 2 000 元,预计使用年限为 5 年。该项固定资产采用年数总和法计提折旧。

第一年折旧金额＝(62 000－2 000)×5÷(1＋2＋3＋4＋5)＝20 000(元)

第二年折旧金额＝(62 000－2 000)×4÷(1＋2＋3＋4＋5)＝16 000(元)

第三年折旧金额＝(62 000－2 000)×3÷(1＋2＋3＋4＋5)＝12 000(元)

第四年折旧金额＝(62 000－2 000)×2÷(1＋2＋3＋4＋5)＝8 000(元)

第五年折旧金额＝(62 000－2 000)×1÷(1＋2＋3＋4＋5)＝4 000(元)

年数总和法折旧计算表,如表 7-3 所示。

表 7-3　年数总和法折旧计算表　　　　　金额单位:元

年次	尚可使用年限(年)	年折旧率	年折旧额	累计折旧额
1	5	$\frac{5}{15}$	20 000	20 000
2	4	$\frac{4}{15}$	16 000	36 000

(续表)

年次	尚可使用年限(年)	年折旧率	年折旧额	累计折旧额
3	3	$\frac{3}{15}$	12 000	48 000
4	2	$\frac{2}{15}$	8 000	56 000
5	1	$\frac{1}{15}$	4 000	60 000
合计	—	—	60 000	—

3) 加速折旧法的优缺点

优点:在固定资产有效使用年限的前期多提折旧,后期少提折旧,从而相对加快折旧的速度,以使固定资产成本在有效使用年限中加快得到补偿,提高折旧的速度。

缺点:应用范围有限制,适用于技术进步快、在国民经济中具有重要地位的企业,如电子生产企业、船舶工业企业、飞机制造企业、汽车制造企业、化工医药等。

7.3.3.3 账务处理

固定资产应当按月计提折旧,计提的折旧应当计入累计折旧,根据固定资产的用途和受益对象性质,计入相关资产的成本或者当期损益。

基本生产车间所使用的固定资产,其计提的折旧应计入制造费用;行政管理部门所使用的固定资产,其计提的折旧应计入管理费用;销售部门所使用的固定资产,其计提的折旧应计入销售费用;企业自行建造固定资产过程中使用的固定资产,其计提的折旧应计入在建工程成本;经营出租的固定资产,其计提的折旧应计入其他业务成本;企业研发无形资产时使用,其计提的折旧应计入研发支出。具体账务处理如下:

借:制造费用(基本生产车间使用)

　　销售费用(销售部门使用)

　　管理费用(行政管理部门使用)

　　在建工程(在建工程使用)

　　其他业务成本(经营出租的固定资产)

　　研发支出(企业研发无形资产时使用)

　　贷:累计折旧

7.3.3.4 固定资产的使用寿命、预计净残值和折旧方法的复核

在固定资产使用过程中,其所处的经济环境、技术环境以及其他环境可能会对固定资产使用寿命和预计净残值产生较大影响。例如,固定资产使用强度比正常情况大大加强,导致固定资产实际使用寿命大大缩短;替代该项固定资产的新产品的出现导致其实际使用寿命缩短、预计净残值减少等。此时,如果不对固定资产使用寿命和预计净残值进行调整,必然不能准确反映其实际情况,也不能真实反映其为企业提供经济利益的期间及每期实际的资产消耗。

企业应当于每年年度终了,对固定资产的使用寿命、预计净残值和折旧方法进行复核。使用寿命预计数与原先估计数有差异的,应当调整固定资产使用寿命;预计净残值预计数与原先估计数有差异的,应当调整预计净残值;与固定资产有关的经济利益预期消耗方式有重大改变

的,应当改变固定资产折旧方法。上述事项在报经股东会或董事会、经理(厂长)会议或类似机构批准后,作为计提折旧的依据,并按照法律、行政法规等的规定报送有关部门备案。固定资产使用寿命、预计净残值和折旧方法的改变应当作为会计估计变更进行会计处理。

需要特别注意的是,企业应当根据与固定资产有关的经济利益的预期实现方式的实际情况,合理确定固定资产使用寿命、预计净残值和折旧方法。除非有确凿证据表明经济利益的预期实现方式发生了重大变化,或者取得了新的信息,累积了更多的经验,能够更准确地反映企业的财务状况和经营成果,否则不得随意变更。

7.4　固定资产的后续支出

固定资产的后续支出是指固定资产投入使用以后发生的修理和改扩建等支出。企业应根据其具体内容作出资本化支出和费用化支出会计确认。

7.4.1　固定资产的修理

固定资产修理是指为保持固定资产的正常运转和使用而恢复固定资产原有性能的行为。固定资产修理的主要目的是恢复其使用价值。一般来说,固定资产的各个零部件,按其作用和结构的复杂程度,分别标明了复杂系数。固定资产的修理,按每次修理的零部件的复杂系数分类,可以分为日常修理和大修理两类。日常修理也称中小修理,一般是指每次修理的零部件的复杂系数之和在规定的复杂系数以下的修理;大修理一般是指每次修理的零部件的复杂系数之和在规定的复杂系数以上的修理。不同的固定资产对划分日常修理和大修理的复杂系数的规定有所不同。

7.4.1.1　日常修理的特点及处理原则

日常修理的修理范围小,成本支出少,修理次数多,间隔时间短。需要指出的是,日常修理的间隔时间短,不一定意味着其受益期限短。这是因为日常修理的范围小,这次修理这一部分,下次修理另一部分,每次修理的零部件不一定是同一零部件,对于某一零部件来说,修理后的受益期也可能较长。

由于固定资产日常修理支付的费用较少,经常发生且比较均衡,为简化核算工作,固定资产日常修理费用可以直接计入当月的有关费用,借记"制造费用""管理费用"等科目,贷记"银行存款"等科目。如果各月发生的日常修理费用极不平衡,为了均衡企业成本负担,其账务处理比照大修理费用的账务处理方法进行处理。

7.4.1.2　大修理的特点及处理原则

大修理的修理范围大,成本支出多,修理次数少,间隔时间长。需要指出的是,大修理的成本支出多是指某项固定资产的大修理成本支出相对每次日常修理成本支出而言较多,该项支出数额在企业全部成本费用中的比重则不一定较大。

1) 执行《企业会计准则》的企业

企业发生的固定资产大修理支出,符合固定资产确认条件的,可以计入固定资产成本;不符合固定资产确认条件的应当费用化,计入当期损益。

(1) 借：在建工程、管理费用等
　　　应交税费——应交增值税（进项税额）（若涉及）
　　　贷：银行存款等

(2) 借：固定资产
　　　贷：在建工程

2）执行《小企业会计准则》的企业

固定资产大修理支出应记入"长期待摊费用"科目，并在固定资产剩余使用期限内，根据受益情况分期摊销记入"管理费用"等科目。

(1) 发生支出时：

借：长期待摊费用
　　应交税费——应交增值税（进项税额）（若涉及）
　　贷：银行存款等。

(2) 分期摊销时：

借：管理费用等
　　贷：长期待摊费用

7.4.2　固定资产改扩建

7.4.2.1　固定资产改扩建的特点

固定资产改扩建是指对原有固定资产进行的改良和扩充。固定资产改良（即改建）是指为了提高固定资产的质量而采取的措施，如以自动装置代替非自动装置等。固定资产扩充（即扩建）是指为了提高固定资产的生产能力而采取的措施，如房屋增加楼层等。由于固定资产改扩建后可以使固定资产的质量有所提高，或在实物量上有所增加，因而其原值也会有所增加。固定资产改扩建后，可以延长使用年限从而增加生产能力，或是提高产品质量、增加生产能力而不延长使用年限。

7.4.2.2　固定资产改扩建的核算

企业在固定资产进行改扩建的期间，由于停止使用，工期又比较长，应在改扩建之前将其账面价值转作在建工程，借记"在建工程""累计折旧""固定资产减值准备"科目，贷记"固定资产"科目。

固定资产改扩建工程支出的核算与自建工程支出的核算方法相同，应通过"在建工程"科目核算。固定资产改扩建过程中拆除的原有部件，其残值计价回收时应冲减改扩建工程支出，借记"原材料"等科目，贷记"在建工程"科目。固定资产改扩建工程完工后，应将改扩建工程的全部成本转为改扩建后的固定资产原值，借记"固定资产"科目，贷记"在建工程"科目。

固定资产改扩建后，应对改扩建后各期的固定资产折旧额进行调整。

【例 7-14】　卓段制造专用设备的电机意外被烧毁，需要用新的电机替换。该专用设备原价 432 000 元，已计提折旧 144 000 元。烧毁电机的成本为 16 800 元，卓段制造已购买新的电机将其替换，新电机的成本为 17 000 元，允许抵扣的增值税进项税额为 2 210 元。其账务处理如下：

（1）注销专用设备：

借：在建工程　　　　　　　　　　　　　　　　　　　　　　　　288 000
　　累计折旧　　　　　　　　　　　　　　　　　　　　　　　　144 000
　　　贷：固定资产　　　　　　　　　　　　　　　　　　　　　　　　432 000

（2）购买断电机：

借：工程物资　　　　　　　　　　　　　　　　　　　　　　　　 17 000
　　应交税费——应交增值税（进项税额）　　　　　　　　　　　　 2 210
　　　贷：银行存款　　　　　　　　　　　　　　　　　　　　　　　　 19 210

（3）安装断电机：

借：在建工程　　　　　　　　　　　　　　　　　　　　　　　　 17 000
　　　贷：工程物资　　　　　　　　　　　　　　　　　　　　　　　　 17 000

（4）终止确认旧电机：

烧毁电机的累计折旧＝16 800÷432 000×144 000＝5 600（元）

烧毁电机的账面净值＝16 800－5 600＝11 200（元）

借：营业外支出　　　　　　　　　　　　　　　　　　　　　　　 11 200
　　　贷：在建工程　　　　　　　　　　　　　　　　　　　　　　　　 11 200

（5）专用设备达到预定可使用状态：

专用设备入账价值＝288 000＋17 000－11 200＝293 800（元）

借：固定资产　　　　　　　　　　　　　　　　　　　　　　　　293 800
　　　贷：在建工程　　　　　　　　　　　　　　　　　　　　　　　　293 800

7.5　固定资产的清理

　　固定资产的清理是因磨损、遭受非常灾害和意外事故而丧失生产能力，或因陈旧过时须淘汰更新的固定资产，所办理的鉴定、报废、核销资产、处理残值等各项工作的总称。

　　企业一般设置"固定资产清理"科目，核算企业因出售、报废和毁损等原因转入整体的固定资产价值以及在清理过程中所发生的清理费用和清理收入。"固定资产清理"是资产类科目，借方登记固定资产转入清理的净值和清理过程中发生的费用，贷方登记出售固定资产取得的价款、残料价值和变价收入。其借方余额表示清理后的净损失，贷方余额表示清理后的净收益。清理完毕后净收益按资产还有无价值转入"营业外收入"或"资产处置损益"科目，净损失转入"营业外支出"科目或"资产处置损益"科目。"固定资产清理"科目应按被清理的固定资产设置明细账。

7.5.1　固定资产的出售

　　（1）注销当前固定资产的原值和已提折旧额，按固定资产的净值，借记"固定资产清理"科目；按已提折旧额，借记"累计折旧"科目；按固定资产原值，贷记"固定资产"科目。

（2）结转残料价值和变价收入，按收回的残料价值和变价收入，借记"银行存款""原材料"等科目，贷记"固定资产清理"科目。

（3）支付清理费用，按发生的清理费用，借记"固定资产清理"科目，贷记"银行存款"等科目。

（4）结转清理后的净损益，固定资产清理后的净收益，借记"固定资产清理"科目，贷记"资产处置损益"科目；固定资产清理后的净损失，借记"资产处置损益"科目，贷记"固定资产清理"科目。

【例7-15】 卓段制造某项机器设备出售，原值为 50 000 元，累计折旧为 30 000 元，未计提固定资产减值准备，清理过程中用现金支付清理费用 150 元；取得出售价款 22 000 元，增值税税额 2 860 元，存入银行。根据以上资料，编制会计分录如下：

（1）注销机器设备原值和累计折旧：

借：固定资产清理	20 000
累计折旧	30 000
贷：固定资产	50 000

（2）支付清理费用，未取得增值税专用发票：

借：固定资产清理	150
贷：库存现金	150

（3）收取价款和增值税：

借：银行存款	24 860
贷：固定资产清理	22 000
应交税费——应交增值税（销项税额）	2 860

（4）结转机器设备清理净损益：

机器设备清理净收益＝22 000－20 000－150＝1 850（元）

借：固定资产清理	1 850
贷：资产处置损益	1 850

7.5.2　固定资产的报废

7.5.2.1　固定资产报废的申请条件

符合下列条件之一的固定资产可申请报废：

（1）使用年限过长，功能丧失，完全失去使用价值，或不能使用并无修复价值的。

（2）产品技术落后，质量差，耗能高，效率低，已属淘汰且不适于继续使用，或技术指标已达不到使用要求的。

（3）严重损坏，无法修复的或虽能修复，但累计修理费已接近或超过市场价值的。

（4）主要附件损坏，无法修复，而主体尚可使用的，可作部分报废。

（5）免税进口的仪器设备应当在监管期满，向海关申请解除监管并获得批准之后才能提出报废申请。

7.5.2.2　固定资产报废的处理方法

固定资产报废有两种情况：一是由于磨损或陈旧，使用期满不能继续使用；二是由于技术进步,必须由先进设备替代。固定资产报废,一方面由于固定资产退出企业引起企业固定资产的减少,另一方面在清理过程中还会发生一些清理费用,同时还可能取得一定的变价收入。因此,固定资产报废的核算方法与出售的核算方法基本相同,均需要通过"固定资产清理"科目进行核算。不同之处是,固定资产报废不属于日常经营活动,其净损益应计入营业外收入或营业外支出。

【例7-16】　卓段制造有旧厂房一栋,因火灾烧毁。该厂房的原值为 360 000 元,已提折旧 348 000 元。在清理过程中,以银行存款支付清理费用 10 160 元,收回残料入库,残料作价 17 440 元。其账务处理如下:

(1) 固定资产转入处置:

借:固定资产清理　　　　　　　　　　　　　　　　　　　　　　　　　　　　　12 000
　　累计折旧　　　　　　　　　　　　　　　　　　　　　　　　　　　　　　348 000
　　　贷:固定资产　　　　　　　　　　　　　　　　　　　　　　　　　　　　360 000

(2) 支付清理费用:

借:固定资产清理　　　　　　　　　　　　　　　　　　　　　　　　　　　　　10 160
　　　贷:银行存款　　　　　　　　　　　　　　　　　　　　　　　　　　　　 10 160

(3) 材料入库:

借:原材料　　　　　　　　　　　　　　　　　　　　　　　　　　　　　　　　17 440
　　　贷:固定资产清理　　　　　　　　　　　　　　　　　　　　　　　　　　 17 440

(4) 结转固定资产清理净损益:

借:营业外支出——非常损失　　　　　　　　　　　　　　　　　　　　　　　　 4 720
　　　贷:固定资产清理　　　　　　　　　　　　　　　　　　　　　　　　　　　4 720

【例7-17】　卓段制造为增值税一般纳税人,现有一台设备由于性能等原因决定提前报废,原价为 500 000 元,已计提折旧 450 000 元,未计提减值准备。取得报废残值变价收入 20 000 元,增值税税额为 2 600 元。报废清理过程中发生自行清理费用 3 500 元。有关收入、支出均通过银行办理结算。不考虑其他相关因素,卓段制造账务处理如下:

(1) 将报废固定资产转入清理时:

借:固定资产清理　　　　　　　　　　　　　　　　　　　　　　　　　　　　　50 000
　　累计折旧　　　　　　　　　　　　　　　　　　　　　　　　　　　　　　450 000
　　　贷:固定资产　　　　　　　　　　　　　　　　　　　　　　　　　　　　500 000

(2) 收回残料变价收入时:

借:银行存款　　　　　　　　　　　　　　　　　　　　　　　　　　　　　　　22 600
　　　贷:固定资产清理　　　　　　　　　　　　　　　　　　　　　　　　　　 20 000
　　　　　应交税费——应交增值税(销项税额)　　　　　　　　　　　　　　　　 2 600

(3) 支付清理费用时:

借:固定资产清理　　　　　　　　　　　　　　　　　　　　　　　　　　　　　 3 500
　　　贷:银行存款　　　　　　　　　　　　　　　　　　　　　　　　　　　　　3 500

（4）结转报废固定资产发生的净损失时：

借：营业外支出——非流动资产处置损失　　　　　　　　　　　　　　　　　　33 500
　　贷：固定资产清理　　　　　　　　　　　　　　　　　　　　　　　　　　　　33 500

7.6　固定资产的减值及报表列示

7.6.1　固定资产的减值迹象

每年年末，企业应对固定资产的账面价值进行检查。如果出现下列情况之一，表明该固定资产已出现减值迹象，应对固定资产的可收回金额进行估计。

（1）固定资产的市价当期大幅度下跌，其跌幅明显高于因时间的推移或者正常使用而预计的下跌。

（2）企业经营所处的经济、技术或者法律等环境以及固定资产所处的市场在当期或者将在近期发生重大变化，从而对企业产生不利影响。

（3）市场利率或者其他市场投资报酬率在当期已经提高，从而影响企业计算固定资产预计未来现金流量现值的折现率，导致固定资产可收回金额大幅度降低。

（4）有证据表明固定资产已经陈旧过时。

（5）固定资产已经或者将被闲置、终止使用或者计划提前处置。

（6）企业内部报告的证据表明固定资产的经济绩效已经低于或者将低于预期，如固定资产所创造的净现金流量或者实现的营业利润（或者亏损）远远低于（或者高于）预计金额等。

（7）其他表明固定资产可能已经发生减值的迹象。

7.6.2　固定资产可收回金额的计量

固定资产可收回金额应当根据固定资产的公允价值减去处置费用后的净额与固定资产预计未来现金流量的现值两者之间较高者确定。

固定资产的公允价值应当根据公平交易中销售协议价格确定；不存在销售协议但存在资产活跃市场的，应当按照该固定资产的市场价格确定；固定资产的市场价格通常应当根据资产的买方出价确定；在不存在销售协议和固定资产活跃市场的情况下，应当以可获取的最佳信息为基础，估计固定资产的公允价值；企业按照上述规定仍然无法可靠估计固定资产的公允价值减去处置费用后的净额的，应当以该固定资产预计未来现金流量的现值作为其可收回金额。

7.6.3　固定资产减值损失的确定

固定资产的初始入账价值为历史成本。固定资产使用年限较长、市场条件和经营环境的变化、科学技术的进步以及企业经营管理不善等原因，都可能导致固定资产创造未来经济利益的能力大大下降。因此，固定资产的真实价值有可能低于账面价值，在期末必须对固定资产减值损失进行确认。

固定资产可收回金额的计量结果表明，固定资产可收回金额低于其账面价值的，应当将固定资产的账面价值减记至可收回金额,借记"资产减值损失"科目,贷记"固定资产减值准备"科目。确认固定资产减值损失后,减值固定资产的折旧费用应当在未来期间作相应调整,以使该固定资产在剩余使用寿命内,系统地分摊调整后的固定资产账面价值。比如,固定资产计提了减值准备后,固定资产账面价值将根据计提的减值准备相应抵减,固定资产在未来计提折旧时,应当以新的固定资产账面价值为基础计提每期折旧。发生减值后,价值回升的可能性比较小,通常属于永久性减值,从会计信息稳健性要求考虑,为了避免确认资产重估增值和操纵利润,根据《企业会计准则第 8 号——资产减值》的规定,资产减值损失一经确认,在以后会计期间不得转回。以前期间计提的资产减值准备,需要等到资产处置时才可转出。

【例 7-18】　卓段制造有一台设备,由于陈旧过时,预计可能会发生减值。2×23 年年末,账面价值为 400 万元,经专业评估师的评估,该项固定资产预计可收回金额为 380 万元。由于该项固定资产预计可收回金额低于其账面价值,该项固定资产实际上发生了减值,应该计提减值准备。其账务处理如下:

借:资产减值损失　　　　　　　　　　　　　　　　　　　　　200 000
　　贷:固定资产减值准备　　　　　　　　　　　　　　　　　　　　　200 000

【例 7-19】　卓段制造系增值税一般纳税人,2×20 年 12 月 8 日,以银行存款购入一套不需安装的大型生产设备,取得增值税专用发票上注明的价款为 5 000 万元,增值税税额为 650 万元,购入后立刻投入使用,该设备预计使用年限为 5 年,净残值为 50 万元,采用年数总和法按年计提折旧。2×22 年 12 月 31 日,该设备出现减值迹象,应计提减值的金额为 230 万元,卓段制造对该设备计提减值准备后,根据新获得的信息预计剩余使用年限仍为 3 年、净残值为 30 万元,仍采用年数总和法按年计提折旧。2×23 年 12 月 31 日,卓段制造出售该设备,开具的增值税专用发票上注明的价款为 900 万元,增值税税额为 117 万元,款项已收存银行,另以银行存款支付清理费用 2 万元。不考虑其他因素,卓段制造账务处理如下:

(1) 2×20 年 12 月 5 日购入该设备:

借:固定资产　　　　　　　　　　　　　　　　　　　　　　　50 000 000
　　应交税费——应交增值税(进项税额)　　　　　　　　　　　6 500 000
　　贷:银行存款　　　　　　　　　　　　　　　　　　　　　　　56 500 000

(2) 计提折旧:

2×21 年度对该设备应计提的折旧金额=(5 000-50)×5÷(1+2+3+4+5)=1 650(万元)

借:制造费用　　　　　　　　　　　　　　　　　　　　　　　16 500 000
　　贷:累计折旧　　　　　　　　　　　　　　　　　　　　　　　16 500 000

2×22 年度对该设备应计提的折旧金额=(5 000-50)×4÷(1+2+3+4+5)=1 320(万元)

借:制造费用　　　　　　　　　　　　　　　　　　　　　　　13 200 000
　　贷:累计折旧　　　　　　　　　　　　　　　　　　　　　　　13 200 000

(3) 计提减值:

借:资产减值损失　　　　　　　　　　　　　　　　　　　　　2 300 000
　　贷:固定资产减值准备　　　　　　　　　　　　　　　　　　　2 300 000

2×22 年 12 月 31 日该设备计提减值后的账面价值=5 000-1 650-1 320-230=1 800(万元)

（4）2×23 年度对该设备应计提的折旧金额＝（1 800－30）×3÷（1＋2＋3）＝885（万元）

借：制造费用 8 850 000
　　贷：累计折旧 8 850 000

（5）2×23 年 12 月 31 日处置该设备：

借：固定资产清理 9 150 000
　　固定资产减值准备 2 300 000
　　累计折旧 38 550 000
　　贷：固定资产 50 000 000

借：固定资产清理 20 000
　　贷：银行存款 20 000

借：银行存款 10 170 000
　　贷：固定资产清理 9 000 000
　　　　应交税费——应交增值税（销项税额） 1 170 000

借：资产处置损益 170 000
　　贷：固定资产清理 170 000

7.6.4　固定资产报表列示

"固定资产"项目，反映资产负债表日企业固定资产的期末账面价值和企业尚未清理完毕的固定资产清理净损益。"固定资产"项目应根据"固定资产"科目的期末余额，减去"累计折旧"和"固定资产减值准备"科目的期末余额后的金额，以及"固定资产清理"科目的期末余额填列。

 章节测试

一、复习思考题

1. 固定资产折旧方法有哪些？
2. 固定资产在不同标准下的分类有哪些？
3. 固定资产折旧直线法和加速折旧法的特点及优缺点有哪些？

二、单选题

1. 甲公司为增值税一般纳税人，2×23 年 12 月 31 日购入不需安装的生产设备一台，当日投入使用。该设备价款为 360 万元，运杂费 2 万元，专业人员服务费 1 万元，员工培训费 2 万元，增值税税额为 61.20 万元，该设备的入账价值为（　　）万元。

A. 72　　　　　　　　　　　　　B. 363
C. 424.20　　　　　　　　　　　D. 168.48

2. 计提固定资产折旧时，可先不考虑固定资产残值的计算方法是（　　）。

A. 年限平均法　　　　　　　　　B. 工作量法
C. 双倍余额递减法　　　　　　　D. 年数总和法

3. 企业计提固定资产折旧时，下列会计分录不正确的是（　　）。

A. 计提行政管理部门固定资产折旧：借记"管理费用"科目，贷记"累计折旧"科目

B. 计提生产车间固定资产折旧:借记"管理费用"科目,贷记"累计折旧"科目

C. 计提专设销售机构固定资产折旧:借记"销售费用"科目,贷记"累计折旧"科目

D. 计提自建工程使用的固定资产折旧:借记"在建工程"科目,贷记"累计折旧"科目

4. 下列关于固定资产计提折旧的表述,正确的是( )。

A. 提前报废的固定资产不再补提折旧

B. 固定资产折旧方法一经确定不得改变

C. 已提足折旧但仍继续使用的固定资产仍计提折旧

D. 自行建造的固定资产应自办理竣工决算时开始计提折旧

5. 某企业对生产设备进行改良,发生资本化支出共计 45 万元,该设备原价为 500 万元,已计提折旧 300 万元。改良过程中替换一项部件,被替换旧部件的初始入账成本为 50 万元,累计计提折旧 40 万元,未计提减值准备。不考虑其他因素,该设备改良后的入账价值为( )万元。

A. 245   B. 235   C. 200   D. 190

6. 下列关于资产确认的表述中,正确的是( )。

A. 企业由于安全和环保需要购入的设备等不能直接给企业带来未来经济利益,因此不应作为固定资产进行管理和核算

B. 固定资产各组成部分具有不同使用寿命或者以不同的方式为企业提供经济利益的,应当分别将各个组成部分确认为单项固定资产

C. 企业所持有的工具、用具、备品、备件、劳动保护手套等资产,通常确认为固定资产

D. 房地产开发企业建造完成的、准备销售的商品房,在会计核算中应作为固定资产核算

7. 甲公司为一家制造企业,2×23 年 4 月 1 日为降低采购成本,从乙公司一次性购进了三套不同型号且有不同生产能力的设备 X、Y、Z。甲公司以银行存款支付货款 880 000 元,包装费 20 000 元。X 设备在安装过程中领用生产用原材料成本 20 000 元(未计提存货跌价准备),发生安装费 30 000 元,该款已支付。假定设备 X、Y、Z 分别满足固定资产的定义及其确认条件,公允价值分别为 300 000 元、250 000 元和 450 000 元。假设不考虑其他因素,则 X 设备的入账价值为( )元。

A. 350 000   B. 324 590   C. 320 000   D. 327 990

8. 下列不应计入自行建造固定资产成本的是( )。

A. 达到预定可使用状态前分摊的间接费用

B. 为建造固定资产通过出让方式取得土地使用权而支付的土地出让金

C. 达到预定可使用状态前满足资本化条件的借款费用

D. 达到一定可使用状态前发生的工程用物资成本

9. 甲公司为增值税一般纳税人,2×19 年 12 月 10 日购入一台设备并立即投入使用,取得的增值税专用发票上注明的价款为 1 000 万元,增值税税额为 130 万元。甲公司支付该设备运费取得的增值税专用发票上注明的价款为 10 万元,增值税税额为 0.9 万元。该设备的预计使用年限为 10 年,预计净残值为 20 万元,采用双倍余额递减法计提折旧。不考虑其他因素,甲公司 2×20 年对该设备应计提折旧的金额为( )万元。

A. 202   B. 228.18   C. 198   D. 196

10. 甲公司董事会决定于 2×21 年 3 月 31 日对某生产用车间厂房进行技术改造。2×21 年

3月31日,该固定资产的账面原价为5 000万元,已计提折旧为3 000万元,未计提减值准备;该固定资产预计使用寿命为20年,预计净残值为零按年限平均法计提折旧。为改造该固定资产领用生产用原材料585万元,发生人工费用190万元,领用工程物资1 300万元;被拆除部分的原价为1 000万元。假定该厂房于2×21年9月25日达到预定可使用状态并交付生产使用,预计尚可使用寿命为15年,预计净残值为零,按年限平均法计提折旧。不考虑其他因素的影响,甲公司2×21年度对该生产用固定资产更新改造后计提的折旧额为(   )万元。

    A. 123.75   B. 127.50   C. 61.25   D. 130.25

三、计算分析题

1. 甲公司为增值税一般纳税人,2×20年12月5日以银行存款购入一套不需安装的大型生产设备,增值税专用发票上注明的价款为6 000万元,增值税税额为780万元。该设备预计使用年限为5年,净残值为150万元,采用年数总和法按年计提折旧。2×22年12月31日,该设备出现减值迹象,应计提减值的金额为490万元,甲公司对该设备计提减值准备后,预计剩余使用年限为3年、净残值为200万元,采用年限平均法计提折旧。2×23年12月31日,甲公司出售该设备,开具增值税专用发票,注明价款为1 600万元,增值税税额为208万元,款项已收存银行,另以银行存款支付清理费用2万元。

本题不考虑其他因素。要求:根据上述资料编制会计分录。

2. 甲公司为增值税一般纳税人,2×22年12月15日以银行存款购入需要安装的A生产设备,取得的增值税专用发票上注明的价款为300万元,增值税税额为39万元。当日,甲公司将A生产设备交付安装。2×22年12月31日,甲公司以银行存款支付安装费,取得的增值税专用发票上注明的价款为10万元,增值税税额为0.9万元,A生产设备安装完毕达到预定可使用状态,生产车间立即投入使用。甲公司预计该生产设备的使用年限为6年,预计净残值为10万元,采用年限平均法计提折旧。2×25年12月31日,A生产设备存在减值迹象,经减值测试,可收回金额为150万元。当日,甲公司预计A生产设备尚可使用3年,预计净残值为5万元,折旧方法保持不变。

本题不考虑除增值税以外的税费及其他因素。要求:根据上述资料编制会计分录。

3. 2×16年至2×21年,甲公司发生的与环保设备相关的交易或事项如下:

(1) 2×16年12月31日,甲公司以银行存款600万元购入一台环保设备并立即投入使用,预计使用年限为5年,预计净残值为零,采用双倍余额递减法计提折旧。

(2) 2×18年12月31日。甲公司应环保部门的要求对该环保设备进行改造以提升其环保效果。改造过程中耗用工程物资70万元,应付工程人员薪酬14万元。

(3) 2×19年3月31日,甲公司完成了对该环保设备的改造并达到预定可使用状态立即投入使用,预计尚可使用年限为4年,预计净残值为零,仍采用双倍余额递减法计提折旧。

(4) 2×21年3月31日,甲公司对外出售该环保设备,出售价款120万元已收存银行,另以银行存款支付设备拆卸费用5万元。

本题不考虑增值税等相关税费及其他因素。要求:

(1) 编制甲公司2×16年12月31日购入环保设备的会计分录。

(2) 分别计算甲公司2×17年和2×18年对该环保设备应计提折旧的金额。

（3）编制甲公司 2×18 年 12 月 31 日至 2×19 年 3 月 31 日对该环保设备进行改造并达到预定可使用状态的会计分录。

（4）计算甲公司 2×21 年 3 月 31 日对外出售该环保设备应确认损益的金额，并编制相关会计分录。

第8章

无 形 资 产

 教学目的和要求

了解无形资产的性质与分类;掌握购入、自行研究开发无形资产的核算;掌握无形资产摊销的核算、无形资产处置的核算;理解无形资产减值的核算。

 教学重点和难点

重点:购入、自行研究开发、摊销及处置的账务处理。

难点:自行研究开发无形资产的核算。

 课程思政

习近平总书记强调科技创新、科学技术现代化,是全面建设社会主义现代化国家的应有之义,核心技术是国之重器,必须立足自主创新、自立自强,唯有摆脱路径依赖,敢于走自己的路,才能踏上创新驱动发展的高速轨道。

8.1 无形资产概述

8.1.1 无形资产的性质

8.1.1.1 无形资产的概念

无形资产是指企业拥有或者控制的没有实物形态的可辨认非货币性资产。

预计能为企业带来未来经济利益是作为一项资产的本质特征,无形资产也不例外。通常情况下,企业拥有或者控制的无形资产,是指企业拥有该项无形资产的所有权,且该项无形资产能够为企业带来未来经济利益。但在某些情况下并不需要企业拥有其所有权,如果企业有权获得某项无形资产产生的经济利益,同时又能约束其他人获得这些经济利益,则说明企业控制了该无形资产,或者说控制了该无形资产产生的经济利益,并受法律的保护。比如,企业自行研制的技术通过申请依法取得专利权后,在一定期限内拥有了该专利技术的法定所有权;又如,企业与其他企业签订合约转让商标权,由于合约的签订,使商标使用权转让方的相关权利受到法律的保护。

无形资产属于非货币性资产。非货币性资产是指企业持有的货币资金和将以固定或可确定的金额收取的资产以外的其他资产。无形资产由于没有发达的交易市场，一般不容易转化成现金，在持有过程中为企业带来未来经济利益的情况不确定，不属于以固定或可确定的金额收取的资产属于非货币性资产。货币性资产主要有库存现金、银行存款、应收账款、应收票据和短期有价证券等，它们的共同特点是直接表现为固定的货币数额，或在将来收到一定货币数额的权利。应收款项等资产也没有实物形态，与无形资产的区别在于无形资产属于非货币性资产，而应收款项等资产不属于非货币性资产。另外，虽然固定资产也属于非货币性资产，但其为企业带来经济利益的方式与无形资产不同，固定资产是通过实物价值的磨损和转移来为企业带来未来经济利益，而无形资产很大程度上是通过某些权利、技术等优势为企业带来未来经济利益。

8.1.1.2　无形资产的特征

1) 没有实物形态

无形资产没有实物形态的特点是相对于固定资产等有实物形态资产而言的。需要注意的是，这并不是无形资产的唯一特征，有些资产项目也没有实物形态，如应收账款、对外投资、长期待摊费用等。无形资产为企业带来经济利益的方式与固定资产不同，固定资产是通过实物价值的磨损和转移来为企业带来未来经济利益，而无形资产很大程度上是通过自身所具有的技术等优势为企业带来未来经济利益，不具有实物形态是无形资产区别于其他资产的特征之一。

需要指出的是，某些无形资产的存在有赖于实物载体。比如，计算机软件需要存储在介质中，但这并不改变无形资产本身不具有实物形态的特性。在确定一项包含无形和有形要素的资产是属于固定资产，还是属于无形资产时，需要通过判断来加以确定，通常以哪个要素更重要作为判断的依据。例如，计算机控制的机械工具没有特定计算机软件就不能运行时，则说明该软件是构成相关硬件不可缺少的组成部分，该软件应作为固定资产处理；如果计算机软件不是相关硬件不可缺少的组成部分，则该软件应作为无形资产核算。

2) 不确定性

无形资产的不确定性：一是无形资产经济收益计量上具有不确定性；二是无形资产受益期限的确定具有不确定性。基于稳健原则，最新的《企业会计准则》增加了有关使用寿命不确定的无形资产的会计处理规定。对于使用寿命不确定的无形资产每年对其进行减值测试。未来收益、使用寿命等不确定性因素综合形成了无形资产不确定性的特征。这一特征主要是相对于债权投资等既没有实物形态又能在较长时期内供企业使用的资产而言的。

3) 可辨认性

可辨认性是指无形资产能够单独辨认，进行会计核算。资产满足下列条件之一的，符合无形资产定义中的可辨认性标准：①能够从企业中分离或者划分出来，并能单独或者与相关合同、资产或负债一起，用于出售、转移、授予许可、租赁或者交换；②源自合同性权利或其他法定权利，无论这些权利是否可以从企业或其他权利和义务中转移或者分离。例如，一方通过与另一方签订特许权合同而获得的特许使用权，通过法律程序申请获得的商标权、专利权等。这一特征是针对商誉等不可辨认的经济资源而言的，商誉不是企业的无形资产。

从可辨认性角度考虑商誉是与企业整体价值联系在一起的，无形资产的定义要求无形资产是可辨认的，以便与商誉清楚地区分开来。企业合并中取得的商誉代表了购买方为从不能单独辨认并独立确认的资产中获得预期未来经济利益而付出的代价。这些未来经济利益可能产生于取得的可辨认资产之间的协同作用,也可能产生于购买者在企业合并中准备支付的但不符合在财务报表上确认条件的资产。从计量上来讲,商誉是企业合并成本大于合并中取得的各项可辨认资产、负债公允价值份额的差额,代表的是企业未来现金流量大于每一单项资产产生未来现金流量的合计金额,其存在无法与企业自身区分开来。由于不具有可辨认性,虽然商誉也是没有实物形态的非货币性资产,但不构成无形资产。

如果企业有权获得一项无形资产产生的未来经济利益,并能约束其他方获取这些利益,则表明企业控制了该项无形资产。例如,对于会产生经济利益的技术知识,若其受到版权、贸易协议约束(如果允许)等法定权利或雇员保密法定职责的保护,那么说明该企业控制了相关利益,如客户关系、人力资源等,由于企业无法控制其带来的未来经济利益,不符合无形资产的定义,不应将其确认为无形资产。内部产生的品牌、报刊名、客户名单和实质上类似项目的支出不能与整个业务开发成本区分开来,因此,这类项目也不应确认为无形资产。

8.1.2 无形资产的分类

无形资产按照不同的标准,可以分为不同的类别。

1) 按经济内容分类

无形资产按其反映的经济内容,可以分为专利权、非专利技术、商标权、著作权、土地使用权和特许权等。

(1) 专利权。专利权是指经国家专利管理机关审定并授予发明者在一定年限内对其成果的制造、使用和出售的专门权利。专利权一般包括发明专利权、实用新型专利权和外观设计专利权等。专利权受法律保护。在某项专利权的有效期间内,该项专利权的非持有者如需使用与之相同的原理、结构和技术用于生产经营,应向该专利权的持有者支付专利使用费,否则就视为侵犯了专利权。发明专利权的期限为20年,实用新型专利权和外观设计专利权的期限为10年,均自申请日起计算。

企业从外单位购入的专利权,应按实际支付的价款作为专利权成本。企业自行开发并按法律程序申请取得的专利权,应按照达到预定用途满足资本化条件的支出确定成本。

(2) 非专利技术,又称专有技术或技术诀窍,是指不为外界所知的技术知识,如独特的设计、造型、配方、计算公式、软件包、制造工艺、工艺诀窍、技术秘密等。非专利技术是企业无形资产的一种。非专利技术与专利权一样,能使企业在竞争中处于优势地位,在未来岁月为企业带来经济利益。与专利权不同的是,非专利技术没有在专利机关登记注册,依靠保密手段进行垄断。因此,它不受法律保护,它没有有效期,只要不泄露,即可有效地使用并可有偿转让。非专利技术可向外界购得,并按实际支付的价款计价入账。但大多数非专利技术是企业自创的。自创的非专利技术需耗费大量的研制费用,原则上应予资本化,由后期分摊。但是非专利技术往往是在生产经营中经过长期的经验积累逐步形成的,而且无法预知是否会形成非专利技术,即使是有意要形成,也无法辨认哪些支出与将来的非专利技术有关,所以在实务中大多不予资本化。按照现行财务制度的规定,非专利技术的计价应经法定评估机构评估确认。其主要内容包括:①工业专有技术是指在生产上已经采用,仅限于少数人知道,不享有专利权或发明权的生产、装配、修理、工艺或加工方法的技术知识,可以用蓝图、配方、技术记录、操作方法的说明等具体资料表现出来,也可以通过卖方派出技术人员进行指导,或接受买方人员进行技术实习等手段实现;②商业贸易专有技术是指具有保密性质的市场情报、原材料价格情报以及用户、竞争对象的情况的有关知识;③管理专有技术是指生产组织的经营方式、管理方法、培训职工方法等保密知识。

(3)商标权。商标是指企业拥有的在某类指定的商品上使用特定名称或图案的权利。商标经管理机关核准后,成为注册商标,受法律保护。在我国,由于商标权的取得实行注册原则,商标权实际上是由商标所有人申请、经国家商标局确认的专有权利,即因商标注册而产生的专有权。商标是用以区别商品和服务不同来源的商业性标志,由文字、图形、字母、数字、三维标志、颜色组合、声音或者上述要素的组合构成。注册商标的有效期为 10 年,自核准注册之日起计算。注册商标有效期满需要继续使用的,应当在期满前 6 个月内申请续展注册;在此期间未能提出申请的,可以给予 6 个月的宽展期;宽展期满仍未提出申请的,注销其注册商标。每次续展注册的有效期为 10 年。

(4)著作权。著作权也称版权,是指著作者或文艺作品创作者以及出版商依法享有的在一定年限内发表、制作、出版和发行其作品的专有权利。著作权包括作品署名权、发表权、修改权和保护作品完整权,还包括复制权、发行权、出租权、展览权、表演权、放映权、广播权、信息网络传播权、摄制权、改编权、翻译权、汇编权以及应当由著作权人享有的其他权利。著作权人包括作者和其他依法享有著作权的公民、法人或者其他组织。著作权属于作者,创作作品的公民是作者。由法人或者其他组织主持,代表法人或者其他组织意志创作,并由法人或者其他组织承担责任的作品,法人或者其他组织视为作者。著作权受法律保护,未经著作权所有者许可或转让,他人不得占有和行使。作者的署名权、修改权、保护作品完整权的保护期不受限制。公民的作品,其发表权、复制权、发行权、出租权、展览权、表演权、放映权、广播权、信息网络传播权、摄制权、改编权、翻译权、汇编权以及应当由著作权人享有的其他权利的保护期,为作者终生及其死亡后 50 年,截至作者死亡后第 50 年的 12 月 31 日;如果是合作作品,截至最后死亡的作者死亡后第 50 年的 12 月 31 日。

(5)土地使用权。土地使用权是指企业经国家土地管理机关批准享有的在一定期间内对国有土地开发、利用和经营的权利。在我国,土地归国家所有,任何单位或个人只能拥有土地使用权,没有土地所有权。土地使用权用途不一样,相关账务处理也不一样。大致分为以下几种:

一般企业:①将土地使用权用于自行建造厂房等地上建筑物,土地使用权作为无形资产核算;②外购的房屋建筑物所支付的价款中包含土地使用权和建筑物价值,能单独分开确认的,将土地使用权作为无形资产核算,建筑物作为固定资产核算,不能单独分开确认的,一并确认为固定资产;③用于已出租或持有并准备增值后转让的土地使用权,作为投资性房地产核算。

房地产开发企业:将土地使用权用于建造对外出售的商品房,作为房地产开发企业的存货处理,不计入无形资产中。

(6)特许权。特许权是指企业经批准在一定区域内,以一定的形式生产经营某种特定商品的权利。特许权可以是政府授予的,也可以是某单位或个人授予的。前者一般是由政府机构授权,准许企业使用或在一定地区享有经营某种业务的特权,如水电、邮电通信等专营权、烟草专卖权等;后者是企业间依照签订的合同,有限期或无限期使用另一家企业的某些权利,如连锁店分店使用总店的名称等。通常在特许权转让合同中规定了特许权转让的期限、转让人和受让人的权利和义务。转让人一般要向受让人提供商标、商号等使用权,传授专有技术,并负责培训营业人员,提供经营所必需的设备和特殊原料。受让人则需要向转让人支付取得特许权的费用,开业后则按营业收入的一定比例或其他计算方法支付享用特许权的费用。

2) 按来源途径分类

无形资产按其来源途径,可以分为外来无形资产和自创无形资产。

(1) 外来无形资产。外来无形资产是指企业通过从国内外科研单位及其他企业购进、接受投资等方式从企业外部取得的无形资产。

(2) 自创无形资产。自创无形资产是指企业自行开发、研制的无形资产。

3) 按经济寿命期限分类

无形资产按是否具备确定的经济寿命期限,可以分为期限确定的无形资产和期限不确定的无形资产。

(1) 期限确定的无形资产。期限确定的无形资产是指在有关法律中规定有最长有效期限的无形资产,如专利权、商标权、著作权、土地使用权和特许权等这些无形资产在法律规定的有效期限内受法律保护,有效期满时,如果企业未继续办理有关手续,将不再受法律保护。

(2) 期限不确定的无形资产。期限不确定的无形资产是指没有相应法律规定其有效期限,其经济寿命难以预先准确估计的无形资产,如非专利技术。这些无形资产的经济寿命取决于技术进步的快慢以及技术保密工作的好坏等因素。当新的可替代技术成果出现时,旧的非专利技术自然贬值,当技术不再是秘密时,也就无价值可言。

8.2 无形资产初始计量

无形资产通常按照实际成本进行初始计量,即以取得无形资产并使之达到预定用途而发生的全部支出作为无形资产的成本。对于不同来源取得的无形资产,其成本构成也不相同。

8.2.1 外购的无形资产

企业购入无形资产的实际成本,包括购买价款、相关税费以及直接归属于使该项资产达到预定用途所发生的如律师费、咨询费、公证费、鉴定费、注册登记费等其他支出。

下列各项不包括在无形资产的初始成本中:

(1) 为引入新产品进行宣传发生的广告费、管理费用及其他间接费用。

(2) 无形资产已经达到预定用途以后发生的费用。

例如,在形成预定经济规模之前发生的初始运作损失,以及在无形资产达到预定用途之前发生的其他经营活动的支出。如果该经营活动并非无形资产达到预定用途必不可少的,则有关经营活动的损益应于发生时计入当期损益,而不构成无形资产的成本。

企业应根据购入无形资产的实际成本,借记"无形资产"科目;根据支付的增值税税额,借记"应交税费——应交增值税(进项税额)"科目;根据支付的全部价款,贷记"银行存款"等科目。

【例 8-1】 卓段制造为增值税一般纳税人,2×23 年 1 月 1 日购入一项专利权,不含增值税价款为 5 000 000 元,增值税税额为 300 000 元,款项以银行存款支付。根据上述资料,编制会计分录如下:

借：无形资产	5 000 000
应交税费——应交增值税(进项税额)	300 000
贷：银行存款	5 300 000

【例 8-2】　卓段制造为增值税一般纳税人,2×23 年 1 月 5 日从外单位购入一项产品包装专利,以银行存款支付买价 8 000 元,支付公证费、律师费共 2 000 元。不考虑增值税等其他相关因素,根据上述资料,编制会计分录如下：

| 借：无形资产 | 10 000 |
| 贷：银行存款 | 10 000 |

如果购入的无形资产超过正常信用条件延期支付价款,实质上具有融资性质的,应按所取得无形资产购买价款的现值计量其成本,现值与应付价款之间的差额作为未确认的融资费用,在付款期间内按照实际利率法确认为利息费用。

【例 8-3】　2×23 年 1 月 8 日,卓段制造从在履制造购买一项商标权,由于卓段制造资金周转比较紧张,经与在履制造协议采用分期付款方式支付款项。合同规定,该项商标权总计 1 000 万元,每年末付款 200 万元,5 年付清。假定银行同期贷款利率为 5%。为了简化核算,假定不考虑其他相关税费(已知 5 年期利率为 5%,其年金现值系数为 4.329 5)。卓段制造的有关计算如表 8-1 所示。

表 8-1　未确认融资费用　　　　　　　　　　　金额单位:万元

年限	融资余额	利率	本年利息 融资余额×利率	付款	还本付款—利息	未确认融资费用 上年余额—本年利息
0	865.90	—	—	—	—	134.10
1	709.19	5%	43.30	200.00	156.70	90.80
2	544.65	5%	35.46	200.00	164.54	55.34
3	371.88	5%	27.23	200.00	172.77	28.11
4	190.48	5%	18.59	200.00	181.41	9.52
5	0	5%	9.52	200.00	190.48	0
合计			134.10	1 000.00	865.90	

卓段制造的账务处理如下：

无形资产现值＝1 000×20%×4.329 5＝865.90(万元)

未确认的融资费用＝1 000－865.90＝134.10(万元)

借：无形资产——商标权	8 659 000
未确认融资费用	1 341 000
贷：长期应付款	10 000 000

(1) 2×23 年年末付款时：

| 借：长期应付款 | 2 000 000 |
| 贷：银行存款 | 2 000 000 |

借：财务费用	433 000	
贷：未确认融资费用		433 000

（2）2×24年年末付款时：

借：长期应付款	2 000 000	
贷：银行存款		2 000 000

借：财务费用	354 600	
贷：未确认融资费用		354 600

（3）2×25年年末付款时：

借：长期应付款	2 000 000	
贷：银行存款		2 000 000

借：财务费用	272 300	
贷：未确认融资费用		272 300

（4）2×26年年末付款时：

借：长期应付款	2 000 000	
贷：银行存款		2 000 000

借：财务费用	185 900	
贷：未确认融资费用		185 900

（5）2×27年年末付款时：

借：长期应付款	2 000 000	
贷：银行存款		2 000 000

借：财务费用	95 200	
贷：未确认融资费用		95 200

8.2.2　自行研究开发的无形资产

通常情况下，企业自创商誉及企业内部产生的无形资产不确认为无形资产，如企业内部产生的品牌、报刊名等。但是，由于确定研究与开发费用是否符合无形资产的定义和相关特征（如可辨认性）、能否或者何时能够为企业产生预期未来经济利益，以及成本能否可靠地计量尚存在不确定因素，研究与开发活动发生的费用，除了要遵循无形资产确认和初始计量的一般要求，还需要满足其他特定的条件，才能够确认为一项无形资产。首先，为评价内部产生的无形资产是否满足确认标准，企业应当将资产的形成过程分为研究阶段与开发阶段两部分。其次，对于开发过程中发生的费用，在符合一定条件的情况下，才可确认为一项无形资产。在实务工作中，具体划分为研究阶段与开发阶段，以及是否符合资本化的条件，应当根据企业的实际情况以及相关信息予以判断。

企业自行研究开发无形资产，应当区分研究阶段支出与开发阶段支出。

8.2.2.1　研究阶段支出

1）研究阶段的特点

研究是指为获取并理解新的科学或技术知识而进行的独创性的有计划调查。研究活动包括：为获取知识而进行的活动；研究成果或其他知识的应用研究、评价和最终选择材料、设备、产品、工序、系统或服务替代品的研究；新的或经改进的材料、设备、产品、工序、系统或服务的可能替代品的配制、设计、评价和最终选择等。

研究阶段的特点在于有计划性、有探索性。计划性是指研发项目已经董事会或者相关管理层的批准，并着手收集相关资料、进行市场调查等。例如，某药品公司为研究开发某药品，经董事会或者相关管理层的批准，有计划地收集相关资料、进行市场调查比较市场中相关药品的药性、效用等活动。探索性是指为进一步的开发活动进行资料及相关方面的准备，在这一阶段不会形成阶段性成果。

2) 研究阶段的账务处理

根据研究阶段的特点来看，将来是否能够转入开发、开发后是否会形成无形资产等具有较大的不确定性。为此，企业研究阶段发生的支出，应全部予以费用化，期末结转到当期损益。企业应根据自行研发项目在研究阶段发生的支出，借记"研发支出——费用化支出""应交税费——应交增值税（进项税额）"科目，贷记有关科目；期末应根据发生的全部研究支出，借记"管理费用——研发费用"科目，贷记"研发支出——费用化支出"科目。

8.2.2.2　开发阶段支出

1) 开发阶段的特点

开发是指在进行商业性生产或使用前，将研究成果或其他知识应用于某项计划或设计，以生产出新的或具有实质性改进的材料、装置、产品等。开发活动包括：生产前或使用前的原型和模型的设计、建造和测试；含新技术的工具、夹具、模具和冲模的设计；不具有商业性生产经济规模的试生产设施的设计、建造和运营；新的或经改造的材料、设备、产品、工序、系统或服务所选定的替代品的设计、建造和测试等。

开发阶段相对研究阶段而言，应当是完成了研究阶段的工作，在很大程度上形成一项新产品或新技术的基本条件已经具备。由于开发阶段相对于研究阶段更进一步，相对于研究阶段来讲，进入开发阶段，则很大程度上形成一项新产品或新技术的基本条件已经具备，此时如果企业能够证明满足无形资产的定义及相关确认条件，所发生的开发支出可资本化，确认为无形资产的成本。

2) 开发阶段的账务处理

企业自行研发项目在开发阶段发生的支出，同时满足下列条件的，应当予以资本化：

（1）完成该无形资产以使其能够使用或出售在技术上具有可行性。企业在判断是否满足该条件时，应以目前阶段的成果为基础，说明在此基础上进一步进行开发所需的技术条件等已经具备，基本上不存在技术上的障碍或其他不确定性。企业在判断时，应提供相关的证据和材料。

（2）具有完成该无形资产并使用或出售的意图。开发某项产品或专利技术产品等，是使用或出售通常是根据管理当局决定该项研发活动的目的或者意图所决定，即研发项目形成成果以后，是为出售，还是为自己使用并从使用中获得经济利益，应当以管理当局意图而定。因此，企业的管理当局应能够说明其持有拟开发无形资产的目的，并具有完成该项无形资产开发并使其能够使用或出售的可能性。

（3）无形资产产生经济利益的方式，包括能够证明运用该无形资产生产的产品存在市场或无形资产自身存在市场，无形资产将在内部使用的，应当证明其有用性。作为无形资产确认,其基本条件是能够为企业带来未来经济利益。就其能够为企业带来未来经济利益的方式来讲,如果有关的无形资产在形成以后,主要是用于形成新产品或新工艺的,企业应对运用该无形资产生产的产品市场情况进行估计,应能够证明所生产的产品存在市场,并能够带来经济利益的流入;如果有关的无形资产开发以后主要是用于对外出售的,则企业应能够证明市场上存在对该类无形资产的需求,开发以后存在外在的市场可以出售并带来经济利益的流入;如果无形资产开发以后,不是用于生产产品,也不是用于对外出售,而是在企业内部使用的,则企业应能够证明在企业内部使用时对企业的有用性。

(4) 有足够的技术、财务资源和其他资源支持,以完成该无形资产的开发并有能力使用或出售该无形资产。这一条件主要包括:第一,为完成该项无形资产开发具有技术上的可靠性。开发的无形资产并使其形成成果在技术上的可靠性,是继续开发活动的关键。因此,必须有确凿证据证明企业继续开发该项无形资产有足够的技术支持和技术能力。第二,财务资源和其他资源支持。财务和其他资源支持是能够完成该项无形资产开发的经济基础,因此,企业必须能够证明为完成该项无形资产的开发所需的财务和其他资源,是否能够足以支持完成该项无形资产的开发。第三,能够证明企业在开发过程中所需的技术、财务和其他资源,以及企业获得这些资源的相关计划等。例如,在企业自有资金不足以提供支持的情况下,是否存在外部其他方面的资金支持,如银行等金融机构愿意为该无形资产的开发提供所需资金的声明等来证实,并有能力使用或出售该无形资产。

(5) 归属于该无形资产开发阶段的支出能够可靠地计量。企业对于开发活动发生的支出应单独核算,如发生的开发人员的工资、材料费等。在企业同时从事多项开发活动的情况下,所发生的支出同时用于支持多项开发活动的,应按照一定的标准在各项开发活动之间进行分配,无法明确分配的,应予费用化计入当期损益,不计入开发活动的成本。

企业开发阶段发生的符合上述条件的资本化支出,应借记"研发支出——资本化支出""应交税费——应交增值税(进项税额)"科目,贷记"原材料""应付职工薪酬"等科目;在无形资产达到预定可使用用途时,应根据发生的全部资本化支出,借记"无形资产"科目,贷记"研发支出——资本化支出"科目。企业开发阶段发生的费用化支出,其核算方法与研究阶段发生支出的核算方法相同。

8.2.2.3 研究阶段与开发阶段的不同点

(1) 目标不同。研究阶段一般目标不具体,不具有针对性;而开发阶段多是针对具体目标、产品、工艺等。

(2) 对象不同。研究阶段一般很难具体化到特定项目上;而开发阶段往往形成对象化的成果。

(3) 风险不同。研究阶段的成功概率很难判断,一般成功率很低,风险比较大;而开发阶段的成功率较高,风险相对较小。

(4) 结果不同。研究阶段的结果多是研究报告等基础性成果;而开发阶段的结果则多是具体的新技术、新产品等。

无法区分研究阶段支出和开发阶段支出的,应当将其所发生的研发支出全部费用化。

【例8-4】 2×23年1月1日,卓段制造自行研发一项专利技术,研究阶段与开发阶段发生材料费2 000元、人工工资4 000元以及其他费用5 000元,合计11 000元。其中,符合资本化条件的支出为6 400元;开发成功后发生注册登记费16 000元,均以银行存款支付。其账务

处理如下:

(1) 发生各项支出:

借:研发支出——费用化支出 4 600
　　　　　　——资本化支出 6 400
　　贷:原材料 2 000
　　　　应付职工薪酬 4 000
　　　　银行存款 5 000

(2) 期末结转费用化支出:

借:管理费用 4 600
　　贷:研发支出——费用化支出 4 600

(3) 登记注册后:

借:无形资产 22 400
　　贷:研发支出——资本化支出 6 400
　　　　银行存款 16 000

8.3　无形资产的摊销

8.3.1　无形资产摊销期限

企业应当于取得无形资产时分析判断其使用寿命,将其分为使用寿命有限的无形资产或使用寿命不确定的无形资产。无形资产的使用寿命如为有限的,应当估计该使用寿命的年限或者构成使用寿命的产量等类似计量单位数量;无法预见无形资产为企业带来未来经济利益期限的,应当视为使用寿命不确定的无形资产。

估计无形资产使用寿命应考虑的主要因素包括:

(1) 该资产通常的产品寿命周期,以及可获得的类似资产使用寿命的信息。

(2) 技术、工艺等方面的现实情况及对未来发展的估计。

(3) 以该资产在该行业运用的稳定性和生产的产品或服务的市场需求情况。

(4) 现在或潜在的竞争者预期采取的行动。

(5) 为维持该资产产生未来经济利益的能力所需要的维护支出,以及企业预计支付有关支出的能力。

(6) 对该资产的控制期限,以及对该资产使用的法律或类似限制,如特许使用期间、租赁期间等。

(7) 与企业持有的其他资产使用寿命的关联性等。

8.3.2　使用寿命有限的无形资产

使用寿命有限的无形资产,应当估计该使用寿命的年限或者构成使用寿命的产量等类似计量单位数量。其应摊销金额应当在使用寿命内系统合理摊销,如果预计使用寿命超过了相

关合同规定的受益年限或法律规定的有效年限,无形资产的摊销期限一般按下列原则确定:

(1) 合同规定了受益年限,而法律未规定有效年限,摊销年限以合同规定的受益期限为上限。

(2) 合同未规定受益年限,而法律规定了有效年限,摊销年限以法定有效年限为上限。

(3) 合同规定了受益年限,同时法律也规定了有效年限,摊销年限以受益年限与有效年限中较短者为上限。

8.3.3 使用寿命不确定的无形资产

没有明确的合同或法律规定无形资产的使用寿命的,企业应当综合各方面情况。例如,企业经过努力,聘请相关专家进行论证、与同行业的情况进行比较以及参考企业的历史经验等,来确定无形资产为企业带来未来经济利益的期限。如果经过这些努力,仍无法合理确定无形资产为企业带来经济利益的期限的,才能将该无形资产作为使用寿命不确定的无形资产。例如,企业取得了一项在过去几年市场份额领先的畅销产品的商标。该商标按照法律规定还有5年的使用寿命,但是在保护期届满时,企业可每10年以较低的手续费申请延期,同时有证据表明企业有能力申请延期。此外,有关的调查表明,根据产品生命周期、市场竞争等方面情况综合判断,该品牌将在不确定的期间内为企业产生现金流量。综合各方面情况,该商标可视为使用寿命不确定的无形资产。又如,企业通过公开拍卖取得一项出租车运营许可,按照所在地规定,以现有出租运营许可为限,不再授予新的运营许可,而且在旧的出租车报废以后,有关的运营许可可用于新的出租车。企业估计在有限的未来,将持续经营出租车行业。从目前情况看,该运营许可为企业带来未来经济利益的期限无法可靠估计。因此,应视其为使用寿命不确定的无形资产。

无法预见无形资产为企业带来未来经济利益期限的,应当视为使用寿命不确定的无形资产。使用寿命不确定的无形资产不应摊销,但应在每一个会计期末进行减值测试。

企业应当在每个会计期间对使用寿命不确定的无形资产的使用寿命进行复核。如果有证据表明无形资产的使用寿命是有限的,应当估计其使用寿命,并按《企业会计准则第6号——无形资产》规定处理。

8.3.4 摊销起止时间

企业当月新增的无形资产,当月开始摊销;当月减少的无形资产,当月不摊销。

8.3.5 无形资产的摊销方法

无形资产的摊销方法,应当反映与该项无形资产有关的经济利益的预期实现方式,可以采用年限平均法、工作量法、双倍余额递减法和年数总和法等。无法可靠确定预期实现方式的,应当采用年限平均法摊销。

无形资产的应摊销金额为其成本扣除预计残值后的金额。已计提减值准备的无形资产,还应扣除已计提的无形资产减值准备累计金额。使用寿命有限的无形资产,如果有第三方承诺在无形资产使用寿命结束时购买该无形资产,或根据活跃市场得到预计残值信息,并且该市场在无形资产使用寿命结束时很可能存在,则可以预计其净残值;否则,其残值应当视为零。

企业至少应当于每年年度终了,对使用寿命有限的无形资产的使用寿命及摊销方法进行复核。如果有证据表明无形资产的使用寿命及摊销方法与以前估计不同的,应当改变其摊销年限和摊销方法,并按照会计估计变更进行会计处理。例如,企业使用的某项非专利技术,原预计使用寿命为 5 年,使用至第 2 年年末,该企业计划再使用 2 年即不再使用,为此,企业应当在第 2 年年末变更该项无形资产的使用寿命,并作为会计估计变更进行处理。又如,某项无形资产计提了减值准备,这可能表明企业原估计的摊销期限需要作出变更。

对于使用寿命不确定的无形资产,如果有证据表明其使用寿命是有限的,则应视为会计估计变更,应当估计其使用寿命并按照使用寿命有限的无形资产的处理原则进行处理。

企业对无形资产摊销,应设置"累计摊销"这一资产类备抵科目。无形资产的摊销一般应计入当期损益,但如果某项无形资产是专门用于生产某种产品或者其他资产,其所包含的经济利益是通过转入所生产的产品或其他资产中实现的,则无形资产的摊销费用应当计入相关资产的成本。例如,某项专门用于生产过程中的专利技术,其摊销费用应构成所生产产品成本的一部分,计入制造该产品的制造费用。摊销无形资产价值时,应借记"管理费用""制造费用""其他业务成本"等科目,贷记"累计摊销"科目。

【例 8-5】　承接[例 8-1],卓段制造取得该项专利权专门用于企业产品生产,估计经济有效期为 10 年,预计净残值为零,采用年限平均法进行摊销。相关账务处理如下:

年摊销金额＝5 000 000÷10＝500 000(元)

借：制造费用　　　　　　　　　　　　　　　　　　　　　　　　　　　　　　500 000
　　贷：累计摊销　　　　　　　　　　　　　　　　　　　　　　　　　　　　　　500 000

若上述条件改变,卓段制造取得该项专利权自用,法律规定有效年限为 20 年,合同规定的收益年限为 10 年,预计净残值为零,采用年限平均法进行摊销。相关账务处理如下:

合同规定了受益年限,同时法律也规定了有效年限,摊销年限以受益年限与有效年限中较短者为上限,因此专利权使用寿命为 10 年。

年摊销金额＝5 000 000÷10＝500 000(元)

借：管理费用　　　　　　　　　　　　　　　　　　　　　　　　　　　　　　500 000
　　贷：累计摊销　　　　　　　　　　　　　　　　　　　　　　　　　　　　　　500 000

8.4　无形资产的期末计价

每年年末,企业应对无形资产的账面价值进行检查。如果出现减值迹象,应对无形资产的可收回金额进行估计。减值迹象判断与固定资产减值迹象判断相同,这里不再赘述。可收回金额应当根据无形资产的公允价值减去处置费用后的净额与无形资产预计未来现金流量的现值两者之间较高者确定。

无形资产可收回金额的计量结果表明,资产的可收回金额低于其账面价值的,说明无形资产已经发生减值,应对其计提减值准备,企业应当将资产的账面价值减记至可收回金额,借记"资产减值损失"科目,贷记"无形资产减值准备"科目。

无形资产减值损失确认后,减值无形资产的摊销费用应当在未来期间作相应调整,以使该无形资产在剩余使用寿命内,系统地分摊调整后的无形资产账面价值。

无形资产减值损失一经确认,在以后会计期间不得转回。

【例 8-6】 2×21 年 1 月 1 日,卓段制造购入一项专有技术用于自用,实际成本为 600 000 元,预计使用寿命为 5 年,预计净残值为零,采用年限平均法计提折旧。2×23 年 12 月 31 日,该项专有技术发生减值,预计未来现金流量的现值为 230 000 元,公允价值为 210 000 元。假定不考虑增值税和其他相关税费因素。根据以上资料,相关账务处理如下:

(1) 2×21 年 1 月 1 日购入无形资产:

借:无形资产	600 000
贷:银行存款	600 000

(2) 2×21 年 12 月 31 日无形资产摊销:

年摊销金额＝600 000÷5＝120 000(元)

借:管理费用	120 000
贷:累计摊销	120 000

2×22 年 12 月 31 日、2×23 年 12 月 31 日摊销分录与 2×21 年相同。

(3) 2×23 年 12 月 31 日计提减值损失:

可收回金额＝230 000(元)

无形资产账面余额＝600 000－120 000×3＝240 000(元)

可收回金额小于账面余额。

应计提的减值准备＝240 000－230 000＝10 000(元)

借:资产减值损失	10 000
贷:无形资产减值准备	10 000

【例 8-7】 2×23 年 1 月 1 日,卓段制造购入一项市场领先的畅销产品的商标,成本为 6 000 万元,该商标按照法律规定还有 5 年的使用寿命。但是在保护期届满时,卓段制造可每 10 年以较低的手续费申请延期,同时,卓段制造有充分的证据表明其有能力申请延期。此外,有关调查表明,根据产品生命周期、市场竞争等方面情况综合判断,该商标将在不确定的期间内为企业带来现金流量。根据上述情况,该商标可视为使用寿命不确定的无形资产,在持有期间内不需要进行摊销。2×24 年年末,卓段制造对该商标按照资产减值的原则进行减值测试,经测试表明该商标已发生减值。2×24 年年末,该商标的公允价值为 4 000 万元。卓段制造的账务处理如下:

(1) 2×23 年购入商标时:

借:无形资产——商标权	60 000 000
贷:银行存款	60 000 000

(2) 2×24 年发生减值时:

减值损失＝60 000 000－40 000 000＝20 000 000(元)

借:资产减值损失	20 000 000
贷:无形资产减值准备——商标权	20 000 000

8.5 无形资产的处置

无形资产的处置方式有出售、对外出租、对外捐赠、报废。本节重点介绍无形资产出售和报废的账务处理。

8.5.1 无形资产出售

无形资产出售是指将无形资产的所有权转让给他人,即在出售以后,企业不再对该项无形资产拥有占有、使用、收益、处置的权利。

企业出售无形资产时,应该确定取得的价款,注销无形资产账面价值,并确定处置的利得或损失,应按出售无形资产的全部价款,借记"银行存款"等科目;按应缴纳的增值税,贷记"应交税费——应交增值税(销项税额)"科目;已累计摊销额,借记"累计摊销"科目;无形资产的原始价值,贷记"无形资产"科目(如果计提了减值准备,还应借记"无形资产减值准备"科目);按其差额,借记或贷记"资产处置损益"科目。

【例 8-8】 卓段制造于 2×23 年 8 月 6 日将拥有的一项专利技术出售给 B 企业,该专利技术的成本为 600 000 元,已计提累计摊销 360 000 元,已计提减值准备 10 000 元。出售价款为 350 000 元,相应的增值税税额为 21 000 元(350 000×6%),款项合计 371 000 元,款项存入银行。根据上述资料,卓段制造账务处理如下:

借:银行存款		371 000
累计摊销		360 000
无形资产减值准备		10 000
贷:无形资产		600 000
应交税费——应交增值税(销项税额)		21 000
资产处置损益		120 000

8.5.2 无形资产报废

如果无形资产预期不能为企业带来经济利益,或该无形资产已被其他新技术所代替,则应将其报废并予以转销,其账面价值转作当期损益,应将累计摊销额,借记"累计摊销"科目;按照计提的减值准备,借记"无形资产减值准备"科目;按照原始价值,贷记"无形资产"科目;按照账面价值,借记"营业外支出"科目。

【例 8-9】 卓段制造于 2×23 年 9 月 30 日报废一项专利技术,原因是该专利技术已经被先进的技术所替代,使用该专利技术生产的产品已经没有市场。该专利技术在报废时,账面价值为 20 000 元,其中原值为 60 000 元,已计提累计摊销 30 000 元,已计提减值准备 10 000 元。根据上述资料,账务处理如下:

借:营业外支出		20 000
累计摊销		30 000
无形资产减值准备		10 000
贷:无形资产		60 000

8.5.3 无形资产出租

企业将所拥有的无形资产的使用权让渡给他人,并收取租金,属于与企业日常活动相关的其他经营活动取得的收入,在满足收入确认条件的情况下,应确认相关的收入及成本,并通过其他业务收支科目进行核算。让渡无形资产使用权而取得的租金收入,借记"银行存款"等科目,贷记"其他业务收入"等科目;摊销出租无形资产的成本并发生与出租有关的各种费用支出时,借记"其他业务成本"科目,贷记"累计摊销"等科目。

【例8-10】 2×23年1月1日,卓段制造将一项专利技术出租给在履制造使用,该专利技术账面余额为500万元,摊销期限为10年,出租合同规定,承租方每销售一件用该专利生产的产品,必须付给出租方10万元专利技术使用费。假定在履制造当年销售该产品10件(不考虑相关税费),卓段制造的账务处理如下:

(1)取得该项专利技术使用费:

借:银行存款   1 000 000
　　贷:其他业务收入   1 000 000

(2)按年对该项专利技术进行摊销:

借:其他业务成本   500 000
　　贷:累计摊销   500 000

 章节测试

一、复习思考题

1. 简述无形资产的特征。

2. 自行研究开发无形资产在开发阶段发生的支出应予以资本化的条件是什么?

3. 无形资产的分类有哪些?

二、单选题

1. 2×23年5月15日,甲公司以银行存款600万元外购一项专利技术用于A产品的生产,为有效使用该专利技术发生培训费5万元,发生无形资产测试费6万元,宣传A产品发生广告费4万元,另支付相关税费2万元。2×23年8月30日无形资产达到预定用途,当日该专利技术的入账价值为(   )万元。

A. 608   B. 612   C. 613   D. 617

2. 2×23年4月,甲公司以300万元将A特许权对外出售。A特许权系甲公司于2×21年5月购入,实际支付买价700万元,另支付相关费用20万元。A特许权的摊销年限为5年,预计净残值为零,采用直线法摊销。甲公司出售该A特许权形成的资产处置损益为(   )万元。

A. −144   B. −132   C. −131.67   D. −120

3. 2×23年1月1日,某企业开始自行研究开发一套软件,研究阶段发生支出30万元,开发阶段发生支出125万元,开发阶段的支出均满足资本化条件。4月15日,该软件开发成功并依法申请了专利,支付相关手续费1万元。不考虑其他因素,该项无形资产的入账价值为

(　　)万元。

  A. 126   B. 155   C. 125   D. 156

  4. 甲公司一项无形资产的账面原值为 2 000 万元,摊销年限为 10 年,预计净残值为零,采用直线法摊销,截至 2×23 年 12 月 31 日已摊销 5 年。2×23 年 12 月 31 日经减值测试,该无形资产的可收回金额为 650 万元。假设不考虑其他因素,2×23 年 12 月 31 日该项无形资产应计提的减值准备为(　　)万元。

  A. 800   B. 50   C. 750   D. 350

  5. 2×23 年 9 月,某制造业企业转让一项专利权,开具的增值税专用发票上注明的价款为 200 万元,增值税税额为 12 万元,全部款项已存入银行。该专利权成本为 150 万元,已摊销 110 万元。假设不考虑其他因素,该企业转让专利权对利润总额的影响金额为(　　)万元。

  A. 160   B. −160   C. −172   D. 172

  6. 甲公司为房地产开发企业,发生的相关交易或事项如下:①经拍卖取得一块土地,甲公司拟在该土地上建造一栋办公楼;②经与乙公司交换资产取得土地使用权,甲公司拟在该土地上建造商品房;③购入一栋厂房和土地的公允价值均能可靠计量;④将原自用的土地改为出租。假设不考虑其他因素,下列各项关于甲公司持有土地会计处理的表述中,不正确的是(　　)。

  A. 购入厂房取得的土地确认为固定资产

  B. 交换取得用于建造商品房的土地确认为存货

  C. 将自用改为出租的土地从租赁期开始日起确认为投资性房地产

  D. 拍卖取得用于建造办公楼的土地确认为无形资产

  7. 下列各项中,不应确认为企业无形资产的是(　　)。

  A. 外购的用于建造自用厂房的土地使用权

  B. 内部产生但尚未申请商标权的品牌

  C. 外购的专利权

  D. 收到投资者投入的非专利技术

  8. 下列各项关于企业土地使用权的会计处理的表述中,不正确的是(　　)。

  A. 工业企业持有并准备增值后转让的土地使用权作为投资性房地产核算

  B. 工业企业将购入的用于建造办公楼的土地使用权作为无形资产核算

  C. 工业企业将租出的土地使用权作为无形资产核算

  D. 房地产开发企业将购入的用于建造商品房的土地使用权作为存货核算

  9. 下列各项企业自行研发专利技术发生的支出中,应计入无形资产入账价值的是(　　)。

  A. 为有效使用自行研发的专利技术而发生的培训费用

  B. 研究阶段发生的支出

  C. 无法区分研究阶段和开发阶段的支出

  D. 专利技术的注册登记费

  10. 下列各项关于企业无形资产残值会计处理的表述中,不正确的是(　　)。

  A. 无形资产残值的估计应以其处置时的可收回金额为基础

  B. 预计残值发生变化的,应对已计提的摊销金额进行调整

  C. 无形资产预计残值高于其账面价值时,不再摊销

  D. 资产负债表日应当对无形资产的残值进行复核

三、计算分析题

1. 2×23 年 7 月 1 日,甲公司开始自行研发 A 非专利技术用于生产新产品。其中,研究阶段耗用原材料 100 万元、应付研发人员薪酬 400 万元、计提研发专用设备折旧 200 万元,开发阶段耗用原材料 700 万元、应付研发人员薪酬 900 万元、计提研发专用设备折旧 600 万元,上述研发支出均满足资本化条件。2×24 年 1 月 1 日,该非专利技术研发成功并达到预定用途。甲公司无法合理估计该非专利技术的使用寿命。2×25 年 12 月 31 日,经减值测试,该非专利技术发生减值 60 万元。2×26 年 7 月 1 日,甲公司以 2 000 万元将 A 非专利技术对外出售,款项已收存银行。

要求:根据上述资料,不考虑增值税等相关税费及其他因素,编制相关会计分录,"研发支出"科目应写出必要的明细科目。

2. 甲公司为增值税一般纳税人。2×23 年 2 月 1 日,甲公司自行研究开发一项非专利技术,发生研发支出 10 000 元,支付增值税税额 1 300 元,相关支出均不符合资本化条件,款项以银行存款支付,2 月末该研发活动完成研究阶段。5 月 1 日,该非专利技术进入开发阶段,发生研发人员薪酬 50 000 元、计提专用设备折旧费 1 000 元、耗用原材料 9 000 元,均以银行存款支付,符合资本化条件。2×23 年 6 月 1 日,研发活动结束,经调试达到预定用途并交付行政管理部门使用。甲公司预计非专利技术预计使用年限为 5 年,预计净残值为零,采用年限平均法摊销。2×26 年 12 月 31 日,非专利技术出现减值迹象,经测试可收回金额为 15 000 元。

要求:根据上述资料,不考虑其他因素,编制会计分录。

3. 甲公司(增值税一般纳税人)有无形资产业务如下:

(1) 2×20 年 1 月 1 日购入一项管理用无形资产,取得的增值税专用发票注明的价款为 2 000 万元,增值税税额为 120 万元(适用的增值税税率为 6%)。该无形资产有效使用年限为 8 年,甲公司估计使用年限为 5 年,采用直线法摊销,无残值。

(2) 2×21 年 12 月 31 日,由于与该无形资产相关的经济因素发生不利变化,致使其发生减值,甲公司估计可收回金额 900 万元。计提减值准备后原预计使用年限、残值和摊销方法不变。

(3) 假定不考虑其他税费,甲公司按年对无形资产进行摊销。

要求:

(1) 计算 2×20 年无形资产的摊销金额,并编制相关会计分录。

(2) 计算 2×21 年 12 月 31 日计提无形资产减值准备的金额,并编制相关会计分录。

(3) 计算 2×22 年无形资产的摊销金额,并编制相关会计分录。

第 9 章

投资性房地产

教学目的和要求

了解投资性房地产的性质;掌握投资性房地产出租收入的核算;掌握投资性房地产两种后续计量的核算;掌握投资性房地产转换的核算;理解投资性房地产后续计量模式转换的核算。

教学重点和难点

重点:投资性房地产两种后续计量的核算。

难点:投资性房地产转换、投资性房地产后续计量模式转换。

课程思政

重点讲解后续计量模式公允价值模式不能转为成本模式的原因,投资性房地产转换差额计入公允价值变动损益或其他综合收益情况的原因。引导学生将投资性房地产管理和岗位要求的职业规范结合,爱岗敬业,坚守准则,提升专业技能。

9.1 投资性房地产概述

9.1.1 投资性房地产的概念

投资性房地产是指为赚取租金或资本增值,或两者兼有而持有的房地产。投资性房地产应当能够单独计量和出售。

从定义可以看出,投资性房地产是有别于企业自用的房地产和房地产开发企业作为存货的房地产。企业自用的房地产是企业自用的厂房、办公楼等生产经营场所,企业应当将其作为固定资产或无形资产处理。作为存货的房地产是房地产开发企业销售的或为销售而正在开发的商品房和土地,是房地产企业的开发产品,应当作为存货处理。与自用房地产和作为存货的房地产相比,投资性房地产要么是让渡房地产使用权以赚取使用费收入,要么是持有并准备增值赚取增值收益,这使得投资性房地产在一定程度上具备了金融资产的属性,所以需要作为一项单独的资产予以确认、计量和列报。也正因为如此,投资性房地产的计量模式有别于固定资产和存货的计量模式,企业可以选择成本模式或公允价值模式对投资性房地产进行后续计量。其中,公允价值模式的处理原则与交易性金融资产的处理原则基本一致。

在实务中,存在某项房地产部分自用或作为存货出售、部分用于赚取租金或资本增值的情形。如某项投资性房地产不同用途的部分能够单独计量和出售的,应当分别确认为固定资产、无形资产、存货和投资性房地产。例如,甲房地产开发商建造了一栋商住两用楼盘,一层出租给一家大型超市,已签订租赁合同;其余楼层均为普通住宅,正在公开销售中。这种情况下,如果一层商铺能够单独计量和出售,应当确认为甲企业的投资性房地产,其余楼层为甲企业的存货,即开发产品。

9.1.2 投资性房地产的范围

投资性房地产适用《企业会计准则第 3 号——投资性房地产》,该准则规定了投资性房地产的范围。

9.1.2.1 已出租的土地使用权

已出租的土地使用权包括自行开发完成后用于出租的土地使用权。用于出租的土地使用权是指企业通过出让或转让方式取得的土地使用权,并以经营租赁方式出租出去。企业计划用于出租但尚未出租的土地使用权,不属于此类。已出租的投资性房地产租赁期届满,因暂时空置但继续用于出租的,仍作为投资性房地产。企业以经营方式租入建筑物或土地使用权再转租给其他单位或个人的,不属于投资性房地产,也不能确认为企业的资产。母公司以经营租赁的方式向子公司租出房地产的,该项房地产应确认为母公司的投资性房地产。

9.1.2.2 持有并准备增值后转让的土地使用权

持有并准备增值后转让的土地使用权是指企业通过出让或转让方式取得并准备增值后转让的土地使用权。土地使用权在我国属于稀缺资源,国家严格限制与之相关的投机行为,因此在我国实务中,持有并准备增值后转让的土地使用权这种情况较少。

按照国家有关规定认定的闲置土地,不属于持有并准备增值后转让的土地使用权。

9.1.2.3 已出租的建筑物

已出租的建筑物包括自行建造或开发活动完成后用于出租的建筑物。企业在判断和确认已出租的建筑物时,应当把握以下要点:

(1)用于出租的建筑物是指企业拥有产权的建筑物。企业以经营租赁方式租入再转租的建筑物不属于投资性房地产。

(2)已出租的建筑物是企业已经与其他方签订了租赁协议,约定以经营租赁方式出租的建筑物。一般应自租赁协议规定的租赁期开始日起,经营租出的建筑物才属于已出租的建筑物。通常情况下,对企业持有以备经营出租的空置建筑物,如董事会或类似机构作出书面决议,明确表明将其用于经营租出且持有意图短期内不再发生变化的,即使尚未签订租赁协议,也应视为投资性房地产。

(3)企业将建筑物出租,按租赁协议向承租人提供的相关辅助服务在整个协议中不重大的,应当将该建筑物确认为投资性房地产。

9.1.2.4 非投资性房地产

下列各项不属于投资性房地产:

(1)自用房地产,即为生产商品、提供劳务或者经营管理而持有的房地产。例如,企业生产经营用的厂房、办公楼,企业拥有并自行经营的旅馆饭店。此外,企业出租给职工的自建宿舍楼,虽然按照市场价格收取租金,但是不属于投资性房地产。自建宿舍楼是间接为企业自身的生产经营服务,企业的初衷是为了满足职工的需求,不是为了收取租金,在会计上按固定资产核算。

（2）作为存货的房地产,通常是指房地产开发企业在正常经营过程中销售的或为销售而正在开发的商品房和土地。这部分商品房和土地属于房地产开发企业的存货,持有的目的是对外出售。

某项房地产,部分用于赚取租金或资本增值,部分用于生产商品、提供劳务或经营管理,能够单独计量和出售的,应该分别确认投资性房地产和固定资产（或无形资产、存货）;不能够单独计量和出售的、用于赚取租金或资本增值的部分,不确认为投资性房地产,而是整体作为固定资产（或无形资产、存货）。

9.1.3　投资性房地产的确认

投资性房地产只有在符合定义并同时满足下列条件时才能予以确认:

（1）与该投资性房地产有关的经济利益很可能流入企业。

（2）该投资性房地产的成本能够可靠地计量。

对已出租的土地使用权、已出租的建筑物,其作为投资性房地产的确认时点一般为租赁期开始日,即土地使用权、建筑物进入出租状态、开始赚取租金的日期。对持有并准备增值后转让的土地使用权,其作为投资性房地产的确认时点为企业将自用土地使用权停止自用、准备增值后转让的日期。

9.1.4　投资性房地产的管理要求

投资性房地产是企业的一种经营性活动,经营方式主要是出租赚取租金和持有并准备增值后转让获取资本增值。出租包括出租建筑物和土地使用权,其实质是在一定时期内让渡资产使用权的商业行为。投资性房地产的租金和资本增值高低,与国内外市场供求、经济发展、房地产市场波动、国家对房地产市场的管控及其政策变化等众多经济、政治、法律等因素影响紧密相关;加之,投资性房地产投资金额巨大、周期长,在持有期间管理难度大,客观存在以下较大风险:一是投资决策失误,引发盲目投资或丧失其他更有利的投资机会,可能导致资金链断裂或投资效益低下;二是资金占用过量、资金调度困难、营运不畅,可能导致企业陷入财务困境风险;三是出租经营活动管控不严,可能导致出租资产损坏或租金收取困难,甚至遭受欺诈欺骗等风险;四是当投资决策失当、管控不严等引发资金周转困难,又常常会引发盲目筹资和资本结构不合理或筹资困难,导致企业筹资成本过高或债务危机等。加强投资性房地产的会计核算与监督管理,提供真实、完整、准确、及时、详尽的会计资料,对于落实投资性房地产经管责任、提高管理效率和投资效益、防范投资风险等具有十分重要的作用和意义。

9.2　投资性房地产初始计量

企业取得的投资性房地产,不论是外购还是自行建造,均应按照取得成本进行初始计量。

9.2.1　外购的投资性房地产

外购的投资性房地产的取得成本包括购买价款、相关税费和直接归属于该资产的其他支出。企业取得投资性房地产时,应根据其入账价值,借记"投资性房地产"科目,根据可以抵扣的增值税税额,借记"应交税费——应交增值税(进项税额)"科目;根据支付的全部价款,贷记"银行存款"等科目。其取得成本的确认与计量方法与取得固定资产或无形资产的方法相同。

如采用公允价值模式计量,需要在"投资性房地产"科目下设置"成本"和"公允价值变动"两个明细科目。其中,"投资性房地产——成本"科目反映外购的土地使用权和建筑物发生的实际成本。

【例 9-1】 卓段制造为增值税一般纳税人,2×23 年 12 月 31 日购入一栋房屋,以银行存款支付全部买价 2 000 万元,增值税税率 9%,增值税税额 180 万元,合计 2 180 万元;购入当天立即与在履制造签订租赁合同,并将购入的房屋确认为投资性房地产。其账务处理如下:

借:投资性房地产——房屋	20 000 000
应交税费——应交增值税(进项税额)	1 800 000
贷:银行存款	21 800 000

9.2.2 自行建造的投资性房地产

自行建造投资性房地产的成本,由建造该项房地产达到预定可使用状态前发生的必要支出构成,具体包括土地开发费、建筑成本、安装成本、应予资本化的借款费用、支付的其他费用和分摊的间接费用等。

自行建造的投资性房地产,应按照确定的自行建造投资性房地产成本,借记"投资性房地产"科目,贷记"在建工程"或"开发产品"科目。

【例 9-2】 卓段制造为增值税一般纳税人,计划自行建造一栋房屋,建成后用于对外出租。2×23 年 1 月 3 日,卓段制造购买工程用的各种物资 1 000 万元,支付增值税 130 万元,物资全部用于房屋建设。支付工程人员工资 100 万元,支付工程价款 150 万元。2×23 年 12 月 31 日,工程完工达到预定可使用状态,卓段制造当天将房屋出租给在履制造。其账务处理如下:

借:工程物资	10 000 000
应交税费——应交增值税(进项税额)	1 300 000
贷:银行存款	11 300 000
借:在建工程	10 000 000
贷:工程物资	10 000 000
借:在建工程	1 000 000
贷:应付职工薪酬	1 000 000
借:在建工程	1 500 000
贷:银行存款	1 500 000

工程完工时:

投资性房地产入账价值＝1 000＋100＋150＝1 250(万元)

借:投资性房地产	12 500 000
贷:在建工程	12 500 000

9.2.3 投资性房地产的出租收入

投资性房地产对外出租取得的出租收入,属于其他业务收入。企业取得出租收入时,应根据收取的全部价款,借记"银行存款"等科目;根据确认的收入金额,贷记"其他业务收入"科目,根据收取的增值税税额,贷记"应交税费——应交增值税(销项税额)"科目。

【例 9-3】 承接[例 9-1],卓段制造每年年末收取租金 400 万元,增值税税额 36 万元,合计 436 万元。其账务处理如下:

借:银行存款 4 360 000
  贷:其他业务收入 4 000 000
      应交税费——应交增值税(销项税额) 360 000

9.3 投资性房地产的后续计量

投资性房地产的后续计量模式有成本模式和公允价值模式。一个企业的投资性房地产只能采用一种计量模式,计量模式一经确定,不得随意变更。

9.3.1 采用成本模式计量的投资性房地产

9.3.1.1 成本模式下投资性房地产会计科目

(1)"投资性房地产"科目。
(2)"投资性房地产累计折旧"科目。
(3)"投资性房地产累计摊销"科目。
(4)"投资性房地产减值准备"科目。

9.3.1.2 账务处理

采用成本模式进行后续计量的投资性房地产,应当按照《企业会计准则第 4 号——固定资产》或《企业会计准则第 6 号——无形资产》的有关规定,按期(月)计提折旧或摊销,借记"其他业务成本"等科目,贷记"投资性房地产累计折旧(摊销)"科目。取得的租金收入,借记"银行存款"等科目,贷记"其他业务收入"等科目。

投资性房地产存在减值迹象的,还应当适用资产减值的有关规定。经减值测试后确定发生减值的,应当计提减值准备,借记"资产减值损失"科目,贷记"投资性房地产减值准备"科目。如果已经计提减值准备的投资性房地产的价值又得以恢复,不得转回。

【例 9-4】 承接[例 9-1],卓段制造出租给在履制造的投资性房地产,采用成本模式进行后续计量。按直线法计提折旧,预计净残值为零,使用寿命为 5 年。出售后,第 3 年年末投资性房地产出现减值迹象,经减值测试,其可收回金额为 650 万元。之前并未对该投资性房地产计提减值准备。其账务处理如下:

(1)年折旧金额＝2 000÷5＝400(万元)

借：其他业务成本   4 000 000
　　贷：投资性房地产累计折旧   4 000 000

（2）第 3 年年末投资性房地产账面价值＝2 000－400×3＝800（万元）

资产减值损失＝800－650＝150（万元）

借：资产减值损失   1 500 000
　　贷：投资性房地产减值准备   1 500 000

9.3.2 采用公允价值模式计量的投资性房地产

企业通常应当采用成本模式对投资性房地产进行后续计量,但是有确凿证据表明投资性房地产的公允价值能够持续可靠取得的,可以对投资性房地产采用公允价值模式进行后续计量。公允价值模式的最大特点是在会计期末按照公允价值调整投资性房地产的账面价值,并将公允价值变动计入当期损益。从理论上说,采用公允价值模式进行后续计量更符合投资性房地产的特点,但实务中能否持续可靠取得公允价值是较大的挑战。为此,《企业会计准则》提出了两种计量模式供企业选择,并对选择公允价值模式所应具备的条件进行了规定。

采用公允价值模式计量的,应当同时满足下列条件：

（1）投资性房地产所在地有活跃的房地产交易市场。

（2）企业能够从房地产交易市场上取得同类或类似房地产的市场价格及其他相关信息。从而对投资性房地产的公允价值作出合理的估计。

两种模式的会计核算结果及其经济后果存在一定的差异。成本模式下会计核算结果的可靠性和可控性较高、会计处理比较简单、不同会计期间会计资料的可比性较强,便于监督管理;公允价值模式下取得公允价值的确凿证据相对较为困难,对会计职业判断的要求高,可能存在一定的企业自由裁量权,会计核算结果的可靠性和可控性较低、顺周期性较为明显、会计处理较为复杂烦琐、不同会计期间会计资料的可比性较差,对会计监督管理的要求很高。为此,《企业会计准则》规定,企业通常应当采用成本模式对投资性房地产进行后续计量,且同一企业只能采用一种模式对所有投资性房地产进行后续计量,不得同时采用两种计量模式;企业一旦选择采用公允价值计量模式,就应当对其所有投资性房地产均采用公允价值模式进行后续计量。但是,在极少数情况下,采用公允价值对投资性房地产进行后续计量的企业。有证据表明,当企业首次取得某项投资性房地产(或某项现有房地产在完成建造或开发活动或改变用途后首次成为投资性房地产)时,该投资性房地产的公允价值不能持续可靠取得的,应当对该投资性房地产采用成本模式计量直至处置,并假设无残值。同时规定,企业可以从成本模式变更为公允价值模式,已采用公允价值模式不得转为成本模式。

9.3.2.1 公允价值模式下投资性房地产会计科目

（1）"投资性房地产——成本"科目。

（2）"投资性房地产——公允价值变动"科目。

投资性房地产成本模式和公允价值模式下会计科目设置对比如表 9-1 所示。

表 9-1 投资性房地产会计科目设置及其对比

会计科目设置	成本模式	公允价值模式
初始核算	设置"投资性房地产"科目,核算其实际成本及其增减变化,按具体项目(如厂房、已出租土地使用权等)设置明细科目	设置"投资性房地产——成本"科目,核算其实际成本及其增减变化
后续核算	(1) 设置"投资性房地产累计折旧"和"投资性房地产累计摊销"科目,分别核算计提折旧或计提摊销。 (2) 设置"投资性房地产减值准备"科目,核算计提的减值准备	(1) 设置"投资性房地产——公允价值变动"科目,核算公允价值增减变动。 (2) 设置"公允价值变动损益"科目,核算投资性房地产公允价值变动损益。 (3) 设置"其他综合收益"科目,核算非投资性房地产转换为投资性房地产转换日的公允价值大于账面价值的差额
处置核算	设置"其他业务收入"和"其他业务成本"科目,核算处置收益和成本	设置"其他业务收入"和"其他业务成本"科目核算处置收益和结转的成本

9.3.2.2 账务处理

企业采用公允价值模式对投资性房地产进行后续计量的,不得对投资性房地产计提折旧或摊销,企业应当以资产负债表日投资性房地产的公允价值为基础调整其账面价值,公允价值与原账面价值之间的差额计入当期损益。

资产负债表日,企业应按照投资性房地产的公允价值高于原账面价值的差额,借记"投资性房地产——公允价值变动"科目,贷记"公允价值变动损益"科目;公允价值低于原账面价值的差额,作相反的账务处理。

【例 9-5】 承接[例 9-1],卓段制造 2×23 年 12 月 31 日出租给在履制造的投资性房地产,采用公允价值模式进行后续计量。2×24 年 12 月 31 日,该房屋的公允价值为 2 400 万元。其账务处理如下:

公允价值变动金额＝2 400－2 000＝400(万元)

借:投资性房地产——公允价值变动   4 000 000

    贷:公允价值变动损益   4 000 000

9.3.3 投资性房地产后续计量模式的变更

为保证会计信息的可比性,企业对投资性房地产的计量模式一经确定,不得随意变更。只有在房地产市场比较成熟、能够满足采用公允价值模式条件的情况下,才允许企业对投资性房地产从成本模式计量变更为公允价值模式计量。成本模式转为公允价值模式的,应当作为会计政策变更处理,将计量模式变更时公允价值与账面价值的差额,调整期初留存收益。已采用公允价值模式计量的投资性房地产,不得从公允价值模式转为成本模式。

企业将投资性房地产计量模式由成本模式变更为公允价值模式时,应当按照计量模式变更日投资性房地产的公允价值,借记"投资性房地产——成本"科目,按照已计提的折旧或摊销,借记"投资性房地产累计折旧(摊销)"科目;原已计提减值准备的,借记"投资性房地产减值准备"科目,按照原账面余额,贷记"投资性房地产"科目;按照公允价值与其账面价值之间的差额,贷记或借记"利润分配——未分配利润""盈余公积"等科目。

【例 9-6】 卓段制造于 2×23 年 12 月 31 日将一建筑物对外出租,租赁期为 3 年,每年 12 月 31 日收取租金 180 万元。出租时,该建筑物的成本为 2 800 万元,卓段制造对投资性房地产采用成本模式进行后续计量,预计使用年限为 20 年,对该建筑物采用年限平均法计提折旧,预计净残值为零。2×28 年 1 月 1 日,卓段制造所在地的房地产交易市场逐渐活跃和成熟,具备了采用公允价值模式计量的条件,决定对该项出租的建筑物从成本模式转换为公允价值模式计量。2×28 年 1 月 1 日,该建筑物的公允价值为 3 000 万元。卓段制造按净利润的 10%计提盈余公积,假定不考虑增值税等其他因素的影响。投资性房地产成本模式转为公允价值模式的账务处理如下:

成本模式下投资性房地产计提折旧金额＝2 800÷20×4＝560(万元)

借:投资性房地产——成本		30 000 000
投资性房地产累计折旧		5 600 000
贷:投资性房地产		28 000 000
盈余公积		760 000
利润分配——未分配利润		6 840 000

9.4 投资性房地产的处置

投资性房地产的处置是指投资性房地产的出售或报废。企业在出售投资性房地产或投资性房地产永久退出使用且预计不能从其处置中取得经济利益时,应当终止确认该项投资性房地产。按照《企业会计准则》的规定,出售投资性房地产的收入确认为营业收入。

企业可以通过对外出售或转让的方式处置投资性房地产取得收益。对于那些由于使用而不断磨损直到最终报废,或者由于遭受自然灾害等非正常原因发生毁损的投资性房地产应当及时进行清理。此外,企业因其他原因,如非货币性交易等,而减少投资性房地产也属于投资性房地产的处置。企业出售、转让、报废投资性房地产或者发生投资性房地产毁损,应当将处置收入扣除其账面价值和相关税费后的金额计入当期损益。

9.4.1 采用成本模式计量的投资性房地产处置

采用成本模式计量的投资性房地产处置时,应根据实际收到的全部价款,借记"银行存款"等科目;根据确认的收入,贷记"其他业务收入"科目;根据收取的增值税税额,贷记"应交税费——应交增值税(销项税额)"科目。结转投资性房地产成本,根据累计折旧或累计摊销额,借记"投资性房地产累计折旧(摊销)"科目;根据投资性房地产的成本,贷记"投资性房地产"科目;根据已计提的减值准备,借记"投资性房地产减值准备"科目;根据其差额,借记"其他业务成本"科目。

【例 9-7】 卓段制造将其出租的一栋写字楼确认为投资性房地产,采用成本模式进行后续计量。租赁期届满后,卓段制造将该写字楼出售给在履制造,售价为 3 000 万元,在履制造用银行存款支付。出售时,该栋写字楼的成本为 2 500 万元,已计提折旧 300 万元,已计提减值准备 100 万元。假设不考虑增值税等其他因素影响,卓段制造的账务处理如下:

（1）确认收入：

借：银行存款　　　　　　　　　　　　　　　　　　　　　　　　　　30 000 000
　　贷：其他业务收入　　　　　　　　　　　　　　　　　　　　　　　　　　30 000 000

（2）结转成本：

借：其他业务成本　　　　　　　　　　　　　　　　　　　　　　　　21 000 000
　　投资性房地产累计折旧　　　　　　　　　　　　　　　　　　　　3 000 000
　　投资性房地产减值准备　　　　　　　　　　　　　　　　　　　　1 000 000
　　贷：投资性房地产　　　　　　　　　　　　　　　　　　　　　　　　　　25 000 000

9.4.2　采用公允价值模式计量的投资性房地产处置

处置采用公允价值模式计量的投资性房地产时，应当按实际收到的金额，借记"银行存款"等科目，贷记"其他业务收入"科目。按该项投资性房地产的账面余额，借记"其他业务成本"科目；按其成本，贷记"投资性房地产——成本"科目；按其累计公允价值变动，贷记或借记"投资性房地产公允价值变动"科目。同时，结转投资性房地产累计公允价值变动，若在原转换日计入其他综合收益的金额也一并结转。

【例 9-8】　卓段制造将其出租的一栋写字楼确认为投资性房地产，采用公允价值模式进行后续计量。租赁期届满后，卓段制造将该写字楼出售给在履制造，售价为 3 000 万元，在履制造用银行存款支付。出售时，该栋写字楼的账面价值为 2 100 万元，其中成本为 2 500 万元，公允价值变动 400 万元。假设不考虑增值税等其他因素影响，卓段制造的账务处理如下：

（1）确认收入：

借：银行存款　　　　　　　　　　　　　　　　　　　　　　　　　　30 000 000
　　贷：其他业务收入　　　　　　　　　　　　　　　　　　　　　　　　　　30 000 000

（2）结转成本：

借：其他业务成本　　　　　　　　　　　　　　　　　　　　　　　　21 000 000
　　投资性房地产——公允价值变动　　　　　　　　　　　　　　　4 000 000
　　贷：投资性房地产——成本　　　　　　　　　　　　　　　　　　　　25 000 000

同时结转公允价值变动损益：

借：其他业务成本　　　　　　　　　　　　　　　　　　　　　　　　4 000 000
　　贷：公允价值变动损益　　　　　　　　　　　　　　　　　　　　　　　4 000 000

9.5　投资性房地产的转换

9.5.1　投资性房地产的转换形式和转换日

9.5.1.1　投资性房地产的转换形式

房地产的转换是因房地产用途发生改变而对房地产进行的重新分类。这里所说的房地产转换是针对房地产用途发生改变而言,而不是后续计量模式的转变。企业必须有确凿证据表明房地产用途发生改变,才能将投资性房地产转换为非投资性房地产或者将非投资性房地产转换为投资性房地产,如自用的办公楼改为出租等。这里的确凿证据包括两个方面:一是企业董事会或类似机构应当就改变房地产用途形成正式的书面决议;二是房地产因用途改变而发生实际状态上的改变,如从自用状态改为出租状态。

企业有确凿证据表明房地产用途发生改变,满足下列条件之一的,应当将投资性房地产转换为其他资产或者将其他资产转换为投资性房地产:

(1) 投资性房地产开始自用,相应地由投资性房地产转换为固定资产或无形资产。投资性房地产开始自用是指企业将原来用于赚取租金或资本增值的房地产改为用于生产商品、提供劳务或者经营管理。例如,企业将出租的厂房收回,并用于生产本企业的产品。又如,从事房地产开发的企业将出租的开发产品收回,作为企业的固定资产使用。

(2) 作为存货的房地产,改为出租,通常是指房地产开发企业将其持有的开发产品以经营租赁的方式出租,相应地由存货转换为投资性房地产。

(3) 自用土地使用权停止自用,用于赚取租金或资本增值,相应地由无形资产转换为投资性房地产。

(4) 自用建筑物停止自用,改为出租,相应地由固定资产转换为投资性房地产。

(5) 房地产企业将用于经营出租的房地产重新开发用于对外销售,从投资性房地产转为存货。

9.5.1.2 投资性房地产转换日的确定

转换日是指房地产的用途发生改变,状态相应发生改变的日期。转换日的确定标准主要包括:

(1) 投资性房地产开始自用,转换日为房地产到达自用状态,企业开始将房地产用于生产商品、提供劳务或经营管理的日期。

(2) 投资性房地产转换为存货,转换日为租赁期届满、企业董事会或类似机构作出书面决议明确将其重新开发用于对外销售的日期。

(3) 作为存货的房地产改为出租,或自用建筑物或土地使用权停止自用改为出租,转换日通常为租赁期开始日,即承租人有权行使其使用租赁资产权利的日期。

9.5.2 成本模式下转换

9.5.2.1 其他资产转为投资性房地产

(1) 自用房地产转换为投资性房地产。企业将原本用于日常生产商品、提供劳务或者经营管理的房地产改用于出租,通常应于租赁期开始日,按照固定资产或无形资产的账面价值,将固定资产或无形资产相应地转换为投资性房地产。对不再用于日常生产经营活动且经整理后达到可经营出租状况的房地产,如果企业董事会或类似机构正式作出书面决议,明确表明其自用房地产用于经营出租且持有意图短期内不再发生变化的,应视为自用房地产转换为投资性房地产,转换日为企业董事会或类似机构正式作出书面决议的日期。

企业将自用土地使用权或建筑物转换为以成本模式计量的投资性房地产时,应当按该项建筑物或土地使用权在转换日的原价、累计折旧、减值准备等,分别转入"投资性房地产""投资性房地产累计折旧(摊销)""投资性房地产减值准备"科目;按其账面余额,借记"投资性房地产"科目,贷记"固定资产"或"无形资产"科目;按已计提的折旧或摊销,借记"累计摊销"或"累计折旧"科目,贷记"投资性房地产累计折旧(摊销)"科目;原已计提减值准备的,借记"固定资产减值准备"或"无形资产减值准备"科目,贷记"投资性房地产减值准备"科目。

(2) 作为存货的房地产转换为投资性房地产。作为存货的房地产转换为投资性房地产,通常是指房地产开发企业将其持有的开发产品以经营租赁的方式出租,存货相应地转换为投资性房地产。这种情况下,转换日通常为房地产的租赁期开始日。租赁期开始日是指出租人提供租赁资产使其可供承租人使用的起始日期。一般而言,对于企业自行建造或开发完成但尚未使用的建筑物,如果企业董事会或类似机构正式作出书面决议,明确表明其自行建造或开发产品用于经营出租、持有意图短期内不再发生变化的,应视为存货转换为投资性房地产,转换日为企业董事会或类似机构作出书面决议的日期。

企业将作为存货的房地产转换为采用成本模式计量的投资性房地产,应当按该项存货在转换日的账面价值,借记"投资性房地产"科目;原已计提跌价准备的,借记"存货跌价准备"科目;按其账面余额,贷记"开发产品"等科目。

【例 9-9】 卓段制造于 2×23 年 1 月 1 日将自用的厂房对外出租。厂房账面原价为960 万元,已提折旧为 240 万元。卓段制造将该厂房确认为投资性房地产,并采用成本模式进行后续计量。假设不考虑增值税等其他因素影响,其账务处理如下:

借:投资性房地产　　　　　　　　　　　　　　　　　　　　　　　　9 600 000
　　累计折旧　　　　　　　　　　　　　　　　　　　　　　　　　　2 400 000
　　贷:固定资产　　　　　　　　　　　　　　　　　　　　　　　　　　9 600 000
　　　投资性房地产累计折旧　　　　　　　　　　　　　　　　　　　　2 400 000

9.5.2.2　投资性房地产转为其他资产

(1) 采用成本模式进行后续计量的投资性房地产转换为自用房地产。企业将原本用于赚取租金或资本增值的房地产改用于生产商品、提供劳务或者经营管理,投资性房地产相应地转换为固定资产或无形资产。例如,企业将出租的厂房收回,并用于生产本企业的产品。在此种情况下,转换日为房地产达到自用状态,企业开始将房地产用于生产商品、提供劳务或者经营管理的日期。

在成本模式下,企业在转换日应将投资性房地产的账面价值作为转换后其他资产的入账价值,其中,原值、累计折旧、累计摊销应分别进行结转。其账务处理与其他资产转换为投资性房地产相反,借记"固定资产"或"无形资产"科目,贷记"投资性房地产"科目;按已计提的折旧或摊销,借记"投资性房地产累计折旧(摊销)"科目,贷记"累计折旧"或"累计摊销"科目;原已计提减值准备的,借记"投资性房地产减值准备"科目,贷记"固定资产减值准备"或"无形资产减值准备"科目。

(2) 采用成本模式进行后续计量的投资性房地产转换为存货。房地产开发企业将用于经营出租的房地产重新开发用于对外销售的,从投资性房地产转换为存货。这种情况下,转换日为租赁期届满、企业董事会或类似机构作出书面决议明确表明将其重新开发用于对外销售的日期。

企业将投资性房地产转换为存货时,应当按照该项房地产在转换日的账面价值,借记"开发产品"科目;按照已计提的折旧或摊销,借记"投资性房地产累计折旧(摊销)"科目;原已计提减值准备的,借记"投资性房地产减值准备"科目;按其账面余额,贷记"投资性房地产"科目。

【例9-10】 卓段制造于2×23年4月1日将出租的厂房收回自用。厂房在转换前采用成本模式计量,账面原价为1 600万元,累计已提折旧为360万元。假设不考虑增值税等其他因素影响,其账务处理如下:

借:固定资产 16 000 000
   投资性房地产累计折旧 3 600 000
  贷:投资性房地产 16 000 000
    累计折旧 3 600 000

9.5.3 公允价值模式下转换

9.5.3.1 其他资产转为投资性房地产

(1) 自用房地产转换为投资性房地产。企业将自用房地产转换为采用公允价值模式计量的投资性房地产,应当按该项土地使用权或建筑物在转换日的公允价值,借记"投资性房地产——成本"科目;按已计提的累计摊销或累计折旧,借记"累计摊销"或"累计折旧"科目。原已计提减值准备的,借记"无形资产减值准备""固定资产减值准备"科目。按其账面余额,贷记"固定资产"或"无形资产"科目。同时,转换日的公允价值小于账面价值的,按其差额,借记"公允价值变动损益"科目;转换日的公允价值大于账面价值的,按其差额,贷记"其他综合收益"科目。当该项投资性房地产处置时,因转换计入其他综合收益的部分应转入当期损益。

(2) 作为存货的房地产转换为投资性房地产。企业将作为存货的房地产转换为采用公允价值模式计量的投资性房地产,应当按该项房地产在转换日的公允价值入账,借记"投资性房地产——成本"科目;原已计提跌价准备的,借记"存货跌价准备"科目。按其账面余额,贷记"开发产品"等科目。同时,转换日的公允价值小于账面价值的,按其差额,借记"公允价值变动损益"科目;转换日的公允价值大于账面价值的,按其差额,贷记"其他综合收益"科目。当该项投资性房地产处置时,因转换计入其他综合收益的部分应转入当期损益。

【例9-11】 卓段制造与在履制造签订了租赁协议,将原办公楼出租给在履制造使用,租赁期开始日为2×23年1月1日,租赁期为3年。该办公楼原价为20 000万元,累计已提折旧6 000万元。卓段制造对投资性房地产采用公允价值模式计量。

(1) 假定办公楼1月1日的公允价值为13 600万元。

(2) 假定办公楼1月1日的公允价值为14 400万元。

假设不考虑增值税等其他因素影响,其账务处理如下:

(1) 假定办公楼1月1日的公允价值为13 600万元:

借:投资性房地产——成本 136 000 000
   公允价值变动损益 4 000 000
   累计折旧 60 000 000
  贷:固定资产 200 000 000

(2) 假定办公楼1月1日的公允价值为14 400万元:

借:投资性房地产——成本 144 000 000
   累计折旧 60 000 000
  贷:固定资产 200 000 000
    其他综合收益 4 000 000

【例 9-12】　2×23 年 3 月 10 日,假定卓段制造为房地产开发公司与在履制造签订了租赁协议,将其开发的一栋写字楼出租给在履制造。租赁期开始日为 2×23 年 4 月 15 日。2×23 年 4 月 15 日,该写字楼的账面余额为 45 000 万元,公允价值为 47 000 万元。2×23 年 12 月 31 日,该项投资性房地产的公允价值为 48 000 万元。卓段制造的账务处理如下:

(1) 2×23 年 4 月 15 日:

借:投资性房地产——成本　　　　　　　　　　　　　　　　　　　　470 000 000
　　贷:开发产品　　　　　　　　　　　　　　　　　　　　　　　　　　450 000 000
　　　　其他综合收益　　　　　　　　　　　　　　　　　　　　　　　　20 000 000

(2) 2×23 年 12 月 31 日:

借:投资性房地产——公允价值变动　　　　　　　　　　　　　　　　　 10 000 000
　　贷:公允价值变动损益　　　　　　　　　　　　　　　　　　　　　　10 000 000

9.5.3.2　投资性房地产转为其他资产

(1) 采用公允价值模式进行后续计量的投资性房地产转为自用房地产。企业将采用公允价值模式计量的投资性房地产转换为自用房地产时,应当以其转换当日的公允价值作为自用房地产的账面价值,公允价值与原账面价值的差额计入当期损益。

转换日,按该项投资性房地产的公允价值,借记“固定资产”或“无形资产”科目;按该项投资性房地产的成本,贷记“投资性房地产——成本”科目;按该项投资性房地产的累计公允价值变动,贷记或借记“投资性房地产——公允价值变动”科目;按其差额,贷记或借记“公允价值变动损益”科目。

(2) 采用公允价值模式进行后续计量的投资性房地产转换为存货。企业将采用公允价值模式计量的投资性房地产转换为存货时,应当以其转换当日的公允价值作为存货的账面价值,公允价值与原账面价值的差额计入当期损益。

转换日,按该项投资性房地产的公允价值,借记“开发产品”等科目;按该项投资性房地产的成本,贷记“投资性房地产——成本”科目。按该项投资性房地产的累计公允价值变动,贷记或借记“投资性房地产——公允价值变动”科目;按其差额,贷记或借记“公允价值变动损益”科目。

【例 9-13】　卓段制造于 2×23 年 6 月 1 日将对外出租因租赁期满的写字楼收回自用。写字楼在转换前采用公允价值模式计量,原账面价值为 6 800 万元,其中,成本为 6 400 万元,公允价值变动(截至当年年末)为 400 万元。6 月 1 日,写字楼开始自用,当日的公允价值为 6 880 万元。假设不考虑增值税等其他因素影响,其账务处理如下:

借:固定资产　　　　　　　　　　　　　　　　　　　　　　　　　　 68 800 000
　　贷:投资性房地产——成本　　　　　　　　　　　　　　　　　　　 64 000 000
　　　　　　　　　　——公允价值变动　　　　　　　　　　　　　　　　4 000 000
　　　　公允价值变动损益　　　　　　　　　　　　　　　　　　　　　　 800 000

【例 9-14】　假设卓段制造为房地产开发企业将其开发的部分写字楼用于对外经营租赁。2×23 年 10 月 15 日,因租赁期满,卓段制造将出租的写字楼收回,并作出书面决议,将该写字楼重新开发用于对外销售,即由投资性房地产转换为存货,当日的公允价值为 5 800 万元。该项房地产在转换前采用公允价值模式计量,原账面价值为 5 600 万元,其中,成本为 5 000 万

元,公允价值增值为 600 万元。卓段制造的账务处理如下:

借:开发产品 　　　　　　　　　　　　　　　　　　　　　　　　58 000 000
　　贷:投资性房地产——成本 　　　　　　　　　　　　　　　　　　　　50 000 000
　　　　　　　　——公允价值变动 　　　　　　　　　　　　　　　　　　6 000 000
　　　　公允价值变动损益 　　　　　　　　　　　　　　　　　　　　　　2 000 000

 **章节测试**

一、复习思考题

1. 投资性房地产采用公允价值模式进行后续计量应满足什么条件?

2. 投资性房地产范围是什么?

3. 简述采用公允价值模式计量的投资性房地产处置的会计处理。

二、单选题

1. 企业对投资性房地产进行的后续支出,在不满足资本化条件的情况下,应将相关支出计入( )。

A. 管理费用 　　　　B. 其他业务成本 　　　　C. 在建工程 　　　　D. 长期待摊费用

2. 甲公司对投资性房地产采用公允价值模式进行后续计量。2×23 年 3 月 1 日,甲公司将一项作为固定资产核算的办公楼转换为投资性房地产,转换日该办公楼账面原值 380 万元,已计提折旧 60 万元,已计提减值准备 10 万元,其公允价值为 280 万元。不考虑其他因素,下列关于该业务对其 2×23 年度财务报表项目影响的表述中,正确的是( )。

A. 减少投资收益 30 万元 　　　　　　　　B. 减少其他综合收益 30 万元

C. 增加公允价值变动收益 30 万元 　　　　D. 减少公允价值变动收益 30 万元

3. 甲企业投资性房地产采用成本模式计量。2×23 年 3 月 31 日购入一幢建筑物用于出租,该建筑物的成本为 300 万元,预计使用年限为 5 年,预计净残值为 30 万元,采用年数总和法计提折旧。不考虑其他因素,2×23 年该投资性房地产应计提的折旧额为( )万元。

A. 67.5 　　　　B. 90 　　　　C. 70 　　　　D. 84

4. 存货转换为采用公允价值模式计量的投资性房地产,投资性房地产应当按照转换当日的公允价值计量。转换当日的公允价值小于原账面价值的差额通过( )科目核算。

A. "营业外支出" 　　　　　　　　B. "公允价值变动损益"

C. "投资收益" 　　　　　　　　　D. "其他综合收益"

5. 甲公司 2×23 年 1 月 1 日外购一幢建筑物,支付价款 400 万元。甲公司于购入当日将其对外出租,年租金为 50 万元,每年年末收取租金。甲公司对此项投资性房地产采用公允价值模式进行后续计量。2×23 年 12 月 31 日,该建筑物的公允价值为 500 万元。不考虑相关税费,则该项房地产对甲公司 2×23 年度损益的影响金额为( )万元。

A. 70 　　　　B. 140 　　　　C. 100 　　　　D. 150

6. 下列项目中,属于外购投资性房地产的是( )。

A. 企业购入的写字楼直接出租

B. 企业购入的土地准备建造办公楼

C. 企业购入的土地准备建造办公楼之后改为持有以备增值

D. 企业购入的写字楼自用 2 年后再出租

7. 下列各项有关投资性房地产会计处理的表述中,正确的是(　　)。

A. 采用成本模式进行后续计量的投资性房地产转换为存货,存货应按转换日的公允价值计量,公允价值大于原账面价值的差额确认为其他综合收益

B. 采用成本模式进行后续计量的投资性房地产转换为自用固定资产,自用固定资产应按转换日的公允价值计量,公允价值小于原账面价值的差额确认为当期损益

C. 采用公允价值模式进行后续计量的投资性房地产转换为自用固定资产,自用固定资产应按转换日的公允价值计量,公允价值大于账面价值的差额确认为其他综合收益

D. 存货转换为采用公允价值模式进行后续计量的投资性房地产,投资性房地产应按转换日的公允价值计量,公允价值小于存货账面价值的差额确认为当期损益

8. 2×18 年 12 月 31 日,甲公司以银行存款 12 000 万元外购一栋写字楼并立即出租给乙公司使用,租期 5 年,每年年末收取租金 1 000 万元。该写字楼的预计使用年限为 20 年,预计净残值为零,采用年限平均法计提折旧。甲公司对投资性房地产采用成本模式进行后续计量。2×19 年 12 月 31 日,该写字楼出现减值迹象,可收回金额为 11 200 万元。不考虑其他因素,与该写字楼相关的交易或事项对甲公司 2×19 年度营业利润的影响金额为(　　)万元。

A. 400　　　　　　B. 800　　　　　　C. 200　　　　　　D. 1 000

9. 下列各项关于企业投资性房地产后续计量的表述中,不正确的是(　　)。

A. 已经采用公允价值模式计量的投资性房地产,不得从公允价值模式转为成本模式

B. 采用公允价值模式计量的,不得计提折旧或摊销

C. 采用成本模式计量的,不得确认减值损失

D. 由成本模式转为公允价值模式的,应当作为会计政策变更处理

10. 企业采用公允价值模式计量投资性房地产,下列各项会计处理的表述中,正确的是(　　)。

A. 资产负债表日应当对投资性房地产进行减值测试

B. 不需要对投资性房地产计提折旧或摊销

C. 取得的租金收入计入投资收益

D. 资产负债表日公允价值高于账面价值的差额计入其他综合收益

三、计算分析题

1. 2×19 年 12 月 16 日,甲公司与乙公司签订了一项租赁协议,将一栋经营管理用写字楼出租给乙公司,租赁期为 3 年,年租金为 240 万元,于 2×20 年起每年年末收取。2×19 年 12 月 31 日,甲公司将该写字楼停止自用交付给乙公司,拟采用成本模式进行后续计量。该写字楼于 2×15 年 12 月 31 日达到预定可使用状态时的账面原价为 1 970 万元,预计使用年限为 50 年,预计净残值为 20 万元,采用年限平均法计提折旧。2×21 年 12 月 31 日,甲公司考虑到所在城市存在活跃的房地产市场,并且能够合理估计该写字楼的公允价值,为提供更相关的会计信息,将投资性房地产的后续计量从成本模式变更为公允价值模式。当日,该写字楼的公允价值为 2 000 万元。2×22 年 12 月 31 日,该写字楼的公允价值为 2 150 万元。2×23 年 1 月 1 日,租赁合同到期,甲公司为解决资金周转困难,将该写字楼出售给丙企业,价款为 2 100 万元,款项已收存银行。甲公司按净利润的 10% 提取法定盈余公积,不考虑所得税等其他因素(采用公允价值模式进行后续计量的投资性房地产应写出必要的明细科目)。

要求：

（1）编制甲公司 2×19 年 12 月 31 日将该写字楼转换为投资性房地产的会计分录。

（2）计算甲公司 2×20 年应计提的折旧额，并编制 2×20 年收取租金和计提折旧的会计分录。

（3）编制甲公司 2×21 年 12 月 31 日将该投资性房地产的后续计量由成本模式变更为公允价值模式的相关会计分录。

（4）编制甲公司 2×22 年 12 月 31 日确认公允价值变动损益的相关会计分录。

（5）编制甲公司 2×23 年 1 月 1 日处置该投资性房地产时的相关会计分录。

2. 甲公司对投资性房地产采用成本模式进行后续计量。2×23 年 12 月 31 日，甲公司以银行存款 8 000 万元购入一栋建筑物并于当日出租给乙公司，相关手续已办妥，租期为 3 年，年租金为 500 万元，于每年年末收取。甲公司预计建筑物的使用年限为 20 年，预计净残值为 60 万元，采用年限平均法计提折旧。2×24 年 12 月 31 日，甲公司收取当年租金 500 万元。当日，该建筑物的公允价值为 8 200 万元。2×26 年 12 月 31 日，租期届满，甲公司将其收回并以 7 500 万元出售给丙公司，款项已收存银行。

假定不考虑增值税、所得税等其他因素。要求：编制会计分录。

3. 甲公司对投资性房地产采用公允价值模式进行后续计量，2×23 年至 2×24 年发生如下业务：

（1）2×23 年 3 月 1 日，甲公司将一栋原作为固定资产的写字楼出租给乙公司并办妥相关手续，租期为 18 个月。当日，写字楼的公允价值为 16 000 万元，原值为 15 000 万元，已计提累计折旧的金额为 3 000 万元。

（2）2×23 年 3 月 31 日，甲公司收到出租写字楼当月的租金 125 万元，存入银行。2×23 年 12 月 31 日，该写字楼的公允价值为 17 000 万元。

（3）2×24 年 9 月 1 日，租期已满，甲公司以 17 500 万元的价格出售该写字楼，价款已存入银行，出售满足收入确认条件。

不考虑其他因素。要求：

（1）编制 2×23 年 3 月 1 日甲公司出租该写字楼的会计分录。

（2）编制 2×23 年 3 月 31 日甲公司收到租金的会计分录。

（3）编制 2×23 年 12 月 31 日写字楼价值变动的会计分录。

（4）编制 2×24 年 9 月 1 日甲公司出售该写字楼的计分录。

第 10 章

负　债

 教学目的和要求

掌握短期借款、应付票据、应付账款、预收账款、应付职工薪酬、应交增值税、长期借款、应付债券、预计负债的核算；熟悉其他流动负债、增值税特征和或有事项；理解和区别借款费用的费用化与资本化，确定借款利息资本化金额；了解债券的分类。

 教学重点和难点

重点：短期借款、应付票据、应付账款、预收账款、应付职工薪酬、应交增值税、长期借款、应付债券和预计负债的确认与计量。

难点：摊余成本的核算；利息资本化金额的确定。

 课程思政

通过分析企业的短期借款和长期借款，探讨企业在融资和债务管理方面的道德和社会责任，讨论企业应该如何平衡借款和还款，以保持财务稳健和社会责任。应交增值税是企业需要交纳的税款，讨论企业在税收方面的道德义务。思考企业如何在合法避税的同时，履行其社会责任，为社会作出贡献。应付职工薪酬是企业应支付给员工的工资和薪酬，讨论企业对员工的权益和福利，探讨企业如何确保员工薪酬公平、提供良好的工作条件，以及履行员工的社会责任。

10.1　负 债 概 述

10.1.1　负债的概念

在会计基本等式"资产＝负债＋所有者权益"中，等式左边表明企业资金的分布存在形态，而等式右边的两个组成部分则表明企业资金的来源渠道，即资金提供者对企业资产拥有的权益。这些权益按其要求人的不同，分为所有者权益和债权人权益两部分，其中债权人的权益称为负债。

《企业会计准则》对负债的定义是：负债是指企业过去的交易或者事项形成的、预期会导致经济利益流出企业的现时义务。

10.1.2 负债的特征

10.1.2.1 负债是由已经发生的经济业务引起的企业现时的经济义务

负债是企业过去的交易或事项所形成的一种后果。只有当企业实际已经承担了相应义务的交易或事项确实发生时,才能在会计处理中确认这项负债。例如,企业从银行借入资金,就应对银行承担还本付息的义务;从供应商赊购材料或商品,就应对其负有偿还货款的义务。而未来的经济业务,如公司董事会决定今后发行债券,这仅仅是未来交易的意向,其本身并不产生现时的经济责任,因而不属于企业的负债。

10.1.2.2 负债是在将来某个日期履行的强制性责任

负债是一种具有强制性的责任,这种强制性源于相关的法律、合同等的规定。强制性规定包括负债的金额、偿还时间、利率,以及对不能按期偿还的惩罚措施等。某项可有可无的、不具有强制性的责任,不能确认为负债。例如,企业债转股以后不再是债务,而债务重组以后仍是债务,两者的差别在于是否继续承担强制性偿还责任。

10.1.2.3 负债要通过企业资产的流出或劳务的提供来清偿

不论何种原因产生的负债,企业都必须在未来某一特定时间偿还,这种义务的偿还即意味着企业经济利益的减少。尽管有时企业可通过举借新债或转化为所有者权益来结束一项现有负债,但前一种情况只是负债期限的延展,而后一种情况则相当于以增加所有者权益来获得资产,并用以偿债。总之,负债的清偿代表着企业未来经济利益的牺牲或丧失。

10.1.2.4 负债金额能够用货币计量或估计

任何一项负债通常都可以用货币进行计量,而这种计量可以是确定的偿还金额,也可以是不确定的金额,但可以合理地加以判断或估计。例如,企业赊购 A 商品 100 件,每件 45 元,则企业承担的债务是一个确定的金额 4 500 元。如果企业在提供产品售后服务之前预提保修费用,这时的预提数虽然是无法确定的,但可以根据以往的经验合理估计。而那些无法用货币计量的,如企业对当地政府的一些承诺,包括社会治安、计划生育、环境卫生、居民就业等,则不属于企业的负债。

10.1.3 负债的内容和分类

负债包括的内容很多,有不同偿还期限的负债,也有不同原因形成的负债。根据不同信息使用者的需求,会计上需要对不同偿还要求的负债作进一步分类。其中,负债按其偿还期限的长短,可以分为流动负债和非流动负债。

流动负债是指企业将在一年或长于一年的一个营业周期内偿还的债务,包括短期借款、应付票据、应付账款、预收账款、应付职工薪酬、应交税费、其他应付款、应付利息、应付股利和一年内到期的非流动负债等;非流动负债(亦称长期负债)是指偿还期在一年或超过一年的一个营业周期的债务,包括长期借款、长期应付款、应付债券、预计负债和专项应付款等。这种分类与资产的分类相同,其目的是便于分析企业的财务状况和偿债能力。企业的流动资产和流动负债的相对比例,可以大致反映企业的短期偿债能力;同时,通过可用于支付的流动资产(包括库存现金、银行存款等)与近期需支付的流动负债(包括短期借款、应付账款等)的对比,可以了解企业的清偿能力。当然,将负债划分为流动负债和非流动负债以一年或者超过一年的一个营业周期为界限,并且在资产负债表中分别列示,也有利于有关信息使用者通过对报表的对比分析,正确评价企业的财务状况,进而对企业的偿债能力作出合理判断。

10.2　短　期　借　款

10.2.1　短期借款的取得与偿还

短期借款是指企业向银行或其他金融机构借入的期限在一年以下的各种借款。这部分借款一般是企业为维持正常生产经营所需资金而借入的或为抵偿某项债务而借入的款项。为了核算短期借款业务,企业应当设置"短期借款"科目。该科目属于负债类科目,专门用来核算企业借入期限在一年或一个经营周期以下的各种借款。该科目贷方登记借入的各种短期借款额,借方登记归还的借款额,期末余额在贷方,表示企业尚未归还的短期借款。

10.2.2　短期借款利息费用确定

应付利息是指企业按照合同约定应支付的利息,包括短期借款利息和分期付息、到期还本的长期借款利息等。短期借款利息属于企业的筹资成本,应该记入"财务费用"科目,最终转入当期损益。在实际工作中,如果短期借款的利息是按季、按半年支付的,或者利息是在借款到期时连同本金一起归还且数额较大的,为了正确计算各期的盈亏,通常采用预先提取的办法进行会计处理,即设置"应付利息"科目。通过这个科目记录企业已经发生但尚未支付的利息费用。在预提各期的借款利息时,借记"财务费用"科目,贷记"应付利息"科目。实际支付时,按已经预提的利息金额,借记"应付利息"科目;按实际支付的利息金额,贷记"银行存款"科目;按实际支付的利息金额与预提数的差额(尚未提取的部分),借记"财务费用"科目。

【例 10-1】　卓段制造于 2×23 年 1 月 1 日从银行取得短期借款 100 000 元,年利率 6%,期限 12 个月,利息按季度支付。其账务处理如下:

(1) 2×23 年 1 月 1 日,取得短期借款时:

借:银行存款	100 000
贷:短期借款	100 000

(2) 1 月、2 月预提利息费用 500 元(100 000×6%÷12)时:

借:财务费用	500
贷:应付利息	500

(3) 第一季度末支付利息 1 500 元(500×3)时:

借:应付利息	1 000
财务费用	500
贷:银行存款	1 500

其余季度账务处理与第一季度一致,这里不再赘述。

(4) 年末归还本金时:

借:短期借款	100 000
贷:银行存款	100 000

【例 10-2】 卓段制造于 2×22 年 10 月 1 日从银行取得短期借款 500 000 元,年利率 6%,期限 6 个月,借款期满次日一次还本付息,利息采用每月预提方式进行处理。其账务处理如下:

(1) 2×22 年 10 月 1 日,借入款项时:

借:银行存款	500 000
贷:短期借款	500 000

(2) 2×22 年 10 月 31 日,预提利息费用 2 500 元(500 000×6%÷12)时:

借:财务费用	2 500
贷:应付利息	2 500

以后每月预提利息费用均需作上述相同的会计分录。

(3) 2×23 年 4 月 1 日,归还借款本息时:

借:短期借款	500 000
应付利息	15 000
贷:银行存款	515 000

10.3　应　付　票　据

10.3.1　应付票据概述

根据《中华人民共和国票据法》的规定,票据包括汇票、本票和支票,汇票又分为银行汇票和商业汇票。本节所介绍的应付票据仅限于企业签发的尚未到期兑现的商业汇票。

在我国,应付票据是在经济往来活动中由于采用商业汇票结算方式而发生的,由出票人签发,承兑人承兑的票据。按照《支付结算办法》的规定,在银行开立存款账户的法人以及其他组织之间,具有真实的交易关系或债权债务关系,均可使用商业汇票。签发票据的原因一般是:卖方对买方的资信程度不太了解,或买方的资信程度较低,或信用期限较长,双方交易金额较大等。通常,票据的偿付金额和付款日都相当明确。根据有关规定,商业汇票的承兑期限最长不超过 6 个月。因此,应付票据应归入流动负债。

10.3.2　商业汇票的签付与到期账务处理

为了反映因签发票据而承担的负债及其归还情况,企业应该设置"应付票据"科目。该科目属于负债类科目,贷方登记企业开的承兑汇票金额,借记支付票据的金额,期末余额在贷方,表示尚未支付的票据金额。

应付票据可以是只在票据到期日,按照票据票面金额支付而不计息的不带息票据,也可以是按照票据上载明的利率,在票据票面金额上加计利息的带息票据。

不带息票据经过承兑以后,企业应按票据的面值,借记"在途物资""应交税费——应交增值税"等科目,贷记"应付票据"科目;票据到期支付款项时,按票据面值,借记"应付票据"科目,贷记"银行存款"科目。如果应付商业承兑汇票到期,企业无力支付款项,应按票据面值借记"应付票据"科目,贷记"应付账款"科目。如果企业签发票据经过银行承兑,在企业到期无力支付的情况下,承兑银行一方面向持票人无条件付款,另一方面将出票人欠付的汇票金额转作逾期贷款处理,并根据逾期付款金额和逾期天数,按一定比率计算逾期付款赔偿金。企业在接到银行转来的"××号汇票无款支付转入逾期贷款户"等有关凭证时,应借记"应付票据"科目,贷记"短期借款"科目。对计收的逾期付款赔偿金,按短期借款利息的处理办法确认和记录。

【例 10-3】 卓段制造赊购一批材料,不含税价格 10 000 元,增值税税率 13%,开出一张等值的 4 个月期的不带息商业承兑汇票。卓段制造应作如下账务处理:

(1)购货时:

借:在途物资 10 000
　应交税费——应交增值税(进项税额) 1 300
　　贷:应付票据 11 300

(2)材料验收入库时:

借:原材料 10 000
　　贷:在途物资 10 000

(3)到期付款时:

借:应付票据 11 300
　　贷:银行存款 11 300

(4)假如该票据到期,卓段制造无力偿还这笔款项,则应将其转为应付账款:

借:应付票据 11 300
　　贷:应付账款 11 300

(5)假如该票据为银行承兑汇票,卓段制造到期不能支付这笔款项,则应由银行先行支付,作为对卓段制造的短期借款:

借:应付票据 11 300
　　贷:短期借款 11 300

10.4　应 付 账 款

10.4.1　应付账款概述

应付账款是指因购买材料、商品或接受劳务供应等而发生的债务。这是买卖双方由于取得物资或服务与支付货款在时间上不一致而产生的负债。

10.4.2　应付账款的入账时间

应付账款入账时间的确定,一般应以与所购买物资所有权有关的风险和报酬已经转移或劳务已经接受为标志。但在实际工作中,一般是区别情况处理:①在物资和发票账单同时到达的情况下,应付账款一般待物资验收入库后,才按发票账单登记入账,这主要是为了确认所购入的物资是否在质量、数量和品种上都与合同上订明的条件相符,以免因先入账而在验收入库时发现购入物资错、漏、破损等问题再行调账;②在会计期末仍未完成验收的,则应先按合理估计金额将物资和应付债务入账,事后发现问题再行更正;③在物资和发票账单未同时到达的情况下,由于应付账款需根据发票账单登记入账,有时货物已到,发票账单要间隔较长时间才能到达,这笔负债已经成立,应作为一项负债反映。为在资产负债表上客观反映企业所拥有的资产和承担的债务,在实际工作中采用在月份终了将所购物资和应付债务估计入账,待下月初再用红字予以冲回的办法。因购买商品等而产生的应付账款,应设置"应付账款"科目进行核算,用以反映这部分负债的价值。

10.4.3　应付账款的入账价格

应付账款一般按应付金额入账,而不按到期应付金额的现值入账。如果购入的资产在形成一笔应付账款时是带有现金折扣的,应付账款入账金额的确定按发票上记载的应付金额的总值(即不扣除折扣)记账。在这种方法下,应按发票上记载的全部应付金额,借记有关科目,贷记"应付账款"科目;获得的现金折扣冲减财务费用。

现金折扣,随着企业间竞争的加剧,企业为了吸引顾客,往往采用赊销等方式。按照国际惯例,企业赊销商品时通常约定信用期限为 30 天。但为了鼓励买方尽早还款,卖方通常还提供一个比信用期限更短的折扣期限。折扣的条件可以表述为"2/10,n/30"等,即买方若在发票日起 10 天内付款,可享受 2% 的现金折扣,只需 98% 的现款;若放弃这个折扣,须在开出发票的 30 天内付清全部货款,否则视为拖欠货款。下面介绍在现金折扣情况下购买方的会计处理方法。

在赊购过程中,若销售方根据购买方的付款时间给予一定折扣,购买方可供选择的会计处理方法主要有总价法和净价法。

(1) 在总价法下,"在途物资"和"应付账款"科目按照扣除现金折扣前的发票价格入账。采用这种方法,如在折扣期内付款而享受折扣,应该按照发票价格,借记"应付账款"科目;按照实付金额,贷记"银行存款"科目;两者之间的差额视为公司有效理财形成的一项收益,贷记"财务费用"科目。

(2) 在净价法下,"在途物资"和"应付账款"科目都是以净价(发票价格减现金折扣)入账。如果因为没有在折扣期内付款而丧失购货折扣,需支付发票价格的全部款项,则按净价,借记"应付账款"科目;按实付价款,贷记"银行存款"科目;两者之间的差额,即丧失的现金折扣,被视为由于资金调度不及时承担的理财损失,借记"财务费用"科目。

在我国,总价法符合《企业会计准则》的要求。但是从理财角度来看,净价法比总价法更为可取。这是因为在净价法下,如果企业没有在折扣期内支付货款,会在"财务费用"科目中反映为一项损失,容易引起企业管理者的注意和控制。可见,这种方法将管理和控制的观念贯穿于日常核算之中。而在总价法下,所丧失的购货折扣无法得到反映,因而不利于提供引起企业管理者重视的会计信息。

【例 10-4】　卓段制造购入材料 100 000 元,付款条件是"2/10,n/30",适用的增值税税率为 13%(合同约定按价款折扣)。其账务处理如下:

(1) 总价法下的会计处理。

购入材料时：

借：在途物资　　　　　　　　　　　　　　　　　　　　　　　100 000

　　应交税费——应交增值税（进项税额）　　　　　　　　　　　13 000

　　　贷：应付账款　　　　　　　　　　　　　　　　　　　　　　　113 000

材料验收入库时：

借：原材料　　　　　　　　　　　　　　　　　　　　　　　　100 000

　　　贷：在途物资　　　　　　　　　　　　　　　　　　　　　　　100 000

10 天内付款，可得到货款 2% 的折扣：

借：应付账款　　　　　　　　　　　　　　　　　　　　　　　113 000

　　　贷：银行存款　　　　　　　　　　　　　　　　　　　　　　　111 000

　　　　　财务费用　　　　　　　　　　　　　　　　　　　　　　　2 000

如超过 10 天的折扣期限付款：

借：应付账款　　　　　　　　　　　　　　　　　　　　　　　113 000

　　　贷：银行存款　　　　　　　　　　　　　　　　　　　　　　　113 000

（2）净价法下的会计处理。

购入材料时：

借：在途物资　　　　　　　　　　　　　　　　　　　　　　　98 000

　　应交税费——应交增值税（进项税额）　　　　　　　　　　　13 000

　　　贷：应付账款　　　　　　　　　　　　　　　　　　　　　　　111 000

材料验收入库时：

借：原材料　　　　　　　　　　　　　　　　　　　　　　　　98 000

　　　贷：在途物资　　　　　　　　　　　　　　　　　　　　　　　98 000

10 天内付款：

借：应付账款　　　　　　　　　　　　　　　　　　　　　　　111 000

　　　贷：银行存款　　　　　　　　　　　　　　　　　　　　　　　111 000

如超过 10 天的折扣期限付款：

借：应付账款　　　　　　　　　　　　　　　　　　　　　　　111 000

　　财务费用　　　　　　　　　　　　　　　　　　　　　　　　2 000

　　　贷：银行存款　　　　　　　　　　　　　　　　　　　　　　　113 000

　　无法支付的应付账款的处理，对由于债权单位撤销或其他原因而无法支付的应付账款，应按其账面余额直接计入营业外收入，即借记"应付账款"科目，贷记"营业外收入"科目。

【例 10-5】　由于债权单位撤销，卓段制造应付账款中有一笔 6 000 元的款项确定无法支付，现予以转销。相关账务处理如下：

借：应付账款　　　　　　　　　　　　　　　　　　　　　　　6 000

　　　贷：营业外收入　　　　　　　　　　　　　　　　　　　　　　6 000

10.5 预收款项及其他应付款

10.5.1 预收账款

预收账款是买卖双方协议商定,由购货方预先支付一部分货款给供应方而发生的一项负债。预收账款的核算应视企业的具体情况而定。如果预收账款比较多,可以设置"预收账款"科目;预收账款不多的,也可以不设置"预收账款"科目,直接记入"应收账款"科目的贷方。

【例 10-6】 卓段制造与在履制造签订 500 000 元的销货合同,适用的增值税税率为 13%,根据合同规定,2×22 年 12 月 10 日预收 40% 货款,余款于 2×23 年 1 月 10 日商品交货后全部结清。相关账务处理如下:

(1) 2×22 年 12 月 10 日收到货款的 40% 时:

借:银行存款	200 000
贷:预收账款——大连在履制造股份有限公司	200 000

(2) 2×23 年 1 月 10 日发出商品时:

借:预收账款——大连在履制造股份有限公司	565 000
贷:主营业务收入	500 000
应交税费——应交增值税(销项税额)	65 000

(3) 2×23 年 1 月 20 日收到在履制造补付货款时:

借:银行存款	365 000
贷:预收账款——大连在履制造股份有限公司	365 000

10.5.2 其他应付款

其他应付款是指企业除应付票据、应付账款、预收账款、应付职工薪酬、应付利息、应付股利、应交税费、长期应付款等以外的其他各项应付、暂收的款项。其他应付款包括应付租入包装物租金、存入保证金、应付的经营租入固定资产的租金、无形资产的租金、应付的罚款、滞纳金、违约金等。

【例 10-7】 卓段制造 2×23 年 5 月收到购货客户租用周转包装物的押金 3 000 元存入银行。相关账务处理如下:

(1) 收到包装物押金时:

借:银行存款	3 000
贷:其他应付款——存入保证金	3 000

(2) 收回包装物,退还押金时:

借:其他应付款——存入保证金	3 000
贷:银行存款	3 000

10.6　应付职工薪酬

10.6.1　应付职工薪酬概述

职工是指与企业订立劳动合同的所有人员,含全职、兼职和临时职工,也包括虽未与企业订立劳动合同但由企业正式任命的人员。未与企业订立劳动合同或未由其正式任命,但向企业所提供服务与职工所提供服务类似的人员,也属于职工的范畴,包括通过企业与劳务中介公司签订用工合同而向企业提供服务的人员。

职工薪酬是指企业为获得职工提供的服务或解除劳动关系而给予的各种形式的报酬或补偿。企业提供给职工配偶、子女、受赡养人、已故员工遗属及其他受益人等的福利,也属于职工薪酬。

职工薪酬主要包括短期薪酬、离职后福利、辞退福利和其他长期职工福利。

10.6.2　短期薪酬

短期薪酬是指企业预期在职工提供相关服务的年度报告期间结束后 12 个月内将全部予以支付的职工薪酬,因解除与职工的劳动关系给予的补偿除外。因解除与职工的劳动关系给予的补偿属于辞退福利的范畴。短期薪酬主要包括:①职工工资、奖金、津贴和补贴;②职工福利费;③医疗保险费和工伤保险费等社会保险费;④住房公积金;⑤工会经费和职工教育经费;⑥短期带薪缺勤;⑦短期利润分享计划;⑧其他短期薪酬。

企业应当在职工为其提供服务的会计期间,将实际发生的短期薪酬确认为负债,并计入当期损益,其他《企业会计准则》要求或允许计入资产成本的除外。

10.6.2.1　一般短期薪酬的确认和计量

1) 货币性短期薪酬

借: 生产成本(生产工人)
　　制造费用(车间管理人员)
　　管理费用(行政管理人员)
　　销售费用(销售人员)
　　在建工程(基建人员)
　　研发支出(研发人员)
　　贷: 应付职工薪酬——工资
　　　　　　　　　——职工福利
　　　　　　　　　——社会保险费
　　　　　　　　　——住房公积金
　　　　　　　　　——工会经费
　　　　　　　　　——职工教育经费等

2) 自产产品或外购商品发放给职工作为福利

(1) 以自产产品发放给职工作为福利(视同销售)的账务处理。

决定发放非货币性福利时：

借：生产成本
　　管理费用
　　在建工程
　　研发支出等
　　　贷：应付职工薪酬——非货币性福利

将自产产品实际发放时：

借：应付职工薪酬——非货币性福利
　　　贷：主营业务收入
　　　　　应交税费——应交增值税（销项税额）

借：主营业务成本
　　存货跌价准备（如涉及）
　　　贷：库存商品

（2）以外购商品发放给职工作为福利的账务处理。

购入时：

借：库存商品等
　　应交税费——应交增值税（进项税额）
　　　贷：银行存款

决定发放非货币性福利时：

借：生产成本
　　管理费用
　　在建工程
　　研发支出等
　　　贷：应付职工薪酬——非货币性福利

发放时：

借：应付职工薪酬——非货币性福利
　　　贷：库存商品等
　　　　　应交税费——应交增值税（进项税额转出）

如果在产品购进之前有明确的目的是作为非货币性福利发放给职工，进项税额可不作抵扣，直接计入资产成本，发放时则不用作进项税额转出处理。

10.6.2.2　短期带薪缺勤的确认和计量

带薪缺勤应当分为累积带薪缺勤和非累积带薪缺勤两类。

1）累积带薪缺勤

累积带薪缺勤是指带薪权利可以结转下期的带薪缺勤，本期尚未用完的带薪缺勤权利可以在未来期间使用。企业应当在职工提供服务从而增加了其未来享有的带薪缺勤权利时，确认与累积带薪缺勤相关的职工薪酬，并以累积未行使权利而增加的预期支付金额计量。

2）非累积带薪缺勤

非累积带薪缺勤是指带薪权利不能结转下期的带薪缺勤，本期尚未用完的带薪缺勤权利将予以取消,并且职工离开企业时也无权获得现金支付。企业应当在职工实际发生缺勤的会计期间确认与非累积带薪缺勤相关的职工薪酬。

10.6.2.3　短期利润分享计划的确认和计量

短期利润分享计划是指企业因职工提供服务而与职工达成的基于利润或其他经营成果提供薪酬的协议。长期利润分享计划属于其他长期职工福利。

10.6.3　其他应付职工薪酬

10.6.3.1　离职后福利

离职后福利是指企业为获得职工提供的服务而在职工退休或与企业解除劳动关系后,提供的各种形式的报酬和福利,属于短期薪酬和辞退福利的除外。离职后福利计划,是指企业与职工就离职后福利达成的协议,或者企业为向职工提供离职后福利制定的规章或办法等。企业应当按照企业承担的风险和义务情况,将离职后福利计划分类为设定提存计划和设定受益计划两种类型。

设定提存计划是指企业向单独主体(如基金等)缴存固定费用后,不再承担进一步支付义务的离职后福利计划。设定受益计划是指除设定提存计划以外的离职后福利计划。

对于设定提存计划,企业应当根据在资产负债表日为换取职工在会计期间提供的服务而应向单独主体缴存的提存金,确认为职工薪酬负债,并计入当期损益或相关资产成本。根据设定提存计划,预期不会在职工提供相关服务的年度报告期结束后 12 个月内支付全部应缴存金额的,企业应当参照规定的折现率,将全部应缴存金额以折现后的金额计量应付职工薪酬。

10.6.3.2　辞退福利

辞退福利是指企业在职工劳动合同到期之前解除与职工的劳动关系,或者为鼓励职工自愿接受裁减而给予职工的补偿。企业向职工提供辞退福利的,应当在企业不能单方面撤回因解除劳动关系计划或裁减建议所提供的辞退福利时,企业确认涉及支付辞退福利的重组相关的成本或费用,确认辞退福利产生的职工薪酬负债,并计入当期损益。账务处理如下:

借:管理费用

　　贷:应付职工薪酬——辞退福利

企业在确定提供的经济补偿是否为辞退福利时,应当区分辞退福利和正常退休养老金。辞退福利是在职工与企业签订的劳动合同到期前,企业根据法律与职工本人或职工代表(如工会)签订的协议,或者基于商业惯例,承诺当其提前终止对职工的雇佣关系时支付的补偿,引发补偿的事项是辞退。

对于辞退福利预期在年度报告期间期末后 12 个月内不能完全支付的辞退福利,企业应当适用其他长期职工福利的相关规定。

对于职工虽然没有与企业解除劳动合同,但未来不再为企业提供服务,不能为企业带来经济利益,企业承诺提供实质上具有辞退福利性质的经济补偿的,如发生"内退"的情况,在其正式退休日期之前应当比照辞退福利处理,在其正式退休日期之后,应当按照离职后福利处理。

实施职工内部退休计划的,企业应当比照辞退福利处理。在内退计划符合本章规定的确认条件时,企业应当按照内退计划规定,将自职工停止提供服务日至正常退休日期间、企业拟支付的内退职工工资和缴纳的社会保险费等,确认为应付职工薪酬,一次性计入当期损益,不能在职工内退后各期分期确认因支付内退职工工资和为其缴纳社会保险费等产生的义务。

10.6.3.3 其他长期职工福利

其他长期职工福利是指除短期薪酬、离职后福利、辞退福利之外所有的职工薪酬,包括长期带薪缺勤、长期残疾福利、长期利润分享计划等。企业向职工提供的其他长期职工福利,符合设定提存计划条件的,应当按照设定提存计划的有关规定进行会计处理;符合设定受益计划条件的,企业应当按照设定受益计划的有关规定进行会计处理。

10.7 应交税费

企业在一定时期内取得的营业收入和实现的利润或发生特定经营行为,要按照规定向国家交纳各种税金,这些应交的税金,应按照权责发生制的原则确认。这些应交的税金在尚未缴纳之前,形成企业的一项负债。

10.7.1 应交增值税

10.7.1.1 纳税人及应纳税额的计算

增值税是以商品或劳务(含货物、加工修理修配劳务、服务、无形资产或不动产)在流转过程中产生的增值额作为计税依据而征收的一种流转税。它是我国流转税中的主要税种。为了严格增值税的征收管理和对某些经营规模小的纳税人简化计税办法,我国参照国际惯例,将纳税人按其经营规模及会计核算健全与否划分为一般纳税人和小规模纳税人。

小规模纳税人是指年销售额在规定标准以下,并且会计核算不健全,不能按规定报送有关税务资料的增值税纳税人。会计核算不健全是指不能正确核算增值税的销项税额、进项税额和应纳税额。这是小规模纳税人的定性认定标准。根据税收有关规定,小规模纳税人的定量认定标准是:纳税人应税销售额在 500 万元下;除此之外,则为一般纳税人。

一般纳税人增值税的基本税率为 13%、9%、6%和零税率。小规模纳税人的增值税征收率一般为 3%。

一般纳税人增值税的计算采用购进抵扣法,即企业购入商品或劳务支付的增值税(即进项税额),可以从销售商品或劳务按规定收取的增值税(即销项税额)中抵扣。具体做法是:以商品或劳务的销售额为计税依据,按照税法规定税率算出商品或劳务应负担的销项税额,同时扣除企业为生产商品或提供劳务外购原材料、燃料、低值易耗品等物资在以前购买环节已支付的进项税额,抵扣后的余额即为实际应缴纳的增值税,用公式表示为:

$$应交增值税税额 = 销项税额 - 进项税额$$

小规模纳税人销售商品或劳务,实行简易办法计算应纳税额,其计算公式为:

$$应交增值税税额 = 不含税销售额 \times 征收率$$

10.7.1.2 应交增值税核算的科目设置

企业应缴的增值税应在"应交税费"科目下设置的"应交增值税"明细科目进行核算。企业购进商品或劳务支付的进项税额,以及实际已缴纳的增值税税额,应记入该科目的借方;销售商品或劳务所收取的销项税额等,应记入该科目的贷方。期末,该科目借方余额反映企业尚未抵扣的增值税;如为贷方余额,则反映企业应缴纳的增值税。

"应交税费——应交增值税"科目下分别设置"进项税额""已交税金""销项税额"等明细科目。

10.7.1.3　一般纳税人应交增值税的会计处理

增值税一般纳税人,销售商品或劳务可以开具增值税专用发票;购入商品或劳务取得的增值税专用发票上注明的增值税税额可用以抵扣销项税额。

根据上述特点,一般纳税人在购进阶段,账务处理上应实行价与税的分离,即根据增值税专用发票上注明的价款和增值税,将价款部分计入购入货物的成本,将增值税税额部分计入进项税额。在销售阶段,销售价格中不再含税,如果定价时含税,应还原为不含税价格作为销售收入,而向购买方收取的增值税则作为销项税额。

【例 10-8】　卓段制造为一般纳税人,本月购进原材料所取得的增值税专用发票上注明的材料价款为 100 万元,增值税进项税额为 13 万元,价税款以银行存款支付。同期,该企业销售产品收入为 150 万元,增值税销项税额为 19.5 万元,价税款已经收到。根据上述业务,相关账务处理如下:

(1) 购进时:

借:在途物资	1 000 000
应交税费——应交增值税(进项税额)	130 000
贷:银行存款	1 130 000

(2) 销售产品时:

借:银行存款	1 695 000
贷:主营业务收入	1 500 000
应交税费——应交增值税(销项税额)	195 000

(3) 缴纳增值税 65 000 元(195 000－130 000)时:

借:应交税费——应交增值税(已交税金)	65 000
贷:银行存款	65 000

10.7.1.4　小规模纳税人应交增值税的会计处理

小规模纳税人销售商品或劳务按其不含税销售额的一定比例(即征收率)缴纳增值税。小规模纳税人不享有进项税额的抵扣权,其购进商品或劳务时支付的增值税直接计入所购商品或劳务的成本;其销售商品或劳务时一般只能使用普通发票,不能使用增值税专用发票。小规模纳税人的销售额若为含税销售额应还原为不含税销售额,其计算公式为:

$$不含税销售额 = 含税销售额 \div (1 + 征收率)$$

【例 10-9】　卓段制造经税务部门核定为小规模纳税人,其本期购入材料货款为 100 000 元,增值税税额为 13 000 元,价税款以银行存款支付。该企业本期销售产品含税销售额为 120 000 元,增值税征收率为 3%,款项已收到并存入银行。相关账务处理如下:

(1) 购进材料时:

借:在途物资	113 000
贷:银行存款	113 000

（2）材料验收入库时：

借：原材料   113 000

  贷：在途物资   113 000

（3）销售货物时：

主营业务收入＝120 000÷(1＋3％)＝116 504.85(元)

应交增值税税额＝116 504.85×3％＝3 495.15(元)

借：银行存款   120 000

  贷：主营业务收入   116 504.85

    应交税费——应交增值税   3 495.15

（4）缴纳增值税时：

借：应交税费——应交增值税   3 495.15

  贷：银行存款   3 495.15

10.7.2 应交消费税

消费税是对生产、委托加工及进口应税消费品(主要指烟、酒、化妆品、高档次及高能耗的消费品)征收的一种税。在商品普遍征收增值税的基础上，选择少数消费品再征收一道消费税，主要是为了调整产业结构，引导消费方向，保证国家财政收入。

消费税的计税方法主要有从价定率、从量定额和复合计征三种。从价定率根据商品销售价格和规定的税率计算应交消费税；从量定额根据商品销售数量和规定的单位税额计算应交消费税。其计算公式为：

$$从价定率应交消费税 ＝ 应税消费品的销售额 × 消费税税率$$

$$从量定额应交消费税 ＝ 应税消费品的销售数量 × 消费税单位税额$$

$$复合计征应交消费税 ＝ 应税消费品的销售额 × 消费税税率 ＋ 应税消费品的销售数量 × 消费税单位税额$$

根据现行制度的规定，为了核算应该由企业经营业务以及持有特定财产或发生特定行为负担的税金及附加，包括消费税、城市维护建设税、资源税、土地增值税、印花税、房产税、车船税、城镇土地使用税和教育费附加等，企业应设置"税金及附加"科目。该科目属于损益类科目。企业按照税法有关规定计算应由主营和附营业务负担的税金及附加，记入该科目的借方，同时记入"应交税费"科目下设置的"应交消费税""应交城市维护建设税"和"应交教育费附加"等明细科目的贷方。

【例10-10】 卓段制造2×23年3月应纳消费税的产品销售收入为160 000元，该产品适用的消费税税率为25％。相关账务处理如下：

（1）计算应交消费税40 000元(160 000×25％)时：

借：税金及附加   40 000

  贷：应交税费——应交消费税   40 000

（2）下月初缴纳消费税时：

借：应交税费——应交消费税   40 000

  贷：银行存款   40 000

10.7.3　应交城市维护建设税与教育费附加

城市维护建设税是对从事生产经营活动的单位和个人,以其实际缴纳的增值税、消费税为依据,按纳税人所在地适用的不同税率计算征收的一种税。征收城市维护建设税主要是为了加强城市的维护建设,扩大和稳定城市维护建设的资金来源。

教育费附加是国家为了发展我国的教育事业,提高国民的文化素质而征收的一项费用。教育费附加与城市维护建设税一样,也是按照企业应交流转税(增值税、消费税)的一定比例计算,并与流转税一起缴纳。

【例 10-11】　卓段制造本月应交增值税为 800 000 元,应交消费税为 40 000 元,城市维护建设税税率为 7%,教育费附加费率为 3%,据此算本月应交城市维护建设税为 58 800 元[(800 000+40 000)×7%],应交教育费附加为 25 200 元(840 000×3%)。相关账务处理如下:

(1)计算应交城市维护建设税及教育费附加时:

```
借:税金及附加                                          84 000
    贷:应交税费——应交城市维护建设税                      58 800
              ——应交教育费附加                          25 200
```

(2)下月初缴纳城市维护建设税及教育费附加时:

```
借:应交税费——应交城市维护建设税                         58 800
          ——应交教育费附加                             25 200
    贷:银行存款                                         84 000
```

企业应交税费中,除上述几种主要流转税费之外,常见的还有财产税和企业所得税。

财产税是根据企业的动产和不动产估计价值征收的一种税。它是地方政府的主要收入来源。财产税主要有房产税、车船税、城镇土地使用税等。房产税是以房产为征税对象,依据房产价格或房产租金收入向房产所有人或经营人征收的一种财产税。车船税是指国家对行驶于境内公共道路的车辆和航行于境内河流、湖泊或领海的船舶依法征收的一种税。城镇土地使用税是以国有土地为征税对象,对拥有土地使用权的单位和个人征收的一种税。

企业按规定计算应交的房产税、车船税、城镇土地使用税,借记“税金及附加”科目,贷记“应交税费——应交房产税”“应交税费——应交车船税”“应交税费——应交城镇土地使用税”科目;实际缴税时,借记“应交税费——应交房产税”“应交税费——应交车船税”“应交税费——应交城镇土地使用税”科目,贷记“银行存款”科目。

10.8　长　期　借　款

10.8.1　长期借款概述

长期借款是企业向银行或其他金融机构借入的、偿还期限超过一年的各种借款。企业取得长期借款,必须按照规定的程序进行,一般需要经过申请、审批、签合同和划款项等四个步骤。在借款的使用期间,应按期支付利息,到期偿还本金。为了核算长期借款的取得、计息和归还情况,企业应设置"长期借款"科目。该科目属于负债类科目,贷方登记取得的长期借款本金及利息,借方登记归还本金及利息,期末余额在贷方,反映尚未归还的借款本金及利息。该科目应按借款的种类或用途设置明细科目进行明细分类核算。

10.8.2 长期借款的账务处理

企业借入各种长期借款时,按实际收到的款项,借记"银行存款"科目,贷记"长期借款——本金"科目;按借贷双方之间的差额,借记"长期借款——利息调整"科目。在资产负债表日,企业应按长期借款的摊余成本和实际利率计算确定的长期借款的利息费用,借记"在建工程""财务费用""制造费用"等科目。如果是到期还本,按期付息的长期借款利息,按借款本金和合同利率计算确定的应付未付利息,贷记"应付利息"科目;按其差额,贷记"长期借款——利息调整"科目。如果是到期一次还本付息,按借款本金和合同利率计算确定的应付未付利息,贷记"长期借款——应计利息"科目;按其差额,贷记"长期借款——利息调整"科目。企业归还长期借款,按归还的长期借款本金,借记"长期借款——本金"科目;按转销的利息调整金额,贷记"长期借款——利息调整"科目;按实际归还的款项,贷记"银行存款"科目;按借贷双方之间的差额,借记"在建工程""财务费用""制造费用"等科目。

【例 10-12】 卓段制造为购建一条新的生产线(工期两年),于 2×21 年 1 月 1 日向某金融机构取得期限为 3 年的人民币借款 1 000 000 元,并当即将该资金投入到生产线的购建工程中。该借款年利率为 6%,合同规定到期一次还本付息,单利计息。相关账务处理如下:

(1) 取得借款时:

借:银行存款	1 000 000
贷:长期借款——本金	1 000 000

(2) 2×21 年、2×22 年年末,计算应由该工程负担的借款利息 60 000 元(1 000 000×6%)时:

借:在建工程	60 000
贷:长期借款——应计利息	60 000

(3) 2×23 年各月末,分别计算当月借款利息 5 000 元(60 000÷12)时:

借:财务费用	5 000
贷:长期借款——应计利息	5 000

(4) 2×23 年年末,全部偿还该笔借款的本金和利息时:

借:银行存款	1 180 000
贷:长期借款——本金	1 000 000
——应计利息	180 000

在会计实务中,长期借款也可以采用复利计息的方法。在长期借款复利计息的情况下,尽管长期借款的本金、利率和偿还期限可能都相同,在不同的偿付条件下(包括到期一次还本付息、分期偿还本息和分期付息到期还本三种方式),企业实际使用长期借款的时间是不同的,所支付的利息费用也就不同。因此,长期借款到底采用哪种还本付息方式以及能否按时还清借款本息,就成为企业理财中的一项重要决策问题。

10.9 应付债券

10.9.1 应付债券概述

债券是企业为筹集资金而依照法定程序发行的,约定在一定日期还本付息的有价证券。企业发行债券必须经国家有关部门批准,委托银行或其他金融机构代理发行。发行债券筹集的资金可用于购建固定资产,也可用于补充流动资金。企业发行期限超过一年的债券,构成了一项长期负债。

债券的票面一般要载明下列要素:

(1)债券面值,即票面价值,包括两项内容:一是币种;二是金额,即企业在还款日应偿还的本金。

(2)票面利率,又称名义利率,是指债券上载明的利息率。它表示债券发行人承诺每年根据这个利率来支付利息。

(3)债券还本期限,是指债券发行人偿还本金的时间。

此外,债券的票面上还有还本付息方式、发行日期和序号、发行单位印鉴,以及能否转让等项目。

10.9.2 债券的分类

企业发行的债券根据不同标准大致有如下分类。

10.9.2.1 按债券发行有无担保分类

(1)抵押债券,又称有担保债券,是指以特定的资产作为抵押品的债券。债券的抵押品既可以是不动产,也可以是动产或有价证券。一旦这种债券的发行人违约,信托企业便可将抵押品变卖以支付积欠债券持有人的款项。

(2)信用债券,又称无担保债券,是指没有任何特定的资产作为抵押品的债券。这种债券全凭举债人的信用而发行,具有较大的风险,所以利率也较高。

10.9.2.2 按记名与否分类

(1)记名债券是指企业在发行债券时,债券票面上记有债券持有人的姓名,并在企业债权人名册中进行登记的债券。这种债券到期时,债券持有人可持债券,凭本人身份证明领取本息。

(2)无记名债券是指债券票面上不记载持有人姓名的债券。这种债券通常附有息票,付息时,债券持有人将息票剪下,据以领取利息,所以又称为息票债券。

10.9.2.3 按特殊偿还方式分类

(1)可转换债券是指债券发行一定期间后,持有人可以按一定价格转换成企业股票的债券。这种债券既有债券性质,又有股票性质。其持有人可根据具体情况,在转换期间内自愿行使转换权利。

(2)可赎回债券是指债券发行企业有权在债券到期日以前,按特定的价格提前赎回的债券。

10.9.2.4 按还本方式分类

(1) 一次还本债券是指本金于到期日一次性偿还的债券。

(2) 分期还本债券是指本金分期偿还的债券。

10.9.2.5 按付息方式分类

(1) 普通债券是指票面上载明一定利率的债券。

(2) 收益债券是指债券的利息取决于企业收益的债券。这种债券随企业当期有无收益和收益额的大小来确定利息的多少,与优先股有些相似。

10.9.3 应付债券的发行

10.9.3.1 债券发行价格的确定

企业债券的发行价格与债券面值不是同一概念,两者有时一致,有时不一致。在市场经济环境下,任何一个理性的债权人都要对市场上各种借出资金的风险与收益进行权衡后才会作出最终决策。债券的市场售价,在很大程度上由其票面利率来决定。在其他条件不变的情况下,票面利率越高,债券的市价也就越高。如果确定了一个较低的票面利率,债权人一般不愿意认购,发行人只能按低于面值的价格发行。如果确定了一个较高的票面利率,就会吸引更多的债权人购买,在供不应求的情况下,发行人可将债券按高出面值的价格出售。这里的"较低"或"较高"的票面利率是相对于金融市场上其他投资机会的平均收益率而言的。其他投资机会的平均收益率,即市场利率,是债权人进行决策时使用的重要参照指标。由此可见,企业债券的价格与票面利率和市场利率有直接的关系。

从理论上讲,债券的实际发行价格是根据货币时间价值的理论,将债券到期应付面值和各期应付的利息,按市场利率折算的复利现值之和。其一般计算公式为:

债券面值的现值 = 债券面值 × 到期偿还本金的复利现值系数

各期利息的现值 = 每期债券利息额 × 分期付息年金现值系数

每期债券利息额 = 票面价值 × 每一付息期的票面利率

【例 10-13】 卓段制造为建设某一工程项目(工期两年),于 2×23 年 1 月 1 日发行一批两年期债券,总面值 100 万元,年利率为 5%,每年付息一次,到期一次还本。假设发行时市场利率为 5%、4% 和 6%,计算不同利率水平下的债券价格。

(1) 当市场利率为 5% 时:

债券发行价格=100×(5%,2 期复利现值系数)+5×(5%,2 期年金现值系数)

$\qquad$ =100×0.907 03+5×1.859 41≈100(万元)

(2) 当市场利率为 4% 时:

债券发行价格=100×(4%,2 期复利现值系数)+5×(4%,2 期年金现值系数)

$\qquad$ =100×0.924 56+5×1.886 09≈102(万元)

债券溢价金额=102-100=2(万元)

(3) 当市场利率为 6% 时:

债券发行价格=100×(6%,2 期复利现值系数)+5×(6%,2 期年金现值系数)

$\qquad$ =100×0.890 00+5×1.833 39≈98(万元)

债券折价金额=100-98=2(万元)

由上述计算可知,债券的发行价格随市场利率的变动而呈反方向变动,即当市场利率低于债券票面利率时,债券发行价格高于其面值,发行价格高于债券面值的部分,称为债券溢价;如果市场利率高于债券票面利率时,债券发行价格低于其面值,发行价格低于债券面值的部分,称为债券折价。值得注意的是,债券一经发售,债券信托合同即告成立,其后无论市场利率如何波动,对发行的债券均不产生影响,也就不必调整会计分录了。

10.9.3.2　债券发行的核算

为了反映和监督债券的发行、归还和付息情况,发行债券的企业应设置"应付债券"科目。该科目为负债类科目,贷方登记应付债券的本金和应计利息,借方登记偿还债券本金和支付利息的金额,余额在贷方,表示尚未偿还的债券本金和利息。该科目应下设"面值""利息调整"和"应计利息"等明细科目,进行明细分类核算。

企业发行债券无论是按面值还是溢价或折价,均应按债券面值,记入"应付债券——面值"科目。

1) 债券按面值发行

当企业按面值发行债券时,债券价格与债券面值一致,可按债券面值金额,借记"银行存款"等科目,贷记"应付债券——面值"科目。

【例 10-14】　卓段制造于 2×23 年 1 月 1 日发行一批两年期债券,总面值 100 万元,年利率为 5%,每年付息一次,到期一次还本。卓段制造发行债券时,若市场利率恰好等于票面利率 5%,则按面值发行债券,收到款项并存入银行。相关账务处理如下:

借:应付债券——面值 1 000 000
　　贷:银行存款 1 000 000

2) 债券按溢价发行

债券溢价发行意味着企业将要高于市场实际利率支付利息,所以溢价的实质是发行企业为以后各期多付利息而预先从债券持有人处得到的补偿。

当企业溢价发行债券时,债券价格高于债券面值金额,按实际收到的款项,借记"银行存款"等科目;按债券的面值金额,贷记"应付债券——面值"科目;按实际收到的款项与票面金额的差额,贷记"应付债券——利息调整"科目。

【例 10-15】　卓段制造于 2×23 年 1 月 1 日发行一批两年债券,总面值 100 万元,年利率为 5%,每年付息一次,到期一次还本。卓段制造发行债券时,若市场利率为 4%,则按 102 万元的溢价发行债券,收到款项并存入银行。相关账务处理如下:

借:银行存款 1 020 000
　　贷:应付债券——面值 1 000 000
　　　　　　——利息调整 20 000

3) 债券按折价发行

债券折价发行意味着企业将要低于市场实际利率支付利息,所以折价的实质是发行企业为以后各期少付利息而预先给债券持有人的补偿。

当企业折价发行债券时,债券价格低于债券面值金额,按实际收到的款项,借记"银行存款"等科目;按债券的面值金额,贷记"应付债券——面值"科目;按实际收到的款项与票面金额的差额,借记"应付债券——利息调整"科目。

【例 10-16】 卓段制造于 2×23 年 1 月 1 日发行一批两年期债券,总面值 100 万元,年利率为 5%,每年付息一次,到期一次还本。卓段制造发行债券时,若市场利率为 6%,则按 98 万元的折价发行债券,收到款项并存入银行。相关账务处理如下:

借:银行存款	980 000
应付债券——利息调整	20 000
贷:应付债券——面值	1 000 000

10.9.4 应付债券的利息、溢价和折价摊销的核算

企业应根据权责发生制原则的要求按期计提应付债券的利息费用,并按所筹资金的用途,分别计入财务费用或有关资产的成本,即借记"财务费用"或"在建工程"等科目。同时,对于一次还本付息的债券利息应贷记"应付债券——应计利息"科目,而对于分期付息、一次还本的债券利息则应贷记"应付利息"科目。

利息是债务人因使用借入资金而必须负担的费用。如果债券按面值发行,各期的利息额就等于票面额与票面利率的乘积。如果债券是溢价或折价发行,各期的利息计算和确认还要包括溢价和折价的摊销金额。前已述及,债券溢价或折价的实质是对按票面利率计算利息的调整,债券的溢价金额可以理解为发行企业先收回债券持有人未来多得的利息,再按高于市场利率的债券票面利率向债券持有人支付利息。因此,在确认利息时,企业就应该将发行债券时的溢价部分分期抵销按票面利率支付的利息费用,即债券的溢价部分应逐期从利息费用中扣除。同样,债券折价可以理解为发行企业先支付给债券持有人一部分未来少收的利息,再按低于市场利率的债券票面利率向债券持有人支付利息。因此,在确认利息时,企业就应该用因债券折价而少收的部分款项去补充按票面利率支付的利息费用,即债券的折价部分应逐期转化为利息费用。这种用债券溢价或折价逐期调整债券利息费用的方法称为摊销。在实际工作中,对债券溢价和折价的摊销应采用实际利率法。

实际利率法是以债券发行时的实际利率,乘以每期期初债券的账面价值(亦称摊余成本),求得该期的利息费用,利息费用与实际支付利息的差额,即为该期溢、折价的摊销额。用公式表示为:

$$溢价摊销额 = 应付利息 - 当期利息费用$$

$$折价摊销额 = 当期利息费用 - 应付利息$$

$$当期利息费用 = 债券该期期初账面价值 \times 市场利率$$

10.9.4.1 面值发行债券的利息处理

为了反映企业分期付息、一次还本的各项长期负债利息的计算和支付情况,企业应设置"应付利息"科目。"应付利息"科目属于负债类科目,贷方登记按合同利率计算的长期借款、企业债券等应付未付的利息,借方登记实际支付的利息,期末贷方余额,反映企业应付未付长期借款、企业债券等的利息。对于平价发行的分期付息、一次还本债券,每期计提利息时应借记"财务费用""在建工程"等科目,贷记"应付利息"科目。

【例 10-17】 承接[例 10-13],在按面值发行债券的情况下,每年应计利息费用均为 50 000 元(1 000 000×5%)。相关账务处理如下:

(1) 各年计算债券利息时:

```
借：在建工程                                                    50 000
    贷：应付利息                                                      50 000
```

（2）各年以银行存款支付债券利息时：

```
借：应付利息                                                    50 000
    贷：银行存款                                                      50 000
```

10.9.4.2　溢价发行债券的溢价摊销

【例 10-18】　承接［例 10-13］，在按溢价发行债券的情况下，采用实际利率法摊销债券溢价，应编制债券溢价摊销表，如表 10-1 所示。

表 10-1　大连卓段制造股份有限公司债券溢价摊销表　　　　　　　　单位：元

付息日期	应付利息	当期利息费用	债券溢价摊销额	债券账面价值
	①＝面值×5%	②＝上期④×4%	③＝①－②	④＝上期④－③
2×23 年 1 月 1 日	—	—	—	1 020 000
2×23 年 12 月 31 日	50 000	40 800	9 200	1 010 800
2×24 年 12 月 31 日	50 000	39 200	10 800	1 000 000
合计	100 000	80 000	20 000	—

根据表 10-1 所列资料，相关账务处理如下：

（1）2×23 年、2×24 年年末计算债券应付利息 50 000 元（1 000 000×5%）时：

```
借：在建工程                                                    50 000
    贷：应付利息                                                      50 000
```

（2）2×23 年年末摊销债券溢价 9 200 元（50 000－1 020 000×4%）时：

```
借：应付债券——利息调整                                         9 200
    贷：在建工程                                                      9 200
```

（3）各年以银行存款支付债券利息时：

```
借：应付利息                                                    50 000
    贷：银行存款                                                      50 000
```

（4）2×23 年年末摊销债券溢价 10 800 元（20 000－9 200）时：

```
借：应付债券——利息调整                                         10 800
    贷：在建工程                                                      10 800
```

经过上述处理，两年后，债券溢价金额 20 000 元，全部摊销完毕，债券账面价值与"应付债券——面值"科目余额相符。

10.9.4.3　折价发行债券的折价摊销

【例 10-19】　承接［例 10-13］，在按折价发行债券的情况下，采用实际利率法摊销债券折价，应编制债券折价摊销表，如表 10-2 所示。

表 10-2　大连卓段制造股份有限公司债券折价摊销表　　　单位:元

付息日期	应付利息	当期利息费用	债券折价摊销额	债券账面价值
	①=面值×5%	②=上期④×6%	③=①－②	④=上期④－③
2×23 年 1 月 1 日	—	—	—	980 000
2×23 年 12 月 31 日	50 000	58 800	8 800	988 800
2×24 年 12 月 31 日	50 000	61 200	11 200	1 000 000
合计	100 000	120 000	20 000	—

根据表 10-2 所列资料,相关账务处理如下:

(1) 2×23 年、2×24 年年末计算债券应付利息 50 000 元(1 000 000×5%)时:

借:在建工程 50 000
　　贷:应付利息 50 000

(2) 2×23 年年末摊销债券折价 8 800 元(980 000×6%－50 000)时:

借:在建工程 8 800
　　贷:应付债券——利息调整 8 800

(3) 各年以银行存款支付债券利息时:

借:应付利息 50 000
　　贷:银行存款 50 000

(4) 2×24 年年末摊销债券折价 11 200 元(20 000－8 800)时:

借:在建工程 11 200
　　贷:应付债券——利息调整 11 200

经过上述账务处理,两年后,债券折价金额 20 000 元,全部摊销完毕,债券账面价值与"应付债券——面值"科目余额相符。

10.9.5　应付债券的偿还

债券到期时,发行企业应根据发行债券时规定的还本期限与方式,偿还债券持有人的本金。溢、折价发行的债券,由于溢、折价在债券的整个存续期内已经摊销完毕,使得应付债券账面价值与面值一致。因此,无论是面值发行、溢价发行,还是折价发行的应付债券到期时,对于分期付息到期还本的债券,在偿还时均可按票面价值,借记"应付债券——面值"科目,贷记"银行存款"科目。对于到期一次还本付息的债券,到期时除偿还债券本金外还需要偿付利息。由于其每期应付利息已记入"应付债券——应计利息"科目的贷方,偿付本息时应借记"应付债券——面值"和"应付债券——应计利息"科目,贷记"银行存款"科目。

【例 10-20】　承接[例 10-13],卓段制造于 2×24 年年末偿还债券本金 100 万元。相关账务处理如下:

借:应付债券——面值 1 000 000
　　贷:银行存款 1 000 000

10.10　预 计 负 债

10.10.1　或有事项概述

或有事项是指过去的交易或者事项形成的,其结果需由某些未来事项的发生或不发生才能决定的不确定事项。常见的或有事项包括:未决诉讼、未决仲裁、债务担保、产品质量保证(含产品安全保证)、亏损合同、重组义务、承诺、环境污染整治等。

或有事项具有以下特征:

(1) 或有事项是由过去的交易或事项形成的。

(2) 或有事项的结果具有不确定性,即或有事项的结果是否发生具有不确定性,或者或有事项的结果预计将会发生,但发生的具体时间或金额具有不确定性。

(3) 或有事项的结果由未来事项决定。

10.10.2　预计负债的概述及计量

10.10.2.1　预计负债的概述

与或有事项相关的义务同时满足以下条件的,应当确认为预计负债:

(1) 该义务是企业承担的现时义务。

(2) 履行该义务很可能($50\% <$发生的可能性$\leqslant 95\%$)导致经济利益流出企业。

(3) 该义务的金额能够可靠地计量。

10.10.2.2　预计负债的计量

1) 最佳估计数的确定

预计负债应当按照履行相关现时义务所需支出的最佳估计数进行初始计量,相关现时义务在连续范围或者是等概率事件时,取中间值,即算术平均数。其他情况,如果相关现时义务是单个项目,取最可能发生的金额;如果相关现时义务是多个项目的,按照各种可能结果及相关概率计算确定,即加权平均数。

2) 预计负债的计量需要考虑的其他因素

(1) 风险的不确定性。

(2) 货币时间价值。

(3) 未来事项。

3) 资产负债表日对预计负债账面价值的复核

企业应当在资产负债表日对预计负债的账面价值进行复核。有确凿证据表明该账面价值不能真实反映当前最佳估计数的,应当按照当前最佳估计数对该账面价值进行调整。

10.10.3　预计负债的账务处理

为了反映企业各项预计负债的增减变动情况,企业应设置"预计负债"科目。该科目属于负债类科目,贷方登记各项预计负债的增加数,借方登记各项预计负债的清偿数,期末余额在贷方,表示企业已确认但尚未支付的预计负债。

对于产品质量保证而言,在一般情况下,这项负债的金额可以根据已经销售产品在质量担保期内的返修率,以及平均单位返修费用等资料进行合理的估计。估计入账时,借记"销售费用""管理费用"等有关科目,贷记"预计负债——产品质量保证"科目。实际支付时,借记"预计负债——产品质量保证"科目,贷记"银行存款"等科目。

【例 10-21】 卓段制造 2×23 年 7 月份出售某种产品 1 000 台,每台售价为 300 元,产品的保修期为半年。根据过去的经验,返修率为 2%,平均每台修复费用为 40 元。7 月份没有发生返修情况。根据这些资料,可计算出 7 月末的产品质量保证负债为 800 元(1 000×2%×40)。相关账务处理如下:

(1) 2×23 年 7 月 31 日,估计预计负债时:

借:销售费用 800
　　贷:预计负债——产品质量保证 800

(2) 假定到 2×23 年 8 月 31 日实际发生的返修费用为 300 元:

借:预计负债——产品质量保证 300
　　贷:银行存款 300

10.11　借款费用资本化

10.11.1　借款费用资本化的基本原理

借款费用的确认主要解决的是将每期发生的借款费用资本化、计入相关资产的成本,还是将有关借款费用化、计入当期损益的问题。根据借款费用准则的规定,借款费用确认的基本原则是:企业发生的借款费用,可直接归属于符合资本化条件的资产的购建或者生产的,应当予以资本化,计入相关资产成本;其他借款费用,应当在发生时根据其发生额确认为费用,计入当期损益。

企业只有发生在资本化期间内的有关借款费用,才允许资本化,资本化期间的确定是借款费用确认和计量的重要前提。借款费用资本化期间,是指从借款费用开始资本化时点到停止资本化时点的期间,但不包括借款费用暂停资本化的期间。

10.11.2　借款费用开始资本化的时点

借款费用允许开始资本化必须同时满足三个条件,即资产支出已经发生、借款费用已经发生、为使资产达到预定可使用或者可销售状态所必要的购建或者生产活动已经开始。

1) 资产支出已经发生

资产支出已经发生是指企业已经发生了支付现金、转移非现金资产或者承担带息债务形式所发生的支出。

2) 借款费用已经发生

借款费用已经发生是指企业已经发生了因购建或者生产符合资本化条件的资产而专门借

入款项的借款费用或者所占用的一般借款的借款费用。

3）为使资产达到预定可使用或者可销售状态所必要的购建或者生产活动已经开始

为使资产达到预定可使用或者可销售状态所必要的购建或者生产活动已经开始是指符合资本化条件的资产的实体建造或者生产工作已经开始，如主体设备的安装、厂房的实际开工建造等。它不包括仅仅持有资产、但没有发生为改变资产形态而进行的实质上的建造或者生产活动。

企业只有在上述三个条件同时满足的情况下，有关借款费用才可开始资本化，只要其中一个条件没有满足，借款费用就不能开始资本化。

10.11.3　借款费用暂停资本化的时间

符合资本化条件的资产在购建或者生产过程中发生非正常中断且中断时间连续超过 3 个月的，应当暂停借款费用的资本化。中断的原因必须是非正常中断，属于正常中断的，相关借款费用仍可资本化。在实务中，企业应当遵循"实质重于形式"等原则来判断借款费用暂停资本化的时间，如果相关资产购建或者生产的中断时间较长而且满足其他规定条件，相关借款费用应当暂停资本化。

非正常中断，通常是由于企业管理决策上的原因或者其他不可预见的原因等所导致的中断。比如，企业因与施工方发生了质量纠纷，或者工程、生产用料没有及时供应，或者资金周转发生了困难，或者施工、生产发生了安全事故，或者发生了与资产购建、生产有关的劳动纠纷等原因，导致资产购建或者生产活动发生中断，均属于非正常中断。

非正常中断与正常中断显著不同。正常中断通常仅限于因购建或者生产符合资本化条件的资产达到预定可使用或者可销售状态所必要的程序，或者事先可预见的不可抗力因素导致的中断。比如，某些工程建造到一定阶段必须暂停下来进行质量或者安全检查，检查通过后才可继续下一阶段的建造工作，这类中断是在施工前可以预见的，而且是工程建造必须经过的程序，属于正常中断。某些地区的工程在建造过程中，由于可预见的不可抗力因素（如雨季或冰冻季节等原因）导致施工出现停顿，也属于正常中断。

10.11.4　借款费用停止资本化的时点

购建或者生产符合资本化条件的资产达到预定可使用或者可销售状态时，借款费用应当停止资本化。在符合资本化条件的资产达到预定可使用或者可销售状态之后所发生的借款费用，应当在发生时根据其发生额确认为费用，计入当期损益。购建或者生产符合资本化条件的资产达到预定可使用或者可销售状态，可从以下几个方面进行判断：

（1）符合资本化条件的资产的实体建造（包括安装）或者生产工作已经全部完成或者实质上已经完成。

（2）所购建或者生产的符合资本化条件的资产与设计要求、合同规定或者生产要求相符或者基本相符，即使有极个别与设计、合同或者生产要求不相符的地方，也不影响其正常使用或者销售。

（3）继续发生在所购建或生产的符合资本化条件的资产上的支出金额很少或者几乎不再发生。

所购建或者生产的资产如果分别建造、分别完工的，企业应当区别情况界定借款费用停止资本化的时点。

所购建或者生产的符合资本化条件的资产的各部分分别完工,且每部分在其他部分继续建造或者生产过程中可供使用或者可对外销售,且为使该部分资产达到预定可使用或可销售状态所必要的购建或者生产活动实质上已经完成的,应当停止与该部分资产相关的借款费用的资本化,因为该部分资产已经达到了预定可使用或者可销售状态。

10.11.5 借款费用资本化账务处理

在借款费用资本化期间内,每一会计期间的利息资本化金额,应当按照下列规定确定:

(1) 为购建或者生产符合资本化条件的资产而借入专门借款的,应当以专门借款当期实际发生的利息费用,减去将尚未动用的借款资金存入银行取得的利息收益或进行暂时性投资取得的投资收益后的金额确定。

(2) 为购建或者生产符合资本化条件的资产而占用了一般借款的,企业应当根据累计资产支出超过专门借款部分的资产支出加权平均数乘以所占用一般借款的资本化率,计算确定一般借款应予资本化的利息金额。资本化率应当根据一般借款加权平均利率计算确定。

(3) 每一会计期间的利息资本化金额,不应当超过当期相关借款实际发生的利息金额。企业在确定每期利息资本化金额时,应当判断符合资本化条件的资产在购建或者生产过程所占用的资金来源,如果所占用的资金是专门借款资金,则应当在资本化期间内,根据每期实际发生的专门借款利息费用,确定应予资本化的金额。在企业将闲置的专门借款资金存入银行取得利息收入或者进行暂时性投资获取投资收益的情况下,企业还应当将这些相关的利息收入或者投资收益从资本化金额中扣除,以如实反映符合资本化条件的资产的实际成本。

【例10-22】 卓段制造于 2×22 年 1 月 1 日正式动工兴建一幢办公楼,工期预计为 1 年零 6 个月,工程采用出包方式,分别于 2×22 年 1 月 1 日、2×22 年 7 月 1 日和 2×23 年 1 月 1 日支付工程进度款。

卓段制造为建造办公楼于 2×22 年 1 月 1 日专门借款 2 000 万元,借款期限为 3 年,年利率为 6%。另外,卓段制造在 2×22 年 7 月 1 日又专门借款 4 000 万元,借款期限为 5 年,年利率为 7%。借款利息按年支付(如无特别说明,本章例题中名义利率与实际利率均相同)。闲置借款资金均用于固定收益债券短期投资,该短期投资月收益率为 0.5%。办公楼于 2×23 年 6 月 30 日完工,达到预定可使用状态。

由于卓段制造使用了专门借款建造办公楼,而且办公楼建造支出没有超过专门借款金额,卓段制造 2×22 年、2×23 年为建造办公楼应予资本化的利息金额计算如下:

(1) 确定借款费用资本化期间为 2×22 年 1 月 1 日至 2×23 年 6 月 30 日。

(2) 计算在资本化期间内专门借款实际发生的利息金额:

2×22 年专门借款发生的利息金额 = 2 000×6% + 4 000×7%×6÷12 = 260(万元)

2×23 年 1 月 1 日至 2×23 年 6 月 30 日专门借款发生的利息金额 = 2 000×6%×6÷12 + 4 000×7%×6÷12 = 200(万元)

(3) 计算在资本化期间内利用闲置的专门借款资金进行短期投资的收益:

2×22 年短期投资收益 = 500×0.5%×6 + 2 000×0.5%×6 = 75(万元)

2×23 年 1 月 1 日至 2×23 年 6 月 30 日短期投资收益 = 500×0.5%×6 = 15(万元)

(4) 在资本化期间内,专门借款利息费用的资本化金额应当以其实际发生的利息费用减去将闲置的借款资金进行短期投资取得的投资收益后的金额确定,因此:

卓段制造 2×22 年的利息资本化金额＝260－75＝185(万元)

卓段制造 2×23 年的利息资本化金额＝200－15＝185(万元)

有关账务处理如下:

2×22 年 12 月 31 日:

借:在建工程		1 850 000
应收利息(或银行存款)		750 000
贷:应付利息		2 600 000

2×23 年 6 月 30 日:

借:在建工程		1 850 000
应收利息(或银行存款)		150 000
贷:应付利息		2 000 000

 ## 章节测试

一、复习思考题

1. 负债具有哪些特征? 流动负债与非流动负债各包括哪些内容?

2. 企业哪些税费应通过“税金及附加”科目核算?

3. 如何计算应交增值税、应交消费税、应交城市维护建设税及应交教育费附加?

二、单选题

1. 下列各项中,不属于企业职工薪酬组成内容的是(　　)。

A. 职工出差报销的差旅费

B. 根据设定提存计划计提应向单独主体缴存的提存金

C. 为鼓励职工自愿接受裁减而给予职工的补偿

D. 按国家规定标准提取的职工教育经费

2. 2×22 年 3 月 1 日,甲公司为购建厂房借入专门借款 5 000 万元,借款期限为 2 年,年利率 10%。2×22 年 4 月 1 日,甲公司购建活动开始并向施工方支付了第一笔款项 2 000 万元,预计工期为 2 年。在施工过程中,甲公司与施工方发生了质量纠纷,施工活动从 2×22 年 7 月 1 日起发生中断。2×22 年 12 月 1 日,质量纠纷得到解决,施工活动恢复。假定甲公司闲置借款资金均用于固定收益债券短期投资,月收益率为 0.5%。不考虑其他因素,甲公司该在建厂房 2×22 年度资本化的利息费用为(　　)万元。

A. 166.67　　　　B. 375　　　　C. 240　　　　D. 106.67

3. 甲公司于 2×22 年 1 月 1 日发行 3 年期、每年 1 月 1 日付息、到期一次还本的公司债券,债券面值为 200 万元,票面年利率 5%,实际年利率为 6%,发行价格为 196.65 万元,另支付发行费用 2 万元。按实际利率法确认利息费用。不考虑其他因素,该债券 2×23 年度确认的利息费用为(　　)万元。

A. 11.78　　　　B. 12　　　　C. 10　　　　D. 11.68

4. 2×22 年 5 月 1 日,某企业向银行借入资金 600 万元用于生产经营,借款期限为 3 个

月,年利率为 10%,到期一次还本付息,利息按月计提。下列各项中,关于该借款相关的会计
处理结果正确的是(　　)。

A. 借入款项时,借记"短期借款"科目 600 万元

B. 每月预提借款利息时,贷记"财务费用"科目 5 万元

C. 每月预提借款利息时,借记"应付利息"科目 5 万元

D. 借款到期归还本息时,贷记"银行存款"科目 615 万元

5. 某工厂为增值税一般纳税人,适用的增值税税率为 13%。该工厂以其生产的服装作为
福利发放给 100 名生产车间管理人员,每人一套,每套服装不含税售价为 350 元,成本为
280 元。不考虑其他因素,该工厂确认应付职工薪酬的金额应为(　　)元。

A. 39 550 　　　　　 B. 28 000 　　　　　 C. 35 000 　　　　　 D. 4 550

6. 下列关于企业根据股东大会或类似机构审议批准的利润分配方案,确认应付给投资者
的现金股利或利润的会计处理中,正确的是(　　)。

A. 借:应付股利

　　　贷:银行存款

B. 借:应付股利

　　　贷:利润分配——应付现金股利/利润

C. 不进行任何账务处理

D. 借:利润分配——应付现金股利/利润

　　　贷:应付股利

7. 下列有关离职后福利的说法中,不正确的是(　　)。

A. 离职后福利是指企业在职工提供相关服务的年度报告期间结束后 12 个月内需要全部
予以支付的职工薪酬

B. 离职后福利计划包括设定提存计划、设定受益计划

C. 设定提存计划是指向独立的基金缴存固定费用后,企业不再承担进一步支付义务的离
职后福利计划

D. 设定受益计划是指除设定提存计划以外的离职后福利计划

8. 2×23 年 8 月 31 日,某企业负债总额为 500 万元,9 月份收回应收账款 60 万元,以银
行存款归还短期借款 40 万元,预收客户租金 20 万元。不考虑其他因素,2×23 年 9 月 30 日该
企业负债总额为(　　)万元。

A. 480 　　　　　 B. 380 　　　　　 C. 440 　　　　　 D. 460

9. 2×23 年 9 月 1 日,某企业向银行借入资金 350 万元用于生产经营,借款期限为 3 个
月,年利率为 6%,到期一次还本付息,利息按月计提。下列各项中,关于该借款相关的会计处
理结果正确的是(　　)。

A. 借入款项时,借记"短期借款"科目 350 万元

B. 每月计提借款利息时,贷记"财务费用"科目 5.25 万元

C. 每月计提借款利息时,借记"应付利息"科目 1.75 万元

D. 借款到期归还本息时,贷记"银行存款"科目 355.25 万元

10. 企业应付票据到期,无力支付票款时,相关账务处理可能会涉及的会计科目不包括
(　　)。

A."应付票据"　　B."应付账款"　　C."短期借款"　　D."其他应付款"

三、计算分析题

1. 2×20 年至 2×22 年,甲公司一条生产线相关的交易或事项如下:

(1) 2×20 年 1 月 1 日,甲公司因建造该生产线向银行借入 2 年期专门借款 1 000 万元,该借款的合同年利率与实际年利率均为 6%,每年年末支付当年利息,到期偿还本金。甲公司将专门借款中尚未动用的部分用于固定收益的短期投资,该短期投资年收益率为 3%,假定全年按照 360 天计算,每月按照 30 天计算。

(2) 2×20 年 1 月 1 日,甲公司开始建造该生产线,当日以专门借款资金支付建造工程款 600 万元。2×20 年 7 月 1 日,甲公司以专门借款资金支付建造工程款 400 万元。

(3) 2×21 年 6 月 30 日,该生产线建造完毕并达到预定可使用状态,立即投入产品生产。甲公司预计该生产线的使用年限为 5 年,预计净残值为 84 万元,采用年限平均法计提折旧。

(4) 2×22 年 12 月 31 日,该生产线出现减值迹象。经减值测试,预计可收回金额为 750 万元。

不考虑增值税等相关税费及其他的因素。要求:

(1) 计算甲公司 2×20 年全年、2×21 年上半年专门借款利息应予资本化的金额。

(2) 计算甲公司 2×21 年 6 月 30 日该生产线建造完毕并达到预定可使用状态时的初始入账金额,并编制相关会计分录。

(3) 计算甲公司 2×21 年度该生产线应计提折旧的金额,并编制相关会计分录。

(4) 计算甲公司 2×22 年 12 月 31 日生产线应计提减值准备的金额,并编制相关会计分录。

2. 甲公司拟自建厂房,与该厂房建造相关的情况如下:

(1) 2×21 年 1 月 1 日,甲公司按面值发行公司债券,专门筹集厂房建设资金。该公司债券为 3 年期分期付息、到期还本不可提前赎回的债券,面值为 20 000 万元,票面年利率为 7%,发行所得 20 000 万元存入银行。

(2) 甲公司除上述所发行公司债券外,还存在两笔流动资金借款:一笔于 2×21 年 1 月 1 日借入,本金为 5 000 万元,年利率为 6%,期限 3 年;另一笔于 2×22 年 1 月 1 日借入,本金为 3 000 万元,年利率为 8%,期限 5 年。

(3) 厂房建造工程于 2×21 年 1 月 1 日开工,采用外包方式进行。有关建造支出情况如下:

2×21 年 1 月 1 日,支付建造商 15 000 万元。

2×21 年 7 月 1 日,支付建造商 5 000 万元。

2×22 年 1 月 1 日,支付建造商 4 000 万元。

2×22 年 7 月 1 日,支付建造商 2 000 万元。

(4) 2×22 年 12 月 31 日,该工程达到预定可使用状态。甲公司将闲置的专项借款资金投资于固定收益债券,月收益率为 0.3%。假定 1 年为 360 天,每月按 30 天计算。

要求:

(1) 编制甲公司 2×21 年 1 月 1 日发行债券的账务处理。

(2) 计算 2×21 年资本化的利息金额,并编制会计分录。

(3) 计算 2×22 年建造厂房资本化及费用化的利息金额,并编制会计分录。

3. 某家电企业为增值税一般纳税人,适用的增值税税率为 13%。2×23 年 3 月份该企业发生的有关职工薪酬的业务如下:

（1）当月应付职工工资总额为 500 万元，工资费用分配汇总表中列示的产品生产工人工资为 350 万元，车间管理人员工资为 70 万元，企业行政管理人员工资为 50 万元，专设销售机构人员工资为 30 万元。

（2）根据工资核算汇总表，本月企业应付职工工资总额为 500 万元，扣回代垫职工家属医药费 6 万元，按税法规定应代扣代缴职工个人所得税合计 15 万元。企业以银行存款支付工资 479 万元。

（3）当月该企业以其生产的电风扇作为福利发放给 500 名直接参加产品生产的职工，每人一台。该型号电风扇市场售价为每台 600 元，每台成本为 400 元。

要求：不考虑其他因素，编制上述资料相关账务处理。

第 11 章

所有者权益

 教学目的和要求

掌握所有者权益的概念及内容;了解所有者权益与负债的主要区别;掌握实收资本或股本以及资本公积的核算;掌握留存收益的核算。

 教学重点和难点

重点:实收资本、资本公积和留存收益的核算。

难点:股份支付。

 课程思政

树立正确的价值观,学法、知法、懂法,对组织要有责任感和奉献感,切实保护小股东权益,当权益受到侵犯时,可以利用法律的武器。市场中小股东越来越多,重视对小股东利益的保护,可促进绝大多数股民的投资积极性,有利于市场平稳发展,构建和谐社会。

11.1 所有者权益概述

11.1.1 所有者权益的概念

所有者权益是指企业资产扣除负债后,由所有者享有的剩余权益,即净资产。公司的所有者权益又称股东权益。债权人和投资人对企业资产拥有要求权,这种要求权在会计工作中总称为权益。企业资产中扣除债权人权益——负债后应由所有者享有的部分,即所有者对企业资产的剩余索取权。所有者权益既可反映所有者投入资本的保值增值情况,又可体现保护债权人权益的理念。

所有者权益与负债都属于权益,两者存在明显区别。所有者权益是投资者对投入资本及其运用结果享有的权利,在顺序上位于债权人之后;负债是债权人要求企业清偿债务的权利,法律为保护债权人的利益不受侵害,在清算时债权人对企业的资产有优先要求权。所有者可参与收益分配、经营管理等多项权利,但债权人享有到期收回本金及利息的权利,却没有经营决策的参与权和收益分配权。在企业持续经营的情况下,所有者权益一般不存在抽回的问题,即不存在约定的偿还日期,是企业的一项可以长期使用的资金,一般不会返还给投资者,只有在企业清算时才予以退还；负债通常约定偿还期限，到期后必须偿还。所有者获利风险较大，获利多少由企业盈利水平和经营政策决定，波动性较大；债权人获利风险较小，债权人获取利息一般按借款前约定的计息方案计算，企业是否盈利与债权人收取利息的数额关联性较小，收益较为稳定。

11.1.2 所有者权益的分类

所有者权益根据其核算的内容和要求，可分为实收资本（或股本）、其他权益工具、资本公积、其他综合收益和留存收益（盈余公积和未分配利润）。

实收资本（或股本）是指投资者在企业注册资本的范围内实际投入的资本。注册资本是指企业在设立时向工商行政管理部门登记的资本总额，也是全部投资者设定的出资额之和。投资者在企业实收资本中所占的比例通常可以表示投资者在企业中依法可以享有的所有者权益的比例，是企业承担民事责任的财力保证。

其他权益工具是指企业发行的除普通股以外的归类于权益工具的各种金融工具，主要包括归类于权益工具的优先股、永续债、认股权、可转换公司债券等金融工具。

资本公积是指企业收到投资者超过其在企业注册资本（或股本）中所占份额的投资，以及直接计入所有者权益的利得和损失等。资本公积包括资本溢价（或股本溢价）和其他资本公积。

其他综合收益是指在企业经营活动中形成的未计入当期损益但归所有者共有的利得或损失，主要包括以公允价值计量且其变动计入其他综合收益的金融资产公允价值变动、权益法下被投资单位所有者权益其他变动等。

留存收益是指反映企业经营管理人员运用投资者投入的资本，进行生产经营活动后取得的财务成果，是企业开展生产经营活动的结果。留存收益中的盈余公积通常安排有指定的用途，如用于企业的扩大再生产，未分配利润是企业按规定可用于向所有者进行分配的利润。

11.1.3 独资企业所有者权益的特点

独资企业也称私人独资企业，是由个人独立出资建立的企业。它是企业最简单、最原始的组织形式。独资企业不具有法人资格，无法独立享有民事权利和承担民事义务，独资企业的财产和外部债务在法律上被视为出资人个人的财产和债务，故企业的所有者对企业的债务负有无限责任。投资者可以任意处置企业的财产和赚取利润，企业的收益视为投资者个人的收益，故应缴纳个人所得税。这种类型的企业创办审批较为简单，一般规模比较小，筹资方式比较单一、有限，适合生产条件和生产过程比较简单、经营规模比较小的生产经营活动，具有较大的局限性。

11.1.4 合伙企业所有者权益的特点

合伙企业是指两个或两个以上的合伙人按照合伙协议，共同出资共同承担企业经营风险，并且对企业债务承担连带责任的企业。合伙企业同独资企业一样都是非法人组织，合伙人取得的企业收益应缴纳个人所得税。合伙企业与独资企业不同的是合伙人对债务承担无限连带责任，一旦发生债务，债权人可以向任何一个合伙人请求清偿全部债务，内部约定的清偿比例对外部债权人无效，其中一名或数名合伙人清偿后在内部可按内部清偿比例追偿。企业的事务通常由合伙人共同决定,然后委托一位或数位合伙人代为执行,其他合伙人则不再负责日常合伙企业事务。合伙企业由于是多名投资者共同出资的,合伙企业财产较为多样化,生产经营规模比独资企业大,是一种比独资企业更先进的企业组织形式。但是,合伙企业也有很大的局限性,主要是权力分散、决策缓慢、筹资比较困难。

独资企业和合伙企业的所有者权益不必划分实收资本(或股本)、资本公积、盈余公积和未分配利润四部分,统称为业主权益,设置业主权益表反映业主权益的增减变动。公司制企业的所有者权益必须划分实收资本(或股本)、资本公积、盈余公积和未分配利润四部分进行核算。

11.1.5 公司制企业所有者权益的特点

公司制企业是具有独立法人资格的企业组织。这是公司制企业与合伙企业、个人独资企业等企业组织形式最重要的区别。公司的财产和外部的债务,在法律上不再视为所有者个人的财产和债务,当公司全部资产不足以清偿债务时,股东不必以个人财产对公司债务清偿,以其认缴的出资额或认购的股份为限对公司承担责任。公司制企业一般包括有限责任公司、股份有限公司、国有独资公司等。

(1) 有限责任公司是指由 50 名以下股东出资设立,每个股东以其所认缴的出资额对公司承担有限责任,公司以其全部资产对公司债务承担责任的企业法人。与股份有限公司不同,有限责任公司的全部资本不分为等额股份,公司向股东签发出资证明而不发行股票,股东出资对外转让须经股东会讨论,原有半数以上的股东同意方可通过。有限责任公司应按法律法规、合同和公司章程的规定及时进行资本的筹集。如果是一次筹集的,账面上的实收资本应该等于注册资本;如果是分次筹集的,在所有者最后一次投入资本后,实收资本应等于注册资本。股东以其出资比例,享受公司权利,承担公司义务。公司股东以其出资额承担有限责任,并享受相应的权益。

(2) 股份有限公司是指企业全部资本由等额股份构成并通过发行股票筹集资本,股东以其投入资本对公司承担有限责任。股份有限公司可以采取发起设立和募集设立两种方式。发起设立是指由发起人认购公司应发行股份的全部股份而设立的公司,且发起人为 2～200 人以下,首次出资额不应低于注册资本的 20%。发起设立的特点是公司的股份全部由发起人认购,不向发起人之外的任何人募集股份。募集设立的特点是由发起人认购公司应发行股份的一部分,其余部分向社会公众募集而设立,其中发起人认购的公司股份不得低于发行股份总额的 35%。募集式设立的特点是公司股份除发起人认购外,还可以采用向其他法人或自然人发行股票的方式进行募集。公司设立方式不同,筹集资本的风险也不同。发起设立公司,其所需资本由发起人一次认足,一般不会发生设立公司失败的情况,因此,其筹资风险小。社会募集股份,其筹资对象广泛在资本市场不景气或股票的发行价格不恰当的情况下,若股票未被全部认购,则有发行失败的可能,因此,其筹资风险大。按照有关规定,发行失败损失由发起人负担,包括承担筹建费用、公司筹建过程中的债务和对认股人已缴纳的股款支付银行同期存款利息等责任。公司的最初财产由股东出资形成,后续公司在经营过程中还可以通过盈利累积或其他途径取得新的财产。股东出资后,只享有股权或股份,对公司的财产没有直接支配权,但又可以依法享有公司的经营利润。公司对股东的出资享有法律上的财产权,在公司制企业中,公司的责任与股东的责任相互独立。

股份有限公司通过发行股票筹集资本,股票一般分为普通股和优先股。普通股是股份有限公司的基本股份。普通股股东的权利主要有：①投票表决权，在股东会上对公司事务拥有表决权，公司事务包括董事会选举和公司合并、分立或解散等重大经营政策的决定，表决权通常采用一股一票的形式；②收益分配权，普通股的股东享有公司利润分配的权利，利润分配是以股利的形式分派到股东的手中，但普通股股东能够获得多少股利，应以股东会的决议为准；③优先认股权，普通股股东可以在股份公司增发股票时，按其持股比例优先认购新股，以保持其在公司股份中的比例；④剩余财产要求权，当股份有限公司清算时，公司在偿还债务和优先股股东的投资后果还有剩余财产，将按照普通股股东持股比例进行分配。

优先股是一种介于公司债券和普通股之间的混合型证券，是公司股权权益的一部分。优先股股票规定有固定的股利支付率，这一特点和公司债券相似，然而优先股未规定偿还日期，这又有普通股类似的特征。优先股与普通股相比，一般不具有表决权和优先认股权，但在股利分配和剩余财产分配方面具有优先权。优先股股东在下列事件中具有表决权：修改公司章程中与优先股相关的内容；一次或累计减少公司注册资本超过 10%；公司合并、分立、解散或变更公司形式；发行优先股；公司章程规定的其他情形。上述事项的决议，除须经出席会议的普通股股东（含表决权恢复的优先股股东）所持表决权的 2/3 以上通过之外，还须经出席会议的优先股股东（不含表决权恢复的优先股股东）所持表决权的 2/3 以上通过。普通股股东与优先股股东应分别表决。

（3）国有独资公司是指国家单独出资、由国务院或者地方人民政府授权本级人民政府国有资产监督管理机构履行出资人职责的有限责任公司。国有独资公司不设股东会，由国有资产监督管理机构行使股东会职权。国有独资公司应设置董事会，董事每届任期不得超过 3 年，董事会成员中应当有公司职工代表；应设置监事会且成员不得少于 5 人，其中职工代表的比例不得低于 1/3，具体比例由公司章程规定。

11.2 实收资本（或股本）

实收资本（或股本）是所有者投入资本形成法定资本的价值。所有者向企业投入的资本，在一般情况下无须偿还，可供企业长期周转使用。实收资本（或股本）的构成比例，通常是确定所有者在企业所有者权益中所占的份额和参与企业财务经营决策的基础，也是企业进行利润分配或股利分配的依据，同时还是企业清算时确定所有者对净资产要求权的依据。

11.2.1 有限责任公司和国有独资公司的实收资本

有限责任公司和国有独资公司应设置"实收资本"总账科目，以核算企业接受股东和国家投入的资本，其中有限责任公司在"实收资本"科目下可按股东设置明细科目，反映各股东实缴注册资本的数额。企业接受投资者的出资方式较为多样化，最常见的是以货币方式出资的方式，应按实际收到的货币金额，借记"银行存款"科目；以实物出资的，应在办理实物产权转移手续时，按实际收到的非货币财产的评估价值，借记"原材料""固定资产"等科目；以无形资产出资的，应按照合同、协议或公司章程规定移交有关凭证，借记"无形资产"科目；按其在注册资本中所占的份额，贷记"实收资本"科目；按其差额，贷记"资本公积——资本溢价"科目。

初建有限责任公司时,各投资者按照合同、协议或公司章程投入企业的资本,应全部记入"实收资本"科目,注册资本为在公司登记机关登记的全体股东认缴的出资额在企业增资时,如有新投资者介入,新介入的投资者缴纳的出资额大于其按约定比例计算的其在注册资本中所占的份额部分,不记入"实收资本"科目,而作为资本公积,记入"资本公积"科目。

【例 11-1】 卓段制造当月收到在履制造作为资本投入的不需安装的生产设备。投资合同约定设备价值为 400 万元(与公允价值相符),取得的增值税专用发票上注明的增值税税额为 52 万元(由在履制造支付)。按合同约定,在履制造在卓段制造注册资本中享有的份额为 300 万元。卓段制造账务处理如下:

```
借:固定资产                                              4 000 000
    应交税费——应交增值税(进项税额)                       520 000
    贷:实收资本——大连在履制造股份有限公司                        3 000 000
        资本公积——资本溢价(倒挤)                                1 520 000
```

【例 11-2】 甲、乙、丙共同投资设立 A 有限责任公司,注册资本为 200 万元,甲、乙、丙持股比例分别为 60%、25% 和 15%。按照章程规定,甲、乙、丙投入资本分别为 120 万元、50 万元和 30 万元。A 有限责任公司如期收到各投资者一次缴足的款项,其账务处理如下:

```
借:银行存款                                              2 000 000
    贷:实收资本——甲                                        1 200 000
            ——乙                                            500 000
            ——丙                                            300 000
```

11.2.2 股份有限公司的股本

股份有限公司的实收资本划分为股份,每股的金额相等。因此,股份有限公司的实收资本称为股本。股份有限公司核算股东投入股份有限公司的股本,应设置"股本"科目进行核算,股本总额、股份总数、每股面值在股本账户中作备查记录。如果公司既发行普通股又发行优先股,则应在"股本"科目下按股票的类别设置明细科目,此外,为提供公司股份的构成情况,公司可在"股本"科目下按股东单位或姓名设置明细科目。可是,公司实际发行股票取得的收入与股本总额往往不一致,公司发行股票取得的收入大于股本总额的,称为溢价发行;公司发行股票取得的收入小于股本总额的,称为折价发行;公司发行股票取得的收入等于股本总额的,作为面值发行。在我国,股份有限公司发行股票,既可以按照面值发行,也可以溢价发行,但不可以折价发行。公司不论是溢价还是按面值发行股票,均应按照发行股票的面值总额记入"股本"科目。溢价发行股票时,实际收到的价款超过股票面值的部分,在扣除发行手续费、佣金等发行费用后记入"资本公积——股本溢价"科目。

【例 11-3】 卓段制造发行普通股 10 000 万股,每股面值 1 元。假定均按面值发行,发行过程中暂不考虑手续费。收到股款时,其账务处理如下:

```
借:银行存款                                            100 000 000
    贷:股本——普通股                                      100 000 000
```

假定上述普通股每股按 1.2 元的价格溢价发行,发行过程中暂不考虑手续费。收到股款时,其账务处理如下:

```
    借：银行存款                                        120 000 000
        贷：股本——普通股                                  100 000 000
            资本公积——股本溢价                             20 000 000
```

【例11-4】 卓段制造委托乙证券公司发行普通股,股票面值总额 4 000 万元,发行总额 16 000 万元,发行费用按发行总额的 2% 计算(不考虑其他因素),股票发行净收入全部收到。相关账务处理如下:

```
    借：银行存款                                        160 000 000
        贷：股本                                           40 000 000
            资本公积——股本溢价                            120 000 000

    借：资本公积——股本溢价                                  3 200 000
        贷：银行存款                                          3 200 000
```

11.2.3 实收资本(股本)的增减变动

一般情况下,企业实收资本(或股本)增加的途径主要有以下几种:

(1) 资本公积转增。这是将资本公积转为实收资本或者股本,会计上应借记"资本公积——资本溢价"或"资本公积——股本溢价"科目,贷记"实收资本""股本"科目。

(2) 盈余公积转增。这是将盈余公积转为实收资本,会计上应借记"盈余公积"科目,贷记"实收资本"或"股本"科目。需要注意的是,资本公积和盈余公积均属所有者权益,转为实收资本或者股本时,企业如为独资企业的,核算比较简单,直接结转即可;如果是股份有限公司或有限责任公司的,应按原投资者所持股份同比例增加各股东的股权。

(3) 企业投资者投入。这里投资者既包括新加入的投资者又包括原有的投资者,企业接受投资者投入的资本,借记"银行存款""固定资产""无形资产""长期股权投资"等科目,贷记"实收资本"或"股本"等科目。

此外,企业的一些特殊业务也会导致实收资本或股本增加。比如,企业将持有的债权转为股权、将重组债务转为资本的,应按重组债务的账面余额,借记"应付账款"等科目;按债权人因放弃债权而享有本企业股份的面值总额,贷记"实收资本"或"股本"科目;按股份的公允价值总额与相应的实收资本或股本之间的差额,贷记或借记"资本公积——资本溢价"或"资本公积——股本溢价"科目;按其差额,贷记"投资收益"科目。

股份支付中以权益结算换取职工或其他方提供服务的,应在行权日,按根据实际行权情况确定的金额,借记"资本公积——其他资本公积"科目;按应计入实收资本或股本的金额,贷记"实收资本"或"股本"科目。

此外,可转债持有人行使转换权利。可转债持有人行使转换权利将其持有的债券转换为股票,按可转换公司债券的余额,借记"应付债券——可转换公司债券"科目;按其权益成分的金额,借记"其他权益工具"科目;按股票面值和转换的股数计算的股票面值总额,贷记"股本"科目;按其差额,贷记"资本公积——股本溢价"科目。

股份有限公司采用发放股票股利实现增资的,在发放股票股利时,按照股东原来持有的股数分配,如股东所持股份按比例分配的股利不足一股时,应采用恰当的方法处理。例如,股东会决议按股票面额的 10% 发放股票股利时(假定新股发行价格及面额与原股相同),对于所持股票不足 10 股的股东,将会发生不能领取一股的情况。在这种情况下,有两种方法可供选择:①将不足一股的股票股利改为现金股利,用现金支付;②由股东相互转让,凑为整股。股东会批准的利润分配方案中分配的股票股利,应在办理增资手续后,借记"利润分配"科目,贷记"股本"科目。

而企业实收资本减少的原因大体有两种:一是资本过剩;二是企业发生重大亏损而需要减少实收资本。企业因资本过剩而减资,一般要发还股款。有限责任公司和一般企业发还投资的会计处理比较简单,按法定程序报经批准减少注册资本的,借记"实收资本"科目,贷记"库存现金""银行存款"等科目。

【例 11-5】 卓段制造为扩大生产经营规模,经股东会决议通过决定增加注册资本100 000 元,具体通过将资本公积中的资本溢价转增实收资本的方法来完成。2×23 年 12 月1 日,卓段制造按实收资本的比例将资本公积中的资本溢价 100 000 元分别转增股东 A 的实收资本 40 000 元、股东 B 的实收资本 24 000 元、股东 C 的实收资本 16 000 元和股东 D 的实收资本 20 000 元。卓段制造应编制如下会计分录:

```
借:资本公积——资本溢价(A)                                    40 000
                  (B)                                    24 000
                  (C)                                    16 000
                  (D)                                    20 000
    贷:实收资本                                                  100 000
```

11.3 资 本 公 积

11.3.1 资本溢价

资本溢价是有限责任公司的投资者投入的资金超过其在注册资本中所占份额的部分。公司初始设立时,投资者的投资一般全部作为实收资本入账。后续有新投资者介入,为维护原有投资者的权益,新介入者只能按约定比例计算其在注册资本中占据的份额,实际收到的金额与企业投资者在企业注册资本中所占份额的差额,记入"资本公积——资本溢价"科目。这主要因为企业创立时,要经过筹建、试生产经营、为产品寻找市场、开拓市场等过程,从投入资金到取得投资回报需要较长时间,并且这种投资具有风险性,在这个企业过程中资本利润率很低。而企业进入正常生产经营阶段后,资本利润率要高于企业初创阶段,这种高于初创阶段的资本利润率是由初创时必要的垫支资本带来的,企业创办者为此付出了代价,因此新加入的投资者要付出大于原投资者的出资额才能取得与原投资者相同的投资比例。此外,企业经过一段时间的经营以后会形成留存收益,新加入的投资者要和原投资者共享这部分留存收益,也要求其付出大于原投资者的出资额,才能取得与原投资者相同的投资比例。因此,企业在接受新加入的投资者投资时产生资本溢价是很正常的。

【例 11-6】 承接[例 11-2],假设一年之后丁准备加入,同意出资 50 万元,实收资本为25 万元。则 A 有限责任公司应当编制的会计分录为:

```
借：银行存款                                          500 000
    贷：实收资本——丁                                       250 000
        资本公积——资本溢价                                 250 000
```

11.3.2 股本溢价

股份有限公司以发行股票的方式筹集股本,股票是企业签发的证明股东按其所持股份享有权利和承担义务的书面证明。由于股东按其所持的企业股份享有权利和承担义务,为了反映和便于计算各股东所持股份占企业全部股本的比例,企业的股本总额应按股票的面值与股份总数的乘积计算。在采用溢价发行股票的情况下,企业发行股票取得的收入,超出股票面值的溢价部分记入"资本公积——股本溢价"科目。委托证券商代理发行股票而支付的手续费、佣金等,应从溢价发行收入中扣除,企业应按扣除手续费、佣金后的数额,记入"资本公积——股本溢价"科目。

资本溢价或股本溢价主要用于转增资本,不得用于弥补亏损。经股东(大)会或类似机构决议,用资本公积转增资本时,按转增的金额,借记"资本公积——资本溢价(股本溢价)"科目,贷记"实收资本(或股本)"科目。

11.3.3 其他资本公积

其他资本公积是指除资本溢价、股本溢价以外所形成的资本公积,包括以权益结算的股份支付及采用权益法核算的长期股权投资涉及的业务。企业以权益结算的股份支付换取职工或其他方提供服务的,应按照确定的金额,记入"管理费用"科目,同时增加资本公积(其他资本公积)。在行权日,应按实际行权的权益工具数量计算确定的金额,借记"资本公积——其他资本公积"科目;按计入实收资本或股本的金额,贷记"实收资本"或"股本"科目,并将其差额记入"资本公积——资本溢价"或"资本公积——股本溢价"科目。企业长期股权投资采用权益法核算的,被投资单位除净损益、其他综合收益和利润分配以外所有者权益的其他变动,投资企业按持股比例计算应享有的份额,应当增加或减少长期股权投资的账面价值,同时增加或减少资本公积(其他资本公积)。

11.3.4 股份支付

11.3.4.1 股份支付的性质

股份支付是"以股份为基础的支付"的简称,是指企业为获取职工和其他方提供服务而授予权益工具或者承担以权益工具为基础确定的负债的交易。股份支付工具可分为以权益结算的股份支付和以现金结算的股份支付。

(1)以权益结算的股份支付,是指企业为获取服务而以股份或其他权益工具作为对价进行结算的交易。以权益结算的股份支付最常用的工具有两类:限制性股票和股票期权。限制性股票是指职工或其他方按照股份支付协议规定的条款和条件,从企业获得一定数量的本企业股票。企业授予职工一定数量的股票,在一个确定的等待期内或在满足特定业绩指标之前,职工出售股票要受到持续服务期限条款或业绩条件的限制。股票期权是指企业授予职工或其他方在未来一定期限内以预先确定的价格和条件购买本企业一定数量股票的权利。激励对象在授予日无须出资购买限制性股票,待满足可行权条件后,激励对象可以选择按原授予价格购买股票,也可以选择不缴纳认股款,放弃取得相应股票。

(2) 以现金结算的股份支付,是指企业为获取服务而承担的以股份或其他权益工具为基础计算的交付现金或其他资产的义务的交易。以现金结算的股份支付最常用的工具有两类:模拟股票和现金股票增值权。模拟股票和现金股票增值权,是用现金支付模拟的股权激励机制,即与股票价值挂钩,但用现金支付。除不需实际认购和持有股票之外,现金股票增值权的运作原理与股票期权是一样的,都是一种增值权形式的与股票价值挂钩的薪酬工具。除不需实际授予股票和持有股票之外,模拟股票的运作原理与限制性股票是一样的。

11.3.4.2　股份支付的环节

授予日是指股份支付协议获得批准的日期。获得批准是指企业与职工双方就股份支付交易的协议条款和条件已达成一致,该协议获得股东会或类似机构批准。

可行权日是指可行权条件得到满足、职工和其他方具有从企业取得权益工具或现金的权利的日期。从授予日至可行权日的时段,是可行权条件得到满足的期间,因此称为等待期。

行权日是指职工和其他方行使权利、获取现金或权益工具的日期。

授予日至可行权日一般可以称为股份支付的等待期。

出售日是指股票持有人将行使期权所取得的期权股票出售的日期。

11.3.4.3　股份支付的账务处理

除立即可行权的股份支付外,无论是权益结算的股份支付还是现金结算的股份支付,企业在授予日均不作会计处理。

1) 以权益结算的股份支付

对于换取职工服务的股份支付,企业应当以股份支付所授予的权益工具的公允价值计量。企业应在等待期内的每个资产负债表日,以对可行权权益工具数量的最佳估计数为基础,按照权益工具在授予日的公允价值,将当期取得的服务计入成本或当期费用,同时计入资本公积中的其他资本公积。在等待期内每个资产负债表日,企业应根据最新取得的可行权人数变动等后续信息作出最佳估计,应当调整可行权的权益工具数量,并在可行权日调整至实际可行权的期权数量。可行权之日后,企业不再对已确认的相关成本或费用和所有者权益总额进行调整。在行权日,根据收取的行权价格,借记"银行存款"科目;根据已行权股票确认的资本公积,借记"资本公积——其他资本公积"科目;根据已行权股票的股本金额,贷记"股本"科目;按其差额,贷记"资本公积——股本溢价"科目。

【例 11-7】　2×20 年 1 月 1 日,卓段制造向其从事销售工作的 200 名职工每人授予10 000 份股票期权,并规定从 2×21 年 1 月 1 日起必须为公司连续工作 3 年,3 年期满时才能以每股 8 元的价格购买 10 000 股公司股票。卓段制造估计该期权在行权日的公允价值为15 元。

第一年有 20 名销售人员离开公司,卓段制造估计 3 年中离开的人员比例将达到 20%;第二年又有 10 名销售人员离开公司,将销售人员离开的比例修正为 15%;第三年又有 15 名销售人员离开。假设全部员工在 2×23 年 1 月 1 日行权,公司股票每股面值 1 元,按照 8 元的价格行权。

根据上述资料,账务处理如下:

(1) 2×20 年 1 月 1 日,授权日不作会计处理。

(2) 2×20 年 12 月 31 日:

卓段制造 2×20 年应负担的费用＝200×10 000×(1−20%)×15×1÷3＝8 000 000(元)

借：销售费用   8 000 000

    贷：资本公积——其他资本公积   8 000 000

(3) 2×21 年 12 月 31 日：

卓段制造 2×21 年应负担的费用＝200×10 000×(1−15%)×15×2÷3−8 000 000＝9 000 000(元)

借：销售费用   9 000 000

    贷：资本公积——其他资本公积   9 000 000

(4) 2×22 年 12 月 31 日：

卓段制造 2×22 年应负担的费用＝155×10 000×15−17 000 000＝6 250 000(元)

借：销售费用   6 250 000

    贷：资本公积——其他资本公积   6 250 000

(5) 2×23 年 1 月 1 日行权：

可增加的股份数＝155×10 000＝1 550 000(股)

可记录的金额＝1 550 000×8＝12 400 000(元)

借：银行存款   12 400 000

    资本公积——其他资本公积   23 250 000

    贷：股本   1 550 000

    资本公积——股本溢价   34 100 000

2) 以现金结算的股份支付

企业应当在等待期内的每个资产负债表日，按照最新取得的可行权职工人数变动等后续信息作出最佳估计，根据资产负债表日股票增值权的公允价值计算确定的金额，借记"成本费用"科目，贷记"应付职工薪酬——股份支付"科目。后续等待期内的每个资产负债表日，根据最新取得的可行权人数变动作出最佳估计，修正预计可行权的权益工具数量，计算截至当期累计应确认的成本费用金额，再减去前期累计已确认金额，作为当期应确认的成本费用金额，将取得职工或其他方提供的服务计入成本费用，同时按相同金额确认负债。可行权日之后，负债的公允价值变动不计入成本费用，记入"公允价值变动损益"科目。行权日，企业应根据实际行权的金额，借记"应付职工薪酬——股份支付"科目，贷记"银行存款"等科目。

【例 11-8】 卓段制造于 2×18 年 12 月批准了一项股份支付协议。协议规定，2×19 年 1 月 1 日，卓段制造向其 100 名管理人员每人授予 1 000 份股票增值权，并规定这些管理人员必须从 2×19 年 1 月 1 日起在公司连续服务 3 年，服务期满时才能够根据股票增值权的增值幅度行权获得现金。卓段制造估计该股票增值权在授予日(2×19 年 1 月 1 日)的公允价值为每股 9 元。

2×19 年，有 5 名管理人员离开该公司；2×19 年 12 月 31 日，该股票增值权的公允价值为 12 元，卓段制造估计 3 年中离开的管理人员比例将达到 15%。2×20 年又有 3 名管理人员离开公司；2×20 年 12 月 31 日，该股票增值权的公允价值为 14 元，卓段制造将估计的管理人员离开比例修正为 10%。2×21 年又有 1 名管理人员离开；2×21 年 12 月 31 日，该股票增值权的公允价值为 19 元。2×22 年 12 月 31 日，该股票增值权的公允价值为 20 元。2×23 年 1 月 1 日，未离开的管理人员全部行权获得现金。卓段制造相关账务处理如下：

（1）2×19 年 1 月 1 日，授予日不作账务处理。

（2）2×19 年 12 月 31 日：

卓段制造应负担的费用＝1 000×12×100×（1－15％）×1÷3＝340 000（元）

借：管理费用　340 000

　　贷：应付职工薪酬——股份支付　340 000

（3）2×20 年 12 月 31 日：

卓段制造应负担的费用＝1 000×14×100×（1－10％）×2÷3－340 000＝500 000（元）

借：管理费用　500 000

　　贷：应付职工薪酬——股份支付　500 000

（4）2×21 年 12 月 31 日：

卓段制造应负担的费用＝1 000×19×（100－5－3－1）－840 000＝889 000（元）

借：管理费用　889 000

　　贷：应付职工薪酬——股份支付　889 000

（5）2×22 年 12 月 31 日：

股票增值权公允价值变动＝20×1 000×91－1 729 000＝91 000（元）

借：公允价值变动损益　91 000

　　贷：应付职工薪酬——股份支付　91 000

（6）2×23 年 1 月 1 日行权：

股份支付＝20×1 000×91＝1 820 000（元）

借：应付职工薪酬——股份支付　1 820 000

　　贷：银行存款　1 820 000

11.4　其他综合收益

其他综合收益是指企业根据《企业会计准则》规定未在当期损益中确认的各项利得和损失，包括以后会计期间不能重分类进损益的其他综合收益和以后会计期间满足规定条件时将重分类进损益的其他综合收益两种情况。

11.4.1　以后会计期间不能重分类进损益的其他综合收益项目

此类项目主要包括：重新计量设定受益计划净负债或净资产导致的变动、按照权益法核算因被投资单位重新计量设定受益计划净负债或净资产变动导致的权益变动，投资企业按持股比例计算确认的该部分其他综合收益项目，以及在初始确认时，企业可以将非交易性权益工具指定为以公允价值计量且其变动计入其他综合收益的金融资产，该指定一经作出，不得撤销，即当该类非交易性权益工具终止确认时原计入其他综合收益的公允价值变动损益不得重分类进损益。账务处理如下：

（1）重新计量设定受益计划净负债或净资产导致的变动。

借：应付职工薪酬

　　贷：其他综合收益

（2）权益法下不能转损益的其他综合收益。

借：长期股权投资

　　贷：其他综合收益

（3）其他权益工具投资的公允价值变动。

借：其他权益工具投资——公允价值变动

　　贷：其他综合收益

【例 11-9】 卓段制造持有在履制造股票 30 000 股，该股票在 2×22 年 12 月 31 日的每股市价为 16.50 元；在 2×23 年 12 月 31 日的每股市价为 15 元。2×22 年 12 月 31 日，卓段制造股票按公允价值调整前的账面余额（即初始确认金额）为 475 040 元。卓段制造的账务处理如下：

（1）2×22 年 12 月 31 日，增加其他综合收益：

公允价值变动＝16.50×30 000－475 040＝19 960（元）

借：其他权益工具投资——公允价值变动　　　　　　　　　　　　19 960

　　贷：其他综合收益——公允价值变动　　　　　　　　　　　　　　　　19 960

（2）2×23 年 12 月 31 日，减少其他综合收益：

公允价值变动＝15×30 000－16.50×30 000＝－45 000（元）

借：其他综合收益　　　　　　　　　　　　　　　　　　　　　　45 000

　　贷：其他权益工具投资——公允价值变动　　　　　　　　　　　　　　45 000

11.4.2　以后会计期间满足规定条件时将重分类进损益的其他综合收益项目

1）金融资产重分类

金融资产重分类计入其他综合收益的金额企业将债权投资重分类为其他债权投资时，原账面价值与公允价值之间的差额计入其他综合收益。企业将其他债权投资重分类为债权投资时，应当将之前计入其他综合收益的累计利得或损失转出，调整该金融资产在重分类日的公允价值。企业将其他债权投资重分类为交易性金融资产时，应当将之前计入其他综合收益的累计利得或损失从其他综合收益转入当期损益。

2）采用权益法核算的长期股权投资

采用权益法核算的长期股权投资，按照被投资单位实现其他综合收益以及持股比例计算应享有或分担的金额，调整长期股权投资的账面价值，同时增加或减少其他综合收益。长期股权投资采用权益法核算的，被投资单位其他综合收益的变动，投资企业应按持股比例计算应享有或分担的份额，并将应享有或分担的份额计入其他综合收益即应借记或贷记"长期股权投资——其他综合收益"科目，贷记或借记"其他综合收益"科目。

由权益法下投资企业享有或分担的被投资方其他综合收益的变动，形成的其他综合收益，需要区分为权益法下不能转损益的其他综合收益和权益法下可转损益的其他综合收益两类。权益法下不能转损益的其他综合收益，如按权益法核算因被投资单位重新计量设定受益计划净负债或净资产变动导致的权益变动,投资企业按持股比例计算确认的该部分其他综合收益等。权益法下可转损益的其他综合收益,如按权益法核算因被投资单位其他债权投资公允价值变动导致的权益变动,投资企业按持股比例计算确认的该部分其他综合收益等。权益法下可转损益的其他综合收益,等到后期对应的长期股权投资处置时,将原计入其他综合收益的金额转入当期损益。

3) 以公允价值计量且其变动计入其他综合收益的金融资产公允价值变动

资产负债表日,以公允价值计量且其变动计入其他综合收益的金融资产的公允价值高于其账面余额的差额,借记"其他债权投资——公允价值变动"科目,贷记"其他综合收益——其他债权投资公允价值变动"科目;公允价值低于其账面余额的差额作相反的会计分录。

4) 存货或自用房地产转换为投资性房地产

企业将作为存货的房地产转换为采用公允价值模式计量的投资性房地产时,应当按该项房地产在转换日的公允价值,借记"投资性房地产——成本"科目;原已计提跌价准备的,借记"存货跌价准备"科目;按其账面余额,贷记"开发产品"等科目。同时,转换日的公允价值小于账面价值的,按其差额,借记"公允价值变动损益"科目;转换日的公允价值大于账面价值的,按其差额,贷记"其他综合收益"科目。企业将自用的建筑物等转换为采用公允价值模式计量的投资性房地产时,应当按该项房地产在转换日的公允价值,借记"投资性房地产——成本"科目;原已计提减值准备的,借记"固定资产减值准备"科目;按已计提的累计折旧等,借记"累计折旧"等科目;按其账面余额,贷记"固定资产"等科目。同时,转换日的公允价值小于账面价值的,按其差额,借记"公允价值变动损益"科目;转换日的公允价值大于账面价值的按其差额,贷记"其他综合收益"科目。待该项投资性房地产处置时,因转换计入其他综合收益的部分应转入当期损益。

【例 11-10】 卓段制造于 2×23 年 12 月 31 日以 21 909.19 万元(包括交易费用 9.19 万元)的价格购入在履制造于 2×23 年 1 月 1 日发行的 5 年期一次还本、分期付息债券,债券面值总额为 20 000 万元,付息日为每年 1 月 5 日,票面年利率为 6%。卓段制造于每年年末计提债券利息,并根据其管理该债券的业务模式和该债券的合同现金流量特征,将该债券分类为以公允价值计量且其变动计入其他综合收益的金融资产。卓段制造确定该债券实际利率为 5%,相关账务处理如下:

(1) 2×23 年 12 月 31 日购入债券:

借:其他债权投资——成本	200 000 000
——利息调整	7 091 900
应收利息	12 000 000
贷:银行存款	219 091 900

(2) 2×24 年 1 月 5 日,收到在履制造的债券利息,存入银行:

| 借:银行存款 | 12 000 000 |
| 　贷:应收利息 | 12 000 000 |

(3) 2×24 年 12 月 31 日,确认实际利息收入;年末该债券的公允价值为 21 000 万元。

应收利息=20 000×6%=1 200(万元)

实际利息收入＝20 709.19×5％≈1 035.46(万元)

利息调整＝1 200－1 035.46＝164.54(万元)

摊余成本＝20 709.19－164.54＝20 544.65(万元)

其他债权投资的账面价值＝21 000(万元)

公允价值变动＝21 000－(20 709.19－164.54)＝455.35(万元)

借：应收利息	12 000 000
贷：其他债权投资——利息调整	1 645 400
投资收益	10 354 600
借：其他债权投资——公允价值变动	4 553 500
贷：其他综合收益	4 553 500

(4) 2×25 年 1 月 5 日,收到在履制造的债券利息,存入银行:

借：银行存款	12 000 000
贷：应收利息	12 000 000

(5) 2×25 年 12 月 31 日,确认实际利息收入;2×25 年 12 月 31 日公允价值为 20 700 万元。

应收利息＝20 000×6％＝1 200(万元)

实际利息收入＝20 544.65×5％≈1 027.23(万元)

利息调整＝1 200－1 027.23＝172.77(万元)

公允价值变动＝20 700－(21 000－172.77)＝－127.23(万元)

借：应收利息	12 000 000
贷：其他债权投资——利息调整	1 727 700
投资收益	10 272 300
借：其他综合收益	1 272 300
贷：其他债权投资——公允价值变动	1 272 300

(6) 2×26 年 1 月 5 日,收到在履制造的债券利息,存入银行:

借：银行存款	12 000 000
贷：应收利息	12 000 000

(7) 2×26 年 1 月 6 日,卓段制造出售全部该债券,取得价款 20 800 万元。

债券成本＝20 000(万元)

利息调整＝709.19－164.54－172.77＝371.88(万元)

公允价值变动＝455.35－127.23＝328.12(万元)

借：银行存款	208 000 000
贷：其他债权投资——成本	200 000 000
——利息调整	3 718 800
——公允价值变动	3 281 200
投资收益	1 000 000
借：其他综合收益	3 281 200
贷：投资收益	3 281 200

【例 11-11】 2×23 年 6 月 15 日,甲公司以董事会形成书面决议,将其开发的一栋写字楼用于出租。甲公司遂与乙公司签订了租赁协议,租赁期开始日为 2×23 年 7 月 1 日,租赁期为 5 年。2×23 年 7 月 1 日,该写字楼的账面余额为 4 000 万元,公允价值为 4 300 万元。转换后采用公允价值模式进行后续计量。甲公司相关账务处理如下:

借:投资性房地产——成本　　　　　　　　　　　　　　　43 000 000
　　贷:开发产品　　　　　　　　　　　　　　　　　　　　40 000 000
　　　　其他综合收益　　　　　　　　　　　　　　　　　　3 000 000

11.5　库　存　股

库存股是指公司已发行但由于各种原因又回到公司手中,由公司所持有的股票。公司的库存股主要有经批准减资而回购的股票、为奖励职工而回购的股票以及日后还要再出售而回购的股票。尚未发行的股票不属于库存股。为了反映库存股的回购和处置情况,应设置"库存股"科目。

11.5.1　经批准减资而收回的股票

减资行为一般是基于企业根据经营需要,依照法定条件和程序减少的注册资本。正常情况下,企业的注册资本不可以减少,但如果企业出现净资产远远小于注册资本等情况,可以依法进行减资。根据相关规定,公司减资应当由股东会作出减资决议,并根据减资后的实际情况修改公司章程;公司还应当通知债权人和对外公告,并在规定时间内办理减资登记手续公司减资时,债权人有权要求公司清偿债务或者提供相应的担保。

企业在进行减资时,根据实际情况,可以采用各个股东按照原出资比例或者持股比例同步减少出资,减资后,各个股东的股权比例或者持股比例不发生变化;也可以采用各个股东改变原出资比例或者持股比例不同步减少出资,减资后,各个股东的股权比例或者持股比例发生变化。减资可以以返还出资的方式完成,也可以以免除出资义务的方式完成。

股份有限公司由于采用发行股票的方式筹集资本,减少注册资本需要回购股票。回购本公司股票实际支付的金额,应借记"库存股"科目,贷记"银行存款"等科目。回购的股票注销时,应冲减股本,库存股实际成本大于股票面值的差额,应冲减"资本公积——股本溢价"科目;资本公积不足冲减的,应依次冲减"盈余公积""利润分配——未分配利润"科目。股份有限公司注销股本时,应根据注销股票的面值,借记"股本"科目;如果回购股票实际支付的金额低于回购股票面值总额的,其差额应计入资本公积。相比之下,有限责任公司减资处理相对简单,减资向股东返还投资款时,应按实际向股东返还投资的数额,借记"实收资本"科目,贷记"库存现金""银行存款"等科目。

【例 11-12】 卓段制造经批准回购本公司面值为 1 元的普通股股票 5 000 000 股,用以减少股本;回购股票的实际价款为 6 000 000 元。假定卓段制造"资本公积——股本溢价"科目余额为 3 000 000 元。回购的股票已按照规定注销,卓段制造账务处理如下:

（1）回购本公司股票：

借：库存股   6 000 000

    贷：银行存款   6 000 000

（2）注销库存股：

借：股本   5 000 000

    资本公积——股本溢价   1 000 000

    贷：库存股   6 000 000

如果卓段制造资本公积中的股本溢价为 600 000 元，盈余公积为 500 000 元。卓段制造应编制如下会计分录：

借：股本   5 000 000

    资本公积——股本溢价   600 000

    盈余公积   400 000

    贷：库存股   6 000 000

【例 11-13】 卓段制造 2×22 年 12 月 31 日股东权益中，股本为 20 000 万元（面值为 1 元），资本公积（股本溢价）为 6 000 万元，盈余公积为 5 000 万元，未分配利润为零。经董事会批准回购本公司股票并注销，2×23 年 2 月 1 日以每股 3 元的价格回购本公司股票 2 000 万股，2×23 年 3 月 1 日以每股 2 元的价格回购本公司股票 4 000 万股，2×23 年 4 月 1 日注销已回购的全部股票。卓段制造相关账务处理如下：

（1）2×23 年 2 月 1 日：

借：库存股   60 000 000

    贷：银行存款   60 000 000

（2）2×23 年 3 月 1 日：

借：库存股   80 000 000

    贷：银行存款   80 000 000

（3）2×23 年 4 月 1 日：

借：股本   60 000 000

    资本公积——股本溢价   60 000 000

    盈余公积   20 000 000

    贷：库存股   140 000 000

11.5.2 为奖励职工而购回的股票

企业回购股份时，应按回购股份的全部支出作为库存股处理，按实际支付的价款，借记"库存股"科目，贷记"银行存款"等科目。企业将回购的股票奖励给本公司职工时，如果向职工收取一定的价款，应根据收到的价款，借记"银行存款"科目；根据奖励股票期权的公允价值，借记"资本公积——其他资本公积"科目；根据奖励库存股的账面余额，贷记"库存股"科目；根据前述确认金额的差额，贷记或借记"资本公积——股本溢价"科目。

11.5.3 日后还要再发行而购回的股票

股份公司在本公司股票价格严重低于其价值等情况下,可能暂时回购本公司的股票,在股票价格回升至正常水平时再将其出售。公司在回购股票时,应按实际支付的价款计价,借记"库存股"科目,贷记"银行存款"等科目。日后再出售股票时,如果实收价款大于库存股成本,应按实收价款,借记"银行存款"等科目;按库存股成本,贷记"库存股"科目;按其差额,贷记"资本公积——股本溢价"科目。如果实收价款小于库存股成本,应按实收价款,借记"银行存款"等科目;按库存股成本,贷记"库存股"科目;按其差额,借记"资本公积——股本溢价"科目,不足冲减的依次冲减"盈余公积""利润分配——未分配利润"科目。

11.6 其他权益工具

企业发行的除普通股(作为实收资本或股本)以外,根据金融负债和权益工具区分原则分类为权益工具的其他权益工具,按照以下原则进行会计处理:

(1) 对于归类为权益工具的金融工具,无论其名称中是否包含"债",其利息支出或股利分配都应作为发行企业的利润分配,其回购、注销等作为权益的变动处理。

(2) 对于归类为金融负债的金融工具,无论其名称中是否包含"股",其利息支出或股利分配原则上都应按照借款费用进行处理,其回购或赎回产生的利得或损失等计入当期损益。

(3) 企业(发行方)发行金融工具,其发生的手续费、佣金等交易费用,如分类为债务工具且以摊余成本计量的,应当计入所发行工具的初始计量金额,如分类为权益工具的,应当从权益中扣除。

11.6.1 发行方的账务处理

(1) 发行方发行的金融工具归类为债务工具并以摊余成本计量的,应按实际收到的金额,借记"银行存款"等科目;按债务工具的面值,贷记"应付债券——优先股""应付债券——永续债(面值)"等科目;按其差额,贷记或借记"应付债券——优先股""应付债券——永续债(利息调整)"等科目。在该工具存续期间,计提利息并对账面的利息调整进行调整等的会计处理,按照金融工具确认和计量准则中有关金融负债按摊金成本后续计量的规定进行会计处理。

(2) 发行方发行的金融工具归类为权益工具的,应按实际收到的金额,借记"银行存款"等科目,贷记"其他权益工具——优先股""应付债券——永续债"等科目。分类为权益工具的金融工具,在存续期间分派股利(含分类为权益工具的工具所产生的利息,下同)的,作为利润分配处理。发行方应根据经批准的股利分配方案,按应分配给金融工具持有者的股利金额,借记"利润分配——应付优先股股利""利润分配——应付永续债利息"等科目,贷记"应付股利——优先股股利""应付股利——永续债利息"等科目。

(3) 发行方发行的金融工具为复合金融工具的,应按实际收到的金额,借记"银行存款"等科目;按金融工具的面值,贷记"应付债券——优先股""应付债券——永续债(面值)"等科目;按负债成分的公允价值与金融工具面值之间的差额,借记或贷记"应付债券——优先股""应付债券——永续债(利息调整)"等科目;按实际收到的金额扣除负债成分的公允价值后的金额,贷记"其他权益工具——优先股""其他权益工具——永续债"等科目。

发行复合金融工具发生的交易费用,应当在负债成分和权益成分之间按照各自占总发行价款的比例进行分摊。与多项交易相关的共同交易费用,应当在合理的基础上,采用与其他类似交易一致的方法,在各项交易之间进行分摊。

(4)发行的金融工具本身是衍生金融负债或衍生金融资产或者内嵌了衍生金融负债或衍生金融资产的,按照金融工具确认和计量准则中有关衍生工具的规定进行处理。

(5)由于发行的金融工具原合同条款约定的条件或事项随着时间的推移或经济环境的改变而发生变化,导致原归类为权益工具的金融工具重分类为金融负债的,应当于重分类日,按该工具的账面价值,借记"其他权益工具——优先股""其他权益工具——永续债"等科目;按该工具的面值,贷记"应付债券——优先股""应付债券——永续债(面值)"等科目;按该工具的公允价值与面值之间的差额,借记或贷记"应付债券——优先股""应付债券——永续债(利息调整)"等科目;按该工具的公允价值与账面价值的差额,贷记或借记"资本公积——资本溢价(或股本溢价)"科目;如资本公积不够冲减的,依次冲减盈余公积和未分配利润。发行方以重分类日计算的实际利率作为应付债券后续计量利息调整等的基础。

因发行的金融工具原合同条款约定的条件或事项随着时间的推移或经济环境的改变而发生变化,导致原归类为金融负债的金融工具重分类为权益工具的,应于重分类日按金融负债的面值,借记"应付债券——优先股""应付债券——永续债(面值)"等科目;按利息调整余额,借记或贷记"应付债券——优先股""应付债券——永续债(利息调整)"等科目;按金融负债的账面价值,贷记"其他权益工具——优先股""其他权益工具——永续债"等科目。

(6)发行方按合同条款约定赎回所发行的除普通股以外的分类为权益工具的金融工具,按赎回价格,借记"库存股——其他权益工具"科目,贷记"银行存款"等科目。注销所购回的金融工具,按该工具对应的其他权益工具的账面价值,借记"其他权益工具"科目;按该工具的赎回价格,贷记"库存股——其他权益工具"科目;按其差额,借记或贷记"资本公积——资本溢价(或股本溢价)"科目。如资本公积不够冲减的,依次冲减盈余公积和未分配利润。发行方按合同条款约定赎回所发行的分类为金融负债的金融工具,按该工具赎回日的账面价值,借记"应付债券"等科目;按赎回价格,贷记"银行存款"等科目;按其差额,借记或贷记"财务费用"科目。

(7)发行方按合同条款约定将发行的除普通股以外的金融工具转换为普通股的,按该工具对应的金融负债或其他权益工具的账面价值,借记"应付债券""其他权益工具"等科目;按普通股的面值,贷记"实收资本(或股本)"科目;按其差额,贷记"资本公积——资本溢价(或股本溢价)"科目(如转股时金融工具的账面价值不足转换为一股普通股而以现金或其他金融资产支付的,还需按支付的现金或其他金融资产的金额,贷记"银行存款"等科目)。

11.6.2 投资方的账务处理

金融工具投资方(持有人)考虑持有的金融工具或其组成部分是权益工具还是债务工具投资时,应当遵循金融工具确认和计量准则的相关要求,通常应当与发行方对金融工具的权益或负债属性的分类保持一致。例如,对于发行方归类为权益工具的非衍生金融工具,投资方通常应当将其归类为权益工具投资。

如果投资方因持有发行方发行的金融工具而对发行方拥有控制、共同控制或重大影响的,按照《企业会计准则第 2 号——长期股权投资》和《企业会计准则第 20 号——企业合并》进行会计确认和计量;投资方需编制合并财务报表的,按照《企业会计准则第 33 号——合并财务报表》的规定编制合并财务报表。

11.7　留　存　收　益

留存收益是指企业历年实现的净利润经向所有者分配后留存于企业的部分,它是企业的利润积累。留存收益由盈余公积和未分配利润组成。其中,盈余公积是指企业按照有关规定从净利润中提取的利润积累。公司制企业的盈余公积包括法定盈余公积和任意盈余公积。其中,法定盈余公积是指企业按照法律法规的规定从净利润中提取的盈余公积。任意盈余公积是指企业按照股东会的决议提取的盈余公积。两者的区别就在于其各自计提的依据不同,前者以国家的法律或行政规章为依据提取;后者则由企业自行决定提取。提取盈余公积主要有以下用途:

(1) 弥补亏损。企业发生的亏损应由企业自行弥补。弥补亏损的渠道主要有以下三种:一是用以后年度税前利润弥补,按照现行制度规定,企业发生亏损时,可以用以后 5 年内实现的税前利润弥补,即税前利润弥补亏损的期间为 5 年;二是用以后年度税后利润弥补,企业发生的亏损经过 5 年期间未补足额的,尚未弥补的亏损应用所得税后的利润弥补;三是以盈余公积弥补亏损,企业以提取的盈余公积弥补亏损时,应当由公司董事会提议,并经股东会批准。

(2) 转增资本。企业将盈余公积转增资本时,必须经股东会决议批准。在实际将盈余公积转增资本时,要按股东原有持股比例结转。企业提取的盈余公积,无论是用于弥补亏损,还是用于转增资本,只不过是在企业所有者权益内部作结构上的调整,并不引起企业所有者权益总额的变动。

(3) 扩大企业生产经营。盈余公积的用途,并不是指其实际占用形态,提取盈余公积也并不是单独将这部分资金从企业资金周转过程中抽出。企业盈余公积的结存数,实际只表现为企业所有者权益的组成部分,表明企业生产经营资金的一个来源而已。其形成的资金可能表现为一定的货币资金,也可能表现为一定的实物资产,如存货和固定资产等随同企业的其他来源所形成的资金进行循环周转,用于企业的生产经营。

11.7.1　法定盈余公积

法定盈余公积是指企业按规定从净利润中提取的积累资金。为了保证企业扩大再生产的资金,《公司法》规定,企业实现的净利润不得全部分配给投资者,必须在企业留存一部分。公司制企业法定盈余公积按照税后利润的 10% 比例提取。在计算提取法定盈余公积的基数时,不应包括企业年初未分配利润,企业计提的法定盈余公积达到注册资本的 50% 时,可以不再提取;超过注册资本 25% 的部分,可以用于转增资本。企业的法定公积金不足以弥补以前年度亏损的,在提取法定公积金之前,应当先用当年利润弥补亏损。企业计提法定盈余公积时,应借记"利润分配——提取法定盈余公积"科目,贷记"盈余公积——法定盈余公积"科目;用法定盈余公积弥补亏损时,应借记"盈余公积——法定盈余公积"科目,贷记"利润分配——盈余公积补亏"科目;用法定盈余公积转增资本时,应借记"盈余公积——法定盈余公积"科目,贷记"实收资本""股本"科目。

11.7.2 任意盈余公积金

企业从税后利润中提取法定公积金后,经股东会决议,还可以从税后利润中提取任意盈余公积。任意盈余公积是企业出于实际需要或采取审慎经营策略,从税后利润中提取的一部分留存利润。任意盈余公积中"任意"体现在提取比例任由企业自愿提取,国家有关法律法规不作强制规定。值得注意的是如果企业有优先股,必须在支付了优先股股利之后,才可提取任意盈余公积。提取任意盈余公积,按照提取金额,借记"利润分配——提取任意盈余公积"科目,贷记"盈余公积——任意盈余公积"科目。企业用任意盈余公积弥补亏损,应借记"盈余公积——任意盈余公积"科目,贷记"利润分配——盈余公积补亏"科目。企业用任意盈余公积转增资本时,应借记"盈余公积——任意盈余公积"科目,贷记"实收资本""股本"科目。企业经股东会决定,用盈余公积派送新股时,应借记"盈余公积——任意盈余公积"科目,贷记"股本""资本公积——股本溢价"科目。

【例 11-14】 卓段制造 2×23 年实现净利润 5 000 万元,没有未弥补亏损,股东会批准的利润分配及其他所有者权益变动方案如下:分别按 10% 和 5% 提取法定盈余公积、任意盈余公积;宣告发放现金股利 2 000 万元;用盈余公积 3 000 万元转增面值为 1 元的股份 2 500 万股,相关增资手续已获得批准。卓段制造相关账务处理如下:

(1) 法定盈余公积提取额=5 000×10%=500(万元)

任意盈余公积提取额=5 000×5%=250(万元)

借:利润分配——提取法定盈余公积	5 000 000
——提取任意盈余公积	2 500 000
贷:盈余公积——法定盈余公积	5 000 000
——任意盈余公积	2 500 000

(2) 宣告分配现金股利:

借:利润分配——应付现金股利	20 000 000
贷:应付股利	20 000 000

(3) 盈余公积转增资本:

借:盈余公积——法定盈余公积	30 000 000
贷:股本	25 000 000
资本公积——股本溢价	5 000 000

11.7.3 未分配利润

未分配利润是企业留待以后年度进行分配的利润,是企业对净利润进行分配后的剩余利润结存。从数量上说,未分配利润是期初未分配利润,加上本期实现的净利润减去提取的盈余公积和向投资者分派的股利或利润后的余额。未分配利润是一个历年累积数额的概念,其中,既有当年净利润经分配后转入的部分,也有历年累积净利润经分配后转入的部分。从来源上说,企业实现的净利润是未分配利润的根本来源。如果企业没有净利润,也就不会有未分配利润。

　　企业为核算未分配利润业务,应设置"利润分配——未分配利润"科目进行核算,具体来说是通过"利润分配"科目之下的"未分配利润"明细科目来进行核算。企业在生产经营过程中取得的收入和发生的费用,最终通过"本年利润"科目进行归集,计算当年盈利或亏损,然后转入"利润分配——未分配利润"科目进行分配,结存于"利润分配——未分配利润"科目的贷方余额,则为未分配利润;如为借方余额,则为未弥补亏损。年度终了,再将"利润分配"科目下的其他明细科目(如提取法定盈余公积、提取任意盈余公积、应付现金股利或利润、转作股本的股利、盈余公积补亏等)的余额,转入"未分配利润"明细科目。结转后,"未分配利润"明细科目的贷方余额,就是未分配利润的数额;如出现借方余额,则表示未弥补亏损的数额。

　　经股东会或类似机构决议,分配给股东或投资者的现金股利或利润,借记"利润分配——应付现金股利"科目,贷记"应付股利"科目。经股东会或类似机构决议,分配给股东的股票股利,在办理完增资手续后,借记"利润分配——转作股本的股利"科目,贷记"股本"科目。

　　企业在生产经营过程中既可能发生盈利,也有可能出现亏损。企业在当年发生亏损的情况下,与实现利润的情况相同,应当将本年发生的亏损自"本年利润"科目转入"利润分配——未分配利润"科目,借记"利润分配——未分配利润"科目,贷记"本年利润"科目,结转后"利润分配"科目的借方余额,即为未弥补亏损的数额,通过"利润分配"科目核算有关亏损的弥补情况。

　　企业发生的亏损可以用下年度实现的税前利润弥补。在以下年度实现的税前利润弥补以前年度亏损的情况下,企业当年实现的利润自"本年利润"科目转入"利润分配——未分配利润"科目,将本年实现的利润结转到"利润分配——未分配利润"科目的贷方后,其贷方发生额与"利润分配——未分配利润"的借方余额自然抵补。因此,以当年实现净利润弥补以前年度结转的未弥补亏损时,不需要进行专门的账务处理。

　　【例 11-15】　卓段制造股本为 1 000 万元,每股面值为 1 元。2×23 年年初未分配利润为借方 200 万元,2×23 年实现净利润为 500 万元。假定卓段制造按照 2×23 年年末可供分配利润的 10% 提取法定盈余公积,10% 提取任意盈余公积,向股东按照每股 0.1 元派发现金股利,同时宣告按每 10 股送 1 股的比例派发股票股利。2×23 年 2 月,以银行存款支付了全部现金股利,新增股本也办理完股权登记和相关的增资手续。不考虑其他因素,卓段制造相关账务处理如下:

　　(1) 2×23 年年末,结转净利润:

借:本年利润	5 000 000
贷:利润分配——未分配利润	5 000 000

结转后可供分配利润=500-200=300(万元)

　　(2) 提取法定盈余公积和任意盈余公积:

借:利润分配——提取法定盈余公积	300 000
——提取任意盈余公积	300 000
贷:盈余公积——法定盈余公积	300 000
——任意盈余公积	300 000

　　(3) 宣告分配现金股利:

应付现金股利=1 000×0.1=100(万元)

借：利润分配——应付现金股利 1 000 000
　　贷：应付股利 1 000 000

宣告分派股票股利时暂不作账务处理。

（4）结转"利润分配"明细科目：

借：利润分配——未分配利润 1 600 000
　　贷：利润分配——提取法定盈余公积 300 000
　　　　盈余公积——提取任意盈余公积 300 000
　　　　　　——应付现金股利 1 000 000

【例 11-16】 卓段制造 2×21 年至 2×23 年年度有关业务资料如下：

2×21 年 1 月 1 日,卓段制造股东权益总额为 46 500 万元,其中股本总额为 10 000 万元,每股面值为 1 元;资本公积为 30 000 万元;盈余公积为 6 000 万元;未分配利润为 500 万元。2×21 年度实现净利润 400 万元,股本与资本公积项目未发生变化。2×22 年 3 月 1 日,卓段制造董事会提出以下预案:以 2×21 年度实现净利润的 10% 提取法定盈余公积;以 2×21 年 12 月 31 日的股本总额为基数,以资本公积转增股本,每 10 股转增 4 股,计 4 000 万股。2×22 年 5 月 5 日,卓段制造召开股东会,审议批准了董事会提出的预案,同时决定分派现金股利 300 万元。2×22 年 6 月 10 日,卓段制造办妥了上述资本公积转增股本的有关手续。2×22 年度,卓段制造发生了净亏损 3 142 万元。2×23 年 5 月 9 日,卓段制造召开股东会决定以法定盈余公积补累计未弥补亏损 200 万元。

根据以上资料,卓段制造相关账务处理如下：

（1）2×21 年实现净利润：

借：本年利润 4 000 000
　　贷：利润分配——未分配利润 4 000 000

（2）2×22 年 3 月提取法定盈余公积：
法定盈余公积提取额=400×10%=40(万元)

借：利润分配——提取法定盈余公积 400 000
　　贷：盈余公积——法定盈余公积 400 000

（3）2×22 年 5 月宣告分配现金股利：

借：利润分配——应付现金股利 3 000 000
　　贷：应付股利 3 000 000

（4）2×22 年 6 月资本公积转增股本：

借：资本公积——股本溢价 40 000 000
　　贷：股本 40 000 000

（5）结转 2×22 年净亏损：

借：利润分配——未分配利润 31 420 000
　　贷：本年利润 31 420 000

（6）结转 2×22 年"利润分配"明细科目：

借：利润分配——未分配利润　　　　　　　　　　　　　　　　　　　　　　　3 400 000

　　贷：利润分配——提取法定盈余公积　　　　　　　　　　　　　　　　400 000

　　　　　　　　——应付现金股利　　　　　　　　　　　　　　　　3 000 000

（7）2×23 年以法定盈余公积弥补亏损：

借：盈余公积——法定盈余公积　　　　　　　　　　　　　　　　　　　　　2 000 000

　　贷：利润分配——盈余公积补亏　　　　　　　　　　　　　　　　2 000 000

（8）结转 2×23 年"利润分配"明细科目：

借：利润分配——盈余公积补亏　　　　　　　　　　　　　　　　　　　　　2 000 000

　　贷：利润分配——未分配利润　　　　　　　　　　　　　　　　2 000 000

 章节测试

一、复习思考题

1. 所有者权益与负债的主要区别是什么？

2. 留存收益包括哪些内容？

3. 宣告发放现金股利如何进行会计处理？盈余公积弥补亏损如何进行账务处理？两者是否会导致所有者权益的减少？

二、单选题

1. 某企业公开发行普通股 200 万股，每股面值 1 元，每股发行价格为 8 元，按发行收入的 2% 向证券公司支付佣金，扣除佣金后的股票发行款存入银行。不考虑其他因素，该企业发行股票记入"股本""资本公积"科目贷方的金额分别为（　　）万元。

A. 200,1 368　　　　B. 1 600,0　　　　C. 200,1 400　　　　D. 1 600,−32

2. 下列各项中，不属于所有者权益内部结转的是（　　）。

A. 资本公积转增资本　　　　　　　　B. 提取盈余公积

C. 宣告发放现金股利　　　　　　　　D. 盈余公积转增资本

3. 某企业年初未分配利润为 100 万元，本年净利润为 1 000 万元，按 10% 计提法定盈余公积，按 5% 计提任意盈余公积，宣告发放现金股利 80 万元，该企业期末未分配利润为（　　）万元。

A. 855　　　　B. 867　　　　C. 870　　　　D. 874

4. 某股份有限公司按法定程序报经批准后采用回购本公司股票方式减资，回购股票支付价款低于股票面值总额的，所注销库存股账面余额与冲减股本的差额应计入（　　）。

A. 未分配利润　　　B. 营业外收入　　　C. 盈余公积　　　D. 资本公积

5. 某企业年初所有者权益总额为 160 万元，当年以其中的资本公积转增资本 50 万元。当年实现净利润 300 万元，提取盈余公积 30 万元，向投资者分配利润 20 万元。该企业年末所有者权益总额为（　　）万元。

A. 360　　　　B. 440　　　　C. 460　　　　D. 480

6. 甲公司为一家有限责任公司，注册资本为 2 000 万元。2×21 年 6 月 28 日收到乙公司作为投资的一项生产设备，该设备原值 500 万元，已提折旧 100 万元，投资合同中约定该设备价值为 480 万元，合同价值与公允价值相等，该投资占注册资本的 15%。假定不考虑增值税

等其他因素,下列各项中说法正确的是(　　)。

    A. 甲公司应计入实收资本的金额为 400 万元

    B. 乙公司应计入资产处置损益的金额为 20 万元

    C. 甲公司应计入资本公积的金额为 180 万元

    D. 甲公司应按照该设备的账面价值进行计量

7. 某企业年初未分配利润贷方余额为 400 万元,本年实现净利润 1 600 万元,按净利润的 10% 提取法定盈余公积,提取任意盈余公积 100 万元,向投资者分配利润 80 万元。该企业年末可供分配利润为(　　)万元。

    A. 1 840   B. 2 000   C. 1 740   D. 1 680

8. 2×20 年 4 月 1 日,甲公司接受投资者投入一台需要安装的设备,该设备市场售价为 200 万元,与公允价值相符,增值税税额为 26 万元(由投资方支付税款,并提供增值税专用发票);发给安装人员工资 4 万元。2×20 年 4 月 10 日设备达到预定可使用状态。按合同约定,该投资计入实收资本的金额为 180 万元。不考虑其他因素,该项投资导致资本公积增加的金额为(　　)万元。

    A. 20   B. 46   C. 24   D. 50

9. G 公司于成立时收到 M 公司作为资本投入的应税消费品一批(消费税税率为 20%),投资合同中约定其价值为 10 万元,并收到对方开具的增值税普通发票,增值税税率为 13%。假定不考虑其他因素,下列表述中正确的是(　　)。

    A. 该批材料的入账价值为 10 万元

    B. 该批材料的入账价值为 12.50 万元

    C. G 公司接受 M 公司投入的应税消费品应按合同约定全额、消费税税额与增值税进项税额之和作为实收资本

    D. 实收资本的入账金额为 11.30 万元

10. 某企业 2×21 年 1 月 1 日所有者权益构成情况如下:实收资本 1 000 万元,资本公积 600 万元,盈余公积 300 万元,未分配利润 200 万元。本年净利润为 1 000 万元,按 10% 计提法定盈余公积,按 5% 计提任意盈余公积,宣告发放现金股利为 80 万元。资本公积转增资本 100 万元。下列各项中,有关所有者权益表述正确的是(　　)。

    A. 2×21 年 12 月 31 日可供分配利润为 1 000 万元

    B. 2×21 年 12 月 31 日资本公积 700 万元

    C. 2×21 年 12 月 31 日未分配利润为 970 万元

    D. 2×21 年 12 月 31 日留存收益总额为 970 万元

三、计算分析题

1. 甲股份有限公司 20×2 年至 20×3 年发生与其股票有关的业务如下:

(1) 20×2 年 1 月 4 日,经股东会决议,并报有关部门核准,增发普通股 20 000 万股,每股面值 1 元,每股发行价格 5 元,股款已全部收到并存入银行。假定不考虑相关税费。

(2) 20×2 年 6 月 20 日,经股东会决议,并报有关部门核准,以资本公积 2 000 万元转增股本。

(3) 20×3 年 6 月 20 日,经股东会决议,并报有关部门核准,以银行存款回购本公司股票 50 万股,每股回购价格为 3 元。

(4) 20×3 年 6 月 26 日,经股东会决议,并报有关部门核准,将回购的本公司股票 50 万股注销。

要求:逐笔编制甲股份有限公司上述业务的会计分录。

2. 甲公司的股本为 100 000 000 元,每股面值 1 元。2×22 年年初未分配利润为贷方 80 000 000 元,2×22 年实现净利润 50 000 000 元。

假定甲公司按照 2×22 年实现净利润的 10% 提取法定盈余公积,5% 提取任意盈余公积,同时向股东按照每股 0.2 元派发现金股利,按每 10 股送 3 股的比例派发股票股利。2×23 年 3 月 1 日,甲公司用银行存款支付全部现金股利,新增股本也已办理完股权登记和有关增资手续。

要求:逐笔编制甲公司上述业务的会计分录。

3. 甲公司 2×19 年年初股本余额为 35 000 万元,资本公积(股本溢价)余额为 18 000 万元。2×22 年至 2×23 年发生与其股票有关的业务如下:

(1) 2×22 年 1 月 4 日,经股东会决议,并报有关部门核准,增发普通股 40 000 万股,每股面值 1 元,每股发行价格 5 元,股款已全部收到并存入银行。假定不考虑相关税费。

(2) 2×22 年 6 月 20 日,经股东会决议,并报有关部门核准,以资本公积 4 000 万元转增股本。

(3) 2×23 年 6 月 20 日,经股东会决议,并报有关部门核准,以银行存款回购本公司股票 100 万股,每股回购价格为 3 元。

(4) 2×23 年 6 月 26 日,经股东会决议,并报有关部门核准,将回购的本公司股票 100 万股注销。

要求:逐笔编制甲公司上述业务的会计分录。

第 12 章

收入、费用与利润

 教学目的与要求

了解收入、费用、利润的概念与类型,理解递延所得税费用、递延所得税资产、递延所得税负债的概念;掌握营业收入与营业成本业务、期间费用业务、所得税费用业务、利润业务的核算方法。

 教学重点和难点

重点:营业收入与营业成本的核算;期间费用、所得税费用的核算;利润分配的核算。

难点:不同类型收入业务的核算;所得税费用的核算。

 课程思政

诚信是财务人员的职业灵魂,培养学生合规意识,引导学生意识到虚增收入或人为调整成本费用是违法行为,应自觉遵守各项法律制度,恪守职业道德,树立守信为荣、失信为耻的职业道德观念,大力弘扬中华民族诚实守信的美德。

12.1 收 入

12.1.1 收入概述

12.1.1.1 收入的概念

收入有广义与狭义之分。广义的收入包括营业收入、投资收益、公允价值变动收益、资产处置收益、其他收益和营业外收入等。狭义的收入仅指营业收入。《企业会计准则第 14 号——收入》所界定的收入是狭义概念上的收入,即营业收入,是本章所主要讲述的对象。

收入是指企业在日常活动中形成的、会导致所有者权益增加的、与所有者投入资本无关的经济利益的总流入。其中,日常活动是指企业为完成其经营目标所从事的经常性活动以及与之相关的其他活动。

收入来源于企业的日常活动,制造企业生产并销售产品、商品流通企业销售商品、安装公司提供安装服务等属于企业主营业务活动,制造企业销售限制原材料、商品流通企业销售包装物属于附营业活动,两者均是企业为完成其经营目标开展的活动,具有持续发生以及收入与费用配比的特征。而企业接受捐赠、财产盘盈、政府补助不属于企业为完成其经营目标而开展的活动,形成的经济利益流入不属于收入,而属于利得。

12.1.1.2　收入的分类

1) 按企业从事日常活动的性质分类

按照企业从事日常活动的业务性质,收入可分为销售商品收入、提供劳务或服务收入、让渡资产使用权收入、建造合同收入等。其中,销售商品收入是指企业通过销售商品实现的收入,如制造企业通过销售其生产的产品实现的收入。提供劳务或服务收入是指企业通过提供劳务或服务实现的收入,如咨询企业通过提供咨询服务实现的收入。让渡资产使用权收入是指企业通过让渡资产使用权实现的收入,如出租固定资产收取的租金收入。建造合同收入是指企业承担建造合同所形成的收入。

2) 按企业从事日常活动在企业中的重要性分类

按照企业从事日常活动在企业中的重要性,收入可分为主营业务收入和其他业务收入两种。其中,主营业务收入是指企业为完成其经营目标而从事的经常性活动实现的收入,如制造企业销售的库存商品收入、商业企业销售其商品取得的收入、酒店提供的客房收入和餐饮收入等。其他业务收入也称附营业务收入,是指企业为完成其经营目标而从事的与经常性活动相关的活动实现的收入,如制造企业对外销售材料、对外出租包装物、商品或固定资产形成的收入等。

12.1.2　收入的确认与计量

12.1.2.1　收入的确认

1) 收入确认条件

当企业与客户之间的合同同时满足下列条件时,企业应当在客户取得相关商品控制权时确认收入:

(1) 合同各方已批准该合同并承诺将履行各自义务。

(2) 该合同明确了合同各方与所转让商品或提供劳务相关的权利和义务。

(3) 该合同有明确的与所转让商品相关的支付条款。

(4) 该合同具有商业实质,即履行该合同将改变企业未来现金流量的风险、时间分布或金额。

(5) 企业因向客户转让商品而有权取得的对价很可能收回。

同时满足上述条件,说明企业取得了内容完整、合法有效的具有商业实质的合同,且很可能收到相关价款,企业在履行了合同中的履约义务,即在客户取得相关商品控制权时,确认收入。

履约义务是指合同中企业向客户销售商品、提供劳务等的承诺,既包括合同中明确的承诺,也包括企业以公开宣布的政策、特定声明或以往习惯做法等导致订立合同时客户合理预期企业将履行的承诺。对于商品零售企业而言不需要签订合同,一般在客户付款后直接发货,在这种情况下,按照实质重于形式的要求,可以视为企业履行了合同中的履约义务,可以直接确认收入。

2) 营业收入确认的时间

根据履约义务的时间长短不同,分为在某一时点分期确认收入和某一时段内分期确认收入。

在某一时点确认收入。企业应当在履行了合同中的履约义务，即在客户取得相关商品控制权时确认收入。在判断客户是否已取得商品控制权时，企业应当考虑下列迹象：

(1) 企业就该商品享有现时收款权利，即客户就该商品负有现时付款义务。

(2) 企业已将该商品的法定所有权转移给客户，即客户已拥有该商品的法定所有权。

(3) 企业已将该商品实物转移给客户，即客户已实物占有该商品。

(4) 企业已将该商品所有权上的主要风险和报酬转移给客户，即客户已取得该商品所有权上的主要风险和报酬。

(5) 客户已接受该商品。

(6) 其他表明客户已取得商品控制权的迹象。

在某一时段内分期确认营业收入。企业应当对合同进行评估，识别该合同所包含的履约义务。满足下列条件之一的，属于在某一时段内履行履约义务：客户在企业履约的同时即取得并消耗企业履约所带来的经济利益；客户能够控制企业履约过程中在建的商品或服务等；企业履约过程中所产出的商品或服务等具有不可替代用途，且该企业在整个合同期间内有权就累计至今已完成的履约部分收取款项。

例如，企业与客户签订一项为期一年的服务合同，该服务仅为该客户提供，具有不可替代性；合同规定客户每个季度按照服务完工程度付款，客户对服务的质量具有控制的权利。根据上述条件，该服务合同属于在某一时段内履行的履约义务。

企业应当在该段时间内按照履约进度确认收入，履约进度不能合理确定的除外。企业应当考虑商品的性质，采用产出法或投入法确定恰当的履约进度。其中，产出法是根据已转移给客户的商品对于客户的价值确定履约进度；投入法是根据企业为履行履约义务所作的投入确定履约进度。对于类似情况下的类似履约义务，企业应当采用相同的方法确定履约进度。

当履约进度不能合理确定时，企业已经发生的成本预计能够得到补偿的，应当按照已经发生的成本金额确认收入，直到履约进度能够合理确定为止。

12.1.2.2 收入的计量

收入的金额应反映企业预计因交付这些商品或服务而有权获取的对价。企业应当按照分摊至各单项履约义务的交易价格计量收入。交易价格是指企业因向客户转让商品而预期有权收取的对价金额。企业代第三方收取的款项以及企业预期将退还给客户的款项，应当作为负债进行会计处理，不计入交易价格。

企业应当根据合同条款，并结合其以往的习惯做法确定交易价格。在确定交易价格时，企业应当考虑可变对价、合同中存在的重大融资成分、应付客户对价等因素的影响。

1) 可变对价

可变对价是指企业与客户的合同中约定的金额可能会因折扣、价格折让、返利、退款、奖励积分、激励措施、业绩奖金、索赔等因素而变化的对价。合同中存在可变对价的，企业应当按照期望值或最可能发生金额确定可变对价的最佳估计数。每一资产负债表日，企业应当重新估计应计入交易价格的可变对价金额。可变对价金额发生变动的，对于已履行的履约义务，后续变动额应调整变动当期的收入。一般如果企业拥有大量具有类似特征的合同，企业据此估计合同可能产生多个结果时，按照期望值估计可变对价金额。如果最可能发生金额是一系列可能发生的对价金额中最可能发生的单一金额，即合同最可能产生的单一结果；当合同仅有两个可能结果,比如企业能够达到或不能达到某质量要求时,按照最可能发生金额估计可变对价金额可能是恰当的。

例如,卓段制造于某年 6 月 25 日采用赊销方式销售商品,赊销期为 90 天,不含增值税的价款为 100 万元,折扣条件为"2/30,1/60,n/90",赊销当日卓段制造已履行承诺的履约义务。卓段制造判断客户可能在 60 天内付款,则该项业务的交易价格为 99 万元(100−100×1%),确认营业收入 99 万元;7 月 15 日该客户还款,该客户按合同约定取得了 2 万元现金折扣,企业应将交易价格调整为 98 万元,卓段制造当期调减营业收入 1 万元。

又如,甲公司生产和销售扫地机器人。2×23 年 3 月,甲公司向零售商乙公司销售 1 000 台扫地机器人,每台价格为 4 000 元,合同价款合计 400 万元。同时,甲公司承诺保价 6 个月,如果在未来 6 个月内,该品牌扫地机器人售价下降,则按照合同价格与最低售价之间的差额向乙公司支付差价。甲公司根据以往执行类似合同的经验,预计未来 6 个月内,不降价的概率为 50%;每台降价 300 元的概率为 40%;每台降价 600 元的概率为 10%。假定不考虑增值税等因素。本例中,甲公司认为期望值能够更好地预测其有权获取的对价金额。假定不考虑下述有关"计入交易价格的可变对价金额的限制"要求,甲公司估计交易价格为每台 3 820 元(4 000×50%+3 700×40%+3 400×10%)。

2)合同中存在的重大融资成分

重大融资成分是指销售商品或提供劳务等收款期较长导致分期收款的总对价高于其现销价格的差额。合同中存在重大融资成分的,企业应当按照假定客户在取得商品控制权时即以现金支付的应付金额确定交易价格。该交易价格与合同对价之间的差额,应当在合同期间内采用实际利率法摊销。例如,企业与客户签订一份分期收款商品销售合同,不含增值税的总对价为 1 000 万元,收款期为 5 年,每年年末收取 200 万元;该商品的现销价格为 860 万元,则该合同存在重大融资成分,其交易价格不应按照分期收款总对价 1 000 万元确定,而应按照现销价格 860 万元确定。

3)应付客户对价

应付客户对价是指企业销售商品明确承诺给予客户的优惠等。企业签订的合同含有应付客户对价的,应当将该应付对价冲减交易价格,并在确认相关收入与支付客户对价二者孰晚的时点冲减当期收入。例如,某商场规定客户在本商场购买总价超过 500 元,可以随机抽取现金奖券;30 天之内客户在本商场购买任何商品,该现金奖券可以直接抵扣商品价款。4 月 10 日,某客户在该商场购买商品的总价为 550 元,抽取 10 元现金奖券;5 月 8 日,该客户又在该商场购买商品 100 元,现金奖券抵扣 10 元,该客户实际付款 90 元。该商场 4 月确认的商品交易价格为 550 元,确认营业收入 550 元;5 月确认营业收入 100 元,同时由于客户使用现金奖券抵扣 10 元,冲减营业收入 10 元。

12.1.2.3　收入确认与计量基本步骤

第一步,识别与客户订立的合同。

合同是指双方或多方之间订立有法律约束力的权利义务的协议。合同有书面形式、口头形式以及其他形式。合同的存在是企业确认客户合同收入的前提。企业与客户之间的合同同时满足下列五项条件的,企业即享有从客户取得与转移商品和服务对价的权利,同时负有向客户转移商品和服务的履约义务:一是合同各方已批准该合同并承诺将履行各自义务;二是该合同明确了合同各方与所转让商品相关的权利和义务;三是该合同有明确的与所转让商品相关的支付条款；四是该合同具有商业实质，即履行该合同将改变企业未来现金流量的风险、时间分布或金额；五是企业因向客户转让商品而有权取得的对价很可能收回。

企业与同一客户（或该客户的关联方）同时订立或在相近时间内先后订立的两份或多份合同，在满足下列条件之一时，应当合并为一份合同进行会计处理：一是两份或多份合同基于同一商业目的而订立并构成"一揽子"交易，如一份合同在不考虑另一份合同对价的情况下将会发生亏损；二是两份或多份合同中的一份合同的对价金额取决于其他合同的定价或履行情况，如一份合同如果发生违约，将会影响另一份合同的对价金额；三是两份或多份合同中所承诺的商品（或每份合同中所承诺的部分商品）构成单项履约义务。两份或多份合同合并为一份合同进行会计处理的，仍然需要区分一份合同中包含的各单项履约义务。

合同变更是指经合同各方批准对原合同范围或价格作出的变更。企业应当区分下列三种情形对合同变更分别进行会计处理：

（1）合同变更部分作为单独合同。合同变更增加了可明确区分的商品及合同价款，且新增合同价款反映了新增商品单独售价的，应当将该合同变更部分作为一份单独的合同进行会计处理，此类合同变更不影响原合同的会计处理。

【例 12-1】 2×23 年 7 月 1 日，甲公司与客户乙公司签订销售合同，向客户出售 60 万件产品，每件产品合同价格为 100 元，并在 6 个月内移交产品。2×23 年 10 月 31 日甲公司将 30 万件产品移交之后，双方对该合同进行了修订，修订后的合同要求甲公司在 2×23 年 12 月 31 日移交剩余的 30 万件产品后，额外向客户再交付 15 万件产品，其中 10 万件产品于 2×23 年 12 月 31 日交付，其余 5 万件于 2×23 年 1 月 31 日交付，额外交付的这 15 万件产品按照每件 90 元的价格计价。假定该价格反映了合同变更时该产品的单独售价并且可以与原产品区别开来。甲公司将该产品移交至客户乙公司时，产品的控制权即转移至客户，甲公司于控制权转移时确认收入。

甲公司 2×23 年应确认的收入＝100×60＋90×10＝6 900（万元）

"额外交付 15 件产品"的合同修订，事实上构成了一项关于未来产品的单独的合同，且该合同并不影响对原合同的会计处理。企业应对原合同中的 60 万件产品，每件确认 100 元的销售收入；对新合同中的 15 万件产品，每件确认 90 元的收入。新合同中的 15 万件本年只移交了 10 万件，因此，甲公司在 2×23 年应确认收入 6 900 万元。

（2）合同变更作为原合同终止及新合同订立。合同变更不属于合同变更的第一种情形，且在合同变更日已转让的商品与未转让的商品之间可明确区分的，合并变更的价格不能反映当时的单独售价，应当视为原合同终止。同时，将原合同未履约部分与合同变更部分合并为新合同进行会计处理。

【例 12-2】 承接[例 12-1]，假定额外交付的 15 万件产品按照每件 76 元的价格计价，同时假定该价格不能反映合同变更时该产品的单独售价，合同变更时的单独售价为每件 90 元，但是可以与原产品区别开来。甲公司将该产品移交至客户乙公司时，产品的控制权即转移至客户，甲公司于控制权转移时确认收入。

甲公司 2×23 年应确认的收入＝100×30＋（100×30＋76×15）÷45×（30＋10）＝6 680（万元）

对于合同变更新增的 15 万件产品，由于其售价不能反映该产品在合同变更时的单独售价,该合同变更不能作为单独合同进行会计处理。由于尚未转让给客户的产品与已转让的产品是可明确区分的,但是新的售价不能反映合同变更时该产品的单独售价。甲公司应当将该合同变更作为原合同终止,同时,将原合同的未履约部分与合同变更中新增的部分合并为新合同进行会计处理。该新合同中需要重新计算单独售价,即剩余产品为 45 万件(30+15),其对价为合计 4 140 万元,即原合同下尚未确认收入的客户已承诺对价 3 000 万元(100×30)与合同变更中新增部分的对价 1 140 万元(76×15)之和,对于新合同中的 45 万件产品,每件产品应确认的收入为 92 元(4 140÷45)。2×23 年 10 月 31 日移交的 30 万件产品单价为 100 元,2×23 年 12 月 31 日移交的 40 万件产品单价则按照 92 元计算。

(3) 合同变更部分作为原合同的组成部分。合同变更不属于上述第一种情形,且在合同变更日已转让商品与未转让商品之间不可明确区分,应当将该合同变更部分作为原合同的组成部分,在合同变更日重新计算履约进度,并调整当期收入和相应成本等。

【例 12-3】 2×23 年 1 月 15 日,甲公司和客户签订了一项总金额为 5 000 万元固定造价合同,在客户自有土地上建造一幢厂房,预计合同总成本为 3 500 万元。假定该建造服务属于在某一时段内履行的履约义务,并根据累计发生的合同成本占合同预计总成本的比例确定履约进度。截至 2×23 年年末,甲公司累计已发生成本 2 100 万元,甲公司在 2×23 年已确认收入 3 000 万元。2×23 年初,合同双方同意更改该厂房图纸的设计,合同价格和预计总成本因此而分别增加 1 000 万元和 538.46 万元。

甲公司在合同变更日应额外确认收入=6 000×52−3 000=120(万元)

由于合同变更后拟提供的剩余服务与在合同变更日或之前已提供的服务不可明确区分,甲公司应当将合同变更作为原合同的组成部分进行会计处理。合同变更后的交易价格为 6 000 万元(5 000+1 000),甲公司重新估计的履约进度为 52%,该变更属于会计估计变更。

第二步,识别合同中的单项履约义务。履约义务是指合同中企业向客户转让可明确区分商品或服务的承诺。企业应当将向客户转让可明确区分商品(或者商品的组合)的承诺以及向客户转让一系列实质相同且转让模式相同的、可明确区分商品的承诺作为单项履约义务。例如,某企业与客户签订合同,向其销售商品并提供安装服务,该安装服务简单,除该企业外其他供应商也可以提供此类安装服务,该合同中销售商品和提供安装服务为两项单项履约义务。若该安装服务复杂且商品需要按客户定制要求修改,则合同中销售商品和提供安装服务合并为单项履约义务。

第三步,确定交易价格。交易价格是指企业因向客户转让商品而预期有权收取的对价金额,不包括企业代第三方收取的款项(如增值税)以及企业预期将退还给客户的款项。合同条款所承诺的对价,可能是固定金额、可变金额或两者兼有。例如,卓段制造与客户签订合同为其建造一栋厂房,约定的价款为 100 万元,4 个月完工,交易价格就是固定金额 100 万元;假如合同中约定若提前 1 个月完工,客户将另外奖励卓段制造 10 万元,卓段制造对合同估计工程提前 1 个月完工的概率为 95%,则卓段制造预计有权收取的对价为 110 万元。因此,交易价格包括固定金额 100 万元及可变金额 10 万元,总计为 110 万元。

第四步,将交易价格分摊至各单项履约义务。当合同中包含两项或多项履约义务时,需要将交易价格分摊至各单项履约义务,分摊的方法是在合同开始日,按照各单项履约义务所承诺商品的单独售价(企业向客户单独销售商品的价格)的相对比例,将交易价格分摊至各单项履约义务。如果单独售价无法直接观察的,企业应当综合考虑其能够合理取得的全部相关信息,采用市场调整法、成本加成法、余值法等方法合理估计单独售价。企业在估计单独售价时,应当最大限度地采用可观察的输入值,并对类似情况采用一致的估计方法。通过分摊交易价格,使企业分摊至各单项履约义务的交易价格能够反映其因向客户转让已承诺的相关商品而有权收取的对价金额。例如,2×23 年 5 月 15 日,甲公司与客户签订合同,向其销售 A、B 两种商品,合同价款为 4 000 元。合同约定,A 商品于合同开始日交付,B 商品需要在一个月之后交付,只有当 A、B 两种商品全部交付之后,甲公司才有权收取 4 000 元的合同对价。假定 A 商品和 B 商品构成两项履约义务,其控制权在交付时转移给客户,A 商品和 B 商品的单独售价分别为 2 000 元和 3 000 元,合计 5 000 元。上述价格均不包含增值税且假定不考虑相关税费影响。那么,根据交易价格分摊原则,A 商品应当分摊的交易价格为 1 600 元(2 000÷5 000×4 000),B 产品应当分摊的交易价格为 2 400 元(3 000÷5 000×4 000),甲公司将 A 商品交付给客户之后,与该商品相关的履约义务已经履行,但是需要等到后续交付 B 商品时,企业才具有无条件收取合同对价的权利。因此,甲公司应当将因交付 A 商品而有权收取的对价 1 600 元确认为合同资产,而不是应收账款。

第五步,履行各单项履约义务时确认收入。当企业将商品转移给客户,客户取得了相关商品的控制权,意味着企业履行了合同履约义务,此时,企业应确认收入。企业将商品控制权转移给客户,可能是在某一时段(即履行履约义务的过程中)发生,也可能在某一时点(即履约义务完成时)发生。

企业应当根据实际情况,判断履约义务是否满足在某一时段内履行的条件,如不满足,则该履约义务属于在某一时点履行的履约义务。满足下列条件之一的,属于在某一时段内履行的履约义务:

(1)客户在企业履约的同时即取得并消耗企业履约所带来的经济利益。企业在履约过程中持续地向客户转移企业履约所带来的经济利益的,该履约义务属于在某一时段内履行的履约义务。

(2)客户能够控制企业履约过程中在建的商品。

(3)企业履约过程中所产出的商品具有不可替代用途,且企业在整个合同期间内有权就累计至今已完成的履约部分收取款项。例如,甲公司与乙公司签订合同,为其进行某新药的药理药效实验。合同约定,实验完成后应向乙公司提交一份药理药效实验报告,科研成果归乙公司所有,用于乙公司后续的临床医药实验。假定该合同仅包含一项履约义务,如果甲公司中途被更换,乙公司将聘请另一家新企业可以在甲公司已完成的工作基础上继续进行药理药效实验并提交实验报告。由于甲公司实验过程中的资料和数据已实时提交给乙公司,且如果在甲公司履约的过程中更换其他企业继续进行药理药效实验,其他企业可以在甲公司已完成的工作基础上继续进行药理药效实验并提交实验报告,实质无须重复执行甲公司累计已经完成的工作,乙公司在甲公司履约的同时即取得并消耗了甲公司履约所带来的经济利益,甲公司提供的实验服务属于在某一时段内履行的履约义务。

收入确认和计量的五个步骤中,第一步、第二步和第五步主要与收入的确认有关,第三步和第四步主要与收入的计量有关。

12.1.2.4 收入核算的会计科目

为了核算企业与客户之间的合同产生的收入及相关的成本费用,一般需要设置"主营业务收入""其他业务收入""主营业务成本""其他业务成本""合同取得成本""合同履约成本""合同资产""合同负债"等科目。

"主营业务收入"科目核算企业确认的销售商品、提供服务等主营业务的收入。该科目贷方登记企业主营业务活动实现的收入,借方登记期末转入"本年利润"科目的主营业务收入,结转后该科目应无余额。该科目可按主营业务的种类进行明细核算。

"其他业务收入"科目核算企业确认的除主营业务活动以外的其他经营活动实现的收入,包括出租固定资产、出租无形资产、出租包装物和商品、销售材料等实现的收入。该科目贷方登记企业其他业务活动实现的收入,借方登记期末转入"本年利润"科目的其他业务收入,结转后该科目应无余额。该科目可按其他业务的种类进行明细核算。

"主营业务成本"科目核算企业确认销售商品、提供服务等主营业务收入时应结转的成本。该科目借方登记企业应结转的主营业务成本,贷方登记期末转入"本年利润"科目的主营业务成本,结转后该科目应无余额。该科目可按主营业务的种类进行明细核算。

"其他业务成本"科目核算企业确认的除主营业务活动以外的其他经营活动所形成的成本,包括出租固定资产的折旧额、出租无形资产的摊销额、出租包装物的成本或摊销额、销售材料的成本等。该科目借方登记企业应结转的其他业务成本,贷方登记期末转入"本年利润"科目的其他业务成本,结转后该科目应无余额。该科目可按其他业务的种类进行明细核算。

"合同取得成本"科目核算企业取得合同发生的、预计能够收回的增量成本。该科目借方登记发生的合同取得成本,贷方登记摊销的合同取得成本,期末借方余额,反映企业尚未结转的合同取得成本。该科目可按合同进行明细核算。

"合同履约成本"科目核算企业为履行当前或预期取得的合同所发生的、不属于其他《企业会计准则》规范范围且按照收入准则应当确认为一项资产的成本。该科目借方登记发生的合同履约成本,贷方登记摊销的合同履约成本,期末借方余额,反映企业尚未结转的合同履约成本。该科目可按合同分别"服务成本""工程施工"等明细科目进行核算。

"合同资产"科目核算企业已向客户转让商品而有权收取对价的权利,且该权利取决于时间流逝之外的其他因素(如履行合同中的其他履约义务)。该科目借方登记因已转让商品而有权收取的对价金额,贷方登记取得无条件收款权的金额,期末借方余额,反映企业已向客户转让商品而有权收取的对价金额。该科目按合同进行明细核算。

"合同负债"科目核算企业已收或应收客户对价而应向客户转让商品的义务。该科目贷方登记企业在向客户转让商品之前,已经收到或已经取得无条件收取合同对价权利的金额,借方登记企业向客户转让商品时冲销的金额,期末贷方余额,反映企业在向客户转让商品之前,已经收到的合同对价或已经取得的无条件收取合同对价权利的金额。该科目按合同进行明细核算。此外,企业发生减值的,还应当设置"合同履约成本减值准备""合同资产减值准备""合同资产减值准备"等科目进行核算。

12.1.3 收入相关账务处理

12.1.3.1 在某一时点履行履约义务的会计处理

对于在某一时点履行的履约义务,企业应当在客户取得相关商品控制权时点确认收入。在判断客户是否已取得商品控制权时,企业应当考虑下列五个条件:

(1)企业就该商品享有现时收款权利,即客户就该商品负有现时付款义务。

（2）企业已将该商品的法定所有权转移给客户,即客户已拥有该商品的法定所有权。

（3）企业已将该商品实物转移给客户,即客户已实物占有该商品。

（4）企业已将该商品所有权上的主要风险和报酬转移给客户即客户已取得该商品所有权上的主要风险和报酬。

（5）客户已接受该商品。

1）通常情况下的收入业务

企业发生的一般性销售业务,在符合收入确认条件时应确认收入,同时结转成本。按合同或协议价款,贷记"主营业务收入"科目;按应收取的增值税,贷记"应交税费——应交增值税（销项税额）"科目;按价税合计金额,借记"银行存款""应收账款""应收票据"等科目。同时按照商品成本价,借记"主营业务成本"科目,贷记"库存商品"等科目。

销售商品涉及的销售折扣,是指企业在销售商品时,为鼓励购货方多购买商品或尽早付款而给予的价款折扣,包括商业折扣和现金折扣。

商业折扣是指企业为促进商品销售而在商品标价上给予的价格扣除。商业折扣的目的是鼓励购货方多购商品,商品标价扣除商业折扣后的金额,为双方的实际交易价格,即发票价格。由于会计记录是以实际交易价格为基础的,而商业折扣是在交易成立之前予以扣除的折扣,它只是购销双方确定交易价格的一种方式,并不影响销售的会计处理结果。

现金折扣是指企业为鼓励购货方在规定的折扣期内付款而给予购货方的价格扣除。现金折扣的目的是鼓励购货方尽早付款,如果购货方能够取得现金折扣,则发票金额扣除现金折扣后的余额为购货方实际付款金额。在附有现金折扣条件的情况下,交易价格实际上属于可变对价,企业的会计处理根据合同开始日估计的可变对价确认收入,后续发生时,根据已履行的履约义务分摊的可变对价发生额对变动当期的收入进行调整。

销售折让是指企业已经销售的商品因品种、质量等与购销合同不符但客户仍可继续使用,企业给予客户商品价格上的减让。发生销售折让时,取得销售折让的单位应在当地税务部门开具销售折让证明单。企业在收到销售折让证明单时,应开具红字增值税专用发票,退还销售折让款或冲减应收账款,并冲减主营业务收入和增值税销项税额,借记"主营业务收入""应交税费——应交增值税（销项税额抵减）"等科目,贷记"银行存款""应收票据""应收账款"等科目。

【例12-4】 卓段制造为增值税一般纳税人,2×23年2月1日,采用支票结算方式销售甲产品,开具增值税专用发票,注明的价款为5 000 000元,增值税税额为650 000元。该项经济业务符合商品销售收入的全部确认条件,应确认营业收入。该产品成本为4 000 000元。根据上述资料,账务处理如下:

借：银行存款	5 650 000
贷：主营业务收入	5 000 000
应交税费——应交增值税（销项税额）	650 000
借：主营业务成本	4 000 000
贷：库存商品	4 000 000

【例12-5】 卓段制造为增值税一般纳税人,2×23年7月1日向在履制造销售一批商品,价款为20 000元,增值税税额为2 600元。为及早收回货款,卓段制造和在履制造约定现金折

扣,条件为"2/10,1/20,n/30"。假设卓段制造经过评估预计在履制造90%概率20天内还款,10%概率10天内还款。假定计算现金折扣时不考虑增值税税额。卓段制造的账务处理如下:

(1) 7月1日确认收入,对于现金折扣,卓段制造认为按照最可能发生金额能够更好地预测其有权获取的对价金额。

卓段制造应确认的销售商品收入的金额=20 000×(1−1%)=19 800(元)

增值税销项税额=20 000×(1−1%)×13%=2 574(元)

借:应收账款　　　　　　　　　　　　　　　　　　　　　　　　22 374
　　贷:主营业务收入　　　　　　　　　　　　　　　　　　　　19 800
　　　　应交税费——应交增值税(销项税额)　　　　　　　　　　2 574

(2) 如果在履制造在7月8日付清货款,按合同规定享受2%的现金折扣,此时需要按新收入准则规定调整发生当期收入:

借:银行存款　　　　　　　　　　　　　　　　　　　　　　　　22 174
　　主营业务收入　　　　　　　　　　　　　　　　　　　　　　　 200
　　贷:应收账款　　　　　　　　　　　　　　　　　　　　　　22 374

(3) 如果在履制造在7月15日付清货款,不需要调整分录。

(4) 如果在履制造在7月22日付清货款,则不享受现金折扣:

借:银行存款　　　　　　　　　　　　　　　　　　　　　　　　22 574
　　贷:应收账款　　　　　　　　　　　　　　　　　　　　　　22 374
　　　　主营业务收入　　　　　　　　　　　　　　　　　　　　　 200

【例12-6】　卓段制造为增值税一般纳税人,2×23年7月1日向在履制造销售一批商品,开具增值税专用发票,价款为80 000元,增值税税额为10 400元,款项尚未收到,该批产品成本为64 000元。在履制造收到货物后发现外观有瑕疵,要求卓段制造给予价格(不含增值税)上5%的减让。假设卓段制造已经确认收入,与销售折让有关的增值税税额税务机关允许冲减,销售折让不属于资产负债表日后事项。卓段制造账务处理如下:

(1) 实现收入:

借:应收账款　　　　　　　　　　　　　　　　　　　　　　　　90 400
　　贷:主营业务收入　　　　　　　　　　　　　　　　　　　　80 000
　　　　应交税费——应交增值税(销项税额)　　　　　　　　　　10 400

借:主营业务成本　　　　　　　　　　　　　　　　　　　　　　64 000
　　贷:库存商品　　　　　　　　　　　　　　　　　　　　　　64 000

(2) 发生销售折让:

借:主营业务收入　　　　　　　　　　　　　　　　　　　　　　 4 000
　　应交税费——应交增值税(销项税额)　　　　　　　　　　　　 520
　　贷:应收账款　　　　　　　　　　　　　　　　　　　　　　 4 520

(3) 实际收到款项时:

借:银行存款　　　　　　　　　　　　　　　　　　　　　　　　86 400
　　贷:应收账款　　　　　　　　　　　　　　　　　　　　　　86 400

【例 12-7】 卓段制造为增值税一般纳税人,2×23 年 6 月 17 日销售一批商品,增值税专用发票上注明售价为 400 000 元,增值税税额为 52 000 元;客户收到该批商品并验收入库;当日收到客户支付的货款存入银行。该批商品成本为 300 000 元。该项业务属于在某一时点履行的履约义务并确认销售收入。2×23 年 7 月 17 日,该批部分商品质量出现严重问题,客户将该批商品的 50% 退回给甲公司。卓段制造同意退货,于退货当日支付退货款,并按规定向客户开具了增值税专用发票(红字)。假定不考虑其他因素,卓段制造的账务处理如下:

(1) 2×23 年 6 月 17 日,确认收入时:

借:银行存款	452 000
贷:主营业务收入	400 000
应交税费——应交增值税(销项税额)	52 000

同时,结转销售商品成本:

借:主营业务成本	300 000
贷:库存商品	300 000

(2) 2×23 年 7 月 17 日,商品的 50% 销售退回时:

借:主营业务收入	200 000
应交税费——应交增值税(销项税额)	26 000
贷:银行存款	226 000
借:库存商品	150 000
贷:主营业务成本	150 000

2) 特殊销售情况下的业务

(1) 代销商品。代销商品是指委托方将商品交由受托方代为销售,受托方在将商品售出后与委托方结算货款。企业代销商品可以采用视同买断和收取手续费两种方式。视同买断方式。视同买断方式是指委托方与受托方签订合同并发出商品以后,受托方自行决定商品的售价,确认营业收入;按照合同规定的价格与委托方进行结算,确认营业成本,实际售价与合同规定价格的差额为受托方的销售毛利。从受托方角度看,视同买断方式代销商品与自营方式销售商品的实质是一样的,不同之处是自营方式是先购货后销货,而视同买断方式是先销货而后支付购货款,不需要占用流动资金,且商品无法售出时,可以将商品退还给委托方,不承担风险。

【例 12-8】 卓段制造为增值税一般纳税人,2×23 年年初委托在履制造代销商 1 000 件协议价为每件 1 000 元,增值税税率为 13%,该商品的实际成本为每件 800 元。卓段制造收到在履制造开来的代销清单时开具增值税专用发票。在履制造按每件 1 200 元的价格销售,增值税税率为 13%。卓段制造 2×23 年收到在履制造交来的代销清单,代销清单列明销售代销商品的 60%。假定按代销协议,在履制造可以将未代销的商品退回给卓段制造。相关账务处理如下:

(1) 卓段制造的账务处理如下:

卓段制造将商品交付在履制造时:

借:发出商品	800 000
贷:库存商品	800 000

卓段制造收到代销清单时：

借：应收账款　　　　　　　　　　　　　　　　　　　　　　　678 000
　　贷：主营业务收入　　　　　　　　　　　　　　　　　　　　　600 000
　　　　应交税费——应交增值税（销项税额）　　　　　　　　　　 78 000

借：主营业务成本　　　　　　　　　　　　　　　　　　　　　480 000
　　贷：库存商品　　　　　　　　　　　　　　　　　　　　　　　480 000

收到在履制造代销款：

借：银行存款　　　　　　　　　　　　　　　　　　　　　　　678 000
　　贷：应收账款　　　　　　　　　　　　　　　　　　　　　　　678 000

（2）在履制造账务处理如下：

收到卓段制造交付的商品时：

借：委托代销商品　　　　　　　　　　　　　　　　　　　　1 000 000
　　贷：受托代销商品　　　　　　　　　　　　　　　　　　　 1 000 000

销售商品时：

借：应收账款　　　　　　　　　　　　　　　　　　　　　　　813 600
　　贷：主营业务收入　　　　　　　　　　　　　　　　　　　　　720 000
　　　　应交税费——应交增值税（销项税额）　　　　　　　　　　 93 600

借：主营业务成本　　　　　　　　　　　　　　　　　　　　　600 000
　　贷：受托代销商品　　　　　　　　　　　　　　　　　　　　　600 000

借：受托代销商品款　　　　　　　　　　　　　　　　　　　　600 000
　　贷：应付账款　　　　　　　　　　　　　　　　　　　　　　　600 000

按合同协议支付代销商品款：

借：应付账款　　　　　　　　　　　　　　　　　　　　　　　600 000
　　应交税费——应交增值税（进项税额）　　　　　　　　　　　 78 000
　　贷：银行存款　　　　　　　　　　　　　　　　　　　　　　　678 000

　　收取手续费方式是指受托方根据所代销商品的数量向委托方收取手续费，这对受托方而言是一种劳务收入。该方式的主要特点是受托方应根据委托方规定的价格销售，不得自行改变售价。在这种方式下，委托方应在收到受托方开具的代销清单时确认收入。受托方销售后应将按合同约定的方法收取的手续费确认为劳务收入，委托方将应付的手续费计入当期的销售费用。

　　【例 12-9】　卓段制造为增值税一般纳税人，2×23 年年初委托在履制造代销商 1 000 件，每件成本 1 000 元。卓段制造约定委托在履制造应按 1 200 元对外销售，在履制造收取手续费按代销款的 10%，卓段制造收到在履制造开来的代销清单时开具增值税专用发票。卓段制造 2×23 年收到在履制造交来的代销清单，代销清单列明销售代销商品的 80%。相关账务处理如下：

　　（1）卓段制造的账务处理如下：

　　卓段制造将商品交付在履制造时：

商品成本＝1 000×1 000＝1 000 000(元)

借：发出商品	1 000 000
贷：库存商品	1 000 000

收到代销清单时：

主营业务收入＝1 000×80％×1 200＝960 000(元)

主营业务成本＝1 000×80％×1 000＝800 000(元)

借：应收账款	1 084 800
贷：主营业务收入	960 000
应交税费——应交增值税(销项税额)	124 800

借：主营业务成本	800 000
贷：库存商品	800 000

借：销售费用	96 000
贷：应收账款	96 000

收到在履制造货款时：

借：银行存款	988 800
贷：应收账款	988 800

(2) 在履制造的账务处理如下：

收到卓段制造交付的商品时：

受托代销商品＝1 000×1 200＝1 200 000(元)

借：受托代销商品	1 200 000
贷：受托代销商品款	1 200 000

销售商品时：

应付账款＝1 000×80％×1 200＝960 000(元)

借：银行存款	1 084 800
贷：应付账款	960 000
应交税费——应交增值税(销项税额)	124 800

收到卓段制造开出的增值税专用发票时：

借：应交税费——应交增值税(销项税额)	124 800
贷：应付账款	124 800

借：受托代销商品款	960 000
贷：受托代销商品	960 000

计算代销手续费并支付代销商品款：

借：应付账款	1 084 800
贷：银行存款	988 800
主营业务收入	96 000

（2）存在重大融资成分的分期收款销售。企业销售商品,有时会采取分期收款的方式,即商品已交付,货款分期收回。如果收款期较长,一般为 3 年以上,则说明该项分期收款销售具有融资性质。其实质是企业向购货方提供信贷,企业应当按照应收的合同或协议价款的公允价值确定收入金额。应收的合同或协议价款的公允价值,通常应当按照其未来现金流量现值或商品现销价格计算确定。

应收的合同或协议价款与其公允价值之间的差额记入"未实现融资收益"科目,应当在合同或协议期间内,按照应收款项的摊余成本和实际利率计算确定的金额进行摊销,冲减财务费用。其中,实际利率是指具有类似信用等级的企业发行类似工具的现时利率,或者将应收的合同或协议价款折现为商品现销价格时的折现率等。

【例 12-10】 2×19 年 1 月 1 日,卓段制造(增值税一般纳税人)采用分期收款方式向在履制造销售一套大型设备,合同约定的销售价格为 2 000 万元,分 5 次于每年 12 月 31 日等额收取。该大型设备成本为 1 560 万元。在现销方式下,该大型设备的销售价格为 1 600 万元。假定在履制造发出商品时,其有关的增值税纳税义务尚未发生,在合同约定的收款日期,发生有关的增值税纳税义务。

根据资料,卓段制造应当确认的销售商品收入金额为 1 600 万元。

未来 5 年收款额的现值＝现销方式下应收款项金额

$400×(P/A, r, 5)=1 600$

按照差值法计算得到实际利率为 7.93%,每期应确认的利息收益,如表 12-1 所示。

表 12-1 每期应确认的利息收益

单位:万元

年份	年初未收本金 A	财务费用 B=A×7.93%	已收本金 C=D-B	收现总额 D	年末未收本金 E=A-C
2×19 年年末	1 600.00	126.88	273.12	400	1 326.88
2×20 年年末	1 326.88	105.22	294.78	400	1 032.10
2×21 年年末	1 032.10	81.85	318.15	400	713.95
2×22 年年末	713.95	56.62	343.38	400	370.57
2×23 年年末	370.57	29.43	370.57	400	0
合计	—	400.00	1 600.00	2 000	

根据表 12-1 的计算结果,卓段制造账务处理如下:

（1）2×19 年 1 月 1 日销售实现时:

借:长期应收款　20 000 000
　贷:主营业务收入　16 000 000
　　未实现融资收益　4 000 000

借:主营业务成本　15 600 000
　贷:库存商品　15 600 000

（2）2×19 年年末收到款项：

借：银行存款		4 520 000
贷：长期应收款		4 000 000
应交税费——应交增值税(销项税额)		520 000

借：未实现融资收益		1 268 000
贷：财务费用		1 268 000

（3）2×20 年年末收到款项：

借：银行存款		4 520 000
贷：长期应收款		4 000 000
应交税费——应交增值税(销项税额)		520 000

借：未实现融资收益		1 052 200
贷：财务费用		1 052 200

（4）2×21 年年末收到款项：

借：银行存款		4 520 000
贷：长期应收款		4 000 000
应交税费——应交增值税(销项税额)		520 000

借：未实现融资收益		818 500
贷：财务费用		818 500

（5）2×22 年年末收到款项：

借：银行存款		4 520 000
贷：长期应收款		4 000 000
应交税费——应交增值税(销项税额)		520 000

借：未实现融资收益		566 200
贷：财务费用		566 200

（6）2×23 年年末收到款项：

借：银行存款		4 520 000
贷：长期应收款		4 000 000
应交税费——应交增值税(销项税额)		520 000

借：未实现融资收益		294 300
贷：财务费用		294 300

（3）短期分期销售。企业采用短期分期收款销售方式销售商品时，因收款期较短，在满足收入确认条件的情况下，不需要考虑分期收款总额中的融资成分，应全额确认收入并结转成本。按照增值税相关规定，在合同规定的日期确认应交增值税，因此，在发出商品时不需要缴纳增值税，但应确认待转销项税额。在合同规定的收款日期，不论是否收到价款，都应确认应交增值税。

【例 12-11】　卓段制造为增值税一般纳税人，2×23 年 1 月 1 日采用分期收款方式向在履制造销售一批产品，成本 1 800 万元，合同约定的销售价格为 2 000 万元，增值税税额 260 万

元,首次付款为价税合计总额的 20%,其余部分在 4 个季度末分四次付清,卓段制造账务处理如下:

(1) 2×23 年 1 月 1 日,销售商品收到首付款:

已收合同款=2 000×20%=400(万元)

已收增值税销项税额=260×20%=52(万元)

待转销项税额=260-52=208(万元)

应收合同款=2 000-400=1 600(万元)

借:银行存款 4 520 000

　　应收账款 18 080 000

　　　贷:主营业务收入 20 000 000

　　　　　应交税费——应交增值税(销项税额) 520 000

　　　　　　　　——待转销项税额 2 080 000

借:主营业务收入 18 000 000

　　贷:库存商品 18 000 000

(2) 2×23 年 3 月 31 日,收到在履制造支付的款项:

每期应收合同价款=1 600÷4=400(万元)

每期待转销项税额=400×13%=52(万元)

借:银行存款 4 520 000

　　贷:应收账款 4 520 000

借:应交税费——待转销项税额 520 000

　　贷:应交税费——应交增值税(销项税额) 520 000

(3) 后三个季度卓段制造收到分期收款的款项,账务处理同上。

(4) 附有销售退回条件的销售。附有销售退回条件的销售,是指购买方依照有关合同有权退货的销售方式。对于附有销售退回条件的销售,企业应当在客户取得相关商品控制权时,按照因向客户转让商品而预期有权收取的对价金额(不包含预期退回将退还的金额)确认收入,按照预期因销售退回将退还的金额确认负债,记入"预计负债"科目;按照预期将退回商品转让时的账面价值,扣除收回该商品预计发生的成本(包括退回商品的价值减损)后的余额,确认为一项资产,按照所转让商品转让时的账面价值,扣除上述资产成本的净额结转成本。每一资产负债表日,企业应当重新估计未来销售退回情况,并对上述资产和负债进行重新计量,如有变化,应当作为会计估计变更进行会计处理。

【例 12-12】　卓段制造为增值税一般纳税人,产品发出时纳税义务已经发生,实际发生退回时取得税务机关开具的红字增值税专用发票。假定 A 产品发出时控制权转移给在履制造。2×23 年 6 月 1 日,卓段制造向在履制造销售 A 产品 100 件,该产品单位销售价格为 10 万元,单位成本为 8 万元,开出的增值税专用发票注明价款为 1 000 万元,增值税税额为 130 万元。A 产品已经发出,但款项尚未收到。根据协议约定,在履制造应于 2×23 年 6 月 30 日之前支付货款,在 2×23 年 12 月 31 日之前有权退还 A 产品。卓段制造根据过去的经验,估计该批

产品的退货率约为 20%,相关账务处理如下:

卓段制造应确认收入 $=100\times10\times80\%=800$(万元)

主营业务成本 $=100\times8\times80\%=640$(万元)

借:应收账款	11 300 000
贷:主营业务收入	8 000 000
预计负债	2 000 000
应交税费——应交增值税(销项税额)	1 300 000

借:主营业务成本	6 400 000
应收退货成本	1 600 000
贷:库存商品	8 000 000

2×23 年 6 月 30 日,卓段制造收到货款,重新评估退货率不变:

借:银行存款	11 300 000
贷:应收账款	11 300 000

2×23 年 7 月 31 日,卓段制造对退货率进行了重新评估,认为只有 10%的 A 产品会被退回:

预计负债 $=100\times100\ 000\times10\%=1\ 000\ 000$(元)

主营业务成本 $=100\times80\ 000\times10\%=800\ 000$(元)

借:预计负债	1 000 000
贷:主营业务收入	1 000 000

借:主营业务成本	800 000
贷:应收退货成本	800 000

2×23 年 8 月 31 日发生销售退回,实际退货量为 5 件,重新评估退货率不变,退货款项已通过银行存款支付:

库存商品 $=5\times80\ 000=400\ 000$(元)

应交增值税 $=5\times100\ 000\times13\%=65\ 000$(元)

预计负债 $=5\times100\ 000=500\ 000$(元)

借:库存商品	400 000
应交税费——应交增值税(销项税额)	65 000
预计负债	500 000
贷:应收退货成本	400 000
银行存款	565 000

2×23 年 12 月 31 日发生销售退货,实际退货量为 3 件,退货款项已通过银行存款支付:

库存商品 $=3\times80\ 000=240\ 000$(元)

应交增值税 $=3\times100\ 000\times13\%=39\ 000$(元)

预计负债 $=2\ 000\ 000-1\ 000\ 000-500\ 000=500\ 000$(元)

主营业务收入 $=2\times100\ 000=200\ 000$(元)

银行存款 $=3\times100\ 000\times(1+13\%)=339\ 000$(元)

主营业务成本 $=2\times80\ 000=160\ 000$(元)

借：库存商品	240 000	
应交税费——应交增值税(销项税额)	39 000	
预计负债	500 000	
贷：应收退货成本		240 000
主营业务收入		200 000
银行存款		339 000
借：主营业务成本	160 000	
贷：应收退货成本		160 000

(5) 以旧换新。企业在销售商品的同时收购旧商品,则收购的旧商品确认为存货。企业收购旧商品的价值可以直接抵减新商品价款。如果收购旧商品的价值为其公允价值,则收购旧商品支付的价款不得冲减收入,应当计入存货成本。如果旧商品的价款超过其公允价值,差额抵减新商品的收入。

【例 12-13】 卓段制造采用以旧换新方式销售 A 产品售价 100 万元,增值税税款 13 万元,款项已存入银行,该批产品成本 90 万元,收回旧货公允价值 2 万元,收回旧货按原材料入账。卓段制造账务处理如下:

借：银行存款	1 110 000	
原材料	20 000	
贷：主营业务收入		1 000 000
应交税费——应交增值税(销项税额)		130 000
借：主营业务成本	900 000	
贷：库存商品		900 000

(6) 售后回购。售后回购是指企业销售商品的同时承诺或有权选择日后再将该商品购回的销售方式。对于售后回购交易,企业应当区分下列两种情形分别进行会计处理:

企业因存在与客户的远期安排而负有回购义务或企业享有回购权利的,表明客户在销售时点并未取得相关商品控制权,企业应当作为租赁交易或融资交易进行相应的会计处理。其中,回购价格低于原售价的,应当视为租赁交易,按照租赁准则的相关规定进行会计处理;回购价格不低于原售价的,应当视为融资交易,在收到客户款项时确认金融负债,并将该款项和回购价格的差额在回购期间内确认为利息费用等。企业到期未行使回购权利的,应当在该回购权利到期时终止确认金融负债,同时确认收入。

【例 12-14】 2×23 年 3 月 1 日,卓段制造与在履制造签订一项售后回购合同,合同约定卓段制造向在履制造销售一批商品,售价为 500 000 元,增值税专用发票上注明的税额为 65 000 元;卓段制造应于 2×23 年 7 月 31 日将所售商品购回,回购价格为 520 000 元,增值税税额为 67 600 元。2×23 年 3 月 1 日,卓段制造收到在履制造支付的货款,但所售商品并未发出,2×23 年 7 月 31 日卓段制造购回所售商品。在上述售后回购交易中,由于回购价格高于原售价,该售后回购交易属于融资交易。卓段制造的有关账务处理如下:

(1) 2×23 年 3 月 1 日卓段制造收到销售价款:

借：银行存款	565 000
贷：应交税费——应交增值税(销项税额)	65 000
其他应付款	500 000

(2) 2×23 年 3 月 31 日卓段制造计提利息：

计提利息＝(520 000－500 000)÷5＝4 000(元)

借：财务费用	4 000
贷：其他应付款	4 000

(3) 4～7 月份计提利息的会计分录与之相同。

(4) 2×23 年 7 月 31 日回购商品：

借：其他应付款	520 000
应交税费——应交增值税(进项税额)	83 200
贷：银行存款	603 200

(7) 需要安装和检验的商品销售。需要安装和检验的商品销售是指企业销售的商品如果需要负责安装、调试,且安装、调试的结果经购货单位检验合格后购货合同才能生效,则在商品安装调试工作完成以前,客户并未真正接受该商品,企业不应确认收入,收取的价款应确认为预收账款,在安装调试完成后,客户接受该商品并拥有该商品控制权时再确认收入。例如,企业销售一条生产线,并负责安装调试,在该生产线销售时,不应确认收入。如果商品的安装程序比较简单或检验是交货必须进行的程序,根据以往的经验,客户不会拒收该商品,则企业在满足确认的其他条件情况下,可以在发出商品时确认收入。

【例 12-15】 卓段制造 2×23 年 5 月 11 日销售空调一批,价款为 50 000 元,增值税税额为 6 500 元,总成本为 37 500 元,空调安装调试比较简单。卓段制造开具了增值税专用发票并取得全部价款,根据以往经验客户不会拒收该批商品。卓段制造发出商品时账务处理如下：

借：银行存款	56 500
贷：主营业务收入	50 000
应交税费——应交增值税(销项税额)	6 500

借：主营业务成本	37 500
贷：库存商品	37 500

【例 12-16】 卓段制造 2×23 年 5 月 15 日销售设备一台,价款为 100 000 元,增值税税额为 13 000 元,款项已存入银行,总成本为 90 500 元,合同规定卓段制造负责安装,安装费包含在价款中,安装调试后客户才签收。卓段制造开具了增值税专用发票并取得全部价款。卓段制造账务处理如下：

借：银行存款	113 000
贷：预收账款	100 000
应交税费——应交增值税(销项税额)	13 000

借：发出商品	90 500
贷：库存商品	90 500

设备安装调试后客户签收：

借：预收账款	100 000	
贷：主营业务收入		100 000
借：主营业务成本	90 500	
贷：发出商品		90 500

3）在某一时段内履行履约义务的会计处理

企业应当在履行了合同中的履约义务，即客户取得相关商品控制权时确认收入。企业应当根据实际情况，判断履约义务是否满足在某一时段内履行的条件，如满足应按某一时点销售进行账务处理；如不满足，企业应当采用产出法或投入法确定恰当的履约进度，分期确认营业收入。

产出法主要是根据已转移给客户的商品对于客户的价值确定履约进度，主要包括按照实际测量的完工进度、评估已实现的结果、已达到的工程进度节点、时间进度、已完工或交付的产品等确定履约进度的方法。

投入法主要是根据企业履行履约义务的投入确定履约进度，主要包括以投入的材料数量、花费的人工工时或机器工时、发生的成本和时间进度等投入指标确定履约进度。以发生的成本为例，履约进度计算公式如下：

履约进度＝累计实际已发生合同履约成本÷合同预计总成本×100%

履约进度＝累计实际已发生合同履约成本÷（累计实际已发生合同履约成本＋
　　　　　估计将要发生合同履约成本）×100%

当期确认的营业收入＝合同总收入×履约进度－以前会计期间累计已确认的收入

当期确认的营业成本＝合同预计总成本×履约进度－以前会计期间累计已确认的成本

【例 12-17】　2×23 年 1 月 1 日，卓段制造与客户签订合同，为该客户拥有的机床提供维修服务，项目共涉及 100 台机床，合同价格为 100 万元（不含税价）。截至 2×23 年 12 月 31 日，卓段制造已维修 60 台机床，剩余部分预计在 2×23 年 3 月 31 日之前完成。该合同仅包含一项履约义务，且该履约义务满足在某一时段内履行的条件。假定不考虑其他情况，计算卓段制造 2×23 年应确认的收入金额。

卓段制造提供的机床维修属于在某一时段内履行的履约义务。卓段制造按照已完成的工作量确定履约进度。截至 2×23 年 12 月 31 日，该合同的履约进度为 60%（60÷100），卓段制造应确认的收入为 60 万元（100×60%）。

企业发生的某一时段内履行的履约义务属于非建造合同（如设备安装、软件开发等劳务）的，应设置"应收账款""合同资产""合同负债""合同履约成本""主营业务收入""主营业务成本"科目。根据预收劳务款，借记"银行存款"科目，贷记"合同负债"科目；实际发生劳务成本，借记"合同履约成本"科目，贷记"应付职工薪酬"科目；确认收入并结转成本，借记"合同负债""应收账款""合同资产"科目，贷记"主营业务收入"科目；同时，借记"主营业务成本"科目，贷记"合同履约成本"科目。

【例 12-18】　卓段制造为增值税一般纳税人，装修服务适用增值税税率为 9%。2×23 年 12 月 1 日，卓段制造与在履制造签订一项为期 3 个月的装修合同，合同约定装修价款为 500 000 元，增值税税额为 45 000 元，装修费用每月末按完工进度支付。2×23 年 12 月 31 日，经专业测量师测量后,确定该项劳务的完工程度为25%;在履制造按完工进度支付价款及相应的增值税款。截至2×23年12月31日,卓段制造为完成该合同累计发生劳务成本100 000元(假定均为装修人员薪酬),估计还将发生劳务成本300 000元。假定该业务属于卓段制造的主营业务,全部由其自行完成;该装修服务构成单项履约义务,属于在某一时段内履行的履约义务;卓段制造按照实际测量的完工进度确定履约进度。相关账务处理如下:

借:合同履约成本	100 000
贷:应付职工薪酬	100 000

2×23年12月31日确认劳务收入并结转劳务成本:

2×23年12月31日确认的劳务收入=500 000×25%-0=125 000(元)

借:银行存款	136 250
贷:主营业务收入	125 000
应交税费——应交增值税(销项税额)	11 250

借:主营业务成本	100 000
贷:合同履约成本	100 000

【例12-19】 卓段制造于2×23年12月1日接受一项设备安装任务,安装期为3个月,合同总收入60万元,至年底已预收安装费44万元,实际发生的安装人员薪酬为28万元,估计还将发生安装费用12万元。假定卓段制造按实际发生的成本占估计总成本的比例确定安装的履约进度。不考虑增值税等其他因素,卓段制造的相关账务处理如下:

预收劳务款:

借:银行存款	440 000
贷:合同负债	440 000

实际发生劳务成本:

借:合同履约成本——设备安装	280 000
贷:应付职工薪酬	280 000

2×22年12月31日确认劳务收入并结转劳务成本:

实际发生的成本占估计总成本的比例=28÷(28+12)×100%=70%

确认的劳务收入=60×70%=42(万元)

借:合同负债	420 000
贷:主营业务收入	420 000

借:主营业务成本	280 000
贷:合同履约成本——设备安装	280 000

核算建造劳务(如建办公楼、高速公路等房屋建筑物)应设置"合同结算"科目,用以核算同一合同下,属于某一时段内履行的履约义务所产生的合同资产或合同负债。资产负债表日,"合同结算"科目借方余额代表资产,"合同结算"科目贷方余额代表负债。合同资产和合同负债应当在资产负债表中单独列示,并按流动性分别列示为"合同资产"或"其他非流动资产"以及"合同负债"或"其他非流动负债"。同一合同下的合同资产和合同负债应当以净额列示,不同合同下的合同资产和合同负债不能互相抵销。每一资产负债表日,企业应当对履约进度进

行重新估计。当客观环境发生变化时,企业需要重新评估履约进度是否发生变化,以确保履约进度能够反映履约情况的变化。对于每一项履约义务,企业只能采用一种方法来确定其履约进度,并加以一贯运用。对于类似情况下的类似履约义务,企业应当采用相同的方法(如成本法)确定履约进度。对于在某一时段内履行的履约义务,只有当其履约进度能够合理确定时,才应当按照履约进度确认收入。当履约进度不能合理确定时,企业已经发生的成本预计能够得到补偿的,应当按照已经发生的成本金额确认收入,直到履约进度能够合理确定为止。

【例 12-20】　2×23 年 1 月 1 日,卓段制造与在履制造签订建造一座桥梁,合同总金额为 6 300 万元的固定造价合同,该合同不可撤销。卓段制造负责工程的施工及全面管理,在履制造按照第三方工程监理公司确认的工程完工量,每半年与卓段制造结算一次;预计可能发生的工程总成本为 4 000 万元。假定该建造工程整体构成单项履约义务,并属于在某一时段内履行的履约义务,卓段制造采用投入法确定履约进度,增值税税率为 9%,不考虑其他相关因素。该合同的其他有关资料,如表 12-2 所示。

表 12-2　合同资料

单位:万元

项目	2×23 年 6 月 30 日	2×23 年 12 月 31 日	2×24 年 6 月 30 日
年末累计实际发生成本	1 500	3 000	4 100
年末预计完成合同尚需发生成本	2 500	1 000	—
本期结算合同价款	2 500	1 100	2 700
本期实际收到价款	2 000	1 000	3 300

已知上述支出均为原材料、应付职工薪酬,价款均不含增值税税额,卓段制造的相关账务处理如下:

(1) 2×23 年 1 月 1 日至 20×3 年 6 月 30 日实际发生合同成本:

借:合同履约成本　　　　　　　　　　　　　　　　　　　　　　　　　　　15 000 000
　　贷:原材料、应付职工薪酬　　　　　　　　　　　　　　　　　　　　　　15 000 000

2×23 年 6 月 30 日:

履约进度 = 1 500÷4 000×100% = 37.5%

合同收入 = 6 300×37.5% = 2 362.50(万元)

借:合同结算——收入结转　　　　　　　　　　　　　　　　　　　　　　　23 625 000
　　贷:主营业务收入　　　　　　　　　　　　　　　　　　　　　　　　　23 625 000

借:主营业务成本　　　　　　　　　　　　　　　　　　　　　　　　　　　15 000 000
　　贷:合同履约成本——工程施工　　　　　　　　　　　　　　　　　　　15 000 000

结算合同价款:

借:应收账款　　　　　　　　　　　　　　　　　　　　　　　　　　　　　27 250 000
　　贷:合同结算——价款结算　　　　　　　　　　　　　　　　　　　　　25 000 000
　　　　应交税费——应交增值税(销项税额)　　　　　　　　　　　　　　　2 250 000

借：银行存款   21 800 000

  贷：应收账款   21 800 000

"合同结算"科目的贷方余额＝2 500－2 362.50＝137.50（万元）

卓段制造已经与在履制造结算，但尚未履行履约义务的金额为 137.50 万元。

（2）2×23 年 7 月 1 日至 12 月 31 日实际发生合同成本：

借：合同履约成本   15 000 000

  贷：原材料/应付职工薪酬等   15 000 000

2×23 年 12 月 31 日：

履约进度＝3 000÷4 000×100％＝75％

合同收入＝6 300×75％－2 362.50＝2 362.50（万元）

借：合同结算——收入结转   23 625 000

  贷：主营业务收入   23 625 000

借：主营业务成本   15 000 000

  贷：合同履约成本   15 000 000

结算合同价款：

借：应收账款   11 990 000

  贷：合同结算——价款结算   11 000 000

    应交税费——应交增值税（销项税额） 990 000

借：银行存款   10 900 000

  贷：应收账款   10 900 000

"合同结算"科目的借方余额＝2 362.50－1 100－137.50＝1 125（万元）

卓段制造已经履行履约义务，但尚未与在履制造结算的金额为 1 125 万元。

（3）2×24 年 1 月 1 日至 6 月 30 日实际发生合同成本：

合同履约成本＝4 100－3 000＝1 100（万元）

借：合同履约成本   11 000 000

  贷：原材料、应付职工薪酬等   11 000 000

2×24 年 6 月 30 日，由于当日该工程已竣工决算，其履约进度为 100％。

合同收入＝6 300－2 362.50－2 362.50＝1 575（万元）

借：合同结算——收入结转   15 750 000

  贷：主营业务收入   15 750 000

借：主营业务成本   11 000 000

  贷：合同履约成本   11 000 000

结算合同价款：

借：应收账款   29 430 000

  贷：合同结算——价款结算   27 000 000

    应交税费——应交增值税（销项税额） 2 430 000

借：银行存款	35 970 000
贷：应收账款	35 970 000

"合同结算"科目的余额＝1 125＋1 575－2 700＝0(万元)

4) 特殊业务的账务处理

(1) 附有客户额外购买选择权的销售。企业在销售商品的同时,有时会向客户授予选择权,允许客户据此免费或者以折扣价格购买额外的商品,此种情况称为附有客户额外购买选择权的销售。企业向客户授予的额外购买选择权的形式包括销售激励、客户奖励积分、未来购买商品的折扣券以及合同续约选择权等。

对于附有客户额外购买选择权的销售,企业应当评估该选择权是否向客户提供了一项重大权利。如果客户只有在订立了一项合同的前提下才取得了额外购买选择权,并且客户行使该选择权购买额外商品时,能够享受到超过该地区或该市场中其他同类客户所能够享有的折扣,则通常认为该选择权向客户提供了一项重大权利。对于该项重大权利,企业应当将其与原购买的商品单独区分,作为单项履约义务,按照各单项履约义务的单独售价的相对比例,将交易价格分摊至各单项履约义务。其中,分摊至重大选择权的交易价格与未来的商品相关,企业应当在客户未来行使该选择权取得相关商品的控制权时,或者在该选择权失效时确认为收入。企业在考虑授予客户的该项权利是否重大时,应根据其金额和性质综合判断。如企业实施一项奖励积分计划,客户每消费 10 元便可获得 1 个积分,每个积分的单独售价为 0.1 元,该积分可累积使用,用于换取企业销售的产品。虽然客户每笔消费所获取的积分的价值相对于消费金额而言并不重大,但是由于该积分可以累积使用,基于企业的历史数据,客户通常能够累积足够的积分来免费换取产品,这可能表明该积分向客户提供了重大权利。该选择权向客户提供了重大权利的,应当作为单项履约义务。在这种情况下,客户在该合同下支付的价款实际上购买了两项单独的商品:一是客户在该合同下原本购买的商品;二是客户可以免费或者以折扣价格购买额外商品的权利。企业应当将交易价格在这两项商品之间进行分摊。会计分录如下:

借：银行存款
　　贷：主营业务收入
　　　　合同负债

【例 12-21】 甲公司为一家大型购物中心,2×23 年 1 月 1 日推出客户忠诚度计划,以 200 元的价格向客户销售 A 商品,购买该商品的客户可得到一张 40% 的折扣券,客户可以在未来的 30 天内使用该折扣券购买甲公司原价 50 元的任一商品。同时,甲公司计划推出季节性促销活动,在未来 30 天内针对所有产品均提供 10% 的折扣。上述两项优惠不能叠加使用。根据历史经验,甲公司预计有 70% 的客户会使用该折扣券,额外购买的商品的金额平均为 50 元,本年有 1 万名客户获得了该折扣券。上述金额均不包含增值税,且假定不考虑相关税费影响。根据上述资料,编制甲公司相关账务处理如下:

A 商品分摊的交易价格＝[200×200÷(200＋10.5)]×10 000＝190.02(万元)

折扣券选择权分摊的交易价格＝[200×10.5÷(200＋10.5)]×10 000＝9.98(万元)

借：银行存款	2 000 000
贷：主营业务收入	1 900 200
合同负债	99 800

（2）授予知识产权许可。授予知识产权许可，是指企业授予客户对企业拥有的知识产权享有相应权利。常见的知识产权包括软件和技术、影视和音乐等的版权、特许经营权，以及专利权、商标权和其他版权等。

A. 授予知识产权许可是否构成单项履约义务。

企业向客户授予知识产权许可时，可能也会同时销售商品，企业应当评估该知识产权许可是否构成单项履约义务。不构成单项履约义务的，企业应当将该知识产权许可和所售商品一起作为单项履约义务进行会计处理。知识产权许可与所售商品不可明确区分的情形包括：一是该知识产权许可构成有形商品的组成部分并且对于该商品的正常使用不可或缺，如企业向客户销售设备和相关软件，该软件内嵌于设备之中，该设备必须安装了该软件之后才能正常使用；二是客户只有将该知识产权许可和相关服务一起使用才能够从中获益，如客户取得授权许可，但是只有通过企业提供的在线服务才能访问相关内容。

【例 12-22】 A 公司是一家生产特种设备的公司，拥有某特种设备的专利权。A 公司与乙公司签订专利许可合同，许可乙公司在 5 年内使用 A 公司的专利技术生产该特种设备。A 公司不会从事任何与支持该特种设备相关的活动。该特种设备属于国家级保密设备且生产流程特殊性极高，没有其他公司能够生产该药品。

A 公司向乙公司授予专利权许可，并为其提供生产服务。由于市场上没有其他公司能够生产该特种设备，乙公司将无法从该专利权许可中单独获益，该专利权许可和生产服务不可明确区分，应当将其一起作为单项履约义务进行会计处理。如果该特种设备的生产流程特殊性不高且不属于国家级保密品种，其他公司也能够生产该药品，则该专利权许可和生产服务可明确区分，应当各自分别作为单项履约义务进行会计处理。

B. 授予知识产权许可属于在某一时段履行的履约义务。

授予客户的知识产权许可构成单项履约义务的，企业应当根据该履约义务的性质，进一步确定其是在某一时段内履行还是在某一时点履行。企业向客户授予的知识产权许可，同时满足下列三项条件的，应当作为在某一时段内履行的履约义务确认相关收入；否则，应当作为在某一时点履行的履约义务确认相关收入：①合同要求或客户能够合理预期企业将从事对该项知识产权有重大影响的活动；②该活动对客户将产生有利或不利影响；③该活动不会导致向客户转让某项商品。

【例 12-23】 甲公司为著名快餐连锁企业。2×23 年 1 月 1 日，甲公司授权 A 加盟店在指定的地点经营快餐店，该快餐店将使用甲公司的品牌，并有权在未来 5 年内销售甲公司的产品。甲公司将开展活动以维护其品牌形象，包括改进产品、市场营销等。甲公司将开展的活动并不导致向 A 加盟店转移商品或服务。甲公司一次性收取 5 年的固定品牌使用费 750 万元。

该知识产权许可构成某一时段履行的履约义务，甲公司应当在 5 年内分期确认收入。首先，甲公司将开展活动以维护其品牌形象，包括改进产品、市场营销等。其次，甲公司的品牌价值会受上述活动的影响。此外，甲公司将要开展的活动并不导致向 A 加盟店转变产品或服务。

C. 授予知识产权许可属于在某一时点履行的履约义务。

授予知识产权许可不属于在某一时段内履行的履约义务的，应当作为在某一时点履行的履约义务,在履行该履约义务时确认收入。在客户能够使用某项知识产权许可并开始从中获利之前,企业不能对此类知识产权许可确认收入。如企业授权客户在一定期间内使用软件,但是,在企业向客户提供该软件的密钥之前,客户都无法使用该软件,因此,企业在向客户提供该密钥之前虽然已经得到授权,但也不应确认收入。

【例 12-24】 甲公司将其拥有的一首经典民歌的版权授予乙公司,并约定乙公司在 2 年内有权在国内所有商业渠道(包括电视、广播和网络广告等)使用该经典民歌。因提供该版权许可,甲公司每月收取 1 000 元的固定对价。除该版权之外,甲公司无须提供任何其他的商品。该合同不可撤销。

甲公司除授予该版权许可外不存在其他履约义务。甲公司并无任何义务从事改变该版权的后续活动,该版权也具有重大的独立功能(即民歌的录音可直接用于播放),乙公司主要通过该重大独立功能获利,而非甲公司的后续活动。因此,合同未要求甲公司从事对该版权许可有重大影响的活动,乙公司对此也没有形成合理预期,甲公司授予该版权许可属于在某一时点履行的履约义务,应在乙公司能够主导该版权的使用并从中获得几乎全部经济利益时,全额确认收入。

D. 基于销售或使用情况的特许权使用费。

企业向客户授予知识产权许可,并约定按客户实际销售或使用情况(如按照客户的销售额)收取特许权使用费的,应当在客户后续销售或使用行为实际发生与企业履行相关履约义务两者孰晚的时点确认收入。

【例 12-25】 甲公司是一家著名的中超足球俱乐部,甲公司授权乙公司在其设计生产的服装、帽子、水杯以及毛巾等产品上使用甲公司球队的名称和图标,授权期为 2 年。合同约定,甲公司收取的合同对价由两部分组成:1 000 万元固定金额的使用费;此外还按照乙公司销售上述商品所取得销售额的 10% 计算的提成。乙公司预期甲公司会继续参加当地顶级联赛,并取得优异的成绩。

该合同仅包括一项履约义务,即授予使用权许可,属于在某一时段内履行的履约义务。因为甲公司继续参加比赛并取得优异成绩等活动是该许可的组成部分,而并未向客户转让任何可明确区分的商品或服务。由于乙公司能够合理预期甲公司将继续参加比赛,甲公司的成绩将会对其品牌(包括名称和图标等)的价值产生重大影响,而该品牌价值可能会进一步影响乙公司产品的销量,甲公司从事的上述活动并未向乙公司转让任何可明确区分的商品,甲公司授予的该使用权许可,属于在某一时段内履行的履约义务。甲公司收取的 1 000 万元固定金额的使用费应当在 2 年内平均确认为收入,按照乙公司销售相关商品所取得销售额的 10% 计算的提成应当在乙公司的销售实际完成时确认为收入。

12.2 费 用

费用是指企业在日常活动中发生的、会导致所有者权益减少的、与向所有者分配利润无关的经济利益的总流出。费用有狭义和广义之分。狭义的费用是企业生产经营过程中发生的各项耗费。狭义的费用包括营业费用和投资损失。其中,营业费用包括营业成本、税金及附加和期间费用。广义的费用泛指企业各种日常活动发生的所有费用和损失,广义的费用除包括狭义的费用外,还包括公允价值变动损失、资产减值损失、营业外支出和所得税费用。

12.2.1 营业成本

营业成本是指企业销售商品、提供劳务发生的可归属于产品成本、劳务成本等的费用,一般在确认收入同时结转成本。营业成本包括主营业务成本和其他业务成本。

主营业务成本是指企业销售商品、提供劳务等经常性活动所发生的成本。企业一般在确认销售商品、提供劳务等主营业务收入时,将涉及的成本转入主营业务成本。企业应当设置"主营业务成本"科目,借方登记销售各种商品、提供的各种劳务等的实际成本,贷记因发生销售退回等业务而冲减的成本。期末应将该科目的余额转入"本年利润"科目,结转后应无余额。该科目应按主营业务的种类可设置明细账进行明细核算。

其他业务成本是指企业确认的除主营业务活动以外的其他经营活动所发生的支出。其他业务成本包括销售材料的成本、出租固定资产的折旧额、出租无形资产的摊销额、出租包装物的成本或摊销额等。采用成本模式计量投资性房地产的,其投资性房地产计提的折旧额或摊销额,也构成其他业务成本。

企业应当设置"其他业务成本"科目,企业发生的其他业务成本,借记"其他业务成本"科目,贷记"原材料""累计折旧""银行存款"等科目。"其他业务成本"科目按其他业务成本的种类进行明细核算,期末,该科目余额转入"本年利润"科目,结转后该科目无余额。

【例 12-26】 卓段制造为增值税一般纳税人,适用增值税税率 13%,2×23 年 5 月 15 日,以托收承付结算方式向在履制造销售 A 商品一批,该批商品成本为 30 万元,售价为 60 万元,增值税专用发票中注明的增值税税额为 7.8 万元,销售时已知在履制造发生财务困难,但卓段制造为占领市场,仍将商品销售给在履制造,并办理了托收手续。6 月 10 日,卓段制造获知在履制造财务状况好转并承诺近期付款,卓段制造遂于当日确认收入,结转成本。6 月 14 日卓段制造对外销售 B 原材料一批,价款 10 万元,增值税税额 1.3 万元,款项已存入银行,结转该批材料实际成本 9.5 万元。6 月 17 日卓段制造转让一项 C 无形资产使用权,收取价款 8 320 万元,存入银行,转让 C 无形资产过程中用银行存款支付咨询费 65 万元。卓段制造相关账务处理如下:

(1) 2×23 年 5 月 15 日:

借:发出商品	300 000	
贷:库存商品		300 000
借:应收账款	78 000	
贷:应交税费——应交增值税(销项税额)		78 000

(2) 2×23 年 6 月 10 日:

借:应收账款	600 000	
贷:主营业务收入		600 000
借:主营业务成本	300 000	
贷:发出商品		300 000

(3) 2×23 年 6 月 14 日:

```
借：银行存款                                                    113 000
    贷：其他业务收入                                            100 000
        应交税费——应交增值税(销项税额)                         13 000
借：其他业务成本                                                 95 000
    贷：原材料                                                   95 000
```

(4) 2×23 年 6 月 17 日：

```
借：银行存款                                                 83 200 000
    贷：其他业务收入                                         83 200 000
借：其他业务成本                                                650 000
    贷：银行存款                                                650 000
```

12.2.2　税金及附加

税金及附加是指企业在经营活动中发生的消费税、城市维护建设税、房产税、车船税、印花税、教育费附加等相关税费。其中的经营活动,既包括主营业务活动,也包括其他业务活动。为核算税金及附加的业务,企业应设置"税金及附加"科目。该科目核算企业经营活动中发生的消费税、城市维护建设税、房产税、车船税、印花税、教育费附加等相关税费。企业按规定计算确定与经营活动相关的税费时,借记该科目,贷"应交税费""银行存款"科目。期末,企业应将该科目借方余额转入"本年利润"科目,借记"本年利润"科目,贷记该科目。结转后,该科目应无余额。

【例 12-27】　卓段制造 2×23 年 5 月结转应交消费税 75 万,城市维护建设税 2.1 万元,教育费附加 1.8 万元,购买印花税票 1 095 元。卓段制造相关账务处理如下：

```
借：税金及附加                                                  790 095
    贷：应交税费——应交消费税                                   750 000
            ——应交城市维护建设税                                21 000
            ——应交教育费附加                                    18 000
        银行存款                                                  1 095
```

12.2.3　销售费用

销售费用是指企业在销售商品和材料、提供劳务的过程中发生的各种费用,包括企业在销售商品过程中发生的保险费、包装费、展览费和广告费、商品维修费、预计产品质量保证损失、运输费、装卸费等以及为销售本企业商品而专设的销售机构的职工薪酬、业务费、折旧费、固定资产修理费用等费用。

企业为了核算销售费用的实际情况,应设置"销售费用"科目,并按费用项目设置明细账。该科目的借方反映本期实际发生的各项销售费用,贷方反映期末转入"本年利润"科目的销售费用,该科目结转"本年利润"科目后无余额。企业发生的各项销售费用,借记"销售费用"科目,贷记"库存现金""银行存款""原材料""应付职工薪酬"等科目。

【例 12-28】　卓段制造(增值税一般纳税人)2×23 年 5 月发生如下经济业务:用银行存款支付广告费 60 000 元及增值税税款 3 600 元;销售部门专用设备采用直线法计提折旧 44 000 元;计

提产品质量保证金 800 元;计提本月分配给销售部门的职工工资 35 000 元。相关账务处理如下:

(1) 支付广告费:

借:销售费用   60 000

  应交税费——应交增值税(进项税额)   3 600

   贷:银行存款   63 600

(2) 销售部门专用设备计提折旧:

借:销售费用   44 000

   贷:累计折旧   44 000

(3) 计提产品质量保证金:

借:销售费用   800

   贷:累计折旧   800

(4) 分配职工工资:

借:销售费用   35 000

   贷:应付职工薪酬——工资   35 000

(5) 结转本月管理费用:

借:本年利润   139 800

   贷:销售费用   139 800

12. 2. 4 管理费用

管理费用是指企业行政管理部门为组织和管理经营活动而发生的各项费用,包括行政管理部门职工工资及福利费、物料消耗、低值易耗品摊销、办公费和差旅费、工会经费、董事会费、聘请中介机构费、咨询费、诉讼费、业务招待费、技术转让费、研究费用、排污费以及企业行政管理部门等发生的固定资产修理费用等。

企业为了核算管理费用应设置"管理费用"科目,并按费用项目设置明细账,进行明细核算。该科目的借方反映本期实际发生的各项管理费用,贷方反映期末转入"本年利润"科目的管理费用,该科目结转"本年利润"科目后无余额。企业发生的各项管理费用,借记"管理费用"科目,贷记"库存现金""银行存款""原材料""应付职工薪酬""累计折旧""累计摊销""应交税费"等科目。

【例 12-29】 卓段制造(增值税一般纳税人)2×23 年 5 月发生如下经济业务:计提管理用固定资产折旧费 90 000 元;用银行存款支付业务招待费 50 000 元;用库存现金支付办公用品 600 元;计提本月分配给行政部门的职工工资 14 000 元;报销董事长出差差旅费 20 200 元,董事长曾预借差旅费 15 000 元,报销用银行存款转账支付差额。卓段制造相关账务处理如下:

(1) 计提固定资产折旧:

借:管理费用   90 000

   贷:累计折旧   90 000

(2) 支付业务招待费:

借：管理费用　　　　　　　　　　　　　　　　　　50 000

　　贷：银行存款　　　　　　　　　　　　　　　　　　　　 50 000

（3）支付办公用品费用：

借：管理费用　　　　　　　　　　　　　　　　　　600

　　贷：库存现金　　　　　　　　　　　　　　　　　　　　 600

（4）计提分配给行政部门的职工工资

借：管理费用　　　　　　　　　　　　　　　　　　14 000

　　贷：应付职工薪酬——工资　　　　　　　　　　　　　 14 000

（5）报销差旅费：

借：管理费用　　　　　　　　　　　　　　　　　　20 200

　　贷：其他应收款　　　　　　　　　　　　　　　　　　　 15 000

　　　　银行存款　　　　　　　　　　　　　　　　　　　　 5 200

（6）结转本月管理费用：

借：本年利润　　　　　　　　　　　　　　　　　　174 800

　　贷：管理费用　　　　　　　　　　　　　　　　　　　　 174 800

12.2.5　研发费用

研发费用是指企业自行研究与开发过程中发生的费用化支出。

企业内部研究期末结转研发费用，应将"研发支出——费用化支出"科目归集的金额转至"研发费用"科目，借记"研发费用"科目，贷记"研发支出——费用化支出"科目。

【例 12-30】 卓段制造 2×23 年 5 月自行研发一项专利技术，研发过程中发生研发费用 12 000 元，不满足资本化确认条件，月末账务处理如下：

借：研发费用　　　　　　　　　　　　　　　　　　12 000

　　贷：研发支出——费用化支出　　　　　　　　　　　　 12 000

12.2.6　财务费用

财务费用是指企业为筹集生产经营所需资金等而发生的筹资费用，包括利息支出（减利息收入）、汇兑损益以及相关的手续费、未确认融资费用摊销等。

企业核算发生的财务费用，应设置"财务费用"科目并按费用项目设置明细账，借方反映本期实际发生的财务费用，贷方反映期末转入"本年利润"科目的财务费用。期末，"财务费用"科目的余额结转"本年利润"科目后无余额。企业发生的各项财务费用，借记"财务费用"科目，贷记"银行存款"等科目；企业发生利息收入、汇兑损益时，借记"银行存款"等科目，贷记该科目。

【例 12-31】 卓段制造 2×23 年 5 月取得银行存款利息收入 3 万元；用银行存款支付银行账户管理费 3.8 万元；5 月 1 日向银行借入借款 360 000 元，期限 6 个月，年利率 5%，该借款本金到期后一次归还，利息分月预提，按季支付。卓段制造编制如下会计分录：

（1）取得银行存款利息收入：

借：银行存款	30 000
贷：财务费用	30 000

（2）用银行存款支付银行账户管理费：

借：财务费用	38 000
贷：银行存款	38 000

（3）计提 5 月份短期借款利息：

5 月末预提本月应计利息＝360 000×5％÷12＝1 500（元）

借：财务费用	1 500
贷：应付利息	1 500

（4）结转本月管理费用：

借：本年利润	9 500
贷：管理费用	9 500

12.2.7　投资收益

投资收益是指企业从事各项对外投资活动取得的收益，即实际取得的投资业务收入大于其成本；投资损失是指企业从事各项对外投资活动发生的损失，即实际取得的投资业务收入小于其成本。投资收益大于投资损失的差额为投资净收益，反之则为投资净损失。

【例 12-32】　卓段制造为非上市公司，2×23 年 9 月 6 日购买在履制造发行的股票 300 万股，成交价为每股 14.7 元，其中包含已宣告但尚未发放的现金股利每股 0.2 元，另支付交易费用 10 万元，占在履制造表决权资本的 5％。卓段制造持有该股票准备近期内出售，划分为交易性金融资产。2×23 年 11 月 15 日，卓段制造将上述股票全部出售，全部的价款为 4 485 万元。卓段制造相关账务处理如下：

（1）2×23 年 9 月 6 日，购买该股票：

借：交易性金融资产——成本	43 500 000
应收股利	600 000
投资收益	100 000
贷：其他货币资金	44 200 000

（2）2×23 年 11 月 15 日，出售该股票：

借：其他货币资金	44 850 000
贷：交易性金融资产——成本	43 500 000
投资收益	1 350 000

12.2.8　公允价值变动损益

公允价值变动损益反映企业交易性金融资产、交易性金融负债，以及采用公允价值模式计量的投资性房地产等公允价值变动形成的应计入当期损益的利得或损失。在资产负债表日，企业应按交易性金融资产的公允价值高于其账面余额的差额，增加交易性金融资产和当期损益；公允价值低于其账面余额的差额，减少交易性金融资产和当期损益；期末，应将公允价值变动损益计入本年利润。

【例 12-33】　2×23 年 5 月 31 日,卓段制造持有的交易性金融资产公允价值为 4 500 万元,其账面价值为 4 350 万元。卓段制造相关账务处理如下:

借:交易性金融资产——公允价值变动	1 500 000
贷:公允价值变动损益	1 500 000

12.2.9　资产处置损益

资产处置损益主要用来核算固定资产,无形资产等因出售、转让等原因,产生的处置利得或损失。资产处置损益直接计入当期损益的利得或损失,是损益类科目,发生处置净损失的,借记"资产处置损益"科目,贷记有关科目;如为净收益,借记有关科目,贷记"资产处置损益"科目。

【例 12-34】　卓段制造为增值税一般纳税人,2×23 年 12 月 30 日出售一座建筑物(2×16 年 6 月 1 日自建完工),原价为 200 万元,已计提折旧 150 万元,未计提减值准备,实际出售价格为 140 万元,增值税税率为 9%,已通过银行收回价款。根据上述资料,编制会计分录如下:

(1) 将出售固定资产转入清理时:

借:固定资产清理	500 000
累计折旧	1 500 000
贷:固定资产	2 000 000

(2) 收回出售固定资产取得价款时:

借:银行存款	1 526 000
贷:固定资产清理	1 400 000
应交税费——应交增值税(销项税额)	126 000

(3) 结转出售固定资产实现的利得时:

借:固定资产清理	900 000
贷:资产处置损益	900 000

12.2.10　营业外收入与营业外支出

营业外收支是指企业发生的与日常活动无直接关系的各项收支。营业外收入和营业外支出与企业正常的生产经营活动没有直接关系,但它对于企业而言依然是一项经济利益的流入或经济利益的流出,从而构成利润要素的一部分。

营业外收入是指企业发生的与日常活动无直接关系的各项利得。营业外收入并不是由企业经营资金耗费所产生的,不需要企业付出代价,实际上是一种纯收入,不可能也不需要与有关费用进行配比。因此,在会计处理上,应当严格区分营业外收入与营业收入的界限。营业外收入主要包括非货币性资产交换利得、盘盈利得、政府补助、捐赠利得等。

非货币性资产交换利得是指在非货币性资产交换以公允价值为基础计量的情况下,换出固定资产或无形资产的公允价值高于其账面价值的差额,扣除相关费用后的净收益。

盘盈利得是指企业在财产清查中发现的库存现金等实存数额超过账面数额而获得的资产溢余利得。

政府补助是指企业从政府无偿取得货币性资产或非货币性资产形成的利得。

捐赠利得是指企业接受外部现金和非现金资产捐赠而获得的利得。

罚没利得是指企业收取的滞纳金、违约金以及其他形式的罚款,在弥补了由于对方违约而造成的经济损失后的净收益。

无法支付的应付款项是指由于债权单位撤销或其他原因而无法支付,或者将应付款项划转给关联方等其他企业而无法支付或无需支付,按规定程序报经批准后转入当期损益的应付款项。

企业应设置"营业外收入"科目,企业发生营业外收入,应借记"待处理财产损溢""银行存款""库存现金""固定资产清理"等科目,贷记本科目。期末,应将本科目余额转入"本年利润"科目,借记"营业外收入"科目,贷记"本年利润"科目。结转后,本科目应无余额。

营业外支出是指企业发生的与日常活动无直接关系的各项损失。营业外支出主要包括:非货币性资产交换损失、捐赠支出、非常损失、盘亏损失等。

非货币性资产交换损失是指在非货币性资产交换以公允价值为基础计量的情况下,换出固定资产或无形资产的公允价值低于其账面价值的差额,扣除相关费用后的净损失。

盘亏损失是指企业在财产清查中发现的固定资产实存数量少于账面数量而发生的资产短缺损失。

捐赠支出是指企业对外进行公益性和非公益性捐赠而发生的支出。

非常损失是指企业由于自然灾害等客观原因造成的财产损失,在扣除保险公司赔款和残料价值后,应计入当期损益的净损失。

罚没支出是指企业由于违反合同、违法经营、偷税漏税、拖欠税款等而支付的违约金、罚款、滞纳金等支出。

营业外支出不是企业经营资金耗费的结果,不属于企业的费用。在会计处理上,应将发生的营业外支出直接冲减企业当期的利润总额。营业外支出应当按照实际发生的金额进行核算。企业应设置"营业外支出"科目,发生营业外支出时,借记本科目,贷记"待处理财产损溢""固定资产清理""库存现金""银行存款"等科目。期末,应将本科目余额转入"本年利润"科目,借记"本年利润"科目,贷记"营业外支出"科目,结转后该科目应无余额。

【例 12-35】 根据下列业务编制相关会计分录。

(1)卓段制造在现金清查中盘盈 200 元,按管理权限报经批准后转入营业外收入。

发现盘盈时:

借:库存现金 200
    贷:待处理财产损溢 200

经批准转入营业外收入时:

借:待处理财产损溢 200
    贷:营业外收入 200

(2)卓段制造确定一笔应付账款 4 000 元为无法支付的款项,应予转销。

借:应付账款 4 000
    贷:营业外收入 4 000

（3）卓段制造用银行存款支付税款滞纳金 30 000 元。

借：营业外支出　　　　　　　　　　　　　　　　　　　　　　　30 000

　　贷：银行存款　　　　　　　　　　　　　　　　　　　　　　　　　30 000

（4）卓段制造发生原材料意外灾害损失 27 万元，经批准全部转作营业外支出，卓段制造对原材料采用实际成本核算。

发生原材料意外灾害损失时：

借：待处理财产损溢　　　　　　　　　　　　　　　　　　　　　270 000

　　贷：原材料　　　　　　　　　　　　　　　　　　　　　　　　　　270 000

批准处理时：

借：营业外支出　　　　　　　　　　　　　　　　　　　　　　　270 000

　　贷：待处理财产损溢　　　　　　　　　　　　　　　　　　　　　　270 000

12.2.11　其他收益

"其他收益"项目是指计入其他收益的政府补助，以及其他与日常活动相关且计入其他收益的项目。政府补助主要形式包括政府对企业的无偿拨款、税收返还、财政贴息，以及无偿给予非货币性资产等；其他与日常活动相关且计入其他收益的项目如企业作为个人所得税的扣缴义务人，根据《中华人民共和国个人所得税法》收到的扣缴税款手续费等。

12.2.12　利润总额

利润包括收入减去费用后的净额、直接计入当期利润的利得和损失等。利得是指由企业非日常活动所形成的、会导致所有者权益增加的、与所有者投入资本无关的经济利益的流入。损失是指由企业非日常活动所发生的、会导致所有者权益减少的、与向所有者分配利润无关的经济利益的流出。计算利润总额首先应根据利润表结构计算营业利润，具体计算公式如下：

营业利润＝营业收入－营业成本－税金及附加－销售费用－管理费用－财务费用

　　－信用减值损失－资产减值损失＋公允价值变动收益（－公允价值变动损失）

　　＋投资收益（－投资损失）＋其他收益＋资产处置收益（－资产处置损失）

营业收入是指企业经营业务所实现的收入总额，包括主营业务收入和其他业务收入。

营业成本是指企业经营业务所发生的实际成本总额，包括主营业务成本和其他业务成本。

信用减值损失是指企业计提各项金融资产信用减值准备所确认的信用损失。

资产减值损失是指企业计提有关资产减值准备所形成的损失。

利润总额是指企业在日常活动和非日常活动中形成的经营成果，其计算公式如下：

利润总额＝营业利润＋营业外收入－营业外支出

【例 12-36】　卓段制造 2×23 年度取得主营业务收入 5 000 万元，其他业务收入 1 800 万元，投资净收益 700 万元，营业外收入 250 万元；发生主营业务成本 3 500 万元，其他业务成本 1 400 万元，税金及附加 60 万元，销售费用 380 万元，管理费用 340 万元，财务费用 120 万元，资产减值损失 150 万元，公允价值变动净损失 100 万元，营业外支出 200 万元，计算卓段制造

20×2年度利润总额。

营业利润＝5 000＋1 800＋700－3 500－1 400－60－380－340－120－150－100＝1 450(万元)

利润总额＝1 450＋250－200＝1 500(万元)

12.3 所得税费用

所得税费用是指应从当期利润总额中扣除的所得税费用。所得税费用的确认有应付税款法和资产负债表债务法，我国现行《企业会计准则》规定，所得税费用的确认应采用资产负债表债务法。

资产负债表债务法是从资产负债表出发，通过比较资产负债表上列示的资产、负债按照《企业会计准则》确定账面价值与按照企业所得税税法确定计税基础，对于两者之间的差异区分为应纳税暂时性差异与可抵扣暂时性差异，确认相关的递延所得税负债与递延所得税资产，并在此基础上确定每一期间利润表中的所得税费用。具体资产负债表债务法核算步骤如下。

第一步，确定当期应交所得税，其计算公式如下：

确定当期应交所得税＝应纳税所得额×所得税税率

应纳税所得额＝利润总额＋纳税调增额－纳税调减额

第二步，确定递延所得税。首先，确定资产负债表中除递延所得税资产和递延所得税负债以外的其他资产和负债项目的账面价值。其次，按照资产和负债计税基础的确定方法，以企业所得税法为基础，确定资产负债表中有关资产、负债项目的计税基础。最后，比较资产、负债的账面价值与计税基础差异，确定应纳税暂时性差异与可抵扣暂时性差异，根据应纳税暂时性差异乘以企业所得税税率确认递延所得税负债期末余额，根据可抵扣暂时性差异乘以企业所得税税率得到递延所得税资产期末余额。

第三步，确定所得税费用。其计算公式如下：

所得税费用＝当期应交所得税＋(期末递延所得税负债－期初递延所得税负债)

－(期末递延所得税资产－期初递延所得税资产)

12.3.1 当期所得税费用(当期应交所得税)

当期所得税费用是根据应纳税所得额和适用税率计算的当期应交所得税。企业在计算应纳税所得额时，通常可以会计利润总额为基础，按照企业所得税税法规定要进行相应的纳税调整，从而确定应纳税所得额的数额。其中，纳税调增的内容主要是会计确认的费用或营业外支出的数额超过税法允许的扣除数额，或者是税法不允许扣除的数额。例如，企业发生的职工福利费准则规定全额确认的费用从收入总额中扣除；但企业所得税税法规定职工福利费不超过工资总额的14%的部分准予扣除，超过部分不允许扣除，依据《企业会计准则》多扣除的部分此时需要调增。纳税调整减少额的内容主要包括会计利润中包含的按照税法规定可以免税、不征税、做更多纳税扣除的金额以及允许弥补的以前年度亏损等。例如，企业购买国债的利息收入包含在利润总额的计算中，但按照税法规定可以免税，所以在计算当期所得税费用时该部分款项需要调减。

为核算所得税费用的业务，企业应设置"所得税费用"总账科目。资产负债表日，企业按照税法规定计算确定的当期应交所得税,借记"所得税费用"科目,贷记"应交税费——应交所得税"科目。期末,企业应将该科目借方余额转入"本年利润"科目,借记"本年利润"科目,贷记"所得税费用"科目。结转后,"所得税费用"科目应无余额。

【**例 12-37**】 卓段制造 2×23 年实现销售收入 3 500 万元,年度利润总额 1 200 万元,企业所得税税率 25%,有关交易和事项中,会计处理和税务处理存在差异的有:

(1) 缴纳税收滞纳金罚款 6 万元,税法规定不允许税前扣除。

(2) 期末交易性金融资产成本 600 万元,公允价值 660 万元,税法规定以公允价值计量的金融资产持有期间公允价值变动损益不应计入应纳税所得额。

(3) 向关联方捐赠现金 40 万,税法规定企业向关联方的捐赠不允许税前扣除。

根据上述资料,卓段制造 2×23 年当期所得税费用计算如下:

应纳税所得额 = 1 200+6−60+40 = 1 186(万元)

当期所得税费用 = 当期应交所得税 = 1 186×25% = 296.50(万元)

借:所得税费用	2 965 000
贷:应交税费——应交所得税	2 965 000

12.3.2 递延所得税费用

递延所得税费用是由暂时性差异的发生或转回而确认的所得税费用。

暂时性差异是指税法与会计制度在确定收益、费用或损失时的时间不同而产生的税前会计利润与应纳税所得额的差异。这种差异会随着时间的推移而消失,但是会导致企业当期的所得税费用与应纳所得税额之间的差异,这种差异最终会以递延所得税资产和递延所得税负债体现。根据暂时性差异对未来期间应纳税所得额影响的不同,分为应纳税暂时性差异和可抵扣暂时性差异。

(1) 应纳税暂时性差异是指在确定未来收回资产或清偿负债期间的应纳税所得额时,将导致产生应纳税金额的暂时性差异。应纳税暂时性差异通常产生于以下情况:资产的账面价值大于其计税基础或负债的账面价值小于其计税基础。应纳税暂时性差异在性质上属于企业在未来期间应当增加缴纳的所得税,企业应当在应纳税暂时性差异形成的会计期间,将其确认为一项负债,即递延所得税负债。递延所得税负债属于企业的非流动负债。

(2) 可抵扣暂时性差异是指在确定未来收回资产或清偿负债期间的应纳税所得额时,将导致产生可抵扣金额的暂时性差异。可抵扣暂时性差异通常产生于以下情况:资产的账面价值小于其计税基础或负债的账面价值大于其计税基础。可抵扣暂时性差异在性质上属于企业在未来期间可以减少缴纳的所得税,企业应当在可抵扣暂时性差异形成的会计期间,将其确认为一项资产,即递延所得税资产。递延所得税资产属于企业的非流动资产。

为核算递延所得税费用的业务,企业应分别设置"递延所得税负债"和"递延所得税资产"科目。资产负债表日,递延所得税负债的应有余额大于其账面余额的,应按其差额,借记"所得税费用——递延所得税费用"科目,贷记"递延所得税负债"科目;递延所得税负债的应有余额小于其账面余额的,按其差额,作相反的会计分录。资产负债表日,递延所得税资产的应有余额大于其账面余额的,应按其差额,借记"递延所得税资产"科目,贷记"所得税费用——递延所得税费用"科目;递延所得税资产的应有余额小于其账面余额的,按其差额,作相反的会计分录。

此外,《企业会计准则》和税法规定的差异还会形成非暂时性差异也称永久性差异。它是指某一会计期间,由于《企业会计准则》与税法在计算收益、费用或损失时的口径不同,所产生的税前会计利润与应纳税所得额之间的差异。这种差异在本期发生,不会在以后各期转回。常见的非暂时性差异包括:不征税收入;免税收入,如国债利息收入、股息、红利等权益性投资收益;研发支出费用化部分加计扣除;罚款、罚金、滞纳金支出;没收财物;超标的公益性捐赠支出及发生的非公益性捐赠支出;向非金融企业借款超过同期同类银行贷款利率的借款利息;超过扣除限额的五险一金、补充养老保险、补充医疗保险、商业保险、职工福利费、工会经费、业务招待费等支出,非广告性赞助支出,与取得收入无关的支出等。

【例 12-38】 卓段制造 2×23 年底购入生产设备价值 600 万元,采用双倍余额递减法计提折旧,计提折旧年限 10 年;税法规定采用直线法计提折旧,折旧年限与企业一致,预计净残值均为零。

2×23 年 12 月 31 日,该设备计税基础=600−600÷10=540(万元)

该设备账面价值=600−600×2÷10=480(万元)

该设备账面价值小于其计税基础,产生的差额 60 万元形成可抵扣暂时性差异。

递延所得税资产=60×25%=15(万元)

【例 12-39】 卓段制造 2×23 年 12 月应交所得税 63.25 万元,资产负债表中有关账面价值与计税基础差异分析,如表 12-3 所示。

表 12-3　卓段制造 2×23 年度账面价值与计税基础分析表

单位:万元

项目	2×23 年年初				2×23 年年末			
	账面价值	计税基础	应纳税暂时性差异	可抵扣暂时性差异	账面价值	计税基础	应纳税暂时性差异	可抵扣暂时性差异
交易性金融资产	200	200	—	—	240	200	40	—
存货	670	700	—	30	800	860	—	60
固定资产	3 000	3 200	—	200	2 850	3 100	—	250
可供出售金融资产	85	65	20	—	0	0	—	—
总计	—	—	—	230	—	—	40	310

卓段制造 2×23 年应确认的递延所得税及账务处理如下:

应确认的递延所得税资产=(60+250)×25%−(30+200)×25%=20(万元)

应确认的递延所得税负债=40×25%−20×25%=5(万元)

所得税费用=63.25+5−20=48.25(万元)

借:所得税费用　　　　　　　　　　　　　　　　　　　　482 500

　　递延所得税资产　　　　　　　　　　　　　　　　　　200 000

　　贷:应交税费——应交所得税　　　　　　　　　　　　　632 500

　　　　递延所得税负债　　　　　　　　　　　　　　　　　50 000

12.4　净利润及其分配

12.4.1　净利润

净利润是指企业一定期间的利润总额减去所得税费用后的净额,计算公式如下:

$$净利润＝利润总额－所得税费用$$

企业应设置"本年利润"科目核算企业当期实现的净利润或发生的净亏损,企业净利润的结转方式有账结法和表结法两种。

(1)账结法,是指每月月末均需编制转账凭证,将在账上结出的各损益类科目的余额转入"本年利润"科目,通过"本年利润"科目反映本月实现的利润或发生的亏损以及本年累计实现的净利润及亏损。

(2)表结法是指每月结账时不需要把损益类科目的余额转入"本年利润"科目,而是通过结出损益类科目的本年累计金额,逐项编制利润表,通过利润表反映出本月的净利润或亏损。在表结法下,年终仍然应采用账结法,在"本年利润"科目集中反映全年的累计净利润或亏损。具体涉及的账务处理如下:

借:主营业务收入
　　其他业务收入
　　其他收益
　　资产处置损益(收益)
　　投资收益(收益)
　　公允价值变动损益(收益)
　　营业外收入
　　　贷:本年利润

借:本年利润
　　　贷:主营业务成本
　　　　其他业务成本
　　　　税金及附加
　　　　销售费用
　　　　管理费用
　　　　财务费用
　　　　资产处置损益(损失)
　　　　投资收益(损失)
　　　　公允价值变动损益(损失)
　　　　信用减值损失
　　　　资产减值损失
　　　　营业外支出
　　　　所得税费用

年度终了,结转"本年利润"科目,结转后"本年利润"科目无余额。

借: 本年利润

　　贷: 利润分配——未分配利润(或相反账务处理)

【例12-40】 卓段制造2×23年有关损益类科目年末余额如表12-4所示,该企业采用表结法年末一次结转损益类科目,所得税税率为25%。

表12-4 卓段制造损益类科目年末余额表

单位:万元

科目名称	借贷方向	结账前余额
主营业务收入	贷	780
其他业务收入	贷	360
公允价值变动损益	贷	40
投资收益	贷	30
营业外收入	贷	50
主营业务成本	借	660
其他业务成本	借	90
税金及附加	借	60
销售费用	借	20
管理费用	借	35
财务费用	借	10
资产减值损失	借	30
营业外支出	借	77

卓段制造2×23年年末结转本年利润应编制如下会计分录:

借: 主营业务收入　　　　　　　　　　　　　　　　　　　7 800 000

　　其他业务收入　　　　　　　　　　　　　　　　　　　3 600 000

　　投资收益　　　　　　　　　　　　　　　　　　　　　　300 000

　　公允价值变动损益　　　　　　　　　　　　　　　　　　400 000

　　营业外收入　　　　　　　　　　　　　　　　　　　　　500 000

　　贷: 本年利润　　　　　　　　　　　　　　　　　　　12 600 000

借: 本年利润　　　　　　　　　　　　　　　　　　　　　9 820 000

　　贷: 主营业务成本　　　　　　　　　　　　　　　　　　6 600 000

　　　　其他业务成本　　　　　　　　　　　　　　　　　　　900 000

　　　　税金及附加　　　　　　　　　　　　　　　　　　　　600 000

　　　　销售费用　　　　　　　　　　　　　　　　　　　　　200 000

　　　　管理费用　　　　　　　　　　　　　　　　　　　　　350 000

　　　　财务费用　　　　　　　　　　　　　　　　　　　　　100 000

　　　　资产减值损失　　　　　　　　　　　　　　　　　　　300 000

　　　　营业外支出　　　　　　　　　　　　　　　　　　　　770 000

结转后"本年利润"科目借方发生额为9 820 000,贷方发生额为12 600 000,即税前会计利润为 2 780 000 元,假设卓段制造 2×23 年度不存在所得税纳税调整因素。

应交所得税＝2 780 000×25%＝695 000(元)

借:所得税费用	695 000
贷:应交税费——应交所得税	695 000

借:本年利润	695 000
贷:所得税费用	695 000

将"本年利润"科目年末余额 2 085 000 元转入"利润分配——未分配利润"科目:

借:本年利润	2 085 000
贷:利润分配——未分配利润	2 085 000

12.4.2　利润分配

12.4.2.1　利润分配的程序

利润分配是指企业根据国家有关规定和企业章程、投资者协议等,对企业当年可供分配的利润进行分配。企业本年实现的净利润加上年初未分配利润(或减去年初未弥补亏损)后的余额,为可供分配的利润。可供分配利润分配的程序如下:

(1) 提取法定盈余公积。按照《公司法》的规定,企业的法定盈余公积按照税后净利润的10%提取。法定盈余公积累计金额超过企业注册资本的 50%时,可以不再提取。提取的法定盈余公积可用于弥补以前年度亏损或转增资本金。但转增资本金后留存的法定盈余公积不得低于注册资本的 25%。

(2) 提取任意盈余公积。企业提取法定盈余公积后,经股东会决议,还可以从税后利润中提取任意盈余公积。任意盈余公积的提取比例由企业视情况而定。

(3) 应付现金股利或利润。企业按照利润分配方案分配给股东的现金股利,也包括非股份有限公司分配给投资者的利润。

(4) 转作股本的股利。企业按照利润分配方案以分派股票股利的形式转作股本的股利,也包括非股份有限公司以利润转增的资本。

12.4.2.2　利润分配账务处理

企业通过"利润分配"科目,核算企业利润分配(或亏损的弥补)和历年分配(或弥补)后的未分配利润(或未弥补亏损)。该科目应设置"提取法定盈余公积""提取任意公积""应付现金股利""应付利润""转作股本的股利""盈余公积补亏""未分配利润"等明细科目进行核算。"利润分配"科目年末余额,反映企业的未分配利润(或未弥补亏损)。涉及的相关会计分录如下:

(1) 结转全年净利润:

借:本年利润
　　贷:利润分配——未分配利润

(2) 按照相关规定提取盈余公积:

借:利润分配——提取法定盈余公积
　　　　　　　——提取任意盈余公积
　　贷:盈余公积——法定盈余公积
　　　　　　　　——任意盈余公积

（3）按照股东会或类似机构批准分配给股东的现金股利：

借：利润分配——应付现金股利/应付利润

贷：应付股利

（4）按股东大会或类似机构批准的股票股利或应转增资本的金额，在企业办理了增资手续后：

借：利润分配——转作股本的股利

贷：股本

资本公积——股本溢价

（5）企业用盈余公积弥补亏损：

借：盈余公积——法定盈余公积/任意盈余公积

贷：利润分配——盈余公积补亏

企业弥补亏损一般有三种方式：用以后年度税前利润补亏（一般不超过 5 年）、用以后年度税后利润弥补、用盈余公积弥补亏损。

（6）利润分配结束后，结转未分配利润：

借：利润分配——未分配利润

贷：利润分配——提取法定盈余公积

——提取任意盈余公积

——应付现金股利/应付利润

——转作股本的股利

借：利润分配——盈余公积补亏

贷：利润分配——未分配利润

【例 12-41】 卓段制造 2×23 年净利润 300 万元，按净利润的 10% 提取法定盈余公积，按净利润的 5% 提取任意盈余公积，向股东分配现金股利 38 万元，根据以上资料，卓段制造账务处理如下：

（1）结转本年实现净利润：

借：本年利润	3 000 000
贷：利润分配——未分配利润	3 000 000

（2）提取盈余公积：

借：利润分配——提取法定盈余公积	300 000
——提取任意盈余公积	150 000
贷：盈余公积——法定盈余公积	300 000
——任意盈余公积	150 000

（3）分配现金股利：

借：利润分配——应付现金股利/应付利润	380 000
贷：应付股利	380 000

（4）结转利润分配明细：

借：利润分配——未分配利润	830 000
贷：利润分配——提取法定盈余公积	300 000
——提取任意盈余公积	150 000
——应付现金股利/应付利润	380 000

 章节测试

一、复习思考题

1. 简述收入的概念和收入确认与计量的基本步骤。

2. 简述营业利润、利润总额、净利润的关系。

3. 简述税后利润分配的顺序。

二、单选题

1. 下列各项中,不属于日常活动的是(　　)。

A. 制造企业生产并销售产品　　　　　　B. 商业企业销售商品

C. 咨询公司提供咨询　　　　　　　　　D. 出售固定资产

2. 某企业为增值税一般纳税人,适用的增值税税率为 13%。本月销售一批原材料,价税合计为 5 650 元,该批材料成本为 4 000 元,已提存货跌价准备 1 000 元。不考虑其他因素,该企业销售材料应确认的损益为(　　)元。

A. 2 000　　　　　B. 2 967　　　　　C. 1 100　　　　　D. 1 967

3. 企业一定期间的利润总额是指(　　)。

A. 营业利润加投资收益

B. 营业利润加公允价值变动净损益

C. 营业利润加营业外收支净额

D. 营业利润加营业外收支净额减所得税费用

4. 某企业 2×22 年发生的销售商品收入为 1 000 万元,销售商品成本为 600 万元,销售过程中发生的广告宣传费为 20 万元,管理人员工资费用为 50 万元,短期借款利息费用为 10 万元,股票投资收益为 40 万元,资产减值损失为 70 万元,公允价值变动收益为 80 万元,因自然灾害发生固定资产的净损失为 25 万元,因违约支付罚款 15 万元。不考虑其他因素,该企业 2×22 年的营业利润为(　　)万元。

A. 370　　　　　B. 330　　　　　C. 320　　　　　D. 390

5. 2×20 年 9 月,某企业与客户签订一项装修服务合同,合同收入总额为 300 万元,预计合同成本总额为 240 万元,全部合同已收款。该企业在合同期间按照履约进度确认收入。2×20 年已确认收入 80 万元,截至 2×21 年 12 月 31 日履约进度已达到 60%。不考虑其他因素,该企业 2×21 年应确认的收入为(　　)万元。

A. 64　　　　　B. 100　　　　　C. 150　　　　　D. 160

6. 2×22 年 9 月 1 日,甲公司与乙公司签订委托代销商品合同,合同约定甲公司按不含增值税的销售价格的 10% 向乙公司支付手续费。在商品对外销售之前,乙公司没有义务向甲公司支付货款。乙公司不承担包销责任,未售出的商品必须退还给甲公司。不考虑其他因素,下列各项中,关于甲公司对该委托代销业务的会计处理表述正确的是(　　)。

A. 发出委托代销商品时确认销售收入

B. 发出委托代销商品时确认营业成本

C. 支付的代销商品手续费计入营业成本

D. 收到乙公司开出的代销清单时确认销售收入

7. 甲公司为增值税一般纳税人,2×23 年 10 月 2 日销售 M 商品 1 000 件并开具增值税专用发票,每件商品的标价为 200 元(不含增值税),M 商品适用的增值税税率为 13%。每件商品的实际成本为 120 元,由于成批销售,甲公司给予客户 10% 的商业折扣。M 商品于 10 月 2 日发出,客户于 10 月 9 日付款。该销售业务属于在某一时点履行的履约义务。不考虑其他因素,下列各项中,有关甲公司销售商品的会计处理表述正确的是(   )。

A. 确认主营业务收入 180 000 元

B. 确认财务费用 20 000 元

C. 确认主营业务成本 108 000 元

D. 确认应交税费——应交增值税(销项税额)26 000 元

8. 2×22 年 10 月 31 日,甲公司与客户签订合同,为该客户拥有的一条铁路更换 100 根铁轨,合同价格为 10 万元(不含税)。截至 2×19 年 12 月 31 日,甲公司共更换铁轨 60 根,剩余部分预计在 2×23 年 2 月 28 日之前完成。该合同仅包含一项履约义务,且该履约义务满足在某一时段内履行的条件。甲公司按照已完成的工作量确定履约进度。截至 2×22 年 12 月 31 日,甲公司履约进度为(   )。

A. 0   B. 60%   C. 100%   D. 50%

9. 下列各项中,企业发生的相关税费应通过"税金及附加"科目核算的是(   )。

A. 应代扣代缴的个人所得税   B. 应缴纳的企业所得税

C. 应缴纳的增值税   D. 应缴纳的城市维护建设税

10. 下列各项中,不应计入企业管理费用的是(   )。

A. 行政管理部门的办公费

B. 董事会成员公务的差旅费

C. 聘请会计师事务所的咨询费

D. 计提销售商品的预计产品质量保证损失

三、计算分析题

1. 卓段制造委托在履制造销售 M 商品 2 000 件,M 商品已经发出,每件成本为 0.7 万元。合同约定在履制造应按每件 1 万元对外销售,卓段制造按不含增值税的销售价格的 10% 向在履制造支付手续费。除非这些商品在在履制造存放期间内由于在履制造的责任发生毁损或丢失,否则在 M 商品对外销售之前,在履制造没有义务向卓段制造支付货款。在履制造不承担包销责任,没有售出的 M 商品须退回给卓段制造,同时,卓段制造也有权收回 M 产品或将其销售给其他的客户。

在履制造对外实际销售 1 000 件,开出的增值税专用发票上注明的销售价格为 1 000 万元,增值税税额为 130 万元,款项已经收到,在履制造立即向卓段制造开具代销清单并支付货款。卓段制造收到在履制造开具的代销清单时,向在履制造开具一张相同金额的增值税专用发票。假定卓段制造发出 M 商品时纳税义务尚未发生,手续费增值税税率为 6%。

要求:不考虑其他因素,编制卓段制造和在履制造相关会计分录。

2. 卓段制造 2×23 年的期初未分配利润为 1 000 万元。卓段制造 2×23 年度取得主营业务收入 6 000 万元,其他业务收入 1 300 万元,投资收益 1 600 万元,资产处置收益 200 万元,营业外收入 200 万元,发生主营业务成本 4 000 万元,其他业务成本 1 000 万元,税金及附加 200 万元,销售费用 750 万元,管理费用 450 万元,财务费用 100 万元,资产减值损失 20 万元,公允价值变动净损失 400 万元,营业外支出 100 万元,所得税费用 520 万元。卓段制造按净利润的 10% 提取法定盈余公积,按净利润的 10% 提取任意盈余公积。

要求:

(1) 根据上述资料,作出卓段制造有关利润结转与分配的会计处理。

(2) 计算卓段制造 2×23 年年末的未分配利润。

3. 甲公司为增值税一般纳税人,销售商品使用的增值税税率为 13%,确认收入的同时结转成本。2×22 年度甲公司发生的有关经济业务如下:

(1) 3 月 1 日,与乙公司签订协议,采用预收货款方式向乙公司销售商品一批,该批商品的实际成本为 80 000 元,销售价格总额为 100 000 元;3 月 2 日收到乙公司预付 70 000 元。3 月 20 日向乙公司发出该批商品,增值税专用发票注明的价款为 100 000 元,增值税税额为 13 000 元,剩余款项已收妥。

(2) 7 月 6 日,采用赊销方式向丙公司销售商品一批,开出的增值税专用发票注明的价款为 80 000 元,增值税税额为 10 400 元,该批商品实际成本为 60 000 元。在销售商品时,甲公司得知丙公司发生财务困难,短期内难以支付货款,但为了保持客户关系仍将商品发出,不符合收入确认条件。9 月 25 日,甲公司得知丙公司财务状况已好转并决定于近期支付货款,符合收入确认条件。

(3) 12 月 15 日,委托丁公司销售商品 200 件,每件商品的实际成本为 600 元,该商品已于当日发出,按照双方协议约定,丁公司应按照每件 800 元对外销售商品,甲公司按售价(不含税)的 10% 向丁公司支付手续费。12 月 31 日,收到丁公司开出的代销清单,实际销售 100 件商品。同时收到丁公司因提供代销服务开具的增值税专用发票,增值税专用发票上注明的价款为 8 000 元。

要求:根据上述资料,作出甲公司有关的会计处理。

第 13 章

财 务 报 告①

教学目的和要求

了解编制财务报表的原因,财务报表列报的要求和作用;掌握资产负债、利润表、现金流量表和所有者权益变动表的填列方法;了解财务报表附注的主要内容。

教学重点和难点

重点:资产负债表、利润表、现金流量表和所有者权益变动表的填列方法。

难点:编制资产负债表;利润表能够提供的重要会计信息;现金流量表的作用;现金流量表的编制基础。

课程思政

在财务报告填报过程中,诚信教育至关重要。诚信意味着要绝对实事求是,确保财务报告真实、准确地反映企业的财务状况,不得有意误导投资者、股东或其他利益相关者,理解如何以清晰、客观的方式传达企业的财务情况,绝不夸大或低估实际状况,切实做好诚信教育。

13.1 财 务 报 表

13.1.1 财务报表的内容

财务报表是会计人员根据日常会计核算资料归集、加工、汇总而形成的结果,它综合地反映了企业资产、负债和所有者权益的情况及一定时期的经营成果和现金流量,它是会计要素确认、计量的结果和综合性描述,是对企业财务状况、经营成果和现金流量的结构性表述。

企业在生产经营过程中通过应用《企业会计准则》实现发展战略,需要通过一套完整的结构化的报表体系,科学地进行列报,以满足投资者等报表使用者的需求。一套完整的财务报表至少应当包括下列组成部分:"四表一注",即资产负债表、利润表、现金流量表、所有者权益(或股东权益,下同)变动表及其附注。财务报表上述组成部分具有同等的重要程度。

---

① 财务报告是企业对外提供的反映企业某一特定日期的财务状况和某一期间的经营成果、现金流量等会计信息的文件。财务报告包括财务报表和其他应当在财务报告中披露的相关信息和资料。其中,财务报表是财务报告的核心内容。

13.1.2 财务报表的分类

财务报表可按不同标准进行分类：

（1）按照编报期间的不同,财务报表可以分为中期财务报表和年度财务报表。其中,中期财务报表是以短于一个完整会计年度的报告期间为基础编制的财务报表,包括月报、季报和半年报。中期财务报表与年度财务报表一样,都应当包括资产负债表、利润表、现金流量表和财务报表附注,只是在附注披露方面,中期财务报表要比年度财务报表适当简略。

（2）按照编制主体的不同,财务报表可以分为个别财务报表和合并财务报表。个别财务报表各项目数字所反映的内容,仅仅包括单个企业的财务数据;合并财务报表是由母公司编制的,一般包括所有控股子公司财务报表的数字,通过编制和提供合并财务报表,可以向财务报表使用者提供公司集团总体的财务状况和经营成果。

13.1.3 财务报表的编制要求

列报是指交易和事项在报表中的列示和在附注中的披露。为了保证财务报表所提供的信息能够及时、准确、完整地反映企业的财务状况和经营成果,满足信息使用者的需要,《企业会计准则第 30 号——财务报表列报》规范了财务报表的列报。

13.1.3.1 根据各项会计准则进行确认和计量的结果编制财务报表

企业应当根据实际发生的交易和事项,遵循各项具体会计准则的规定进行确认和计量,并在此基础上编制财务报表。企业应当在附注中声明,财务报表是按照《企业会计准则》的所有规定进行编制的。需要注意的是,企业不应以在附注中披露来代替对交易和事项的确认和计量,即企业对其交易和事项要进行正确的确认与计量,而不得通过在附注中披露等其他形式予以更正。但如果按照各项会计准则规定披露的信息不足以让信息使用者了解特定交易或事项对企业财务状况和经营成果的影响,则企业还应当披露其他的必要信息。

13.1.3.2 财务报表的列报基础

《企业会计准则》规范的是持续经营条件下的企业对所发生交易和事项的确认、计量和报表列报。换言之,财务报表列报准则的规定是以持续经营为前提条件的。在编制财务报表的过程中,企业管理层应当对企业自报告期末起至少 12 个月的持续经营能力进行评价,充分考虑市场经营风险、企业目前或长期的盈利能力、偿债能力、财务弹性及企业管理层改变经营政策的意向等方面的因素。评价后对企业持续经营的能力产生严重怀疑的,应当在附注中披露导致对持续经营能力产生重大怀疑的重要的不确定性因素。企业如有近期获利经营的历史且有财务资源支持,则通常表明以持续经营为基础编制的财务报表是合理的。

在非持续经营情况下,即企业正式决定或被迫在当期或将在下一个会计期间进行清算或停止营业的,企业应当采用其他基础编制财务报表,在附注中声明财务报表未以持续经营为基础列报,并披露未以持续经营为基础列报的原因及财务报表的编制基础。

同时,除现金流量表按照收付实现制原则编制外,企业应当按照权责发生制原则编制财务报表,这与国际列报准则相一致。

13.1.3.3 重要性和项目列报

关于项目在财务报表中是单独列报还是合并列报,企业应当依据重要性原则来判断。具体要求如下：

（1）性质或功能不同的项目，一般应当在财务报表中单独列报，但是不具有重要性的项目可以合并列报。例如，现金和存货在性质上和功能上都有本质上的差别，必须分别在资产负债表上单独列报。

（2）性质或功能类似的项目，一般可以合并列报，但是对其具有重要性的类别应该单独列报。例如，"原材料""库存商品"等项目在性质上类似，因此可以合并列报，合并之后的类别统称为"存货"，在资产负债表上列报。

（3）项目单独列报的原则不仅适用于报表，还适用于附注。换言之，某些重要的项目不仅应在报表中列示，还应在附注中作出详细披露。例如，对某制造业企业而言，"原材料""包装物""低值易耗品""在产品""库存商品"等项目的重要性程度不足以在资产负债表上单独列示，因此，在资产负债表上合并列示，但是鉴于其对该制造业企业的重要性，应当在附注中单独披露。

（4）无论是财务报表列报准则规定的单独列报项目，还是其他具体会计准则规定单独列报的项目，企业都应该单独列报。《企业会计准则》对"重要性"概念进行了定义，即如果财务报表某项目的省略或错报会影响使用者据此作出经济决策的，则该项目就具有重要性。企业在进行重要性判断时，应根据所处的环境，从项目的性质和金额大小两方面予以判断。对各项目重要性的判断标准一经确定，不得随意变更。

13.1.3.4 列报的一致性

《企业会计准则》要求，财务报表列报应当在各个会计期间保持一致，不得随意变更，这一要求不仅针对财务报表中的项目名称，而且包括财务报表项目的分类、排列顺序等方面。然而，财务报表项目的列报并不是一成不变的，在以下规定的特殊情况下，财务报表项目的列报是可以改变的：

（1）《企业会计准则》要求改变财务报表项目的列报。

（2）企业经营业务的性质发生重大变化后，变更财务报表项目的列报能够提供更可靠、更相关的会计信息。

13.1.3.5 财务报表项目金额间的相互抵销

资产项目和负债项目的金额、收入项目和费用项目的金额、直接收入当期利润的利得项目和损失项目的金额不能相互抵销，即不得以净额列报（《企业会计准则》另有规定的除外）。比如，企业欠客户的应付账款不得与其他客户欠本企业的应收账款相互抵销，如果相互抵销就掩盖了交易的实质，所提供的信息就不完整，信息的可比性也会大大降低。一组类似交易形成的利得和损失应当以净额列示，资产或负债项目按扣除备抵项目后的净额列示，不属于抵销。非日常活动产生的利得和损失，以同一交易形成的收益扣减费用后的净额列示，也不属于抵销。

13.1.3.6 比较信息的列报

为了向报表使用者提供对比数据，提高信息在会计期间的可比性，企业在列报当期财务报表时，至少应当提供所有列报项目前一期可比的数据及其理解本期财务报表的相关说明，目的在于了解企业财务状况、经营成果和现金流量的发展趋势，提高报表使用者的判断与决策能力。

在财务报表项目的列报确需发生变更的情况下，企业应当对上期比较数据按照当期的列报要求进行调整，并在附注中披露调整的原因和性质，以及调整的各项目金额。但是，在某些情况下，对上期比较数据进行调整不是切实可行的，则应当在附注中披露不能调整的原因。

13.1.3.7 报告期间

企业至少应当编制年度财务报表，会计年度自公历1月1日起至12月31日止。在编制年度财务报表时,可能存在年度财务报表涵盖的期间短于一年的情况。企业应当披露其涵盖期间的主要原因,并应当说明由此引起财务报表项目与比较数据不具可比性这一事实。

13.1.3.8　财务报表表首的列报要求

财务报表一般分为表首、正表两部分。其中,在表首部分,企业应当概括地说明下列基本信息:

(1) 编报企业的名称。

(2) 对资产负债表而言,应当列示资产负债表日;对利润表、现金流量表、所有者权益变动表而言,应列示涵盖的会计期间。

(3) 货币名称和单位。

(4) 财务报表是合并财务报表的,应当予以标明。

13.2　资 产 负 债 表

13.2.1　资产负债表的概念与作用

资产负债表是反映企业某一特定日期财务状况的财务报表,它是根据"资产＝负债＋所有者权益"的会计等式,按照一定的分类标准和一定的顺序,把企业在一定日期的资产、负债和所有者权益各项目予以适当排列,并对日常工作中形成的大量数据进行高度浓缩整理后编制而成的。

资产负债表能够提供资产、负债和所有者权益的全貌。通过编制资产负债表,可以提供某一日期资产的总额,表明企业拥有的经济资源及其分布情况,是分析企业生产经营能力的重要资料;通过编制资产负债表,可以反映某一日期的负债总额及其结构,表明企业未来需用多少资产或劳务清偿债务;通过编制资产负债表,可以反映所有者权益的情况,表明投资者在企业资产中所占的份额,了解权益的结构情况。资产负债表还能够提供进行财务分析所需的基本资料,即可以通过资产负债表计算流动比率、速动比率、资产负债率等,以了解企业的短期和长期偿债能力等。

13.2.2　资产负债表编制要求

1) 分类别列报

资产负债表列报,最根本的目标就是要如实地反映企业在资产负债表日所拥有的资源、所承担的负债以及所有者所拥有的权益。因此,资产负债表应当按照资产、负债和所有者权益三大类别分类列报。

2) 资产和负债按流动性列报

资产和负债应当按照流动性分别分为流动资产和非流动资产、流动负债和非流动负债列示。流动性,通常按资产的变现或耗用时间长短或者负债的偿还时间长短来确定。按照财务报表列报准则的规定,应先列报流动性强的资产或负债,再列报流动性弱的资产或负债。

3) 列报相关的合计、总计项目

资产负债表中的资产类至少应当列示流动资产和非流动资产的合计项目;负债类至少应当列

示流动负债、非流动负债以及负债的合计项目;所有者权益类应当列示所有者权益的合计项目。

资产负债表遵循了"资产＝负债＋所有者权益"这一会计恒等式,将企业在特定时日所拥有的经济资源和与之相对应的企业所承担的债务及偿债以后属于所有者的权益均充分反映出来。因此,资产负债表应当分别列示资产总计项目和负债与所有者权益之和的总计项目,并且这两者的金额应当相等。

13.2.3 资产负债表的编制格式与方法

13.2.3.1 资产负债表的编制格式

资产负债表包括的内容有:企业的各项资产的总额及其构成,包括流动资产和非流动资产;负债总额及其构成,包括流动负债和非流动负债;所有者权益总额及其构成,包括投资者投入的资本以及留存收益。

资产负债表的格式,目前在国际上流行的主要有账户式和报告式两种。报告式资产负债表是上下结构,上半部列示资产,下半部列示负债和所有者权益。具体排列形式又有两种:一是按"资产＝负债＋所有者权益"的原理排列;二是按"资产－负债＝所有者权益"的原理排列。账户式资产负债表是左右结构,左边列示资产,右边列示负债和所有者权益。根据财务报表列报准则的规定,资产负债表采用账户式的格式,即左侧列报资产方,一般按资产的流动性大小排列;右侧列报负债和所有者权益方,一般按要求清偿时间的先后顺序排列。账户式资产负债表中的资产各项目的合计等于负债和所有者权益各项目的合计,即资产负债表左方和右方平衡。因此,通过账户式资产负债表,可以反映资产、负债、所有者权益之间的内在关系,即"资产＝负债＋所有者权益"。按照《企业会计准则第30号——财务报表列报》的规定,企业的资产负债表一般采用账户式。账户式资产负债表具体格式如表13-1所示。

表 13-1 资产负债表

单位:元

纳税人基本信息					
纳税人识别号		纳税人名称			
报送日期		所属期起		所属期止	
资产负债表(适用执行小企业会计准则的企业)					
资产	期末余额	年初余额	负债和所有者权益	期末余额	年初余额
流动资产:			流动负债:		
货币资金			短期借款		
交易性金融资产			交易性金融负债		
衍生金融资产			衍生金融负债		
应收票据			应付票据		
应收账款			应付账款		
预付账款			预收账款		

（续表）

资产	期末余额	年初余额	负债和所有者权益	期末余额	年初余额
应收股利			合同负债		
应收利息			应付职工薪酬		
其他应收款			应交税费		
存货			应付利息		
其中:原材料			应付股利		
在产品			其他应付款		
库存商品			持有待售负债		
周转材料			一年内到期的非流动负债		
合同资产			其他流动负债		
持有待售资产			流动负债合计		
一年内到期的非流动资产			非流动负债:		
其他流动资产			长期借款		
流动资产合计			应付债券		
非流动资产:			长期应付款		
债权投资			专项应付款		
其他债权投资			预计负债		
长期应收款			递延收益		
长期股权投资			递延所得税负债		
其他权益工具投资			其他非流动负债		
投资性房地产			非流动负债合计		
固定资产原价			负债合计		
减:累计折旧			所有者权益(或股东权益):		
固定资产账面价值			实收资本(或股本)		
在建工程			其他权益工具		
工程物资			其中:优先股		
固定资产清理			永续债		
生产性生物资产			资本公积		
无形资产			减:库存股		
开发支出			其他综合收益		

（续表）

资产	期末余额	年初余额	负债和所有者权益	期末余额	年初余额
商誉			盈余公积		
长期待摊费用			未分配利润		
递延所得税资产			所有者权益（或股东权益）合计		
其他非流动资产					
非流动资产合计					
资产合计			负债和所有者权益（或股东权益）总计		

13.2.3.2 资产负债表的编制方法

根据财务报表列报准则的规定，企业需要提供比较资产负债表，以便报表使用者通过比较不同时点资产负债表的数据，掌握企业财务状况的变动情况及发展趋势。所以，资产负债表还将各个项目再分为"年初余额"和"期末余额"两栏分别填列。

1）资产负债表"年初余额"栏的填列方法

资产负债表"年初余额"栏内各项数字，应根据上年末资产负债表"期末余额"栏内所列数字填列。如果上年度资产负债表规定的各个项目的名称和内容同本年度不相一致，则对项目的名称和数字按照本年度的规定进行调整，填入"年初余额"栏内。

2）资产负债表"期末余额"栏的填列方法

资产负债表"期末余额"栏数字一般根据资产、负债和所有者权益类科目的期末余额填列。主要包括以下方式：

（1）根据总账科目的余额填列。资产负债表中的有些项目，可直接根据有关总账科目的余额填列，如"交易性金融资产""递延所得税资产""短期借款""交易性金融负债""应付票据""应付账款""应付职工薪酬""应交税费""应付利息""应付股利""其他应付款""专项应付款""预计负债""递延所得税负债""实收资本""资本公积""盈余公积"和"库存股"等项目应根据总账科目的余额填列。

（2）有些项目则应根据几个总账科目的期末余额计算填列，如"货币资金"项目，应根据"库存现金""银行存款"和"其他货币资金"三个总账科目余额的合计数填列。

（3）根据有关明细账科目的余额计算填列。例如，"开发支出"项目，应根据"研发支出"科目中所属的"资本化支出"明细科目期末余额填列；"应付账款"项目，应根据"应付账款"和"预付账款"科目所属的相关明细科目的期末贷方余额合计数填列；"预收款项"项目，应根据"预收账款"和"应收账款"两个科目所属的相关明细科目的期末贷方余额合计数填列；"其他应付款"项目，应根据"应付利息""应付股利"和"其他应付款"科目的期末余额合计数填列；"一年内到期的非流动资产""一年内到期的非流动负债"项目，应根据有关非流动资产或负债项目的明细科目余额分析填列；"长期借款""应付债券"项目，应分别根据"长期借款""应付债券"科目的明细科目余额分析填列；"未分配利润"项目，应根据"利润分配"科目中所属的"未分配利润"明细科目期末余额填列。

（4）根据总账科目和明细账科目的余额分析计算填列。例如，"长期借款"项目，应根据"长期借款"总账科目余额扣除"长期借款"科目所属的明细科目中在资产负债表日起一年内到期且企业不能自主地将清偿义务展期的长期借款后的金额计算填列；"长期待摊费用"项目，应根据"长期待摊费用"科目的期末余额减去将于一年（含一年）内摊销数额后的金额填列。

（5）根据有关余额减去其备抵科目余额后的净额填列。例如，"持有至到期投资""长期股权投资""在建工程"和"商誉"项目，应根据相关科目的期末余额填列，已计提减值准备的，还应扣减相应的减值准备；"固定资产""无形资产""投资性房地产""生产性生物资产"和"油气资产"项目，应根据相关科目的期末余额扣减相关的累计折旧（或摊销、折耗）填列，已计提减值准备的，还应扣减相应的减值准备，采用公允价值计量的上述资产，应根据相关科目的期末余额填列；"长期应收款"项目，应根据"长期应收款"科目的期末余额，减去相应的"未实现融资收益"科目和"坏账准备"科目所属相关明细科目的期末余额后的金额填列；"长期应付款"项目，应根据"长期应付款"科目的期末余额，减去相应的"未确认融资费用"科目期末余额后的金额，以及"专项应付款"科目的期末余额填列。

综合运用上述填列方法分析填列。例如，"应收票据"项目，应根据"应收账款"和"预收账款"科目所属各明细科目的期末借方余额合计数，以及"应收票据"期末余额，减去"坏账准备"科目中有关应收账款和应收票据计提的坏账准备期末余额后的金额填列；"其他应收款"项目，应根据"应收利息""应收股利"和"其他应收款"科目的期末余额合计数，减去"坏账准备"科目中相关坏账准备期末余额后的金额填列；"预付款项"项目，应根据"预付账款"和"应付账款"科目所属各明细科目的期末借方余额合计数，减去"坏账准备"科目中有关预付款项计提的坏账准备期末余额后的金额填列；"存货"项目，应根据"材料采购""原材料""发出商品""库存商品""周转材料""委托加工物资"和"生产成本"等科目的期末余额合计，减去"受托代销商品""存货跌价准备"科目期末余额后的金额填列，材料采用计划成本核算以及库存商品采用计划成本核算或售价核算的企业，还应按加或减"材料成本差异"和"商品进销差价"科目期末余额后的金额填列；"固定资产"项目，应根据"固定资产"科目的期末余额，减去"累计折旧"和"固定资产减值准备"科目的期末余额后的金额，以及"固定资产清理"科目的期末余额填列；"在建工程"项目，应根据"在建工程"科目的期末余额，减去"在建工程减值准备"科目的期末余额后的金额，以及"工程物资"科目的期末余额，减去"工程物资减值准备"科目的期末余额后的金额填列。

13.3　利　润　表

13.3.1　利润表的概念与作用

利润表是反映企业在一定会计期间的经营成果的报表，利润表的列报应当充分反映企业经营业绩的主要来源和构成。

利润表的编制有助于使用者判断净利润的质量及其风险，有助于使用者预测净利润的持续性，从而作出正确的决策。通过利润表，可以反映企业一定会计期间的收入实现情况，如实现的营业收入、实现的投资收益、实现的营业外收入各有多少；可以反映一定会计期间的费用耗费情况,如耗费的营业成本、税金及附加、销售费用、管理费用、财务费用、营业外支出各有多少;可以反映企业生产经营活动的成果,即净利润的实现情况,据以判断资本保值、增值情况等。将利润表中的信息与资产负债表中的信息相结合,可以提供进行财务分析的基本资料,如将销货成本与存货平均余额进行比较,计算存货周转率;将净利润与资产总额进行比较,计算资产收益率等;可以反映企业资金周转情况以及企业的盈利能力和水平,便于报表使用者判断企业未来的发展趋势,作出经济决策。

13.3.2 利润表的编制格式与方法

13.3.2.1 利润表的编制格式

常见的利润表结构主要有单步式和多步式两种。在我国,企业利润表一般采用多步式结构,即通过对当期的收入、费用、支出项目按性质加以归类,按利润形成的主要环节列示一些中间性利润指标,分步计算当期净损益,便于使用者理解企业经营成果的不同来源。企业利润表对于费用列报通常应当按照功能进行分类,即分为从事经营业务发生的成本、管理费用、销售费用和财务费用等,有助于使用者了解费用发生的活动领域。与此同时,为了有助于报表使用者预测企业的未来现金流量,对于费用的列报还应当在附注中披露按照性质分类的补充资料,如分为耗用的原材料、职工薪酬费用、折旧费用、摊销费用等。

利润表主要反映以下几个方面的内容:

(1)营业收入,由主营业务收入和其他业务收入组成。

(2)营业利润,营业收入减去营业成本(主营业务成本、其他业务成本)、税金及附加、销售费用、管理费用、财务费用、资产减值损失,加上公允价值变动收益、投资收益、资产处置收益、其他收益,即为营业利润。

(3)利润总额,营业利润加上营业外收入,减去营业外支出,即为利润总额。

(4)净利润,利润总额减去所得税费用,即为净利润,按照经营可持续性具体分为持续经营净利润和终止经营净利润两项。

(5)其他综合收益,企业根据其他会计准则规定未在当期损益中确认的各项利得和损失,以扣除相关所得税影响后的净额列报。

(6)综合收益总额,净利润加上其他综合收益税后净额,即为综合收益总额。

(7)每股收益,包括基本每股收益和稀释每股收益两项指标。

其中,其他综合收益又可以分为以下两类:

(1)以后会计间不能重分类进损益的其他综合收益项目,主要包括重新计量设定受益计划净负债或净资产导致的变动、按照权益法核算的在被投资单位不能重分类进损益的其他综合收益变动中所享有的份额等。

(2)以后会计间在满足规定条件时将重分类进损益的其他综合收益项目,主要包括按照权益法核算的在被投资单位可重分类进损益的其他综合收益变动中所享有的份额、其他权益工具公允价值变动形成的利得或损失、金融资产重分类形成的利得或损失、现金流量套期工具产生的利得或损失中属于有效套期的部分、外币财务报表折算差额、自用房地产或作为存货的房地产转换为以公允价值模式计量的投资性房地产在转换日公允价值大于账面价值部分等。

此外,为了使报表使用者通过比较不同期间利润的实现情况,判断企业经营成果的未来发展趋势,企业需要提供比较利润表,利润表还将各项目再分为"本期金额"和"上期金额"两栏分别填列。利润表具体格式如表 13-2 所示。

表 13-2　利润表

单位:元

纳税人基本信息			
纳税人识别号		纳税人名称	
报送日期		报表所属期	
利润表(适用执行小企业会计准则的企业)			
项目		本期金额	上期金额
一、营业收入			
减:营业成本			
税金及附加			
销售费用			
管理费用			
研究费用			
财务费用			
其中:利息费用			
利息收入			
加:其他收益			
投资收益(损失以"一"号填列)			
其中:对联营企业和合营企业的投资收益			
以摊余成本计量的金融资产终止确认收益(损失以"一"号填列)			
净敞口套期收益(损失以"一"号填列)			
公允价值变动收益(损失以"一"号填列)			
信用减值损失(损失以"一"号填列)			
资产减值损失(损失以"一"号填列)			
资产处置收益(损失以"一"号填列)			
二、营业利润(亏损以"一"号填列)			
加:营业外收入			
减:营业外支出			
三、利润总额(亏损总额以"一"号填列)			
减:所得税费用			
四、净利润(净亏损以"一"号填列)			
(一)持续经营净利润(净亏损以"一"号填列)			
(二)终止经营净利润(净亏损以"一"号填列)			
五、其他综合收益的税后净额			

（续表）

项目	本期金额	上期金额
（一）不能重分类进损益的其他综合收益		
1. 重新计量设定受益计划变动额		
2. 权益法下不能转损益的其他综合收益		
3. 其他权益工具投资公允价值变动		
4. 企业自身信用风险公允价值变动		
……		
（二）将重分类进损益的其他综合收益		
1. 权益法下可转损益的其他综合收益		
2. 其他债权投资公允价值变动		
3. 金融资产重分类计入其他综合收益的金额		
4. 其他债权投资信用减值准备		
5. 现金流量套期储备		
6. 外币财务报表折算差额		
……		
六、综合收益总额		
七、每股收益：		
（一）基本每股收益		
（二）稀释每股收益		

13.3.2.2 利润表的编制方法

根据财务报表列报准则的规定,企业需要提供比较利润表,以使报表使用者通过比较不同期间利润的实现情况,判断企业经营成果的未来发展趋势。因此,利润表还将各项目再分为"本期金额"和"上期金额"两栏分别填列。利润表的具体格式参见《企业会计准则第30号——财务报表列报〉应用指南》。

编制月报时,利润表中"本期金额"栏反映各项目的本月实际发生数,"本期累计金额"栏反映各项目自年初起至报告期末止的累计实际发生数。编制年报时,"上期金额"栏内各项数字,应根据上年度利润表"本期金额"栏内所列数字填列。如果上年度利润表与本年度利润表的项目名称和内容不一致,应对上年度利润表项目的名称和数字按本年度的规定进行调整,填入本年度利润表"上期金额"栏内。

利润表中"本期金额"栏内各项目的填列方法如下:

（1）"营业收入"项目,反映企业经营业务所取得的收入总额,应根据"主营业务收入"科目和"其他业务收入"科目的发生额合计填列。

（2）"营业成本"项目,反映企业经营业务发生的实际成本,应根据"主营业务成本"科目和"其他业务成本"科目的发生额合计填列。

（3）"税金及附加"项目,反映企业经营业务应负担的消费税、城市维护建设税、资源税、教育费附加及房产税、车船税、城镇土地使用税和印花税等,应根据"税金及附加"科目的发生额分析填列。

(4)"销售费用"项目,反映企业在销售商品和商品流通企业在购入商品等过程中发生的费用,应根据"销售费用"科目的发生额分析填列。

(5)"管理费用"项目,反映企业发生的管理费用,应根据"管理费用"科目的发生额分析填列。

(6)"研发费用"项目,反映企业进行研究与开发过程中发生的费用化支出,以及计入管理费用的自行开发无形资产的摊销,应根据"管理费用"科目下的"研发费用"明细科目的发生额,以及"管理费用"科目下的"无形资产摊销"明细科目的发生额分析填列。

(7)"财务费用"项目,反映企业发生的财务费用,应根据"财务费用"科目的发生额分析填列。其中,"利息费用"项目,反映企业为筹集生产经营所需资金等而发生的应予费用化的利息支出,应根据"财务费用"科目的相关明细科目的发生额分析填列;"利息收入"项目,反映企业确认的利息收入,应根据"财务费用"科目的相关明细科目的发生额分析填列。

(8)"资产减值损失"项目,反映企业因资产减值而发生的损失,应根据"资产减值损失"科目的发生额分析填列。

(9)"公允价值变动收益"项目,反映企业资产因公允价值变动而发生的损益,应根据"公允价值变动损益"科目的发生额分析填列,如为公允价值变动损失,以"-"号填列。

(10)"投资收益"项目,反映企业以各种方式对外投资所取得的收益,应根据"投资收益"科目的发生额分析填列,如为投资损失,以"-"号填列。

(11)"资产处置收益"项目,反映企业出售划分为持有待售的非流动资产(金融工具、长期股权投资和投资性房地产除外)或处置组时确认的处置利得或损失,以及处置未划分为持有待售的固定资产、在建工程、生产性生物资产及无形资产而产生的处置利得或损失。债务重组中因处置非流动资产产生的利得或损失和非货币性资产交换产生的利得或损失也包括在本项目内。本项目应根据"资产处置损益"科目的发生额分析填列,如为处置损失,以"-"号填列。

(12)"其他收益"项目,反映计入其他收益的政府补助,以及其他与日常活动相关且计入其他收益的项目等,应根据"其他收益"科目的发生额分析填列。

(13)"营业外收入"项目,反映企业发生的营业利润以外的收益,主要包括债务重组利得、与企业日常活动无关的政府补助、盘盈利得、捐赠利得等,应根据"营业外收入"科目的发生额分析填列。

(14)"营业外支出"项目,反映企业发生的营业利润以外的支出,主要包括债务重组损失、公益性捐赠支出、非常损失、盘亏损失、非流动资产毁损报废损失等,应根据"营业外支出"科目的发生额分析填列。

(15)"所得税费用"项目,反映企业按规定从本期损益中减去的所得税费用,应根据"所得税费用"科目的发生额分析填列。

(16)"净利润"项目,分为"(一)持续经营净利润"和"(二)终止经营净利润"项目,分别反映净利润中与持续经营相关的净利润和与终止经营相关的净利润,以上两个项目应按照《企业会计准则第 42 号——持有待售的非流动资产、处置组和终止经营》的相关规定分别列报,如为净亏损,以"-"号填列。

(17)"其他综合收益的税后净额"项目,反映企业根据其他会计准则规定未在当期损益中确认的各项利得和损失扣除所得税影响后的净额。

（18）"综合收益总额"项目，反映净利润和其他综合收益扣除所得税影响后的净额相加后的合计金额。

（19）"基本每股收益"和"稀释每股收益"项目，反映企业根据每股收益准则计算的两种每股收益指标的金额。基本每股收益的计算，按照归属于普通股股东的当期净利润除以当期实际发行在外普通股的加权平均数。稀释每股收益是指在将来的某一时点有可能转化为上市公司股权的工具，如可转债、认股期权或股票期权等，在当期全部转换为普通股股份后计算的每股收益。

【例 13-1】 卓段制造 2×22 年 12 月 31 日全部总账和有关明细账余额如表 13-3 所示。

表 13-3 卓段制造总账和有关明细账余额

单位：元

总账	明细账户	借方余额	贷方余额	总账	明细账户	借方余额	贷方余额
库存现金		6 000		短期借款			360 000
银行存款		90 000		应付账款			60 000
交易性金融资产		84 000			A 企业		42 000
应收账款		138 000			B 企业	30 000	
	甲企业	60 000			C 企业		48 000
	乙企业		12 000	预收账款			6 000
	丙企业	90 000			D 企业		24 000
预付账款		28 200			E 企业	18 000	
	丁企业	30 000		其他应付款			192 000
	戊企业		18 000	应付职工薪酬			208 200
其他应收款		60 000		应交税费			360 000
原材料		162 000		长期借款			384 000
生产成本		48 000		实收资本			1 680 000
库存商品		120 000		盈余公积			132 480
长期股权投资		1 362 000		利润分配	未分配利润		959 520
固定资产		2 400 000					
累计折旧			360 000				

根据上述资料,编制卓段制造 2×22 年 12 月 31 日的资产负债表,如表 13-4 所示。

表 13-4　资产负债表

单位:元

纳税人基本信息					
纳税人识别号	912102333333333333	纳税人名称	大连卓段制造股份有限公司		
报送日期	2×23-1-15	所属期起	2×22-1-1	所属期止	2×22-12-31
资产负债表(适用执行小企业会计准则的企业)					
资产	期末余额	年初余额	负债和所有者权益	期末余额	年初余额
流动资产:			流动负债:		
货币资金	96 000		短期借款	360 000	
交易性金融资产	84 000		交易性金融负债		
衍生金融资产			衍生金融负债		
应收票据			应付票据		
应收账款	168 000		应付账款	91 800	
预付账款	60 000		预收账款	36 000	
应收股利			合同负债		
应收利息			应付职工薪酬	208 200	
其他应收款	60 000		应交税费	360 000	
存货	330 000		应付利息		
其中:原材料			应付股利		
在产品			其他应付款	192 000	
库存商品			持有待售负债		
周转材料			一年内到期的非流动负债		
合同资产			其他流动负债		
持有待售资产			流动负债合计	1 248 000	
一年内到期的非流动资产			非流动资产:		
其他流动资产			长期借款	384 000	
流动资产合计	798 000		应付债券		
非流动资产:			长期应付款		
债权投资			专项应付款		

(续表)

资产	期末余额	年初余额	负债和所有者权益	期末余额	年初余额
其他债权投资			预计负债		
长期应收款			递延收益		
长期股权投资	1 362 000		递延所得税负债		
其他权益工具投资			其他非流动负债		
投资性房地产			非流动负债合计	384 000	
固定资产原价	2 040 000		负债合计	1 632 000	
减：累计折旧			所有者权益(或股东权益)：		
固定资产账面价值			实收资本(或股本)	1 680 000	
在建工程			其他权益工具		
工程物资			其中：优先股		
固定资产清理			永续债		
生产性生物资产			资本公积		
无形资产	180 000		减：库存股		
开发支出			其他综合收益		
商誉			盈余公积	132 480	
长期待摊费用	24 000		未分配利润	959 520	
递延所得税资产			所有者权益(或股东权益)合计	2 772 000	
其他非流动资产					
非流动资产合计	3 606 000				
资产总计	4 404 000		负债和所有者权益(或股东权益)总计	4 404 000	

【例 13-2】 卓段制造 2×22 年 11 月有关账户发生额数据如表 13-5 所示。

表 13-5 卓段制造有关账户发生额

2×22 年 11 月

单位：元

账户	发生额	借贷方向
主营业务收入	3 600 000	贷
其他业务收入	200 000	贷
主营业务成本	2 040 000	借
其他业务成本	80 000	借
税金及附加	120 000	借

（续表）

账户	发生额	借贷方向
管理费用	288 000	借
财务费用	72 000	借
销售费用	180 000	借
投资收益	240 000	贷
营业外收入	45 000	贷
营业外支出	28 500	借
所得税费用	421 245	借

卓段制造 2×22 年 10 月利润表中的"本年累计金额"栏内有关数据如表 13-6 所示。

表 13-6　利润表　　　　　　　　　　　　　　　　　　单位:元

纳税人基本信息			
纳税人识别号	9121023333333333333	纳税人名称	大连卓段制造股份有限公司
报送日期	2×22-11-15	报表所属期	2×22 年 10 月

利润表(适用执行小企业会计准则的企业)

项目	本期金额	本年累计金额
一、营业收入		6 150 000
减:营业成本		2 520 000
税金及附加		450 000
销售费用		390 000
管理费用		462 000
研发费用		
财务费用		258 000
其中:利息费用		
利息收入		
加:其他收益		
投资收益(损失以"—"号填列)		360 000
其中:对联营企业和合营企业的投资收益		
以摊余成本计量的金融资产终止确认收益(损失以"—"号填列)		
净敞口套期收益(损失以"—"号填列)		
公允价值变动收益(损失以"—"号填列)		
信用减值损失(损失以"—"号填列)		

(续表)

项目	本期金额	本年累计金额
资产减值损失(损失以"—"号填列)		
资产处置收益(损失以"—"号填列)		
二、营业利润(亏损以"—"号填列)		2 430 000
加:营业外收入		135 000
减:营业外支出		43 500
三、利润总额(亏损总额以"—"号填列)		2 521 500
减:所得税费用		832 095
四、净利润(净亏损以"—"号填列)		1 689 405
五、其他综合收益的税后净额		
六、综合收益总额		
七、每股收益:		
(一)基本每股收益		
(二)稀释每股收益		

根据上述 2×22 年 10 月利润表和有关资料,编制卓段制造 2×22 年利润表,如表 13-7 所示。

表 13-7 利润表

单位:元

纳税人基本信息			
纳税人识别号	91210233333333333	纳税人名称	大连卓段制造股份有限公司
报送日期	2×22-12-15	报表所属期	2×22 年 11 月
利润表(适用执行小企业会计准则的企业)			

项目	本期金额	本年累计金额
一、营业收入	3 800 000	9 950 000
减:营业成本	2 120 000	4 640 000
税金及附加	120 000	570 000
销售费用	180 000	570 000
管理费用	288 000	750 000
研发费用		
财务费用	72 000	330 000
其中:利息费用		
利息收入		
加:其他收益		
投资收益(损失以"—"号填列)	240 000	600 000

（续表）

项目	本期金额	本年累计金额
其中：对联营企业和合营企业的投资收益		
以摊余成本计量的金融资产终止确认收益（损失以"一"号填列）		
净敞口套期收益（损失以"一"号填列）		
公允价值变动收益（损失以"一"号填列）		
信用减值损失（损失以"一"号填列）		
资产减值损失（损失以"一"号填列）		
资产处置收益（损失以"一"号填列）		
二、营业利润（亏损以"一"号填列）	1 260 000	3 690 000
加：营业外收入	45 000	180 000
减：营业外支出	28 500	72 000
三、利润总额（亏损总额以"一"号填列）	1 276 500	3 798 000
减：所得税费用	421 245	1 253 340
四、净利润（净亏损以"一"号填列）	855 255	2 544 660
五、其他综合收益的税后净额		
六、综合收益总额		
七、每股收益：		
（一）基本每股收益		
（二）稀释每股收益		

13.4　所有者权益变动表

13.4.1　所有者权益变动表的概念

所有者权益变动表是指反映构成所有者权益各组成部分当期增减变动情况的报表。所有者权益变动表应当全面反映一定时期所有者权益变动的情况，不仅包括所有者权益总量的增减变动，还包括所有者权益增减变动的重要结构性信息，让报表使用者准确理解所有者权益增减变动的根源。

在所有者权益变动表中，综合收益和与所有者（或股东）的资本交易导致的所有者权益的变动，应当分别列示。企业至少应当单独列示反映下列信息的项目：①综合收益总额；②会计政策变更和前期差错更正的累积影响金额；③所有者投入资本和向所有者分配利润等；④提取的盈余公积;⑤所有者权益各组成部分的期初和期末余额及其调节情况。

13.4.2 所有者权益变动表的编制格式与方法

13.4.2.1 所有者权益变动表的编制格式

为了清楚地表明构成所有者权益的各组成部分当期的增减变动情况,所有者权益变动表应当以矩阵的形式列示:一方面,列示导致所有者权益变动的交易或事项,改变了以往仅仅按照所有者权益的各组成部分反映所有者权益变动情况,而是从所有者权益变动的来源对一定时期所有者权益变动情况进行全面反映;另一方面,按照所有者权益各组成部分(包括实收资本、资本公积、其他综合收益、盈余公积、未分配利润和库存股等)及其总额列示交易或事项对所有者权益的影响。此外,企业还需要提供比较所有者权益变动表,所有者权益变动表还将各项目再分为"本年金额"和"上年金额"两栏分别填列。所有者权益变动表的具体格式如表 13-8 所示。

表 13-8　所有者权益变动表　　　　　　　　　　　　单位:元

纳税人基本信息																		
纳税人识别号					纳税人名称													
报送日期					所属期起								所属期止					
所有者权益变动表(适用执行企业会计准则的一般企业)																		
项目	本年金额									上年金额								
	实收资本(或股本)	其他权益工具	资本公积	减：库存股	其他综合收益	专项储备	盈余公积	未分配利润	所有者权益合计	实收资本(或股本)	其他权益工具	资本公积	减：库存股	其他综合收益	专项储备	盈余公积	未分配利润	所有者权益合计
一、上年年末余额																		
加:会计政策变更																		
前期差错更正																		
其他																		
二、本年年初余额																		
三、本年增减变动金额(减少以"一"号填列)																		
(一)综合收益总额																		
(二)所有者投入和减少资本																		

（续表）

项目	本年金额									上年金额								
	实收资本（或股本）	其他权益工具	资本公积	减：库存股	其他综合收益	专项储备	盈余公积	未分配利润	所有者权益合计	实收资本（或股本）	其他权益工具	资本公积	减：库存股	其他综合收益	专项储备	盈余公积	未分配利润	所有者权益合计
1. 所有者投入的普通股																		
2. 其他权益工具持有者投入资本																		
3. 股份支付计入所有者权益的金额																		
4. 其他																		
（三）利润分配																		
1. 提取盈余公积																		
2. 对所有者（或股东）的分配																		
3. 其他																		
（四）所有者权益内部结转																		
1. 资本公积转增资本（或股本）																		
2. 盈余公积转增资本（或股本）																		
3. 盈余公积弥补亏损																		
4. 设定受益计划变动额结转留存收益																		
5. 其他综合收益结转留存收益																		
6. 其他																		
四、本年年末余额																		

13.4.2.2　所有者权益变动表的编制方法

1）上年金额栏的填列方法

所有者权益变动表"上年金额"栏内各项数字，应根据上年度所有者权益变动表"本年金额"栏内所列数字填列。如果上年度所有者权益变动表规定的项目的名称和内容与本年度所有者权益变动表不一致,应对上年度所有者权益变动表各项目的名称和金额按照本年度所有者权益变动表的规定进行调整,填入本年度所有者权益变动表"上年金额"栏内。

2)本年金额栏的填列方法

所有者权益变动表"本年金额"栏内各项数字一般应根据"实收资本(或股本)""其他权益工具""资本公积""盈余公积""其他综合收益""利润分配""库存股""以前年度损益调整"等科目及其明细科目的发生额分析填列。

13.5 现 金 流 量 表

13.5.1 现金流量表的概念与作用

现金流量表是反映企业在一定会计期间内有关现金和现金等价物的流入和流出的报表。现金流量表实际上是以现金为基础编制的财务状况变动表。这里的现金是相对广义的现金,不仅包括库存现金,还包括企业随时支用的银行存款和其他货币资金,以及现金等价物。

(1)库存现金是指企业持有可以随时支用的现金。

(2)银行存款是指企业存放在银行或其他金融机构随时可以支用的存款。

(3)其他货币资金是指企业存放在银行有特定用途的资金或在途尚未收到的资金,包括外埠存款、银行汇票存款、银行本票存款和信用证存款等。

(4)现金等价物是指企业持有的期限短、流动性强、容易转换为已知金额现金、价值变动风险很小的投资,比较常见的有企业购入的在证券市场上流通的 3 个月内到期的短期债券投资等。

编制现金流量表,主要是为企业提供一定会计期间内现金和现金等价物流入和流出的信息,以便于报表使用者了解和评价企业获得现金和现金等价物的能力和企业偿债、支付股利的能力,并据以预测企业未来现金流量,分析企业投资和理财活动对经营成果和财务状况的影响。

13.5.2 现金流量的分类

企业一定时期内现金流入和流出是由各种因素引起的,现金流量表首先要对企业各项经济业务发生的现金流量进行合理分类。根据《企业会计准则》的规定,企业一定时期内发生的现金流量可分为以下三大类,即经营活动产生的现金流量、投资活动产生的现金流量和筹资活动产生的现金流量。

13.5.3 现金流量表的编制格式与基础

现金流量表属于年报,由报表主表和补充资料两部分组成。具体格式如表 13-9 所示。

表 13-9　现金流量表

单位:元

纳税人基本信息				
纳税人识别号		纳税人名称		
报送日期		所属期起		所属期止
《现金流量表(适用执行企业会计准则的一般企业)》				
项目	本期金额		上期金额	
一、经营活动产生的现金流量:				
销售商品、提供劳务收到的现金				
收到的税费返还				
收到其他与经营活动有关的现金				
经营活动现金流入小计				
购买商品、接受劳务支付的现金				
支付给职工以及为职工支付的现金				
支付的各项税费				
支付其他与经营活动有关的现金				
经营活动现金流出小计				
经营活动产生的现金流量净额				
二、投资活动产生的现金流量:				
收回投资收到的现金				
取得投资收益收到的现金				
处置固定资产、无形资产和其他长期资产收回的现金净额				
处置子公司及其他营业单位收到的现金净额				
收到其他与投资活动有关的现金				
投资活动现金流入小计				
购建固定资产、无形资产和其他长期资产支付的现金				
投资支付的现金				
取得子公司及其他营业单位支付的现金净额				
支付其他与投资活动有关的现金				
投资活动现金流出小计				
投资活动产生的现金流量净额				

(续表)

项目	本期金额	上期金额
三、筹资活动产生的现金流量:		
吸收投资收到的现金		
取得借款收到的现金		
收到其他与筹资活动有关的现金		
筹资活动现金流入小计		
偿还债务支付的现金		
分配股利、利润或偿付利息支付的现金		
支付其他与筹资活动有关的现金		
筹资活动现金流出小计		
筹资活动产生的现金流量净额		
四、汇率变动对现金及现金等价物的影响		
五、现金及现金等价物净增加额		
加:期初现金及现金等价物余额		
六、期末现金及现金等价物余额		

现金流量表的编制基础是收付实现制。编制现金流量表时,应当调整那些由于运用权责发生制原则而增减了本期净利润但并没有增加或减少现金的一些收益和费用、支出以及存货、应收、应付等项目。

13.6 财务报表附注的披露

13.6.1 财务报表附注的内容与作用

财务报表附注是对资产负债表、利润表、现金流量表和所有者权益变动表等报表中示项目的文字描述或明细资料,以及对未能在这些报表中列示项目的说明等。财务报表附注是财务报表的重要组成部分,按照《企业会计准则——财务报表列报》的规定,财务报表附注应当按照如下顺序披露有关内容。

13.6.1.1 企业的基本情况

(1)企业注册地、组织形式和总部地址。

(2)企业的业务性质和主要经营活动。

(3)母公司以及集团最终母公司的名称。

(4)财务报告的批准报出者和财务报告批准报出日。

(5)营业期限有限的企业还应当披露有关其营业期限的信息。

13.6.1.2 财务报表的编制基础

(1) 会计年度。

(2) 记账本位币。

(3) 会计计量所运用的计量属性。

(4) 现金和现金等价物的构成。

13.6.1.3 遵循企业会计准则的声明

企业应当明确说明编制的财务报表符合《企业会计准则》的要求,真实、完整地反映了企业的财务状况、经营成果和现金流量等有关信息,以此明确企业编制财务报表所依据的制度基础。如果企业编制的财务报表只是部分地遵循了《企业会计准则》,附注中不得作出这种表述。

13.6.1.4 重要会计政策和会计估计

按照《企业会计准则——财务报表列报》的规定,企业应当披露采用的重要会计政策和会计估计,不重要的会计政策和会计估计可以不披露。

1) 重要会计政策的说明

由于企业经济业务的复杂性和多样化,企业可以选择不同的会计处理方法。为了有助于使用者理解,有必要对这些会计政策加以披露,包括:

(1) 财务报表项目的计量基础。会计计量属性包括历史成本、重置成本、可变现净值、现值和公允价值,这些信息将直接影响报表使用者的分析,这项披露要求有助于使用者了解企业财务报表中的项目是按何种计量基础予以计量的。

(2) 会计政策的重要判断依据。其主要是指企业在运用会计政策过程中所作的对报表中确认的项目金额最具影响的判断。例如,企业如何判断与租赁资产相关的所有风险和报酬已转移给企业,从而符合融资租赁的标准等。这项披露要求有助于使用者理解企业选择和运用会计政策的背景,增加财务报表的可理解性。

2) 重要会计估计的说明

《企业会计准则第 30 号——财务报表列报》强调了对会计估计不确定因素的披露要求,企业应当披露会计估计中所采用的关键假设和不确定因素的确定依据,这些关键假设和不确定因素在下一会计期间内很可能导致对资产、负债账面价值进行重大调整。

在确定报表中确认的资产和负债的账面金额过程中,企业有时需要对不确定的未来事项在资产负债表日对这些资产和负债的影响加以估计。例如,固定资产可收回金额的计算需要根据其公允价值减去处置费用后的净额与预计未来现金流量的现值两者之间的较高者确定,在计算资产预计未来现金流量的现值时需要对未来现金流量进行预测,并选择适当的折现率,应当在附注中披露未来现金流量预测所采用的假设及其依据、所选择的折现率为什么是合理的等。因此,强调这一披露要求,有助于提高财务报表的可理解性。

13.6.1.5 会计政策和会计估计变更以及差错更正的说明

企业应当按照《企业会计准则第 28 号——会计政策、会计估计变更和差错更正》及其应用指南的规定,披露会计政策和会计估计变更以及差错更正的有关情况。

13.6.1.6 报表重要项目的说明

企业应当以文字和数字描述相结合,尽可能以列表形式披露报表重要项目的构成或当期增减变动情况。并且,报表重要项目的明细金额合计,应当与报表项目金额相衔接。在披露顺序上,一般应当按照资产负债、利润表、现金流量表、所有者权益变动表的顺序及其项目的顺序列示。企业应当在附注中披露费用按照性质分类的利润表补充资料,可将费用分为耗用的原材料、职工薪酬、折旧费用、摊销费用等。

13.6.1.7　其他需要说明的重要事项

这些重要事项主要包括或有和承诺事项、资产负债表日后非调整事项、关联方关系及其交易等,具体的披露要求须遵循相关准则的规定。

13.6.1.8　有助于财务报表使用者评价企业管理资本的目标、政策及程序的信息

企业不仅需要披露企业管理资本的目标、政策及程序的信息,还应披露其他综合收益各项目的信息,终止经营的收入、费用、利润总额、所得税费用和净利润及归属于母公司所有者的终止经营利润。在资产负债表日后、财务报告批准报出前提议或宣告发放的股利总额和每股股利金额。

13.6.2　财务报表附注披露的要求

附注相关信息应当与资产负债表、利润表、现金流量表和所有者权益变动表等报表中列示的项目相互参照,以便于使用者联系相关联的信息,并由此从整体上更好地理解财务报表。

企业在披露附注信息时,应当以定量、定性信息相结合,按照一定的结构对附注信息进行系统合理地排列和分类,以便于使用者理解和掌握。

 章节测试

一、复习思考题

1. 财务报表列报有哪些要求?
2. 资产负债表项目的填列方法有哪几种? 试举例说明。
3. 利润表能够提供哪些重要的会计信息?

二、单选题

1. 下列各项中,能够引起现金流量净额发生变化的是(　　)。
A. 以存货抵偿债务
B. 以银行存款支付采购款
C. 将现金存为银行活期存款
D. 以银行存款购买 2 个月到期的债券投资
2. 资产负债表中,"应收账款"项目应根据(　　)填列。
A. "应收账款"总分类账期末余额
B. "应收账款"总分类账所属各明细分类账的期末借方余额合计
C. "应收账款"和"应付账款"总分类账所属各明细分类账的期末借方余额合计
D. "应收账款"和"预收账款"总分类账所属各明细分类账的期末借方余额合计
3. 2×22 年 12 月 31 日,甲企业"预收账款"总账科目贷方余额为 15 万元,其明细科目余额如下:"预收账款——乙企业"科目贷方余额为 25 万元,"预收账款——丙企业"科目借方余额为 10 万元。不考虑其他因素,甲企业年末资产负债表中"预收款项"项目的期末余额为(　　)万元。
A. 10　　　　　　　B. 15　　　　　　　C. 5　　　　　　　D. 25

4. 某企业采用实际成本法核算存货。年末结账后,该企业"原材料"科目借方余额为 100 万元,"工程物资"科目借方余额为 20 万元,"周转材料"科目借方余额为 30 万元。不考虑其他因素,该企业资产负债表"存货"项目的期末余额为(　　)万元。

　　A. 130　　　　　　　B. 120　　　　　　　C. 50　　　　　　　D. 100

5. 2×22 年 12 月初,某企业"应收账款"科目借方余额为 300 万元,相应的"坏账准备"科目贷方余额为 20 万元,本月实际发生坏账损失 6 万元。2×22 年 12 月 31 日经减值测试,该企业应补提坏账准备 11 万元,假定不考虑其他因素,2×22 年 12 月 31 日该企业资产负债表"应收账款"项目的金额为(　　)万元。

　　A. 269　　　　　　　B. 274　　　　　　　C. 275　　　　　　　D. 280

6. 甲公司 2×22 年 12 月 31 日持有的部分资产和负债项目包括:①准备随时出售的交易性金融资产 2 600 万元;②因内部研发活动予以资本化的开发支出 1 200 万元,该开发活动形成的资产至 2×22 年底尚未达到预定可使用状态;③将于 2×23 年 3 月 2 日到期的银行借款 2 000 万元,甲公司正在与银行协商将其展期 2 年;④账龄在 1 年以上的应收账款 3 400 万元。不考虑其他因素,上述资产和负债在甲公司 2×22 年 12 月 31 日资产负债表中应当作为非流动性项目列报的是(　　)。

　　A. 开发支出　　　　　　　　　　　B. 银行借款
　　C. 应收账款　　　　　　　　　　　D. 交易性金融资产

7. 甲公司 2×22 年发生下列业务:①购买固定资产价款为 500 万元,款项已付;②购买工程物资价款为 100 万元,款项已付;③支付工程人员薪酬 60 万元;④预付工程款 800 万元;⑤长期借款资本化利息 789 万元,费用化利息 70 万元,本年已支付;⑥支付购买专利权的价款 600 万元。不考虑其他因素,甲公司 2×22 年度现金流量表的"购建固定资产、无形资产和其他长期资产支付的现金"项目的金额为(　　)万元。

　　A. 2 849　　　　　　B. 2 919　　　　　　C. 3 520　　　　　　D. 2 060

8. 甲公司 2×22 年度发生的管理费用为 3 300 万元,其中包括:①以现金支付购买办公用品支出 525 万元;②以现金支付管理人员薪酬 125 万元;③存货盘亏损失 37.50 万元;④计提固定资产折旧 630 万元;⑤计提无形资产摊销 525 万元;⑥以现金支付业务招待费 157.50 万元。假定不考虑其他因素,甲公司 2×22 年度现金流量表中"支付其他与经营活动有关的现金"项目的本期金额为(　　)万元。

　　A. 682.50　　　　　B. 3 300　　　　　　C. 722.70　　　　　D. 2 147.70

9. A 公司应交所得税期初余额为 100 万元,当期所得税费用为 200 万元,递延所得税费用为 50 万元,应交所得税期末余额为 120 万元;支付的税金及附加为 20 万元,已交增值税 60 万元。不考虑其他因素,A 公司该年度现金流量表中"支付的各项税费"项目的本期金额为(　　)万元。

　　A. 260　　　　　　　B. 200　　　　　　　C. 80　　　　　　　D. 130

10. 下列各项中,能够引起现金流量净额发生变动的是(　　)。

　　A. 以存货抵偿债务

　　B. 以银行存款支付采购款

　　C. 将现金存为银行活期存款

　　D. 以银行存款购买 2 个月内到期的债券投资

三、计算分析题

1. A公司2×22年12月31日有关账户余额如表13-10所示。

表13-10 A公司有关账户余额

2×22年12月31日 单位:元

账户	金额	借贷方向
应收账款——甲	15 000	借
应付账款——A	30 000	贷
预收账款——丙	20 000	贷
预付账款——C	10 000	借
预收账款——丁	13 000	借
预付账款——D	18 000	贷

要求:计算资产负债表下列项目的金额。

(1)"应收账款"项目。

(2)"应付账款"项目。

(3)"预收账款"项目。

(4)"预付账款"项目。

2. 甲公司2×22年净利润为1 500万元,在将净利润调整为经营活动现金流量净额时涉及的当年事项有:

(1)计提坏账准备30万元。

(2)计提固定资产折旧80万元。

(3)固定资产报废损失30万元。

(4)公允价值变动收益50万元。

(5)财务费用18万元。

(6)应收账款增加60万元。

(7)应付账款增加40万元。

要求:

(1)计算确定2×22年经营活动现金流量净额。

(2)计算确定2×22年经营净收益。

(3)计算确定2×22年经营所得现金。

3. 编制报表

(1)某公司2×22年12月31日有关账户余额如表13-11所示。

表13-11 某公司有关账户余额

单位:元

账户	年初数	期末数
库存现金	5 000	6 000
银行存款	22 300	21 000

(续表)

账户	年初数	期末数
短期投资	100 000	125 000
应收账款	70 000	92 100
坏账准备	4 200	6 447
原材料	125 000	132 000
低值易耗品	8 210	9 431
自制半成品	250 000	325 000
固定资产	318 400	572 000
累计折旧	38 208	62 920
短期借款	75 121	159 562
应付账款	85 100	100 000
应付股利	121 300	157 000
实收资本	474 981	687 402
盈余公积	10 000	11 200
利润分配——未分配利润	90 000	98 000

要求:根据上述资料编制资产负债表。

(2) 某公司 2×22 年有关收支账户的全年累计发生额如表 13-12 所示。

表 13-12　某公司有关收支账户的全年累计发生额　　　　单位:元

账户	全年累计发生额	借贷方向
主营业务收入	1 756 729	贷
其他业务收入	12 317	贷
投资收益	−70 307	贷
营业外收入	500	贷
主营业务成本	665 183	借
销售费用	249 000	借
管理费用	451 000	借
财务费用	51 200	借
税金及附加	92 307	借
其他业务成本	8 000	借
营业外支出	320	借
所得税费用	54 668	借

要求:根据上列资料编制利润表。

第 14 章

资产负债表日后事项

教学目的和要求

了解资产负债表日后事项的性质;理解对资产负债表日后事项的分类;掌握调整事项和非调整事项的具体会计处理。

教学重点和难点

重点:调整事项和非调整事项区别;调整事项账务处理。

难点:调整事项账务处理。

课程思政

资产负债表日后事项有的可能对企业报告期的财务状况、经营成果产生较大的影响;有的虽然与企业的报告期无关,但可能会影响财务报告使用者作出正确的估计和决策。会计人员需要对上述交易或事项进行分析、评价,以确定是否需要调整将要报出的报告年度的财务会计报告,或是否需要在财务报表附注中进行说明,以便使用者能够获取与财务报告公布日最为相关的信息,明确会计职责,严格执行准则制度,保证会计信息真实、完整。

14.1 资产负债表日后事项概述

14.1.1 资产负债表日后事项的性质

资产负债表日后事项是指资产负债表日至财务报告批准报出日之间发生的有利或不利事项。财务报告批准报出日是指董事会或类似机构批准财务报告报出的日期。资产负债表日后事项不是在这个特定期间内发生的全部事项,而是与资产负债表日存在状况有关的事项,或虽然与资产负债表日存在状况无关,但对企业财务状况具有重大影响的事项。

(1) 资产负债表日包括会计年度末和会计中期(中期是指短于一个完整的会计年度的报告期间)期末。年度资产负债表日是指每年的 12 月 31 日;中期资产负债表日是指各会计中期期末。例如,提供半年度财务报告时,资产负债表日是该年度的 6 月 30 日。这里的财务报告是指对外提供的财务报告,不包括为企业内部管理部门提供的内部报表。

(2) 财务报告批准报出日是指董事会或类似机构批准财务报告报出的日期。

（3）有利或不利事项是指资产负债表日后对企业财务状况和经营成果具有一定影响（既包括有利影响也包括不利影响）的事项。如果某些事项的发生对企业并无任何影响，那么，这些事项既不是有利事项，也不是不利事项，也就不属于这里所说的资产负债表日后事项。

（4）资产负债表日后事项涵盖的期间。资产负债表日后事项涵盖的期间是自资产负债表日次日起至财务报告批准报出日止的一段时间，具体是指报告期间下一期间的第一天至董事会或类似机构批准财务报告对外公布的日期。财务报告批准报出以后、实际报出之前又发生与资产负债表日后事项有关的事项，并由此影响财务报告对外公布日期的，应以董事会或类似机构再次批准财务报告对外公布的日期为截止日期。

由于企业的年度财务报告从编制、审批到最后报出，往往要经历较长一段时间，企业在这段时间内，会发生许多交易或事项。为了使财务会计报告的使用者能够全面、客观地了解企业的财务信息，就必须对上述交易或事项进行分析、评价。

【例 14-1】 卓段制造 2×23 年度财务报告于 2×24 年 1 月 26 日编制完成，注册会计师完成审计及签署审计报告日是 2×24 年 2 月 15 日，经董事会批准报表对外公布日是 2×24 年 3 月 25 日。2×24 年 3 月 20 日，上年年末的一项非专利技术纠纷引起的未决诉讼结案，经人民法院判决卓段制造支付赔偿 500 万元，董事会再次批准报表对外公布日为 2×24 年 3 月 29 日。不考虑其他因素，计算卓段制造 2×23 年度资产负债表日后事项涵盖的期间。

2×24 年 1 月 1 日至 3 月 29 日，因董事会批准报表对外公布日与实际报出日之间发生了重大事项，属于资产负债表日后有关事项，对财务报告对外公布日期有影响，应以董事会再次批准报表对外公布日为 2×24 年 3 月 29 日为止。

14.1.2 资产负债表日后事项的分类

资产负债表日后事项包括资产负债表日后调整事项和资产负债表日后非调整事项。

14.1.2.1 调整事项

资产负债表日后调整事项是指对资产负债表日已经存在的情况提供了新的或进一步证据的事项。企业发生的资产负债表日后调整事项，应当调整资产负债表日的财务报表。

如果资产负债表日及所属会计期间已经存在某种情况，但当时并不知道其存在或者不能知道确切结果，资产负债表日后发生的事项能够证实该情况的存在或者确切结果，则该事项属于资产负债表日后事项中的调整事项。如果资产负债表日后事项对资产负债表日的情况提供了进一步的证据，证据表明的情况与原来的估计和判断不完全一致，则需要对原来的会计处理进行调整。

企业发生的资产负债表日后调整事项，通常包括下列各项：

（1）资产负债表日后诉讼案件结案，法院判决证实了企业在资产负债表日已经存在现时义务，需要调整原先确认的与该诉讼案件相关的预计负债，或确认一项新负债。

（2）资产负债表日后取得确凿证据，表明某项资产在资产负债表日发生了减值或者需要调整该项资产原先确认的减值金额。

（3）资产负债表日后进一步确定了资产负债表日前购入资产的成本或售出资产的收入。

（4）资产负债表日后发现了财务报表舞弊或差错。

【例 14-2】 卓段制造 2×23 年 11 月份与在履制造签订一项销售合同,合同中订明卓段制造需要交付甲材料 1 000 千克。由于卓段制造未按合同发货,致使在履制造不得不以明显较高价格从其他单位购入材料。在履制造通过人民法院提起诉讼,要求卓段制造赔偿经济损失,截至 2×23 年 12 月 31 法院尚未判决。卓段制造 2×23 年 12 月 31 日针对该事项在资产负债表中的"预计负债"项目合理反映了 500 万元的预计赔偿款。2×24 年 3 月 5 日经法院判决,卓段制造需偿付在履制造经济损失 600 万元。双方均服从判决,卓段制造于当日支付了赔偿款。卓段制造 2×23 年度财务报告批准报出日为 2×23 年 4 月 28 日。不考虑其他因素,判断上述事项为调整事项还是非调整事项。

该事项属于日后调整事项。因为法院判决发生时间在资产负债表日后事项涵盖期间,且对资产负债表日的情况提供了进一步的证据,证据表明的情况与原来的估计和判断不完全一致,则需要对原来的会计处理进行调整。卓段制造应于 2×24 年 3 月 5 日法院判决下达时,对 2×23 年年末确认的预计负债进行调整,并将调整结果编入 2×23 年度的财务报表。

14.1.2.2 非调整事项

企业发生的资产负债表日后非调整事项,不应当调整资产负债表日的财务报表。

非调整事项的发生不影响资产负债表日企业的财务报表数字,只说明资产负债表日后发生了某些情况。对于财务报告使用者而言,非调整事项说明的情况有的重要,有的不重要。其中,重要的非调整事项虽然不影响资产负债表日的财务报表数字,但可能影响资产负债表日以后的财务状况和经营成果,不加以说明将会影响财务报告使用者作出正确估计和决策。因此,非调整事项需要适当披露。

企业发生的资产负债表日后非调整事项,通常包括下列各项:

(1)资产负债表日后发生重大诉讼、仲裁、承诺。

(2)资产负债表日后资产价格、税收政策、外汇汇率发生重大变化。

(3)资产负债表日后因自然灾害导致资产发生重大损失。

(4)资产负债表日后发行股票和债券以及其他巨额举债。

(5)资产负债表日后资本公积转增资本。

(6)资产负债表日后发生巨额亏损。

(7)资产负债表日后发生企业合并或处置子公司。

需要说明的是,资产负债表日后,企业利润分配方案中拟分配的以及经审议批准宣告发放的股利或利润,不确认为资产负债表日的负债,但应当在附注中单独披露。

【例 14-3】 卓段制造 2×23 年度财务报告于 2×24 年 1 月 15 日编制完成,董事会批准对外报出的日期为 2×24 年 3 月 31 日。卓段制造 2×23 年 10 月向在履制造出售商品,双方约定,在履制造收到货后 3 个月内付款。至 2×23 年 12 月 31 日,在履制造尚未付款。根据调查发现在履制造发生了财务困难,从而对该项债券计提 25% 的坏账准备。2×24 年 2 月 2 日,在履制造遭受重大火灾,导致卓段制造最终 90% 的应收账款无法收回。判断上述事项为调整事项还是非调整事项。

在履制造发生火灾这一事实是在卓段制造资产负债表日后期间才发生的,因此导致卓段制造应收款项坏账损失比例发生变动属于非调整事项。

在理解资产负债表日后事项的会计处理时,还需要明确以下两个问题:

第一，如何确定资产负债表日后某一事项是调整事项还是非调整事项，是对资产负债表日后事项进行会计处理的关键。调整事项和非调整事项是一个广泛的概念，就事项本身而言，可以有各种各样的性质，符合《企业会计准则》中对这两类事项的判断原则即可。

另外，同一性质的事项可能是调整事项，也可能是非调整事项，这取决于该事项表明的情况是在资产负债表日或资产负债表日以前已经存在或发生，还是在资产负债表日后才发生的。

第二，《企业会计准则》以列举的方式说明了资产负债表日后事项中，哪些属于调整事项，哪些属于非调整事项，但并没有列举详尽。在会计实务中，会计人员应按照资产负债表日后事项的判断原则，确定资产负债表日后发生的事项中哪些属于调整事项，哪些属于非调整事项。

14.2　资产负债表日后事项的会计处理

14.2.1　调整事项的会计处理

14.2.1.1　资产负债表日后调整事项的处理原则

资产负债表日后发生的调整事项，应当如同资产负债表所属期间发生的事项一样，作出相关账务处理，并对资产负债表日已经编制的财务报表进行调整。这里的财务报表包括资产负债表、利润表及所有者权益变动表等内容，但不包括现金流量表正表。

由于资产负债表日后事项发生在次年，报告年度的有关账目已经结转，特别是损益类科目在结账后已无余额，资产负债表日后发生的调整事项，应当分情况进行处理：

（1）涉及损益的事项，通过"以前年度损益调整"科目处理。调整增加以前年度利润或调整减少以前年度亏损的事项，贷记"以前年度损益调整"科目，反之借记"以前年度损益调整"科目。涉及损益的调整事项如果发生在资产负债表日所属年度（即报告年度）所得税汇算清缴前，应调整报告年度应纳税所得额和应纳所得税额。对于调整增加的所得税费用，应借记"以前年度损益调整——所得税费用"科目，贷记"应交税费——应交所得税"科目，调整减少的所得税费用，作相反的会计处理。如果发生在报告年度所得税汇算清缴后，应调整本年度（即报告年度的次年）应纳税所得额和应纳所得税额，将"以前年度损益调整"科目转入"盈余公积"和"利润分配——未分配利润"科目。

需要注意的是，由于调整的是以前年度的法定盈余公积，为了避免与本年度提取的法定盈余公积混淆，调整的以前年度法定盈余公积直接调整未分配利润。企业应根据调整增加的以前年度净损益和法定盈余公积的提取比例计算调整增加的法定盈余公积，借记"利润分配——未分配利润"科目，贷记"盈余公积——法定盈余公积"科目；调整减少的法定盈余公积，作相反的会计处理。

（2）涉及利润分配调整的事项，直接在"利润分配——未分配利润"科目中处理。

（3）不涉及损益以及利润分配的事项，调整相关科目。

（4）进行上述会计处理后，还应同时调整财务报表相关项目的数字，包括资产负债表日编制的财务报表相关项目的期末余额或本年金额；当期编制的财务报表相关项目的期初余额或上年金额。经过上述调整后,如果涉及财务报表附注的内容,还应当调整报表附注相关项目的数字。

14.2.1.2 资产负债表日后调整事项示例

1) 与预计负债有关事项

资产负债表日后诉讼案件结案,法院判决证实了企业在资产负债表日已经存在现时义务,需要调整原先确认的与该诉讼案件相关的预计负债,或确认一项新负债。

【例 14-4】 2×23 年 10 月 15 日,卓段制造涉及一起诉讼案,并被索赔 300 万元。2×23 年 12 月 31 日,卓段制造尚未接到人民法院判决。经咨询律师后,卓段制造预计该案件胜诉的可能性为 30%,败诉的可能性为 70%。如果败诉,卓段制造预计将赔偿 250 万元。2×24 年 2 月 16 日,经法院判决,卓段制造败诉,应当全额赔偿原告 300 万元。卓段制造服从判决,并于当日支付赔偿金。卓段制造 2×23 年度财务报告批准报出日为 2×24 年 4 月 10 日,所得税汇算清缴在 2×23 年 3 月 10 日完成,卓段制造适用企业所得税税率 25%,按净利润的 10% 提取法定盈余公积。假定该项预计负债产生的损失不允许在预计时扣除,只有在损失实际发生时,才允许扣除。相关账务处理如下:

2×23 年 12 月 31 日:

借:营业外支出   2 500 000
 贷:预计负债   25 500 000

确认递延所得税资产=250×25%=62.50(万元)

借:递延所得税资产   625 000
 贷:所得税费用   625 000

该项未决诉讼于资产负债表日 2×23 年 12 月 31 日已存在,日后期间根据新的证据进一步证实。因此,2×24 年 2 月 16 日法院判决属于资产负债表日后调整事项。

2×24 年 2 月 16 日:

(1) 确认实际应付赔款:

借:以前年度损益调整——营业外支出   500 000
 预计负债   2 500 000
 贷:其他应付款   3 000 000

(2) 调整递延所得税资产:

借:以前年度损益调整——所得税费用   625 000
 贷:递延所得税资产   625 000

(3) 调整应交所得税:

应交所得税=300×25%=75(万元)

借:应交税费——应交所得税   750 000
 贷:以前年度损益调整——所得税费用   750 000

(4) 支付赔偿款:

借:其他应付款   3 000 000
 贷:银行存款   3 000 000

(5) 将"以前年度损益调整"科目转入"利润分配——未分配利润"科目：

借：利润分配—未分配利润 375 000

　　贷：以前年度损益调整——本年利润 375 000

(6) 因净利润减少，调整盈余公积：

借：盈余公积——法定盈余公积 37 500

　　贷：利润分配——未分配利润 37 500

卓段制造在编制完成以上会计分录后，应对 2×23 年度的财务报表作如下调整：

(1) 对资产负债表项目年末数的调整，调增其他应付款 300 万元，调减应交税费 75 万元，调减预计负债 250 万元，调减递延所得税资产 62.50 万元，调减盈余公积 3.75 万元，调减未分配利润 33.75 万元。

(2) 对利润表项目本年全额的调整，调增营业外支出 50 万元，调减所得税费用 12.50 万元，调减净利润 37.50 万元。

(3) 对所有者权益变动表项目本年金额的调整，调减净利润 37.50 万元，调减提取盈余公积中的盈余公积 3.75 元，调增提取盈余公积中的未分配利润 3.75 万元，调减未分配利润年末余额 33.75 万元。

2) 与减值有关事项

与减值有关事项是指在资产负债表日，根据当时的资料判断某项资产可能发生了损失或减值，但没有最后确定是否会发生，因而按照当时的最佳估计金额反映在财务报表中。但在资产负债表日至财务报告批准报出日之间，所取得的确凿证据能证明该事实成立，即某项资产已经发生了损失或减值，则应对资产负债表日所作的估计予以修正。

【例 14-5】 卓段制造 2×23 年 6 月销售给乙公司一批材料，货款为 200 万元(含增值税)。在履制造于 7 月份收到所购材料并验收入库。双方约定，在履制造应于收到所购材料后 3 个月内付款。由于在履制造财务状况不佳，到 2×23 年 12 月 31 日仍未付款。卓段制造于 2×23 年 12 月 31 日已为该项应收账款计提坏账准备 40 万元。卓段制造于 2×23 年 2 月 3 日 (所得税汇算清缴前)收到人民法院通知，乙公司已宣告破产清算，无力偿还所欠部分货款。卓段制造估计有 70% 相应的应收账款无法收回，卓段制造 2×23 年度财务报告批准报出日为 2×24 年 4 月 10 日，适用企业所得税税率 25%，按净利润的 10% 提取法定盈余公积。相关账务处理如下：

(1) 补提坏账准备：

应补提的坏账准备＝200×70%－40＝100(万元)

借：以前年度损益调整——信用减值损失 1 000 000

　　贷：坏账准备 1 000 000

(2) 调整递延所得税资产：

需调增的递延所得税资产＝100×25%＝25(万元)

借：递延所得税资产 250 000

　　贷：以前年度损益调整——所得税费用 250 000

（3）将"以前年度损益调整"科目结转至"利润分配——未分配利润"科目：

借：利润分配——未分配利润   750 000

    贷：以前年度损益调整——本年利润   750 000

（4）因净利润减少，调整盈余公积：

借：盈余公积——法定盈余公积   75 000

    贷：利润分配——未分配利润   75 000

卓段制造在编制完成以上会计分录后，应对 2×23 年度的财务报表作如下调整：

（1）对资产负债表项目年末数的调整，调减应收账款 100 万元，调增递延所得税资产 25 万元，调减盈余公积 7.50 万元，调减未分配利润 67.50 万元。

（2）对利润表项目本年全额的调整，调增信用减值损失 100 万元，调减所得税费用 25 万元，调减净利润 75 万元。

（3）对所有者权益变动表项目本年全额的调整，调减净利润 75 万元，调减提取盈余公积中的盈余公积 7.50 万元，调增提取盈余公积中的未分配利润 7.50 万元，调减未分配利润年末余额 67.50 万元。

卓段制造于 2×23 年末为应收账款计提坏账准备时，税法要求信用减值损失为纳税调增项目，所以只需要调整递延所得税资产。例如，假设卓段制造 2×23 年会计利润为 1 000 万元，2×23 年信用减值损失为 40 万元，资产负债表日的应纳税所得额为 1 040 万元（1 000＋40）；涉及日后调整事项，补提信用减值损失 100 万元，则相应的会计利润为 900 万元（1 000－100），信用减值损失共 140 万元，调整后的应纳税所得额为 1 040 万元（900＋140），资产负债表日的应纳税所得额与调整后的应纳税所得额一样，所以日后事项补提的信用减值损失对 2×23 年度的应交所得税没有影响。因此，2×24 年 2 月 3 日资产负债表日后事项发生后，卓段制造在编制以上相应的会计分录时，没有涉及对"应交税费——应交所得税"科目的调整。由于卓段制造计提的坏账准备数额影响递延所得税资产的数额，卓段制造在调整增加"坏账准备"科目的数额时，也调整"递延所得税资产"科目的数额。

14.2.2 非调整事项的会计处理

资产负债表日后发生的非调整事项，应当在报表附注中披露每项重要的资产负债表日后非调整事项的性质、内容及其对财务状况和经营成果的影响。无法作出估计的，应当说明原因。

企业资产负债表日后发生的非调整事项，与资产负债表日存在的情况无关，不应调整到资产负债表日财务报表。由于资产负债表日后的非调整事项很可能对企业当年的财务状况和经营成果产生重大影响，对财务报表使用者的决策具有重要的参考价值，如果不加以解释，将不利于财务报表使用者对企业作出正确的估计和相应的决策。资产负债表日后的非调整事项应在资产负债表日期所在的报告期财务报表附注中披露。

（1）资产负债表日后发生重大诉讼、仲裁和承诺：对企业影响较大，为防止误导投资者及其他财务报告使用者，应当在报表附注中披露。

（2）资产负债表后资产价格、税收政策、外汇汇率发生重大变化：虽然不会影响资产负债表日财务报表相关项目的数据，但对企业资产负债表日后期间的财务状况和经营成果有重大影响,应当在报表附注中予以披露,如发电企业资产负债表日后发生的上网电价的调整。

(3) 资产负债表日后因自然灾害导致资产发生重大损失。

(4) 资产负债表日后发行股票和债券以及向银行或非银行金融机构举借巨额债务都是比较重大的事项,虽然企业资产负债表日的存在状况无关,但这一事项的披露能使财务报告使用者了解与此有关的情况及可能带来的影响。因此,这一事项应当在报表附注中披露。

(5) 资产负债表日后资本公积转增资本:企业以资本公积转增资本将会改变企业的资本(或股本)结构,影响较大,应当在报表附注中进行披露。

(6) 资产负债表日后发生巨额亏损:将会对企业报告期以后的财务状况和经营成果产生重大影响,应当在报表附注中及时披露该事项,以便为投资者或其他财务报告使用者作出正确决策提供信息。

(7) 资产负债表日后发生企业合并或处置子公司:可以影响股权结构、经营范围等方面,对企业未来的生产经营活动能产生重大影响,应当在报表附注中进行披露。

(8) 资产负债表日后,企业利润分配方案中拟分配的以及经审议批准宣告发放的现金股利或利润:并不会导致企业在资产负债表日形成现时义务,虽然该事项的发生可导致企业负有支付股利或利润的义务,但支付义务在资产负债表日尚不存在,不应该调整资产负债表日的财务报告。因此,该事项为非调整事项,但为便于财务报告使用者更充分地了解相关信息,企业需要在财务报告中适当披露该信息。

此外,需要关注以下问题:

(1) 对于在报告期资产负债表日已经存在的债务,在其资产负债表日后期间与债权人达成的债务重组交易不属于资产负债表日后调整事项,不能据以调整报告期资产、负债项目的确认和计量。在报告期资产负债表中,债务重组中涉及的相关负债仍应按照达成债务重组协议前具有法律效力的有关协议等约定进行确认和计量。

(2) 如果企业于资产负债表日对金融资产计提损失准备,资产负债表日至财务报告批准报出日之间,该笔金融资产到期并全额收回。对于这种情形,企业在资产负债表日后终止确认金融资产,属于表明资产负债表日后发生的情况的事项,即非调整事项。如果企业在资产负债表日考虑所有合理且有依据的信息,已采用预期信用损失法基于有关过去事项、当前状况以及未来经济状况预测计提了信用减值准备,不能仅因资产负债表日后交易情况认为已计提的减值准备不合理,并进而调整资产负债表日的财务报表。

14.2.3　披露

企业应当在附注中披露与资产负债表日后事项有关的下列信息:

(1) 财务报告的批准报出者和财务报告批准报出日。

(2) 按照有关法律、行政法规等规定,企业所有者或其他方面有权对报出的财务报告进行修改的,应当披露这一情况。

(3) 每项重要的资产负债表日后非调整事项的性质、内容,及其对财务状况和经营成果的影响。无法作出估计的,应当说明原因。

(4) 企业在资产负债表日后取得了影响资产负债表日存在情况的新的或进一步的证据,应当调整与之相关的披露信息。

 **章节测试**

一、复习思考题

1. 什么是资产负债表日后事项？为什么要考虑资产负债表日后事项？

2. 请简要说明资产负债表日后事项与或有事项的关系。

3. 资产负债表日后事项是如何分类的？为什么要这样分类？

二、单选题

1. 下列各项中,属于资产负债表日后调整事项的是(   )。

A. 资产负债表日后发现报告期坏账准备计提错误

B. 资产负债表日后因自然灾害导致资产发生重大损失

C. 资产负债表日后发生巨额举债

D. 资产负债表日后处置子公司

2. 甲公司 2×22 年度财务报告批准报出日为 2×23 年 4 月 20 日。下列甲公司发生的交易或事项中,不属于资产负债表日后非调整事项的是(   )。

A. 2×23 年 2 月 21 日,发行可转换公司债券

B. 2×23 年 4 月 15 日,甲公司发生火灾并造成重大损失

C. 2×23 年 3 月 30 日,甲公司发生巨额经营亏损

D. 2×23 年 1 月 5 日,甲公司发现 2×20 年固定资产入账时未纳入弃置费用

3. 下列各项资产负债表日后事项中,属于非调整事项的是(   )。

A. 重大筹资行为

B. 年报期间或年报以前期间的销售商品的退回

C. 发现的以前期间财务报表的重大差错

D. 资产负债表日存在的诉讼案件结案对原预计负债金额的调整

4. 下列关于资产负债表日后事项的表述中,不正确的是(   )。

A. 影响重大的资产负债表日后非调整事项应在附注中披露

B. 资产负债表日后调整事项应当调整资产负债表日财务报表有关项目

C. 资产负债表日后事项包括资产负债表日至财务报告批准报出日之间发生的全部事项

D. 判断资产负债表日后调整事项的标准在于该事项对资产负债表日存在的情况提供了新的或进一步的证据

5. 甲上市公司自资产负债表日至财务报告批准对外报出日之间发生的下列事项中,属于资产负债表日后事项中的调整事项的是(   )。

A. 税收政策的重大变化

B. 董事会审议通过现金股利分配方案

C. 年报期间或年报以前期间的销售商品的退回

D. 发生重大诉讼或承诺

6. 下列各项企业资产负债表日后事项中,属于调整事项的是(   )。

A. 发现报告年度重要会计差错

B. 处置子公司

C. 发生重大诉讼

D. 董事会通过利润分配方案

7. 甲公司 2×23 年财务报告批准报出日是 2×24 年 4 月 25 日。下列各项中,属于资产负债表日后调整事项的是(　　)。

A. 2×24 年 4 月 12 日,发现上一年少计提存货跌价准备

B. 2×24 年 3 月 1 日,定向增发股票

C. 2×24 年 3 月 7 日,发生重大灾害导致一条生产线报废

D. 2×24 年 4 月 28 日,因一项非专利技术纠纷,引起诉讼

8. 甲公司 2×23 年财务报告批准报出日为 2×24 年 3 月 20 日。下列各项中,属于资产负债表日后调整事项的是(　　)。

A. 2×24 年 3 月 9 日,公布资本公积转增资本

B. 2×24 年 2 月 10 日,外汇汇率发生重大变化

C. 2×24 年 1 月 5 日,地震造成重大财产损失

D. 2×24 年 2 月 20 日,发现上年度重大会计差错

9. 甲公司 2×23 年度财务报告批准报出日为 2×24 年 4 月 1 日。下列各项中,属于资产负债表日后调整事项的是(　　)。

A. 2×24 年 3 月 11 日,上月销售产品因质量问题被客户退回

B. 2×24 年 3 月 5 日,用 3 000 万元盈余公积转增资本

C. 2×24 年 2 月 8 日,发生火灾造成重大损失 600 万元

D. 2×24 年 3 月 20 日,注册会计师发现甲公司 2×23 年度存在重大会计舞弊

10. 甲公司 2×23 年财务报告于 2×24 年 3 月 20 日经董事会批准对外报出。在 2×23 年发生的下列事项中,不考虑其他因素,应当作为 2×23 年度资产负债表日后非调整事项的是(　　)。

A. 2×24 年 2 月 10 日,收到客户退回 2×23 年 6 月销售部分商品,甲公司向客户开具红字增值税发票

B. 2×24 年 2 月 20 日,一家子公司发生安全生产事故造成重大财产损失,同时被当地安监部门罚款 600 万元

C. 2×24 年 3 月 15 日,于 2×23 年发生的某涉诉案件终审判决,甲公司需赔偿原告 1 600 万元,该金额较 2×23 年年末原已确认的预计负债多 300 万元

D. 2×24 年 3 月 18 日,注册会计师发现甲公司 2×23 年度存在重大会计舞弊

三、计算分析题

1. 甲公司 2×22 年度财务报告批准报出日为 2×23 年 3 月 31 日,按净利润的 10% 计提法定盈余公积。2×22 年 1 月 1 日至 2×23 年 4 月 10 日,甲公司发生的相关交易或事项如下:

(1) 2×22 年 12 月 5 日,甲公司向乙公司销售 A 产品一批,销售价格为 1 000 万元,成本为 750 万元,未计提存货跌价准备。2×23 年 1 月 15 日,乙公司因产品质量问题要求退货,甲公司同意乙公司要求。当日,甲公司退回款项,乙公司退回商品。

(2) 2×23 年 3 月 12 日,法院对 N 公司起诉甲公司合同违约一案作出判决,要求甲公司赔偿 N 公司 180 万元,甲公司已于 2×22 年末确认预计负债 130 万元,甲公司不服判决,决定继续上诉,但根据一审结果调整了应确认预计负债的金额。

不考虑增值税、所得税等因素。要求：

（1）判断甲公司 2×23 年 1 月 15 日发生的与销售退回有关的事项是否属于资产负债表日后调整事项，并编制相关会计分录。

（2）判断甲公司 2×23 年 3 月 12 日发生的与未决诉讼有关的事项是否属于资产负债表日后调整事项，并编制相关会计分录。

（3）计算上述业务对本年留存收益的影响，并编制与结转以前年度损益调整有关的会计分录。

2．甲公司系增值税一般纳税人，2×23 年度财务报告批准报出日为 2×24 年 4 月 20 日，适用的增值税税率为 13%，按净利润的 10% 提取法定盈余公积。甲公司在 2×24 年 1 月 1 日至 2×24 年 4 月 20 日期间发生的相关交易或事项如下：

（1）2×24 年 1 月 5 日，甲公司于 2×23 年 11 月 3 日销售给乙公司并已确认收入和收讫款项的一批产品，由于质量问题，乙公司提出货款折让要求。经双方协商，甲公司以银行存款向乙公司退回 100 万元的货款及相应的增值税税款 13 万元，并取得税务机关开具的红字增值税专用发票。

（2）2×23 年 12 月 1 日，甲公司委托乙公司销售 A 商品 1 000 件，商品已全部移交乙公司，每件成本为 500 元。合同约定，乙公司应按每件不含增值税的固定价格 600 元对外销售，甲公司按每件 30 元向乙公司支付代销商品的手续费；代销售期限为 6 个月，代销售期限结束时，乙公司将尚未售出的 A 商品退回甲公司；每月月末，乙公司向甲公司提交代销清单。2×23 年 1 月 31 日，甲公司收到乙公司开具的代销清单，注明已售出 A 商品 400 件，乙公司对外开具的增值税专用发票上注明的销售价格为 24 万元，增值税税额为 3.12 万元。当日，甲公司向乙公司开具了一张相同金额的增值税专用发票，按扣除手续费 1.2 万元后的净额 25.92 万元与乙公司进行了货款结算，甲公司已将款项收存银行。根据税法规定，甲公司增值税纳税义务在收到代销清单时产生。甲公司 2×23 年对上述业务进行了如下会计处理：

借：应收账款	600 000
贷：主营业务收入	600 000
借：主营业务成本	500 000
贷：库存商品	500 000
借：银行存款	259 200
销售费用	12 000
贷：应收账款	240 000
应交税费——应交增值税（销项税额）	31 200

要求：

（1）判断甲公司 2×24 年 1 月 5 日给予乙公司的货款折让是否属于资产负债表日后调整事项，并编制相关的会计分录。

（2）判断甲公司对委托代销业务的会计处理是否正确，并判断该事项是否属于资产负债表日后调整事项；如果属于调整事项，编制相关的调整分录。

3．甲公司适用的企业所得税税率为 25%，预计未来期间适用的企业所得税税率不会发生变化，未来期间能够产生足够的应纳税所得额用以抵减可抵扣暂时性差异。甲公司 2×20 年度财务报告批准报出日为 2×21 年 4 月 10 日,2×20 年度企业所得税汇算清缴为 2×21 年 4 月 20 日。甲公司按净利润的 10% 计提法定盈余公积。2×21 年 1 月 1 日至 2×21 年 4 月 10 日,甲公司发生的相关交易或事项如下:

(1) 2×21 年 1 月 20 日,甲公司发现 2×20 年 6 月 15 日以赊购方式购入并于当日投入行政管理使用的一台设备尚未入账。该设备的购买价款为 600 万元,预计使用年限为 5 年,预计净残值为零,采用年限平均法计提折旧。该设备的初始入账金额与计税基础一致。根据税法规定,2×20 年该设备准予在税前扣除的折旧费用为 60 万元,但甲公司在计算 2×20 年度应交企业所得税时未扣除该折旧费用。

(2) 2×21 年 2 月 10 日。甲公司收到法院关于乙公司 2×20 年起诉甲公司的判决书,判定甲公司因合同违约应向乙公司赔偿 500 万元。甲公司服从判决并于当日支付赔偿款。2×20 年 12 月 31 日,甲公司根据律师意见已对该诉讼确认了 400 万元的预计负债。根据税法规定,因合同违约确认预计负债产生的损失不允许在预计时税前扣除,只有在损失实际发生时,才允许税前扣除。2×20 年 12 月 31 日,甲公司对该预计负债确认了递延所得税资产 100 万元。

本题涉及的差错均为重要前期差错。不考虑除企业所得税以外的税费及其他因素。

要求:

(1) 编制甲公司对其 2×21 年 1 月 20 日发现的会计差错进行更正的会计分录。

(2) 判断甲公司 2×21 年 2 月 10 日收到法院判决是否属于资产负债表日后调整事项,并编制相关会计分录。

第 15 章

会计政策、会计估计变更与差错更正

 教学目的和要求

了解会计政策与会计估计的概念;掌握会计政策变更与会计估计变更的会计处理方法;掌握前期差错更正的会计处理方法。

 教学重点和难点

重点:会计政策变更与会计估计变更的区别;前期差错更正的会计处理方法;会计政策变更的会计处理方法。

难点:追溯调整法与追溯重述法的区别。

 课程思政

企业的发展就好像是一匹骏马,载着人向前快速前进,会计政策、规章和会计职业道德则是马镫和缰绳,让人更好地骑马同时约束骏马,不让它成为脱缰的野马把人掀翻,以保证企业更好地发展。但在企业日常经营过程中,也会存在会计差错,需要会计人员及时纠正,以保证会计资料的真实、合法和完整,从而保证会计信息的相关和可靠,会计人员应加强理论学习,遵守法律法规,坚守职业道德。

15.1 会计政策及变更

15.1.1 会计政策

15.1.1.1 会计政策的概念

会计政策是指企业在会计确认、计量和报告中所采用的原则、基础和会计处理方法。企业应当对相同或者相似的交易或者事项采用相同的会计政策进行处理。但是,其他会计准则另有规定的除外。会计政策包括的会计原则、基础和处理方法,是指导企业进行会计确认和计量的具体要求。

(1) 会计原则:企业采用的具体会计原则,是指某一业务在核算上遵循的特定原则。例如,投资性房地产后续计量模式采用成本模式或公允价值模式,就属于特定原则。

(2) 会计基础:计量基础(即计量属性),包括历史成本、重置成本、可变现净值、现值和公允价值等。

（3）会计处理方法：企业按照法律、行政法规或者国家统一的会计制度等规定采用或者选择的、适合于本企业的具体会计处理方法，如存货发出计价方法选择。

15.1.1.2　会计政策的特点

（1）会计政策的强制性。由于企业经济业务的复杂性和多样化，某些经济业务在符合会计原则和基础的要求下，可以有多种会计处理方法。例如，存货的计价，可以有先进先出法、加权平均法、个别计价法等。但是，企业在发生某项经济业务时，必须从允许的会计原则、基础和会计处理方法中选择出适合本企业特点的会计政策。

（2）会计政策的层次性。会计政策包括会计原则、会计基础和会计处理方法三个层次。其中，会计原则是指导企业会计核算的具体原则；会计基础是为将会计原则体现在会计核算而采用的基础；处理方法是按照会计原则和基础的要求，由企业在会计核算中采用或者选择的、适合于本企业的具体会计处理方法。会计原则、会计基础和会计处理方法三者是一个密不可分、具有逻辑性的整体，通过这个整体，会计政策才能得以应用和落实。

15.1.1.3　产生原因

1）利益的共享性

企业的财务会计应向其相关的利益各方（包括政府、现有的股东、潜在的股东、债权人、供应商、顾客等）充分披露其会计信息。而这些利益相关方与企业彼此之间都有其各自独立的利益，且利益不完全一致，尤其是政府与企业的利益相关性更低。政府为了平衡各相关方的利益并使其制定的准则、制度能使各利益方早日顺利接受，从而使制定后的执行成本降低，因此政府就会放宽准则中对一些经济业务事项的会计处理限定，以提供一些可供选择的会计处理方法。

2）企业会计实务的多样性与复杂性

由于企业所处的环境千差万别，企业的经营规模、经营状况各不相同，为了使企业会计信息的披露能够从其所处的特定经营环境和经营状况出发，最恰当地反映企业的财务状况、经营成果和现金流量的情况，准则、制度就有必要留有一定的弹性空间，即在统一性的同时还需要一定的灵活性，允许企业在对经济业务事项进行会计处理时在不同的具体原则、多样的会计处理之间进行选择，从而也留给会计人员越来越多地进行职业判断的余地。

3）会计计量与报告中的主观性

会计计量与报告过程是人们主观地期望以货币计量为手段，采用一些特定的专门方法，对会计对象加以反映以提供相关可靠的会计信息的过程。因此，会计核算过程中一定程度上掺杂了人的主观判断，这表现为人们可能对同一经济业务事项会有不同的看法，从而产生不同的会计观点，并提出不同的处理意见，也由此就产生了会计政策。

15.1.1.4　会计政策的选择应考虑的因素

影响企业选择会计政策的主要因素包括以下几个方面。

1）国家法规和经济政策

企业必须在会计法规允许的范围内选择会计政策，同时要考虑诸如商法、税法、公司法、证券法、银行法等经济法规的影响，尤其要考虑因会计政策对企业税负的影响；国家宏观经济政策也会影响企业的会计政策，如国家支持的新兴产业往往会享受一定的优惠政策，这将直接影响到固定资产折旧政策、研究与开发会计政策的选择。

2) 经济形势与对外经贸往来

宏观经济不景气、通货膨胀严重时,选择会计政策应考虑经营安全的需要,谨慎从事,采取各种建立准备金或改变计价方法等抵御风险的会计政策;而经济形势一旦好转,市场趋旺,通货趋于稳定时,选择会计政策就可以相应大胆些,避免过于稳健保守的会计政策。对外经贸往来对会计政策的影响,集中体现在外币业务会计政策上。

3) 企业组织形式与资本结构

企业组织形式主要有独资、合伙、公司制三种形式。其中,公司制的上市公司对于会计信息要求充分披露;独资、合伙企业的信息公开程度则低得多,从而对选择会计政策的影响是不一样的,上市公司应该选择那些能充分披露会计信息的会计政策。企业资本结构不同,面临的财务风险也就不同,负债比率高的企业,财务风险大,应更多考虑债权人权益,使会计政策倾向于稳健;而负债比率低的企业,财务风险较小,企业所有者面临的风险大,则应使会计政策倾向于保障投资者的利益。

4) 企业的经营特点和发展状况

经营特点具体包括企业的经营范围、规模、方式、服务对象、产品结构等。这些情况对企业会计政策的内容和要求会产生直接影响。例如,高新技术产业有关研究与开发会计政策与传统产业的就会不同;往来结算业务频繁的企业在坏账会计政策上可能要更稳妥。一个企业在其不同发展阶段,其会计政策也会不同。如果企业正处于成长扩张期,则将某些递延费用予以资本化的会计政策,就比处于稳定期或衰退期更为可行。

5) 通行惯例与会计理论研究水平

企业选择会计政策,既要考虑会计理论上的合理性,又要考虑实务中的可操作性,因而不可避免地要借鉴国际惯例和历史经验,并参照会计理论研究的最新成果。比如,财务会计上的两种基本理论——实体论与业主权益论,反映到会计实务上,就是以损益表为中心的配比模式与以资产负债表为中心的计价模式,对两者作出抉择,必然影响到会计政策。《企业会计准则》中采用的是配比模式,但随着会计环境的变化,计价模式极有可能成为一种现实的选择,进而影响企业的会计政策。

6) 教育状况和会计人员素质

企业会计实务是一项专业技术性很强的工作,要求会计人员掌握有关会计专业知识和技能,并要求会计人员具有包括良好职业道德在内的优秀品质。企业拥有一支综合素质高的会计人员队伍,才能够制定出一套适合本企业的会计政策,并切实加以贯彻落实。

除此之外,社会文化传统、企业文化理念、会计人员的思想观念、会计核算工具的先进程度等,也是影响会计政策选择的因素。总之,企业只有在对各影响因素作全面分析与权衡的基础上,从实际出发,才能最终制定出合理合法、切实可行的企业会计政策。

15.1.1.5 会计政策披露的要求

需要披露的会计政策有以下几项:

(1) 财务报表的编制基础、计量基础和会计政策的确定依据等。

(2) 存货的计价:企业发出存货成本的计量有四种方法,分别是先进先出法、月末一次加权平均法、移动加权平均法、个别计价法,企业需要根据自身情况选择采用先进先出法,还是采用其他计量方法。

(3) 固定资产的初始计量:判断企业取得的固定资产初始成本是以购买价款还是以购买

价款的现值为基础进行计量。

（4）无形资产的确认：判断企业内部研究开发项目开发阶段的支出确认为无形资产还是在发生时计入当期损益。

（5）投资性房地产的后续计量：判断企业对投资性房地产的后续计量采用成本模式还是公允价值模式。

（6）长期股权投资的核算：判断企业对被投资单位的长期股权投资采用成本法还是采用权益法核算。

（7）非货币性资产交换的计量：是指非货币性资产交换事项中对换入资产成本的计量。

（8）收入的确认：是指收入确认所采用的会计方法。

（9）借款费用的处理：判断借款费用采用资本化还是采用费用化。

（10）外币折算：是指外币折算所采用的方法以及汇兑损益的处理。

（11）合并政策：母公司与子公司的会计年度不一致的处理原则；合并范围的确定原则；合并报表编制采用的原则等。

15.1.2　会计政策变更

15.1.2.1　会计政策变更的概念

会计政策变更是指企业对相同的交易或者事项由原来采用的会计政策改用另一会计政策的行为。

企业采用的会计政策，在每一会计期间和前后各期应当保持一致，不得随意变更。但是，满足下列条件之一的，可以变更会计政策。

1）法律、行政法规或者国家统一的会计制度等要求变更

按照法律、行政法规以及国家统一的会计准则制度的规定，要求企业采用新的会计政策。在这种情况下，企业应按规定改变原会计政策，采用新的会计政策。例如，自 2014 年 7 月 1 日起开始实施修订的《企业会计准则第 9 号——职工薪酬》中规定，对于本准则施行日存在的离职后福利计划、辞退福利、其他长期职工福利，除本准则第 31 条规定外，应当按照《企业会计准则第 28 号——会计政策、会计估计变更和差错更正》的规定采用追溯调整法处理。

2）会计政策变更能够提供更可靠、更相关的会计信息

由于经济环境、客观情况的改变，使企业原来采用的会计政策所提供的会计信息，已不能恰当地反映企业的财务状况、经营成果和现金流量等情况。在这种情况下，应改变原有会计政策，按新的会计政策进行核算，以对外提供更可靠、更相关的会计信息。例如，企业房地产市场比较成熟、能够满足采用公允价值模式的条件，且企业成本模式已不能恰当地反映企业的财务状况、经营成果和现金流量等，企业对投资性房地产从成本模式计量变更为公允价值模式计量。

企业因满足上述第 2 条的条件变更会计政策时，必须有充分、合理的证据表明其变更的合理性，并说明变更会计政策后，能够提供关于企业财务状况、经营成果和现金流量等更可靠、更相关会计信息的理由。如无充分、合理的证据表明会计政策变更的合理性或者未经股东会等类似机构批准擅自变更会计政策的，或者连续、反复地自行变更会计政策的，视为滥用会计政策，按照前期差错更正的方法进行处理。

15. 1. 2. 2 下列各项不属于会计政策变更

(1) 本期发生的交易或者事项与以前相比具有本质差别而采用新的会计政策。例如,企业将自用的办公楼改为出租,不属于会计政策变更,而是采用新的会计政策。

(2) 对初次发生的或不重要的交易或者事项采用新的会计政策。例如,企业改变低值易耗品处理方法后,对损益的影响并不大,并且低值易耗品通常在企业生产经营中所占的比例不大,属于不重要的事项,因而改变会计政策不属于会计政策变更。

企业根据法律、行政法规或者国家统一的会计制度等要求变更会计政策的,应当按照国家相关会计规定执行。

15. 1. 3 会计政策变更的会计处理

15. 1. 3. 1 追溯调整法

追溯调整法是指对某项交易或事项变更会计政策,视同该项交易或事项初次发生时即采用变更后的会计政策,并以此对财务报表相关项目进行调整的方法。

会计政策变更能够提供更可靠、更相关的会计信息的,应当采用追溯调整法处理,将会计政策变更累积影响数调整列报前期最早期初留存收益,其他相关项目的期初余额和列报前期披露的其他比较数据也应当一并调整,但确定该项会计政策变更累积影响数不切实可行的除外。会计政策变更累积影响数是指按照变更后的会计政策对以前各期追溯计算的列报前期最早期初留存收益应有金额与现有金额之间的差额。确定会计政策变更对列报前期影响数不切实可行的,应当从可追溯调整的最早期间期初开始应用变更后的会计政策。

15. 1. 3. 2 未来适用法

未来适用法是指将变更后的会计政策应用于变更日及以后发生的交易或者事项,或者在会计估计变更当期和未来期间确认会计估计变更影响数的方法。

在当期期初确定会计政策变更对以前各期累积影响数不切实可行的,应当采用未来适用法处理。

【例 15-1】 卓段制造 2×20 年 12 月末外购一栋写字楼,支付价款 5 000 万元,预计使用年限为 25 年,净残值为零,采用年限平均法计提折旧。同日将该写字楼对外出租,确认为投资性房地产,后续计量采用成本模式。2×23 年 1 月 1 日,卓段制造调查发现,投资性房地产所在地的房地产交易市场比较成熟,具备采用公允价值模式计量的条件,决定将该项投资性房地产从成本模式转换为公允价值模式。2×21 年年末、2×22 年年末该写字楼的公允价值分别为 6 000 万元、7 000 万元,2×23 年年初公允价值与 2×22 年年末一样。

假设卓段制造按净利润的 10% 计提法定盈余公积。所得税税率为 25%,税法规定该投资性房地产作为固定资产管理,折旧年限为 25 年,净残值为零,采用年限平均法计提折旧。公允价值变动不得计入应纳税所得额。编制卓段制造 2×23 年 1 月 1 日追溯调整的会计分录。

成本模式下投资性房地产年折旧金额 = 5 000÷25 = 200(万元)

改变投资性房地产计量模式后每年年末的累积影响数,如表 15-1 所示。

表 15-1　改变投资性房地产计量模式后的累积影响数

单位:万元

年份	成本	公允价值	税前差异	所得税影响	税后差异
2×20 年 12 月末	5 000	5 000	0	0	0
2×21 年年末	4 800	6 000	1 200	300	900
2×22 年年末	4 600	7 000	2 400	600	1 800

2×23 年 1 月 1 日调整期初留存收益的金额＝7 000－4 600－600＝1 800(万元)

借:投资性房地产——成本		70 000 000
投资性房地产累计折旧		4 000 000
贷:投资性房地产		50 000 000
递延所得税负债		6 000 000
盈余公积		1 800 000
利润分配——未分配利润		16 200 000

财务报表调整和重述(财务报表此处省略)。卓段制造在列报 2×23 年财务报表时,应调整 2×23 年资产负债表有关项目的年初余额、利润表有关项目的上年余额及所有者权益变动表有关项目的上年金额和本年金额。

资产负债表项目的调整:调增投资性房地产年初余额 2 400 万元;调增递延所得税负债年初余额 600 万元;调增盈余公积年初余额 180 万元;调增未分配利润年初余额 1 620 万元。

利润表项目的调整:调减营业成本上年金额 400 万元;调增所得税费用上年金额 300 万元;调增净利润上年金额 100 万元。

所有者权益变动表项目的调整:调增会计政策变更项目中盈余公积上年金额 90 万元;未分配利润上年金额 810 万元;所有者权益合计上年金额 900 万元;调增会计政策变更项目中盈余公积本年金额 90 万元;未分配利润本年金额 810 万元;所有者权益合计本年金额 900 万元。

15.1.4　会计政策变更的披露

企业应当在附注中披露与会计政策变更有关的下列信息:
(1)会计政策变更的性质、内容和原因。
(2)当期和各个列报前期财务报表中受影响的项目名称和调整金额。
(3)无法进行追溯调整的,说明该事实和原因以及开始应用变更后的会计政策的时点、具体应用情况。

15.2　会计估计及变更

15.2.1　会计估计

15.2.1.1　会计估计的概念

会计估计是指对结果不确定的交易或事项以最近可利用的信息为基础所作出的判断。

会计估计的存在是由于经济活动中内在不确定性因素的影响。在会计核算中,有些经济业务本身具有不确定性,企业需要根据经验作出估计;同时,采用权责发生制原则编制会计报表这一事项本身,也使得有必要估计未来交易或事项的影响,可以说,在会计核算和信息披露过程中,会计估计是不可避免的。例如,企业按备抵法计提坏账准备时,需要根据债务单位的财务状况,运用以往经验,对坏账准备金额作出估计;确定固定资产折旧年限和净残值,需要根据固定资产消耗方式、性能、技术发展等情况进行估计等。为了保证会计信息的质量,必须合理地进行会计估计。会计估计是企业会计核算中不可避免的,是会计核算的重要一环。

15.2.1.2 会计估计的特点

(1) 在会计核算中,有些经济业务本身具有不确定性,企业需要根据经验作出估计;同时,采用权责发生制原则编制会计报表这一事项本身,也使得有必要估计未来交易或事项的影响,可以说,在会计核算和信息披露过程中,会计估计是不可避免的。例如,企业按备抵法计提坏账准备时,需要根据债务单位的财务状况,运用以往经验,对坏账准备金额作出估计;确定固定资产折旧年限和净残值,需要根据固定资产消耗方式、性能、技术发展等情况进行估计,等等。

(2) 进行会计估计时,企业以可利用的信息或资料为基础。由于经营活动内在的不确定性,企业在会计核算中,不得不进行估计。一些会计估计的目的是确定资产或负债的账面价值,如坏账准备、担保责任引起的负债;另一些会计估计的目的是确定将在某一时间记录的收益或费用的金额。例如,某一时间的折旧、摊销的金额,某一时期内采用完工百分比法核算建造合同已获取收益的金额。企业在进行会计估计时,通常应根据当时的情况和经验,以一定的信息或资料为基础进行。但是,随着时间的推移、环境的变化,进行会计估计的基础可能会发生变化。由于最新的信息是最接近目标的信息,以其为基础所作的估计最接近实际,进行会计估计时应以可利用的信息或资料为基础。

(3) 为了保证会计信息的质量,企业必须合理地进行会计估计。进行会计估计是企业会计核算中不可避免的,是会计核算的重要一环。

15.2.1.3 会计估计事项

企业为了定期、及时地提供有用的会计信息,将企业延续不断的经营活动人为地划分为各个阶段,如年度、季度、月度,并在权责发生制的基础上对企业的财务状况和经营成果进行定期确认和计量。在确认和计量过程中,当发生的交易或事项涉及的未来事项具有不确定性时,必须对其予以估计入账。在会计实务中,常见的需要进行会计估计的事项主要包括以下几个:

(1) 坏账是否会发生以及坏账的数额。

(2) 存货的毁损和过失损失。

(3) 固定资产的使用年限和净残值大小。

(4) 无形资产的收益期。

(5) 长期待摊费用的摊销期。

(6) 收入能否实现以及实现的金额。

(7) 或有损失和或有收益的发生以及发生的数额。

15.2.1.4 会计估计应遵循的原则

1) 诚信原则

会计估计往往涉及许多不确定性因素,进行估计时,应遵循诚信原则,客观公正、不偏不倚地进行估计。避免利用会计估计及其变更,设置秘密准备、任意调节各期利润以及粉饰财务报表等,以免掩盖真相,误导信息使用者的决策。

2) 适度稳健原则

进行会计估计时,应当充分考虑到企业面临的风险和不确定性。在对资产、负债、收益、费用损失的有关金额进行估计时,应尽可能不虚增资产和收益,客观合理地估算可能的费用和损失。

3) 科学性原则

科学性原则是指在对不确定性经济业务有关金额进行估计时,必须根据财务会计的目标和会计原则,选择适用的标准和科学的方法来进行估算。科学性原则还要求会计估计的程序科学合理。

4) 合适人员原则

企业在进行会计估计时应选择那些对本企业有充分的了解,且具有丰富的专业知识和其他相关知识的专门人员来进行。

5) 最佳信息原则

企业在进行会计估计时,应当注意搜集当时合理可用的最佳信息,并且应当考虑资料的相关性、可靠性和详简的适当性,同时还应注意对搜集的资料进行去粗取精、去伪存真的再加工,分清关键因素和一般因素,以作为会计估计的基础。

6) 客观性原则

客观性原则是指会计估计的结果应有充分的事实依据,应注意同质性,即估计的结果应与不确定性经济业务的真实情况保持一致,如固定资产折旧期限的大小应尽量与固定资产的实际使用效能不产生明显矛盾。

7) 一致性原则

在对某些交易或事项进行估计时,对同一类型的业务所采用的方法,前后应当保持一致,不能随意更改。

8) 充分披露原则

对于重要的会计估计项目,企业应在报表附注中披露其会计估计的过程、方法、有关的未来事项情况(可能性大小、变化)等,以使报表使用者获得充分、有效的信息。

15.2.2 会计估计变更

会计估计变更是指由于资产和负债的当前状况及预期经济利益和义务发生了变化,对资产或负债的账面价值或者资产的定期消耗金额进行的调整。

企业据以进行估计的基础发生了变化,或者由于取得新信息、积累更多经验以及后来的发展变化,可能需要对会计估计进行修订。会计估计变更的依据应当真实、可靠。

通常情况下,企业发生会计估计变更,一般是因为赖以进行估计的基础发生了变化或取得了新的信息,积累了更多的经验。企业进行会计估计是就现有的资料对未来所作的判断,随着时间的推移,企业有可能基于上述原因需要对会计估计重新修订。例如,企业原根据当时能够得到的信息,对应收款项按其余额的 5% 计提坏账准备。现掌握了新的信息,判定不能收回的应收款项比例已达 15%,企业改按 15% 的比例计提坏账准备。

15.2.3 会计估计变更的会计处理

企业对会计估计变更应当采用未来适用法处理。会计估计变更仅影响变更当期的,其影响数应当在变更当期予以确认;既影响变更当期又影响未来期间的,其影响数应当在变更当期和未来期间予以确认。

企业难以将某项变更区分为会计政策变更或会计估计变更的,应当将其作为会计估计变更处理。

企业应当根据《企业会计准则》的规定,结合本企业的实际情况,确定会计估计,经股东大会或董事会、经理(厂长)会议或类似机构批准,按照法律、行政法规等的规定报送有关各方备案。企业的会计估计一经确定,不得随意变更。如需变更,应重新履行上述程序,并按《企业会计准则》的规定处理。

如果以前期间的会计估计是错误的,则属于差错,按前期差错更正的规定进行会计处理。

【例 15-2】 卓段制造由于技术因素以及更新办公设备的原因,已不能继续按原定使用年限计提折旧,卓段制造于 2×23 年 1 月 1 日将该设备的折旧年限改为 5 年,预计净残值改为 10 万元,该管理用设备为 2×19 年 12 月 31 日购入的,成本 600 万元,原预计使用年限为 10 年,预计净残值为零,采用年限平均法计提折旧。卓段制造适用的所得税税率为 25%,税法规定该设备的折旧年限为 10 年,采用年限平均法计提折旧,预计净残值为零。

按原估计设备计提年折旧金额＝600÷10＝60(万元)

累计折旧＝60×3＝180(万元)

固定资产账面价值＝600－180＝420(万元)

2×23 年的折旧额＝(420－10)÷(5－3)＝205(万元)

借:管理费用	2 050 000	
贷:累计折旧		2 050 000

净利润的减少额＝(205－600÷10)×(1－25%)＝108.75(万元)

卓段制造在 2×23 年度的报表附注中应作如下说明:本公司一台管理用设备,原始价值 600 万元,原估计使用年限为 10 年,预计净残值为零,按年限平均法计提折旧。由于技术因素以及更新办公设备的原因,该设备已不能按原估计使用年限计提折旧,本公司于 2×23 年年初变更该设备的使用年限为 5 年,预计净残值为 10 万元,以反映该设备的真实耐用年限和净残值。此项会计估计变更使本年度净利润减少数为 108.75 万元。

15.2.4 会计估计变更的披露

企业应当在附注中披露与会计政策变更有关的下列信息:

(1) 会计政策变更的性质、内容和原因。

(2) 当期和各个列报前期财务报表中受影响的项目名称和调整金额。

(3) 无法进行追溯调整的,说明该事实和原因以及开始应用变更后的会计政策的时点、具体应用情况。

15.3　会计差错与更正

15.3.1　会计差错

15.3.1.1　会计差错的概念

会计差错是指由于没有运用或错误运用下列两种信息,而对前期财务报表造成漏报或错报:

(1) 编报前期财务报表时预期能够取得并加以考虑的可靠信息。

(2) 前期财务报告批准报出时能够取得的可靠信息。

15.3.1.2　会计差错的形式

1) 会计政策适用差错

会计政策适用差错主要表现为企业在会计核算过程中有可能由于各种原因而采用了法律或会计准则等行政法规、规章所不允许的会计政策,是会计估计上的差错。例如,按照我国会计制度规定,为购建固定资产而发生的专门借款费用,满足一定条件的,在固定资产达到预定可使用状态前发生的,给予资本化,计入所购建固定资产的成本;在固定资产达到预定可使用状态后发生的,计入当期损益。如把后者也予以资本化,计入固定资产的价值,则属于会计政策适用差错。如果企业由于上述各种原因造成会计核算的差错,如不加以调整,可能会使公布的会计报表所反映的信息不可靠,并有可能误导投资者、债权人及其他财务信息使用者的决策或判断。因此,企业应当根据差错的性质及时纠正,以保证会计资料的真实、合法和完整,从而保证会计信息的相关和可靠。

2) 会计估计错误

由于经济业务中不确定性因素的影响,企业在进行会计核算时经常需要作出估计。但是,由于种种原因,会计估计会发生错误。例如,企业在估计某项固定资产的预计使用年限时,多估计或少估计了预计使用年限,这种情况就是会计估计差错。又如,一些企业在估计固定资产的使用年限和预计净残值时发生错误。再如,国家规定企业可以根据应收账款年末余额的一定比例计提坏账准备,企业有可能在年末多计提或少计提坏账准备,从而影响损益的计算。

3) 其他差错

在会计前期核算中,企业有可能发生除以上两种差错以外的其他差错。例如,账户分类以及计算错误;在期末应计项目与递延项目未予调整;漏记已完成的交易;对事实的忽视和误用;提前确定尚未实现的收入或不确定已实现的收入;资本性支出与收益性支出划分差错、滥用会计政策变更和会计估计变更等。

15.3.2　前期差错的会计处理

前期差错按照重要程度分为不重要的前期差错和重要的前期差错。

15.3.2.1　不重要的前期差错

不重要的前期差错是指不足以影响财务报表使用者对企业财务状况、经营成果和现金流量作出正确判断的前期差错。

对于不重要的前期差错,采用未来适用法,企业无须调整财务报表相关项目的期初数,但应调整发现当期与前期相同的相关项目的金额,属于影响损益的,应直接计入本期与上期相同的净损益项目。

15.3.2.2 重要的前期差错

重要的前期差错是指足以影响财务报表使用者对企业财务状况、经营成果和现金流量作出正确判断的前期差错。如果能够合理确定前期差错累积影响数,则重要的前期差错的更正应当采用追溯重述法。

追溯重述法是指在发现前期差错时,视同该项前期差错从未发生过,从而对财务报表相关项目进行更正的方法。本期发现前期重要差错采用追溯重述法时,涉及损益类科目的调整通过"以前年度损益调整"科目核算。

追溯重述法一般需要确认前期差错及前期差错的影响数。对于发现的前期差错,如影响损益,应将其对损益的影响数调整为发现当期的期初留存收益,财务报表其他相关项目的期初数也应一并调整;如不影响损益,应调整财务报表相关项目的期初数。在调整财务报表相关项目金额时,对于比较财务报表期间的前期差错,应调整各期间的净损益和其他相关项目,视同该差错在产生的当期已经更正;对于比较财务报表期间以前的前期差错,应调整比较财务报表最早期间的期初留存收益,财务报表其他相关项目的数字也应一并调整。同时在财务报表附注中披露会计差错,披露前期差错的性质;各个列报前期财务报表中受影响的项目名称和更正金额;无法进行追溯重述的,说明该事实和原因以及对前期差错开始进行更正的时点和具体更正情况。

【例15-3】 卓段制造为上市公司,适用的所得税税率为25%,按照10%的比例计提盈余公积。2×23年财务报表于2×24年4月30日对外报出。卓段制造2×24年日后期间对2×23年财务报表审计时发现如下问题:

(1) 2×23年年末,卓段制造的一批存货已经完工,成本为48万元,市场售价为47万元,共200件,其中50件签订了不可撤销的合同,合同价款为51万元/件,产品预计销售费用为1万元/件。企业对该批存货计提了200万元的减值,并确认了递延所得税。根据税法规定,企业预提的损失费用不允许税前扣除。

(2) 卓段制造的一项管理用无形资产使用寿命不确定,税法规定使用年限为10年。卓段制造2×23年按照税法年限对其计提了摊销120万元。根据税法规定,按税法年限计提的摊销额准予在当年所得税税前扣除。

判断以上会计处理是否正确,并说明理由。如不正确,编制该事项的更正分录。

(1) 卓段制造计提200万元减值准备的会计处理不正确,因为同一项存货中有合同部分和无合同部分应该分别考虑计提存货跌价准备,不得相互抵销。

① 错误分录:

借:资产减值损失　　　　　　　　　　　　　　　　　　　　　　　2 000 000
　　贷:存货跌价准备　　　　　　　　　　　　　　　　　　　　　　　　　2 000 000

存货账面价值大于计税基础,从而产生应纳税暂时性差异。

应确认递延所得税负债＝200×25%＝50(万元)

```
借：所得税费用                                                          500 000
    贷：递延所得税负债                                                        500 000
```

② 正确分录：

有合同部分：每件存货可变现净值为 50 万元(51－1)，大于单位成本 48 万元，未发生减值，无需计提存货跌价准备。

无合同部分：每件存货的可变现净值为 46 万元(47－1)，小于单位成本 48 万元，发生减值。

需要计提的存货跌价准备＝(48－46)×(200－50)＝300(万元)

```
借：资产减值损失                                                      3 000 000
    贷：存货跌价准备                                                      3 000 000

借：所得税费用                                                          750 000
    贷：递延所得税负债                                                        750 000
```

③ 更正分录：

```
借：以前年度损益调整——资产减值损失                                   1 000 000
    贷：存货跌价准备                                                      1 000 000

借：递延所得税资产                                                      250 000
    贷：以前年度损益调整——所得税费用                                        250 000
```

由于税法不认可未实际发生的损失，仅确认递延所得税影响。

```
借：盈余公积                                                            75 000
    利润分配——未分配利润                                                675 000
    贷：以前年度损益调整                                                      750 000
```

(2) 卓段制造计提摊销 120 万元的会计处理不正确，因为使用寿命不确定的无形资产在会计上无需计提摊销。

① 错误分录：

```
借：管理费用                                                          1 200 000
    贷：累计摊销                                                          1 200 000
```

② 正确分录：会计上无需计提摊销，冲销原来错误的分录。

③ 更正分录：

```
借：累计摊销                                                          1 200 000
    贷：以前年度损益调整——管理费用                                          1 200 000
```

由于该无形资产所计提的摊销额被冲回，该无形资产的账面价值大于计税基础，从而产生应纳税暂时性差异。

应确认递延所得税负债 120×25%＝30(万元)

```
借：以前年度损益调整——所得税费用                                       300 000
    贷：递延所得税负债                                                        300 000
```

借：以前年度损益调整 900 000
　　贷：盈余公积 90 000
　　　　利润分配——未分配利润 810 000

15.3.3 前期差错的披露

企业应当在附注中披露与前期差错更正有关的下列信息：

（1）前期差错的性质。

（2）各个列报前期财务报表中受影响的项目名称和更正金额。

（3）无法进行追溯重述的,说明该事实和原因以及对前期差错开始进行更正的时点、具体更正情况。

需要注意的是,在以后期间的财务报表中,不需要重复披露在以前期间的附注中已披露的会计政策变更和前期差错更正的信息。

 章节测试

一、复习思考题

1. 什么是会计政策变更？什么是会计估计变更？两者的主要区别是什么？区分两者有何意义？

2. 在什么条件下企业才可以变更会计政策？

3. 什么是会计差错？如何更正会计差错？

二、单选题

1. 企业发生下列交易或事项,属于会计估计变更的是（　　　　）。

A. 投资性房地产由成本模式进行后续计量变更为公允价值模式进行后续计量

B. 金融资产由四分类变更为三分类

C. 坏账准备的计提由账龄分析法改为预期信用损失法

D. 存货发出计量方法由先进先出法改为月末一次加权平均法

2. 下列各项关于前期会计差错的表述中,正确的是（　　　　）。

A. 对于不重要的前期差错,企业不需调整财务报表相关项目的期初数和发现当期与前期相同的相关项目

B. 对于重要的前期差错,企业必须采用追溯重述法进行调整

C. 重要的前期差错调整结束后,仅需调整发现年度财务报表的年初数

D. 不重要的前期差错是指不足以影响财务报表使用者对企业财务状况、经营成果和现金流量作出正确判断的会计差错

3. 下列各项中,属于会计政策变更的是（　　　　）。

A. 坏账准备的提取比例发生改变

B. 所得税核算方法由应付税款法改为资产负债表债务法

C. 投资性房地产的成本模式折旧计算方法改变

D. 2×23 年年初甲公司处置了子公司 40％的股份,使得持股比例由 70％降至 30％,对被投资单位的影响程度由控制变为重大影响,于是在 2×23 年年初甲公司将剩余的

30%股份由成本法追溯为权益法

4. 下列关于会计政策及其变更的表述中,不正确的是( )。

A. 会计政策涉及会计原则、会计基础和具体会计处理方法

B. 变更会计政策表明以前会计期间采用的会计政策存在错误

C. 变更会计政策能够更好地反映企业的财务状况和经营成果

D. 本期发生的交易或事项与前期相比具有本质差别而采用新的会计政策,不属于会计政策变更

5. 下列各项中,不属于会计估计变更的是( )。

A. 对产品质量保证费的提取比例的修正

B. 建造合同的履约进度的估计方法的改变

C. 投资性房地产由成本模式转为公允价值模式

D. 将固定资产计提折旧的方法由直线法改为年数总和法

6. 下列各项中,属于会计政策变更的是( )。

A. 存货的计价方法由先进先出法改为移动加权平均法

B. 将成本模式计量的投资性房地产的净残值率由5%变为3%

C. 固定资产的折旧方法由年限平均法改为年数总和法

D. 将无形资产的预计使用年限由10年变更为6年

7. 下列各项中,属于企业会计估计变更的是( )。

A. 无形资产摊销方法由年限平均法变为产量法

B. 发出存货的计量方法由移动加权平均法改为先进先出法

C. 投资性房地产的后续计量由成本模式变为公允价值模式

D. 收入确认由风险报酬转移变更为控制权转移

8. 下列各项中,属于企业会计政策变更的是( )。

A. 固定资产的残值率由7%改为4%

B. 投资性房地产后续计量由成本模式变为公允价值模式

C. 使用寿命确定的无形资产的预计使用年限由10年变更为6年

D. 劳务合同履约进度的确定由已经发生的成本占预计总成本的比例改为对已完工作的测量

9. 2×23年12月31日,甲公司发现应自2×22年12月开始计提折旧的一项固定资产从2×23年1月才开始计提折旧,导致2×22年度管理费用少计200万元,被认定为重大差错,税务部门允许调整2×23年度的应交所得税税额,甲公司适用的企业所得税税率为25%,无其他纳税调整事项,甲公司利润表中2×22年度净利润为500万元,并按10%提取了法定盈余公积。不考虑其他因素,甲公司更正该差错时应将2×23年12月31日资产负债表未分配利润项目的年初余额调减( )万元。

A. 15   B. 50   D. 150   C. 135

三、计算分析题

1. 甲公司为上市公司,2×22年财务报表于2×23年4月30日对外报出。甲公司2×23年日后期间对2×22年财务报表审计时发现如下问题:

(1) 2×22年年末,甲公司的一批存货已经完工,成本为48万元,市场售价为47万元,共

200 件,其中 50 件签订了不可撤销的合同,合同价款为 51 万元/件,产品预计销售费用为 1 万元/件。甲公司对该批存货计提 200 万元的减值。

（2）甲公司的一项管理用无形资产使用寿命不确定,但是税法规定使用年限为 10 年。企业 2×22 年按照税法年限对其计提摊销 120 万元。

（3）按照 10% 的比例计提盈余公积,不考虑所得税及其他因素影响。

要求:

（1）判断 2×22 年甲公司计提 200 万元减值准备的会计处理是否正确,并说明理由。如不正确,编制该事项的更正分录。

（2）判断 2×22 年甲公司计提摊销 120 万元的会计处理是否正确,并说明理由。如不正确,编制该事项的更正分录。

2. 甲公司 2×23 年度的财务报告已批准报出,2×24 年甲公司内部审计人员对 2×23 年以前的会计资料进行复核,发现以下问题:

（1）甲公司以 500 万元价格于 2×23 年 7 月 1 日购入一项非专利技术,在购入当日将其作为管理费用处理。按照甲公司的会计政策,该非专利技术应作为管理用无形资产确认,预计使用年限为 10 年,采用直线法进行摊销,预计净残值为零。

（2）甲公司发现 2×22 年 12 月收到投资者投入的行政管理用的固定资产尚未入账,该固定资产价值为 100 万元,预计使用年限 5 年,预计净残值为 10 万元,采用年数总和法计提折旧。

（3）按照 10% 的比例计提盈余公积,不考虑所得税及其他因素影响。

要求:判断上述会计处理是否正确,如不正确,编制该事项的更正分录。

3. 甲公司系国有独资公司,按净利润的 10% 提取法定盈余公积,不提取任意盈余公积。2×20 年度的财务报告已批准报出。2×21 年甲公司内部审计人员对 2×21 年以前的会计资料进行复核,发现以下问题:

（1）甲公司以 300 万元的价格于 2×19 年 7 月 1 日购入一套计算机软件,在购入当日将其作为管理费用处理。按照甲公司的会计政策,该计算机软件应作为管理用无形资产确认,预计使用年限为 5 年,采用直线法摊销,无残值。

（2）2×20 年 12 月 31 日"其他应收款"科目余额中的 50 万元未按期结转为费用,其中应确认为 2×20 年销售费用的金额为 40 万元,应确认为 2×19 年销售费用的金额为 10 万元。

（3）甲公司从 2×20 年 1 月 1 日开始自行研究开发一项新产品专利技术,在研究开发过程中发生材料费 400 万元、人工工资 100 万元,以及用银行存款支付其他费用 60 万元,总计 560 万元。2×20 年 7 月 1 日,该专利技术已经达到预定用途,甲公司将发生的 560 万元研发支出全部费用化,计入当期管理费用。经查,上述研发支出中,符合资本化条件的支出为 360 万元,假定形成无形资产的专利技术采用直线法按 10 年摊销,无残值,并且用该专利技术生产的产品已经全部对外出售。

（4）甲公司于 2×20 年 3 月 31 日将一栋自用的写字楼对外出租,并采用公允价值模式进行后续计量。当日,该写字楼账面价值为 50 000 万元（原值 60 000 万元,累计折旧 10 000 万元,未计提减值准备）,出租时的公允价值为 58 000 万元,2×20 年 12 月 31 日的公允价值为 59 000 万元。经查,该写字楼不符合采用公允价值模式进行后续计量的条件,应采用成本模式进行后续计量。若采用成本模式进行后续计量,该写字楼应采用年限平均法计提折旧,预计尚可使用年限为 25 年,预计净残值为零。

　　假定上述差错均具有重要性,不考虑所得税及其他因素的影响。

　　要求:对上述会计差错进行更正,合并编制结转以前年度损益调整及调整盈余公积的会计分录。